Wolfgang Suppan
Der musizierende Mensch

D1719503

Harald Prütz 85

Musikpädagogik

Forschung und Lehre

herausgegeben von Sigrid Abel-Struth

Band 10

Wolfgang Suppan

Der musizierende Mensch

Eine Anthropologie der Musik

SCHOTT

Mainz · London · New York · Tokyo

Bestellnummer: ED 7064

© B. Schott's Söhne, Mainz, 1984
Printed in Germany · BSS 45360

ISBN 3-7957-1709-4

ISSN 0172-8202

Inhalt

bilden ? befühigen
wecken

Vorwort

... denn solange man sich darauf beschränkt, bloß das, was man sieht zu betrachten und wiederzugeben, ist man nur Historiker (Artikel *Philosophie* der *Enzyklopädie*, 1765, S. 855f.), zitiert nach G. Knepler, *Geschichte als Weg zum Musikverständnis,* Leipzig 1977, S. 376

Zu wissen, was der Mensch sei (theoretische Anthropologie) und was er vermöge (praktische Anthropologie), gehört zu den Grundfragen aller geisteswissenschaftlichen, theologischen, rechtswissenschaftlichen und medizinisch-biologischen Disziplinen. Das Problem erhebt sich aus dem Bereich spekulativer, theoretischer Erwägung vornehmlich dort, wo es Menschen aufgegeben ist, andere Menschen zu „bilden“, zu „erziehen“, das heißt: diese mit den Strukturen einer Gemeinschaft bekannt zu machen, ihren Einpassungsprozeß in diese Gesellschaft zu leiten. Ich meine in der Pädagogik.

Wenn in dieser Schrift der Frage nach dem Menschsein in bezug auf Musik nachgegangen wird, dann unter der Voraussetzung, daß Musik als Bestandteil menschlicher Selbstverwirklichung zu funktionieren vermag, daß sie nicht als *luxuriöses Ornament der Gesellschaft* (Kurt Blaukopf)[1] entbehrlich sei, sondern im Gegenteil als Katalysator sozialer Vorgänge, als Medium der Sensibilisierung und Sozialisierung in einer gesellschaftspolitischen Aufgabe zu wirken vermag. Daraus begründet sich die Aufnahme dieser Schrift in eine Reihe des Titels *Musikpädagogik. Forschung und Lehre;* denn Pädagogen würden an der Jugend vorbeierziehen, unternähmen sie nicht den Versuch, den Gegenstand ihres Berufes, den jungen Menschen, in seinen Anlagen und Ausdrucksmöglichkeiten genau zu erkennen, die Rolle des Musizierens für den Einzelnen wie in der Gemeinschaft gerecht einzuschätzen.

Am Beginn musikwissenschaftlicher Forschung – sowohl im Rahmen der altgriechischen Philosophie wie bei der Neuformierung des Faches im 19. Jahrhundert – stand die Betrachtung des Menschen und seiner Werke: als Ausdruck des Allgemein-Menschlichen (Anthropologie) und des Gesellschaftlichen (Soziologie), mit im Zentrum gelehrten Denkens. Erst im Zuge der Emanzipation des Kunstwerkes von der Gesellschaft und der Qualifikation des Kunstwerkes als eines absoluten Opus in der Geisteshaltung des L'art pour l'art begann man bei der Analyse der Werke immer weniger rückzufragen: nach ihrem Sinn für den Menschen und für die Gesellschaft, nach ihrer Sprachfähigkeit, nach der Semantik. Und letzlich blieben einzig Komponisten-Biographien und Werkbeschreibungen, Datierungsprobleme und Papieruntersuchungen übrig... ohne mitzudenken: warum, wieso zu jener und keiner anderen Zeit, in dieser und keiner anderen Gesellschaft, an diesem und keinem anderen Ort etwa Mozart diese *Zauberflöte* schrieb? Man nahm in einer gewissen euro-zentristischen, abendländischen Arroganz selbstverständlich an, daß es sich bei dem genannten Werk um ein zeitloses, allgemein-gültiges Kunstwerk handle, das allen Menschen dieser Erde gefällt oder gefallen müßte. So wurde Ästhetik zur Ideologie, so wurden von wenigen gesetzte Werte allgemein verordnet, so wurde der Grad der „Zivilisation“ außereuropäischer Völker daran gemessen, wie sehr diese die Strukturen der europäischen Kultur übernahmen, – und in weiterer Folge begann damit der kulturelle Kolonialismus. Aber es gibt nicht allein einen kulturellen Kolonialismus den fremden, den außereuropäischen Völkern gegenüber, es gibt ihn auch bestimmten Schichten und der Jugend des eigenen Volkes gegenüber; wenn nämlich Erziehung erfolgt ohne Berücksichtigung der

---

[1] In: *Musik und Bildung* 3, 1971, S. 11.– Ähnlich formuliert J. Blacking, *How Musical is Man?*, Seattle und London 1973, S. 54: *Music... is not a luxury, a sparetime activity to be sandwiched between sports and art in the headmaster's report.*

biologischen Dispositionen und der kulturellen Traditionen dieser Schichten und dieser Jugend.

In diesem Buch möchte ich zeigen, daß Musik primär Gebrauchsgegenstand des Menschen ist, daß sie eben zu diesem Zwecke zwar nie „erfunden", aber stets mit dem Menschsein verbunden wurde[2]. Wer aufmerksam neue Verhaltensweisen der Jugend in unserer Zeit beobachtet, wird erstaunt sein über Situationen, die bestimmte Rhythmen und Klänge provozieren können. Situationen, wie die beim Rock-Festival in Altamont in den Vereinigten Staaten, wo eine bestimmte Art von Musik zu Massenpsychosen führte, die man nach einer tausendjährigen „abendländischen" Erziehung längst vergessen, verdeckt, verdrängt wähnte. Aber es ist doch wohl so, daß unter der Bewußtseinsschwelle gewisse humanbiologische, ver- und ererbte Dispositionen vorhanden sind, die darauf lauern, von dieser oder jener Musik (oft in Verbindung mit Drogen, im Rahmen eines Kultes) geweckt zu werden – und die dann ungewollt hervorbrechen. Das Verhältnis zwischen Mensch und Musik ist demnach ein äußerst kompliziertes, – und nicht umsonst nannte eine Schrift des Deutschen Musikrates Musik *das empfindlichste Instrument einer Kultur*[3].

Doch wie kann man hinter diese Mechanismen schauen? Wie wäre das Mensch-Musik-Verhältnis zu deuten, zu fassen?

Als Ethnomusikologe sucht Verf. methodisch von dem Musikgebrauch bei außereuropäischen Völkern auszugehen, um die dort gewonnenen Einsichten an den Verhaltensweisen europäischer Menschen zu prüfen und womöglich in Relikten zu fassen. Ein Verfahren, das von seiten der Kulturanthropologie durchaus angeregt wird: *Insbesondere für die Kulturanthropologie gilt, daß sie ganz undenkbar ist ohne die Kenntnis der ungeheuren Vielfalt der Phänomene, die Forschungsgegenstand der Ethnographie sind. Denn so wichtig die Tatsachen aus den komplexen Kulturen (Hochkulturen) auch sind, so würden sie allein doch nicht ausreichen, uns einen vollen Überblick der Varianten menschenmöglicher Lebensgestaltung zu eröffnen* (Wilhelm Emil Mühlmann und Ernst Wilhelm Müller)[4]. Die Bereiche „Musik und Kult", „Musik und Politik", „Musik und Recht", „Musik und Medizin", „Tanz", „Musikinstrumente" und „Hintergrundmusik" werden daher sowohl in alten Hochkulturen wie im naturvölkischen Bereich beleuchtet, – und plötzlich eröffnet sich die Einsicht, daß hinter der Fassade abendländischen Bildungsstrebens die gleichen Mechanismen wirksam sind. In diesem Sinn wäre Musik-Anthropologie zunächst eine ethnomusikologische Aufgabe, die sich mit Hilfe vergleichender Untersuchungen und auf der Basis der Kenntnis der abendländischen Entwicklung sowohl der jeweiligen Grund- wie der Bildungsschichten, später als eine alle Teilbereiche der Musikwissenschaft in gleicher Weise berührende Aufgabe entfaltet. Wenn dabei – gerade beim Blick über die Zäune des eigenen Faches – oft auch ein gewisser Mut zum Dilettantismus (im Nachbarfach) vorhanden sein muß, so liegt dies im Interesse der Sache.

Ausgelöst hat die Beschäftigung mit dem, was ich Musik-Anthropologie nenne, einerseits die persönliche Begegnung mit dem Musikverständnis außereuropäischer Kulturen in West-

---

2 ...*sind wir zu der Annahme gezwungen, daß die Herausarbeitung von Musik Teil der Menschwerdung ist:* G. Knepler, *Geschichte als Weg zum Musikverständnis*, Leipzig 1977, S. 198

3 S. Borris, G. Picht u. a., *Wozu braucht die Gesellschaft Musik?*, in: *Referate. Informationen*, hg. vom Deutschen Musikrat, Nr. 22, Nov. 1972

4 Einführung, in: *Kulturanthropologie*, hg. von W. E. Mühlmann und E. W. Müller, Köln/Berlin 1966, S. 12. – In demselben Band heißt es S. 327: *Verständnis der Gesellschaft im allgemeinen und unserer eigenen modernen Stadtgesellschaft im besonderen kann man durch die Betrachtung solcher Gesellschaften erlangen, die unserer eigenen am wenigsten ähnlich sind: der naturvolklichen* (Robert Redfield).

Afrika, im arabischen Raum (Irak und Ägypten), in Mittelamerika (Jamaika, Mexiko), im Fernen Osten (Japan und Korea), zum andern die intensive Beschäftigung mit den Vätern der „Vergleichenden Musikwissenschaft" sowohl der Berliner wie der Wiener Schule. Als Vermächtnis und zugleich als Auftrag an die jüngere Generation erschien mir da der Satz von Curt Sachs in den *Wellsprings of Music*, dem 1962 nach einem nachgelassenen Manuskript gedruckten Buch: *Using organized sound as a kind of opiate, we have forgotten to ask for sense and value in what we hear*[5]. Ein gewisser Überdruß demnach an sogenannten historischen Fragestellungen, die meine Laufbahn als Musikwissenschaftler (auch im Bereich der Volksmusikforschung) bis dahin einseitig bestimmt hatten, – und wohl auch nicht unabhängig von der Lektüre jener kulturanthropologischen Schriften, die im Anschluß an die Soziologiewelle der sechziger Jahre aus den USA nach Europa herüberkamen: Nach der Beschäftigung mit Musik als gesellschaftlichem Phänomen sollte nun das Musizieren als menschliche Aussage und Handlung in den Mittelpunkt gelehrten Denkens treten.

Im Sommersemester 1972 kündigte ich an der Universität Mainz eine Vorlesung mit dem Titel „Anthropologie der Musik" an, womit diese Forschungsrichtung erstmals im Vorlesungsverzeichnis eines musikwissenschaftlichen Instituts im deutschen Sprachraum auftauchte. Zunächst hatte ich mir vorgenommen, die US-amerikanische Cultural Anthropology, voran Alan P. Merriams Buch *Anthropology of Music*[6], in seiner Begrenzung auf englischsprachige Literatur und ethnologische Materialien, (a) den Aussagen der europäischen Philosophischen Anthropologie gegenüberzustellen, wie ich diese im Verlauf meines Studiums an der Universität Graz bei Amadeo Graf von Silva-Tarouca gehört hatte, (b) durch die Einbeziehung weiterer europäischer Bindestrich-Anthropologien die Basis zu verbreitern und damit (c) neben der historischen „Kulturgüterforschung" wieder Menschenforschung, nämlich die Begründung des musizierenden Menschen, bewußt zu machen. Meinen damaligen Hörern an der Universität Mainz verdanke ich es, daß der Versuch letztlich zur Gewißheit führte, ein in der Tat nicht nur wichtiges, sondern ein entscheidendes, in der gegenwärtigen Situation des gedankenlosen und ritualisierten Musikkonsums[7] hochaktuelles Thema intuitiv erfaßt zu haben: *Man schreibt ja, um etwas zu erfahren*, sagt Max Frisch, – aber in diesem Fall zeigte es sich, daß Forschung und Lehre im Konzept der Humboldt'schen Universität sinnvoller Weise zusammen gehören und zusammenbleiben müssen: Man forscht nicht allein und schreibt nicht allein, „um etwas zu erfahren", sondern man lehrt vor allem deshalb. Wie der Mainzer Studentenkreis der Jahre 1971 bis 1974 auf die musikanthropologischen Fragestellungen reagierte, wie sich Gedanken in der Diskussion entfalteten, wie Nachbardisziplinen, ich denke vor allem an die Lorenzsche Kulturethologie, einbezogen und auf ihre musikrelevanten Aussagen hin durchforstet wurden, dies führte tiefer und tiefer in die Materie hinein und zu der Gewißheit, eine der Kernfragen erkenntnistheoretisch-musikwissenschaftlicher Arbeit berührt zu haben.

Die Anthropologie-Vorlesung wurde auch anderswo beachtet. Es folgten Einladungen zu Gastvorträgen an Universitäten und Hochschulen in Bonn, Frankfurt am Main, Aarhus, Sofia,

---

[5] C. Sachs, *The Wellsprings of Music*, hg. von J. Kunst, The Hague 1962, S. 1

[6] A. P. Merriam, *Anthropology of Music*, Evanston 1964. – Ein vereinzelter und nicht wirksam gewordener Hinweis auf die anthropologische Sinndeutung der Musik von Frank Howes findet sich in den Proceedings des Royal Anthropological Institute, MAN 14, Sept.–Oct. 1945, Nr. 83, S. 107f.: *Music is an anthropological phenomenon. A tune is as much a human fact as a ritual dance or a cranial measurement . . .*

[7] *Da sitzen die Leute im „Wozzeck", hören, sehen, erleben den Aufschrei der „armen Leut'", und reihenweise rührt sich keine Hand, gibt niemand ein kleines Zeichen davon, daß betroffen ist . . . Umgekehrt: Sie strömen herein, kaufen die Opernhauskassen leer, sitzen wie gebannt . . . sind fasziniert vom leichten Vibrato des italienischen Tenors. Ist es nur die Virtuosität, die sie staunen läßt?* H. J. Herbort, in: *Die Zeit*, Hamburg, 30. 4. 1982

Speyer, Hannover, Göttingen, Graz, Wien und Freiburg im Breisgau, so daß Fachkollegen in die Diskussion miteinbezogen werden konnten. Zumeist aufgeschlossen, manchmal aber auch artig-skeptisch standen Hörer der ungewohnten Materie gegenüber, und es mochte schwer fallen, auf der Basis einseitigen europäisch-abendländischen Musikverständnisses, nämlich der L'art pour l'art-Ästhetik, die Aufgabe von Musik in bezug auf menschliche Psyche und zwischenmenschliche Beziehung (an-) zu erkennen. Was der älteren Generation Schwierigkeiten bereitete, das nahmen Jüngere begierig auf: Etwa seit 1968 liegen jene Tendenzen in der Luft, die Grenzen der Rationalität und die Möglichkeiten der Bewußtseinserweiterung, andere Lebensformen und Kulturen, Zweifel an der alleinigen Gültigkeit des „American Way of Life" zu überdenken, Tabus zu zerstören – oder gar auszubrechen aus dem allzu behütet und sorglos gewordenen Leben in Westeuropa und Nordamerika, durch Drogen oder durch die Hinwendung zu außereuropäischen Kulturen (Indien) und Religionen (Zen-Buddhismus, Islam) die psychische Streß-Situation eines vermeintlich unkreativ gewordenen und manipulierten Daseins zu überwinden[8]. Auch Konrad Lorenz darf in diesem Zusammenhang als Meinungsmacher nicht übersehen werden. Im Vorwort zu Otto Koenigs Einführung in die Kulturethologie schreibt er die vielbeachteten Sätze: *Es gehört zu den gefährlichsten, aus der Überheblichkeit des Zivilisationsmenschen entstehenden Irrtümern, zu glauben, daß Wissen und Weisheit nur dem Verstande entstammen könnten und daß nur das Wägbare, mathematisch Quantifizierbare Wahrheit sei. Nur ein unglaublich geringer Anteil alles Wissenswerten läßt sich berechnen*[9]. Der Naturwissenschaftler trifft sich in solcher Gesinnung mit dem Philosophen: Karl Popper ist der festen Überzeugung, daß die Wahrheit unzugänglich sei. Die Wissenschaft könnte nur dadurch fortschreiten, daß sie Fehler systematisch entlarven und damit ausschalten würde. Auch Gefühle hätten Erkenntniswert[10].

Vereinzelt tauchen seit den beginnenden siebziger Jahren in der musikwissenschaftlichen Fachliteratur Hinweise auf anthropologische Bezüge auf: Fritz Bose ist 1973 *nicht mehr ganz so skeptisch der Frage gegenüber, ob nicht auch in Melodie und Leiter anthropologische Kriterien gefunden werden. Die Melodik ist schließlich auch ein somatisch und nicht nur psychisch bedingter Bewegungsvorgang*[11]. Für Walter Wiora bedeutet die *Hinwendung zum Humanum... die Entfaltung derjenigen „anthropology of music", welche die Musik im Kontext des Lebens betrachtet... Doch wäre die leitende Idee, welche in diesem Namen liegt, nämlich Anthropologie als Wissenschaft vom Menschen, umfassender als bisher zu erfüllen*[12]. Einen therapeutisch-unterrichtspraktischen Ansatz musikbezogener Anthropologie suchen Norbert Linke, Hermann Rauhe, Wolfgang

---

[8] Typisch dafür Alan Ginsbergs Notizbücher, hg. von G. Ball, München 1980; P. M. Hamel, *Durch Musik zum Selbst. Wie man Musik neu erleben und erfahren kann*, Kassel u. a. 1980; aber auch E. Fromm, *Haben oder Sein. Die seelischen Grundlagen einer neuen Gesellschaft*, Stuttgart 1976, als dtv-Sachbuch, München 1979

[9] K. Lorenz, Vorwort zu O. Koenig, *Kultur und Verhaltensforschung. Einführung in die Kulturethologie*, München 1970, S. 10

[10] Interviews in: *Die Presse*, Wien, 21. 7. 1981 und 18. 3. 1982. – Dazu schon Robert Musil: *Solange man in Sätzen mit Endpunkt denkt, lassen sich gewisse Dinge nicht sagen – höchstens vage fühlen* (Aus den Tagebüchern, Frankfurt 1971, S. 19), und Max Scheler: *Gefühle selbst hatten für ihn Erkenntniswert* (Die Zeit, Hamburg, 5. 12. 1980, S. 45). Auch C. Lévi-Strauss, *Strukturale Anthropologie 1* und *2*, Frankfurt 1967 und 1975, kommt immer wieder auf diese Idee zurück

[11] F. Bose, *Tonale Strukturen in primitiver Musik*, in: *Jahrbuch für musikalische Volks- und Völkerkunde 7*, 1973, S. 38. – Das 1969 gegründete und 1979 wieder aufgelassene Institut für experimentelle Musikpsychologie der Herbert von Karajan-Stiftung in Salzburg faßte das *Phänomen des „Musikerlebens"... von Anfang an als anthropologisches Problem* auf: P. Revers, in: *Österreichische Musikzeitschrift 34*, 1979, S. 369

[12] W. Wiora, *Volksmusik und Musica humana*, in: *Yearbook of the International Folk Music Council 7*, 1975, S. 30–43, Zitat S. 30; ders., *Ideen zur Geschichte der Musik*, Darmstadt 1980 *(Impulse der Forschung 31)*, S. 13–16

Schmidt-Brunner, Wolfgang Schmidt-Köngernheim und Reinhard Schneider[13]. Albrecht Schneider wies in seiner Danckert-Nachlese 1979 darauf hin, daß dieser – nämlich Werner Danckert – bereits in den fünfziger Jahren von Musik-Anthropologie sprach[14]. Zusammen mit Vladimir Karbusicky entwarf A. Schneider den Plan eines *Handbuches der systematischen und vergleichenden Musikwissenschaft,* in dem „Anthropologie der Musik" im Sinne des Walter Grafschen, daß heißt: wiener-vergleichend-musikwissenschaftlichen Verständnisses, nicht fehlt[15]. Cajsa Lund spricht von der Notwendigkeit einer *Vorgeschichtsmusikanthropologie*[16].

Ein Jahr nach meiner Mainzer Anthropologie-Vorlesung, 1973, erschien John Blackings *How Musical is Man?* Ein Buch, das Merriams ethnologisch-kulturanthropologischen Versuch in Richtung „Anthropologie des musizierenden und musikhörenden Menschen" entscheidend verbreiterte[17], – und das mich in meinem Weg bestärkte. *Ethnomusicology is the study of man as music-maker, and in the sense that musical systems are symbol systems it fits happily into the discipline of anthropology*[18].

Erschien es mir als Geisteswissenschaftler zunächst nicht möglich, den Bereich der Naturwissenschaften mit einzubeziehen, so verdanke ich der Bekanntschaft mit Bernhard Hassenstein in Freiburg im Breisgau wertvolle Anregungen in dieser Hinsicht. Die Einladung nach Freiburg, im Rahmen der Ringvorlesung zur „Biologie des Menschen" über biologische und kulturelle Gebrauchswerte der Musik zu sprechen, führte zu interessanten interdisziplinären Diskussionen. Bernhard Hassenstein lehrte mich zudem durch den Hinweis auf den Appell des Aristoteles aus der Nikomanchischen Ethik: *Der Gebildete treibt die Genauigkeit nicht weiter, als es der Natur des Gegenstandes entspricht,* die Möglichkeiten und Methoden eines Forschungsfeldes zu beachten, in dem *alles schwebend und in beständigen Übergängen und Mischungen existiert* (wie schon der Historiker Jakob Burckhardt wußte). *Abbildende Definitionen sind lediglich dort am Platze, wo scharfe Grenzen im Gegenstandsbereich vorgegeben sind, wie zum Beispiel im System der chemischen Elemente. Wo aber das Gegenstandsfeld fließende Übergänge bietet, werden wissenschaftliche Sachaussagen durch Grenzziehungen schon im Stadium der Begriffsbildung verfälscht. In diesem Bereich wächst die Präzision der sprachlichen Wiedergabe und Übermittlung von Informationen durch die Verwendung von Begriffen, welche kraft ihrer Begriffsbestimmung fließende Übergänge repräsentieren... Es ist bekanntlich in einem in Fluß befindlichen Forschungsgebiet unvermeidlich, daß verschiedene Forscher nicht dieselben Gesichtspunkte als entscheidend wichtig empfinden; wenn solche unterschiedlichen Ansichten dann durch abgrenzende Begriffsbildung in die Terminologie einfließen, besteht die Gefahr, daß verschiedene Arbeitsgruppen*

13 N. Linke, *Anthropologie und die Musikerziehung. Plädoyer für eine therapeutisch orientierte Musikdidaktik,* in: *Neue Musikzeitung,* Juni/Juli 1974, S. 37–40; H. Rauhe, *Bilden – Helfen – Heilen. Zur anthropologischen Begründung und Ausrichtung eines ausgewogenen Musikunterrichts für alle Stufen der Allgemeinbildenden Schulen,* in: *Musik und Bildung* 10 (69), 1978, S. 4–8; W. Schmidt-Brunner, *Zum Stand der musikdidaktischen und musikpädagogischen Forschung,* in: *Entwicklung neuer Ausbildungsgänge Musik.* Modellversuch, Essen 1978, S. 275–299; W. Schmidt-Köngernheim, *Musikzauber. Außereuropäische Musik als Grundlage eines kulturanthropologischen Zugangs zur Musik im Unterricht der Sekundarstufe I,* in: *Praxis des Musikunterrichts,* hg. von W. Gundlach und W. Schmidt-Brunner, Mainz 1977, S. 147–170; R. Schneider, *Vorüberlegungen zu einer Anthropologie der Musik – auch in pädagogischer Absicht,* in: *Zeitschrift für Musikpädagogik,* H. 15, Sept. 1981, S. 265–271
14 A. Schneider, *Vergleichende Musikwissenschaft als Morphologie und Stilkritik: W. Danckerts Stellung in der Volksliedforschung und Musikethnologie,* in: *Jahrbuch für Volksliedforschung* 24, 1979, S. 11–27
15. V. Karbusicky und A. Schneider, *Zur Grundlegung der Systematischen Musikwissenschaft,* in: *Acta musicologica* 52, 1980, S. 87–101
16 C. Lund, *Methoden und Probleme der nordischen Musikarchäologie,* in: *Acta musicologica* 52, 1980, S. 1
17 J. Blacking, *How Musical is Man?,* Seattle und London 1973
18 Ders. u. a., *Musicology in Great Britain since 1945,* in: *Acta musicologica* 52, 1980, S. 66

dieselben Fachausdrücke aufgrund anderer Hypothesen unterschiedlich definieren und anwenden. Damit wird das wissenschaftliche Verständigungsmittel mehrdeutig: Sachliche und terminologische Widersprüche sind bald nicht mehr voneinander zu trennen.. Wer Sprache und Wirklichkeit zu eng aufeinander bezieht, neigt dazu, auch in der Wirklichkeit Grenzen zu empfinden, wo keine bestehen (Bernhard Hassenstein)[19]. Allerneuesten Untersuchungen von Bernhard Hassenstein konnte schließlich entnommen werden, daß zwar IQ-Unterschiede zu 80% auf Erbgut und zu 20% auf Umwelteinflüsse zurückgehen, daß aber im Durchschnitt 33% der variablen IQ-relevanten Umweltwirkungen fehlen, die zur 100%igen Realisierung der im Erbgut verankerten, in der Bevölkerung variablen IQ-relevanten Anlagen erforderlich wären[20].

Der Versuch, meine Vorlesungs- und Vortrags-Manuskripte und Skizzen zu einem Buch zu formulieren, wurde u. a. dadurch hinausgeschoben, daß mehr und mehr Literatur aus unterschiedlichen Disziplinen anfiel, die eingearbeitet werden sollte. Um nochmals Max Frisch zu zitieren, es wurde ein „Abenteuer" daraus, *wie wenn man in einen Wald hineingeht und nicht weiß, wo man wieder herauskommt. Oft bemerkt man dann, daß das, was man geschrieben hat und was so fundamental mit einem selbst zusammenhängt, schon ein Mythos ist*[21].

Die allgemeine Anthropologie-Welle ist offensichtlich nun, da ich diese abschließenden Zeilen hinschreibe (im August 1982), abgeklungen[22]. Und das ist gut so. Das Buch kommt zu spät auf den Markt, um als Modegag eingestuft zu werden. Anthropologie bedarf keiner modischen Publizität, sie war, ist und bleibt Zentrum aller geistes- und naturwissenschaftlichen Denkleistungen. Und da sie nicht isoliert von dem Vertreter eines Faches oder gar einer Fachspezialisierung aus betrieben werden kann, mag diese Schrift allein als bescheidene Anregung verstanden werden, dem Thema auf breiterer Basis, nämlich „interdisziplinär" (um an einen leider kaum verwirklichten, weil totgeredeten Anspruch jüngerer Forschungsorganisation zu erinnern) gerecht zu werden. Eben dazu, zu Forschungskooperation nämlich, einzuladen, das ist mein Wunsch[23]: Die Musikwissenschaft sollte von einer „Kulturgüterforschung" wieder zu einer Menschenforschung zurückgeführt werden; denn Kulturgüter (und dazu gehören Musikwerke) sind nur in bezug zu jenen Menschen, die sie herstellen und benutzen, verständlich, sinnvoll und analysierbar. Werkeinsicht erfüllt dort einen Sinn, wo sie die Umweltauseinandersetzung des schöpferischen Menschen erhellt und Mechanismen der Menschenbildung aufzeigt. Das „Musikalische" ist ebenso wie *das Poetische nichts Abstraktes, Reserviertes, Definitives... Es ist keine Eigenschaft, die an einem Werk haftet und festklebt wie ein Firmenschild an einer Ware. Das Poetische ist ein Vorgang* [!], *der sich immer wieder ereignen muß in der Begegnung zwischen Werk und Mensch* (Gertrud Fussenegger[24]).

[19] B. Hassenstein, *Wie viele Körner ergeben einen Haufen? Bemerkungen zu einem uralten und zugleich aktuellen Verständigungsproblem*, in: *Der Mensch und seine Sprache I*, hg. von A. Peisl und A. Mohler, Berlin o. J., S. 219–242 (Schriften der Carl Friedrich von Siemens Stiftung im Propyläen Verlag)

[20] Ders., *Erbgut, Umwelt, Intelligenzquotient und deren mathematisch-logische Beziehungen*, in: *Zeitschrift für Psychologie 1982*. Herrn Kollegen Hassenstein bin ich für die Überlassung des Manuskriptes dieses Aufsatzes dankbar verbunden.

[21] M. Frisch, in: *Die Presse*, Wien, 23. 1. 1981

[22] Das Buch sollte im Sommer 1979 für den Druck fertiggestellt werden. Die Arbeit daran mußte abgebrochen werden, als etwa zwei Drittel des Manuskriptes formuliert waren. Erst im Sommer 1982 ergab sich die Möglichkeit, das Buch fertigzustellen.

[23] Wenn es die ökonomischen Bedingungen erlauben, soll in einem der nächsten Jahre in Graz eine Tagung zum Thema „Interdisziplinäre Aspekte einer Musik-Anthropologie" stattfinden. Interessenten werden gebeten, sich mit dem Autor (Institut für Musikethnologie, A 8010 Graz, Leonhardstraße 15) in Verbindung zu setzen.

[24] G. Fussenegger, *Der große Obelisk. Was Poesie bedeuten und bewirken kann...*, in: *Die Presse*, Wien, 9./10. April 1977, S. 6

In Diskussionen wurde dem Autor mehrfach entgegengehalten, daß in diesem System einer Musikanthropologie ein einseitiger Funktionalismus (der zwanziger Jahre) wieder aufgewärmt würde, vor allem aber, daß dabei der Spieltrieb zu kurz käme. Huizingas *Homo ludens* hat großen Einfluß auf das Denken der letzten Jahrzehnte genommen, die darin enthaltenen Theorien sind zu einer Selbstverständlichkeit geworden – und es wird daher derzeit kaum darüber nachgedacht –, obgleich Huizinga selbst einschränkt und vom *Versuch einer* [!] *Bestimmung* spricht[25]. *Die Lust, sich musikalisch auszudrücken*[26], erscheint Verf. demgegenüber als eine menschlich-biologische Notwendigkeit, als Einübung in den Ernstfall, ein Zwang; denn was *ist die Angst anderes als das Bewußtsein, spielen zu müssen. Das Spiel zeigt sich als die Bewegung, durch die der Mensch zum Menschen wird*[27]. So gesehen dekouvriert sich „Spielen" als Gebrauchsgegenstand des Menschen, und eine Trennung in Musizieren (a) aus reinem Spieltrieb und (b) in (kultischer) Funktion, wie sie Marius Schneider vornimmt, erscheint mir nicht zielführend[28]. *Alle Bemühungen, Musik irgendwelcher Art als von Funktionen, Beziehungen, Bindungen an die Gesellschaft frei zu definieren, sind unhaltbar*[29].

Der Musikerzieher wird in dieser Schrift keine Rezepte für praktische Musikpädagogik finden. Aber derjenige, der mit Verstand liest, inwiefern Mensch und Musik sich in Geschichte und Gegenwart, in Naturvolk- und Hochkulturen begegnen, der darüber zu reflektieren versteht, der mag Anhaltspunkte dafür orten, die es ihm ermöglichen, *Merkmale der psychischen Disposition und ihre Veränderbarkeit im Zusammenhang mit Musik* zu ergreifen; *denn die für musikalisches Lernen relevanten Merkmale der psychischen Disposition sind die e i n z i g e n B e d i n g u n g e n* (Hervorhebung durch den Verf.), *die in die Sollensforderung des Zieles für musikalisches Lernen eine Determinierung des Möglichen einbringen können; sie sagen nicht, was sein soll, sondern grenzen ein, was sein kann ... Die psychischen Dispositionen in bezug auf Musik sind in hohem Maße hochkomplexe Bereitschaften und Fähigkeiten. Die psychologischen und musikpsychologischen Untersuchungen richten sich jedoch bisher aus einsichtigen methodischen Gründen auf isolierte musikalische Leistungen, insbesondere auf die Feststellung von parameterbezogenen Leistungsnormen. Daraus erklärt sich der Mangel an Wissen über die psychische Disposition und ihre Veränderbarkeit in bezug auf Musik sowie die Variationsbreite der Annahmen hinsichtlich der psychologischen Voraussetzungen des Zieles für musikalisches Lernen*[30]. *Das Mißverhältnis zwischen technischem Fortschritt und menschlicher Unreife ist erschreckend. Vielleicht sollte man sich wirklich um eine Anthropologie bemühen*[31].

---

25 J. Huizinga, *Homo ludens. Versuch einer Bestimmung des Spielelements der Kultur,* Amsterdam 1939. – Vgl. auch M. Reimann, *Musik und Spiel,* in: *Archiv für Musikwissenschaft* 24, 1967, S. 225–236; R. Caillois, *Die Spiele der Menschen,* Frankfurt u. a. 1982

26 Dies ein Buchtitel von Friedrich Klausmeier, *Die Lust, sich musikalisch auszudrücken. Eine Einführung in soziomusikalisches Verhalten,* Reinbek bei Hamburg 1978; dazu (Rez.) W. Suppan, in: *Jahrbuch für Volksliedforschung* 24, 1979, S. 190f.

27 Henriot, in: *Neue Anthropologie* 4, hg. von H.-G. Gadamer und P. Vogler, 7 Bände, Stuttgart 1972–1975

28 M. Schneider, *Ethnologische Musikforschung,* in: K. Th. Preuss und R. Thurnwald, *Lehrbuch der Völkerkunde,* Stuttgart 1939, S. 138ff.

29 G. Knepler, *Geschichte als Weg zum Musikverständnis,* Leipzig 1977, S. 193

30 S. Abel-Struth, *Ziele des Musik-Lernens. Teil I: Beitrag zur Entwicklung ihrer Theorie,* Mainz u. a. 1978, S. 20f. *(Musikpädagogik. Forschung und Lehre* 12)

31 R. Bilz, *Paläoanthropologie. Der neue Mensch in der Sicht der Verhaltensforschung,* Frankfurt 1971, S. 7. – U. Aselmeier/K.-W. Eigenbrodt und F. W. Kron ergänzen dazu aus pädagogischer Sicht: *Zwischen Anthropologie und Schule gibt es ... vielerlei Bezüge. Einer der wichtigsten ist der Lehrplan ... Sein Bezug zur Anthropologie zeigt sich darin, daß er nicht nur für die Lehrer, sondern auch für den Schüler konzipiert sein muß, also anthropologische Bedingungen berücksichtigen muß, die mit dem Wesen, der Entwicklung und der geschichtlich-gesellschaftlichen Abhängigkeit des Schülers gegeben sind: Sozialanthropologische und anthropologische Erwägungen zur Situation des Schülers unter besonderer Berücksichtigung des Drogenmißbrauchs durch den Schüler,* in: *Siegener Studien* 29, 1981, S. 9f.

Der Herausgeberin der Reihe *Musikpädagogik. Forschung und Lehre*, Frau Prof. Dr. Sigrid A b e l - S t r u t h , bin ich dafür aufrichtig dankbar, daß sie die vorliegende Thematik in den Bereich der Musikpädagogik getragen hat; denn eben da ist sie primär angesiedelt. Und ich habe zweitens sowohl Frau Abel-Struth wie dem Verlag für die Geduld zu danken, mit der die Fertigstellung des schwierigen und infolge der begrenzten Arbeitskraft und des begrenzten Fächerhorizonts eines Einzelnen stets Stückwerk bleibenden Manuskriptes abgewartet wurde.

Schließlich habe ich meinen Mitarbeitern im Institut für Musikethnologie an der Hochschule für Musik und Darstellende Kunst in Graz zu danken: Der Sekretärin, Frau Irmgard S c h ü s s l e r , für die „intelligente, mitdenkende" Art der Reinschrift des Manuskriptes, so daß manche Ungereimtheit rechtzeitig „ausgebügelt" werden konnte; meinem Assistenten Dr. Alois M a u e r h o f e r für das Herbeischaffen zahlreicher, vielfach schwer zu eruierender Bücher, aber auch für fachlich anregende Gespräche.

Auf der Pürgg, Steiermark, im Sommer 1982

A. Zur Situation anthropologischer Forschung

> *Es wäre bedenklich, wenn die Fachleute sich weigerten, sich mit den neuen Fragestellungen „kulturanthropologischer" Art zu beschäftigen – aus Furcht, schon beim bloßen „Blick über den Zaun" mit den Miasmen des Dilettantismus infiziert zu werden: durch eine solche Haltung würde man eine an sich gesunde Sache am sichersten der Pestilenz des Obskurantismus preisgeben. Es kommt vielmehr darauf an, mutig den Zaun niederzulegen und mit wissenschaftlich vernünftigen Methoden das Neuland zu kultivieren.*
>
> Wilhelm Emil Mühlmann[32]

Allen anthropologischen Fächern ist gemeinsam, daß sie universale Wahrheitserkenntnis über das erstreben, was den Menschen zum Menschen macht, – und das bedeutet für den Pädagogen: ihn daher auch motivisch menschlich machen kann. Der Zugang zu solcher Fragestellung ist einerseits über die naturwissenschaftlich orientierte biologisch-medizinische Forschung, zum anderen über kulturwissenschaftlich-spekulative Gedankengebäude der Philosophie und Theologie möglich. Geht es im erstgenannten Bereich um phylogenetische Probleme der Entstehung der Spezies homo sapiens, um Körperformen der lebenden Menschheit und deren charakteristische Unterschiede, um die biologische Ausrüstung des Menschen mit bestimmten Erbfaktoren, so sucht die philosophische und theologische Anthropologie den Sinn menschlichen Daseins und dessen Bestimmung zu ergründen. Beide Forschungskomplexe haben in Kontinentaleuropa Tradition. Jüngeren Datums ist die Entwicklung in England, wo man von Social Anthropology spricht und damit Studien über die soziale Organisation in Naturvolkkulturen meint, sowie in den USA, wo sich Cultural Anthropology als ein interdisziplinäres ethnologisches (völkerkundliches) Department entwickelt hat; bezeichnend für die Situation in den englischsprachigen Ländern sind Titel und Untertitel der seit 1961 erscheinenden Zeitschrift *Ethnology. An International Journal of Cultural and Social Anthropology.* Dieser differenzierte Sprachgebrauch ist forschungsgeschichtlich bedingt und daher zu akzeptieren. Doch müßten bei Übersetzungen in andere Sprachen sowohl die Begriffsfelder deutscher wie angloamerikanischer Anthropologie jeweils berücksichtigt werden[33].

Die biologische und kulturelle Evolution des Menschen (biologische Anthropologie)

Der Mensch verdankt seine Sonderstellung im Bereich des Lebendigen der kulturellen Evolution, das heißt: der Möglichkeit, Erfahrungen zu sammeln, die in Form von Engrammen im Gehirn gespeichert werden, dort abrufbar sind und mit Hilfe von Lehr- und Lernvorgängen

---

[32] W. E. Mühlmann, *Umrisse und Probleme einer Kulturanthropologie,* in: *Kulturanthropologie,* hg. von dems. und E. W. Müller, Köln/Berlin 1966, S. 15 *(Neue Wiss. Bibliothek* 9. *Soziologie)*
[33] W. E. Mühlmann / E. W. Müller, wie Anm. 32, S. 9–13

weitergegeben werden. Die Fähigkeit, das Verhalten den gegebenen Möglichkeiten anzupassen, es aufgrund von äußeren und inneren Lernprozessen zu modifizieren, gilt als Voraussetzung der kulturellen Entwicklung. Doch das Wesen des Menschen ist geprägt durch eine zweifache Geschichtlichkeit. Neben der Kulturgeschichte hat er eine Naturgeschichte. Bei dieser biologischen Evolution sind in bezug auf Artbildung und Anpassungsvervollkommnung dieselben Mechanismen wirksam wie bei den Tieren: Erbinformation wird durch Mutation erzeugt und angesammelt, im Vorgang der sexuellen Fortpflanzung neu kombiniert, durch Vererbung an die nächste Generation weitergegeben und durch Selektion ausgelesen.

Dabei ist für Politik und Pädagogik von entscheidender Bedeutung, daß allein erbliche Eigenschaften der biologischen Evolution unterliegen, nicht jedoch erworbene. Mit anderen Worten: Es gibt keine unmittelbare Vererbung erworbener Eigenschaften, wohl aber die Weitergabe einer mehr oder weniger breiten *Reaktionsnorm ..., innerhalb derer durch individuelle Modifikation Anpassungen an die individuellen Erfordernisse möglich sind*[34]. Dem widerspricht nicht, daß einerseits erfahrungsbedingtes Verhalten im Tierreich gegeben ist, daß die bei niederen Tieren erkennbaren starren, geschlossenen Verhaltensprogramme bei höheren durch offenere Programme ersetzt werden. Individualisierung, d. h. die Möglichkeit individuell unterschiedlicher Ausprägung von Verhaltensnormen aufgrund zunehmenden Lernvermögens kennzeichnet etwa die Evolution der Wirbeltiere. Andererseits zeigt das Verhalten des Menschen zahlreiche angeborene Komponenten: Klammerreflexe der Neugeborenen, das Haarsträuben, Drohgesten; das Lächeln als Gruß- und Beschwichtigungsgeste ist auch bei taub und blind geborenen Kindern vorhanden. Tier und Mensch lernen bei der unmittelbaren Auseinandersetzung mit der Umwelt an Erfolg und Mißerfolg. Lernsituationen ergeben sich durch Erkunden und Spielen = Ausprobieren des Ernstfalles, durch das Nachahmen eines erfahrenen, erfolgreichen Vorbildes. Alle wesentlichen Sozialfunktionen werden „spielerisch" trainiert und perfektioniert. *Falls sich, wie bei in Sozialverbänden lebenden Säugetieren in der Regel, die aufeinanderfolgenden Generationen überlappen, ergibt sich die Möglichkeit, daß Individuen der jüngeren Generationen von den jeweils älteren lernen können. Auf diese Weise kann eine Weitergabe von Erfahrungen und Erlerntem über die Generationsgrenzen hinweg erfolgen, was man als Traditionsbildung (Tradierung) bezeichnet. Auf diese Weise werden individuell erworbene Modifikationen weitergegeben – im Unterschied zu morphologischen und physiologischen Modifikationen, für die eine „Vererbung von erworbenen Eigenschaften" nicht möglich ist*[35].

Biologische und kulturelle Evolutionen unterscheiden sich aber auch darin, daß im ersten Fall die Informationen (Gene) durch Vererbung immer nur von den Eltern auf die Kinder weitergegeben werden können und eine Kombination von Erbinformationen sich auf die der Gene der beiden Eltern (in der Zygote) beschränkt. Die kulturelle Information geschieht im Prinzip durch jedes Mitglied einer Gruppe an jedes Mitglied der Gruppe. Ein Individuum kann von vielen Gruppenmitgliedern Informationen übernehmen und kombinieren. Und damit besteht die Möglichkeit, kulturelle Informationen zeitlich rascher zu verbreiten und abzuwandeln als genetische.

Der Tier-Mensch-Vergleich führt weiter zu folgenden Einsichten: Um sich den unterschiedlichen Lebensbedingungen anzupassen, haben sich die Organe der Tiere im Rahmen der biolo-

---

[34] G. Osche, *Kulturelle Evolution: biologische Wurzeln, Vergleich ihrer Mechanismen mit denen des biologischen Evolutionsgeschehens,* in: Freiburger Vorlesungen zur Biologie des Menschen, hg. von B. Hassenstein u. a., Heidelberg 1979, S. 33–50, Zitat 34. Umfassend dargestellt wird der Bereich der biologischen Anthropologie bei H. G. Gadamer und P. Vogler (Hg.), *Neue Anthropologie,* Bände 1 und 2, Stuttgart 1972 *(dtv. Wissenschaftliche Reihe,* 4069f.)

[35] G. Osche, wie Anm. 34, S. 35

gischen Evolution den jeweiligen Aufgaben angepaßt (Adaption): *Der Seihschnabel eines Fla-mingos, der Meißelschnabel eines Spechtes und der Saugschnabel eines Kolibris sind daher ebenso verschieden und ihrer spezifischen Funktion angepaßt, wie der Reißzahn des Tigers, der Mahlzahn des Rindes und der Stoßzahn des Elefanten*[36]. Und obgleich bereits im Tierreich werkzeugliche Handhabung von gewissen Materialien zu beobachten ist, blieb es doch dem Menschen vor-behalten, Werkzeuge sich zu schaffen und zu komplizierten Geräten zu entwickeln, um die Umwelt immer stärker beherrschen und nutzen zu können. Während Tiere und Pflanzen die in einer langen biologischen Evolution spezifisch geprägten = ihnen „angeborenen" Organe dazu benutzen, um in den verschiedenen Lebensräumen (Biotope) unserer Erde zu überleben, vermochte der Mensch für jede Aufgabe ein daraufhin konzipiertes Werkzeug herzustellen. Die Spezialisierung des Menschen ist demnach eine der Werkzeuge, die der Tiere eine der Organe. Die Nutzung der unterschiedlichen Werkzeuge wird erlernt, die der Organe ererbt: Den verschiedenen Lernberufen innerhalb der einen Art „Homo sapiens" entsprechen gleich-sam die Erbberufe der verschiedenen Tierarten. *Die Möglichkeit, mit Geräten und mit immer effektiver werdenden Produkten seiner Technik auf seine Umwelt einzuwirken, hat es dem Menschen gestattet, die Umwelt seinen Bedürfnissen anzupassen, ganz im Gegensatz zu den Tieren, die im Laufe ihrer biologischen Evolution ihre Eigenschaften der Umwelt anpassen mußten*[37].

Eine dritte kulturelle Evolution ist dem Menschen vorbehalten und zum Kennzeichen sei-ner Sonderstellung geworden: die Wortsprache – zwar ein Produkt der kulturellen, aber dispo-niert durch die biologische Evolution. Mensch wie Tier verfügen über affektive, emotionale Lautäußerungen, die genetisch vererbt werden und die daher überlokal und international ver-standen werden. Die erlernte Wortsprache des Menschen bedient sich der Symbole, sie ist intentional auf einen Sinn hin gerichtet. Im Zuge der Ausbildung begrifflichen Denkens und des Abstraktionsvermögens werden Personen und Gegenstände, Eigenschaften und Empfin-dungen, Tätigkeiten und Werkzeuge mit Symbolen belegt, – innerhalb der Sprachgemein-schaft bestehen feste Vereinbarungen über den Gebrauch der Wortsprachen. *Die Sprache erschließt dem Menschen völlig neue Wege der Weitergabe von Informationen. Während bei der Weitergabe von Erlerntem und Erfahrenem durch Nachahmung der Lernende sein Vorbild als „Demonstrationsobjekt" agieren sehen muß, macht die Symbolsprache frei vom Demonstrationsob-jekt und von der Zeit, frei vom momentanen Geschehen und von der momentanen Motivation. Jetzt kann über Dinge gesprochen werden, die nicht zugegen sind; jetzt kann Vergangenes vergegenwär-tigt und Zukünftiges vorhergesehen werden. Da die verwendeten Symbole ... nicht angeboren, son-dern „erfunden" und dann gelernt werden, kommen mit dem Anwachsen der „Welterkenntnis" rasch immer weitere Begriffe und Symbole dazu, die nun frei kombiniert werden können. Dadurch gewinnt die menschliche Sprache ihre Kreativität und Produktivität ... Die Erfahrungen und Gedanken der Gruppenmitglieder konnten in vielen Köpfen, in einem „kollektiven Gedächtnis" gespeichert werden*[38].

In schriftlosen Kulturen bedurfte es allerdings eines ständigen Aufnehmens, Neu-Lernens und Um-Prägens dieses „kollektiven Gedächtnisses" = eben der Tradition. Erst die Erfindung der Schrift bot die Möglichkeit, Informationen auch außerhalb der menschlichen Gehirne zu

---

[36] G. Osche, wie Anm. 34, S. 37
[37] G. Osche, wie Anm. 34, S. 40f. – Vgl. dazu auch J. B. Martins, *Die Funktion des Mensch/Tier-Vergleichs in der philo-sophischen Anthropologie,* Göppingen 1973 *(Göppinger Akademische Beiträge 80)*
[38] G. Osche, wie Anm. 34, S. 44

speichern[39] – und damit das Tempo der kulturellen Evolution zu beschleunigen, während *die biologische Evolution, wie alle phylogenetischen Prozesse, im langsamen Schrittmaß weiterlief. Daran liegt es, daß alle heute lebenden Menschen in ihren biologischen Eigenschaften weitgehend übereinstimmen... Im Hinblick auf die Produkte ihrer kulturellen Evolution dagegen bestehen bedeutende Unterschiede: Neben hochentwickelten Kulturen sind auch ursprünglichere Verhältnisse bei geographisch isolierten „Naturvölkern" erhalten geblieben, wie z. B. bei der Urbevölkerung in entlegenen Bergtälern Neuguineas, die in manchem noch eine „Steinzeitkultur" besitzen. Die kulturelle Differenzierung hat beim Menschen die biologische Differenzierung, die über die Aufspaltung in verschiedene Arten, über Artbildung (Speziation) verläuft, abgelöst und zu einer kulturellen „Pseudospeziation" (Scheinartbildung) geführt*[40].

Die Pseudospeziation zeigt sich einerseits in der beruflichen Spezialisierung innerhalb der Mitglieder einer Gruppe und damit in der steigenden Abhängigkeit voneinander. Das Schicksal des Einzelnen, seine Fortpflanzungs- und Überlebenschancen standen in engem Zusammenhang mit dem Erfolg seiner Gruppe – und dazu gehörte, daß der Austausch wertvoller Erfahrungen auf die Gruppe beschränkt oder auf wenige, bedeutsame Gruppenmitglieder (Schamanen, Zauberer, Medizinmänner, Priester) beschränkt blieb. Man spricht in diesem Zusammenhang von einem „ingroup-Altruismus", der die „outgroup-Ablehnung" zur Folge hatte. Ebenso wie im Bereich der biologischen Evolution bei der Unterscheidung in verschiedene Arten Isolationsmechanismen den Austausch von genetischen Informationen auf Artgenossen beschränken und Barrieren zur Aufrechterhaltung der Arttrennung abgeben, so neigt die kulturelle Evolution zur Errichtung von Schranken gegen willkürlichen Informationsfluß, es kommt zur Bildung von „Kulturarten", eben zur Pseudospeziation. Sprache wird in diesem Zusammenhang nicht als Brücke sondern als Hindernis gebraucht, sie trennt Menschen/Völker voneinander. Der Stammesfremde wird zum „Andersartigen", zum Nicht-Menschen – darin liegt eine Wurzel kriegerischen Verhaltens, das vor der Tötung des biologischen Artgenossen nicht zurückschreckt. Wo das äußere Unterscheidungsbild keine Unterscheidung zuläßt, wie bei benachbarten Stämmen derselben Rasse, die in unmittelbarem Konkurrenzkampf um Boden und Vieh stehen, werden Stammeszeichen als optische Pseudospeziesmerkmale geschaffen: Bemalung, Maskierung des Körpers, Tätowierung, Tracht, Uniform, Fahne, Wappen.

Zusammenfassend läßt sich sagen: Die kulturelle Evolution des Menschen ist geprägt durch (1) die Möglichkeit des Gewinnens und Tradierens von Erfahrungen, (2) die Herstellung und Verwendung von Werkzeugen und (3) die Entfaltung der Sprache(n). Die biologische Evolution lieferte die Basis dafür: populations-genetisch gesehen, bildet der Mensch eine einzige, wenn auch in Rassen aufgegliederte Art. Im kulturellen Bereich aber ergaben sich mannigfache Möglichkeiten der „Einnischung" mit der Bereitschaft (innerhalb seiner Gruppe) zu teilen, also Altruismus, aber auch die Tendenz zur gegenseitigen Absonderung durch unterschiedliche

---

[39] Manche Kritik wird allerdings gegen die Schrift vorgebracht. Bedeutsam die Platons: *Die Erfindung* [der Schrift] *wird den lernenden Seelen viel Vergessenheit einflößen durch Vernachlässigung des Gedächtnisses, weil sie im Vertrauen auf die Schrift sich nur von „außen", mittels fremder Zeichen, nicht aber „innerlich" und unmittelbar erinnern. Nicht für das Gedächtnis, sondern für das Erinnern hast du ein Mittel gefunden, und von der Weisheit bringst du deinem Lehrling nur den Schein bei nicht die Sache selbst... Wer also eine Kunst in Schrift hinterläßt, und auch wer sie aufnimmt, in der Meinung, daß etwas Deutliches und Sicheres durch die Buchstaben kommen könnte, der ist einfältig genug* (Platon 275 A–C), zitiert nach E. Grassi, *Kunst und Mythos*, Hamburg 1957, S. 19

[40] G. Osche, wie Anm. 34, S. 45

Sprachen, Sitten und Stammeszeichen. Als Ergebnis der Pseudospeziation werden Altruismus, Gruppenegoismus und Feindschaft zwischen Gruppen erklärbar[41].

Philosophische Anthropologie

Obgleich die Bezeichnung Anthropologie bereits bei Aristoteles begegnet und so unterschiedliche Geister wie Thomas von Aquin, Immanuel Kant (*Von den verschiedenen Racen des Menschen,* 1775) und Charles Darwin, Friedrich Nietzsche, Anselm von Feuerbach und Sigmund Freud für die Kunde vom Menschen eine tragfähige Basis geschaffen haben, spricht man von einer eigenständigen philosophischen Anthropologie erst seit Max Schelers Buch über *Die Stellung des Menschen im Kosmos,* 1928. Hatte im Zentrum gelehrten Denkens bis ins 17. Jahrhundert herein der Mensch allein als Geschöpf und Abbild Gottes gestanden: und zwar von Gott unmittelbar geschaffen, indem er dem materiellen Leib eine geistige, individuelle, unsterbliche Seele einpflanzte, so gibt Descartes nun den Anstoß zur Emanzipation der Philosophie von der Theologie. Descartes interpretierte den Leib des Menschen als einen Körper unter anderen Körpern und gelangte so zu einem höchst einfachen Leib-Seele-Dualismus: der Mensch sei eine Maschine, in der ein unsterblicher Geist wohne. Damit klammerte er das Schöpfungsthema aus, ohne eine atheistische Position einzunehmen. Die wissenschaftliche Beschäftigung mit der Seele fiel den Geisteswissenschaften zu, den Leib überließ man Medizinern, Biologen, Physiologen, Chemikern. Dieses cartesische Schema prägte anfort die Organisation der Universitäten mit ihrer Teilung in geistes- und naturwissenschaftliche Disziplinen und verfestigte die getrennte, spezialisierte Betrachtung von Teilbereichen menschlicher Konstitution. Der Versuch, eine solche Entwicklung zu durchbrechen, das heißt: die Philosophie wieder an die Theologie heranzuführen, wurde von den „deutschen Idealisten" Kant, Fichte, Hegel, Schelling zwar eingeleitet. Doch bereits Schopenhauer philosophierte wieder dualistisch, *wenn auch gegen seinen Willen*[42]. Und so verhielten sich alle wesentlichen Denker bis in die ersten Jahrzehnte des 20. Jahrhunderts. Die Befreiung aus theologischer Vormundschaft bei Descartes konnte nur durch die Schaffung jenes dualistischen Seele-Körper-Modells geschehen, als eine zeitbedingte Übergangslösung, die es ermöglichte, die Frage, was der Mensch sei, in neuen, von der Gott-Abbild-Theorie unabhängigen Kategorien aufzuwerfen und mit den Methoden einer Erfahrungswissenschaft zu diskutieren. Doch die Übergangslösung wurde gleichsam ritualisiert und in der Forschungs- und Lehrorganisation der Universitäten zur Institution.

Erst Schelers Neuansatz durchbrach eingefahrene Bahnen, indem er den Menschen nicht im Vergleich oder in Beziehung zu Gott interpretierte, sondern indem er nach dem Wesensunterschied zwischen Mensch und Tier fragte. Denn: *Nur mit dem Blick auf das lebendige Verhalten von Tier und Mensch läßt sich die absurde Kluft schließen, auf welche die Philosophie seit Des-*

---

[41] Vgl. dazu weiter: I. Eibl-Eibesfeldt, *Liebe und Hass. Zur Naturgeschichte elementarer Verhaltensweisen,* München 1970; ders., *Grundriß der vergleichenden Verhaltensforschung,* 4. Aufl., München 1978; ders., *Der vorprogrammierte Mensch. Das Ererbte als bestimmender Faktor im menschlichen Verhalten,* Wien 1973; G. Osche, *Biologische und kulturelle Evolution – die zweifache Geschichte des Menschen und seine Sonderstellung,* in: *Verhandlungen der Gesellschaft Deutscher Naturforscher und Ärzte,* Heidelberg 1972, mit weiterer Literatur; D. E. Zimmer, *Unsere erste Natur. Die biologischen Ursprünge menschlichen Verhaltens,* Frankfurt 1982 *(Ullstein Sachbuch 34 095)*

[42] A. Gehlen, *Anthropologische Forschung. Zur Selbstbegegnung und Selbstentdeckung des Menschen,* Hamburg 1961, S. 14. – Weitere einführende Schriften: W. E. Mühlmann, *Geschichte der Anthropologie,* Bonn 1948; G. Heberer/ I. Schwidetzky/H. Walter, *Anthropologie,* Frankfurt am Main 1959, ²1970 *(Das Fischer Lexikon 15); Neue Anthropologie,* hg. von H.-G. Gadamer/P. Vogler, Bände 3 und 4, Stuttgart 1972/73 *(dtv Wiss. Reihe 4071–4072)*

cartes gestarrt hatte[43], so formulierte Helmut Plessner, Schelers Mitarbeiter und unmittelbarer Nachfolger. Und sah Scheler *gegenüber der auch bei höheren Tieren feststellbaren Intelligenz das spezifisch Menschliche in dem, was er im Unterschied dazu den Geist nannte, das heißt in der Fähigkeit zur Lösung von der tierisch gebundenen Umweltbeziehung und zur nun durch die Befreiung von unmittelbarem Triebdruck möglichen Erkenntnis der Dinge in ihrem reinen Eigenwesen, so sah Plessner das Wesen des Menschen in seiner Exzentrizität, das heißt in der Fähigkeit, aus der eigenen Mitte herauszutreten und sich gewissermaßen von außen zu sehen, oder anders ausgedrückt: zu sich selbst in ein Verhältnis zu treten*[44]. Arnold Gehlen setzt die Reihe Scheler – Plessner konsequent fort. Für ihn ist der Mensch von schwerwiegenden biologischen Nachteilen gekennzeichnet, den Tieren gegenüber im Hintertreffen, ein *instinktverlassenes Wesen,* das in der freien Natur nicht mehr lebensfähig ist – und zur Kompensation dieser seiner Mängel eine entgiftete künstliche Natur, eben eine Kultur um sich schafft. So faszinierend die Bilder erscheinen: *Bei Scheler ist es der Mensch als Geistwesen, als der Asket des Lebens, der sich durch das Vermögen zur reinen Schau aus allem übrigen heraushebt, bei Plessner ist es der Mensch als das exzentrische Wesen, das infolge des Mangels an einem natürlichen Mittelpunkt zur ewigen Unruhe, zum ewigen Fortschritt verurteilt ist, bei Gehlen wiederum der Mensch als das handelnde Wesen, das handelnd seine Welt umschafft,* so erkennt man doch, daß *jedesmal ein einseitiger spezieller Aspekt herausgehoben und zum Kennzeichen des spezifisch Menschlichen erhoben wird, daß aber andere und nicht weniger wichtige Aspekte darin fehlen und sich auch nicht nachträglich einfügen lassen... Darum wird eine andere methodische Begründung der philosophischen Anthropologie erforderlich, nämlich eine solche, die*

1. ohne Bevorzugung eines bestimmten Aspekts alle am Menschen vorfindbaren Wesenszüge in grundsätzlicher Gleichberechtigung aufnimmt und dabei

2. primär vom Menschen ausgeht, ihn aus sich selber versteht und nicht von einem in gegenständlicher Ebene angesetzten Vergleich des Menschen mit einem außermenschlichen Sein[45].

Konnte demnach die Entfaltung biologischer Forschung im Verlauf des 19. Jahrhunderts und die damit verbundene Erkenntnis, daß der Leib für Tier und Mensch in gleicher Weise eine konstitutive Größe sei, verbunden mit der unvoreingenommenen, ent-theologisierten Naturbeobachtung, zum Sprungbrett philosophisch-anthropologisch begründeten Nachdenkens werden[46], so leitete diese ihrerseits die Entwicklung neuer Teil-Disziplinen, vor allem der Kulturethologie, der Kultur- und Sozialanthropologie ein.

Kulturanthropologie

In Europa hat sich nach dem Ende des Zweiten Weltkrieges Kulturanthropologie als neue, nach der Abstinenz der Kriegsjahre kurze Zeit modisch gewordene Fächerkombination gewiß nicht ohne den Einfluß der US-amerikanischen Cultural Anthropology eingebürgert. Doch kann

---

43 H. Plessner, *Homo absconditus,* in: *Philosophische Anthropologie heute,* 2. Aufl., München 1974, S. 39 *(Beck'sche Schwarze Reihe 89)*

44 O. F. Bollnow, *Die philosophische Anthropologie und ihre methodischen Prinzipien,* ebda. S. 24

45 O. F. Bollnow, wie Anm. 44, S. 24f. – Zur Kritik an Scheler, Plessner und Gehlen vgl. auch G. Altner (Hg.), *Kreatur Mensch. Moderne Wissenschaft auf der Suche nach dem Humanum,* München 1973, dtv-Ausgabe 892, S. 23

46 H. Plessner: *Daß die Philosophie in vorbiologischer Zeit an dem Zwiespalt der Menschennatur festhielt, ist kein Wunder. Die Frage nach der natura hominis war von der Theologie entschieden worden: durch das Dogma von der Unsterblichkeit der Seele in der Nachfolge Platos. Damit war sie als Frage tabu...* aus: *Homo absconditus,* in: *Philosophische Anthropologie heute,* wie Anm. 43, S. 42

nicht übersehen werden, daß es sich dabei um den Rückfluß von Ideen und Gedanken handelte, die aus der unbefangenen Hinwendung zu kulturwissenschaftlicher Forschung in den USA[47], aus Problemstellungen der Akkulturationsforschung in diesem Land und der starken Einbeziehung der Ethnologie, eine veränderte Gewichtung und differenzierte methodische Aufbereitung erfahren hatten. Die Leistungen amerikanischer Fachkollegen werden keinesfalls gemindert, wenn wir etwa auf Ernst Cassirers oder Edmund Husserls Schriften verweisen. In Cassirers *Philosophie der symbolischen Formen*[48] sind alle wesentlichen Elemente einer Kulturanthropologie vorgegeben. Bezeichnend mag erscheinen, daß Cassirers in der Emigration geschriebenes Buch *An Essay on Man*[49] in der Nachkriegszeit aus Amerika nach Europa kam. Darin ist jene Symbollehre des Autors zusammenfassend dargestellt, die die Formen des menschlichen Zusammenlebens als symbolische ausweist; denn der Mensch *steht mit seiner Umwelt nicht direkt in Berührung, sondern durch das Medium eines künstlichen „symbolischen Systems", als da sind linguistische Formen, mythische Symbole, religiöse und soziale Riten usw. Der Mensch ist nicht ein animal rationale, sondern ein animal symbolicum. Heute reden die Kulturanthropologen aller Länder von der Symbolwelt des Menschen, als ob es eine neue Entdeckung sei! In Wahrheit ist es eine uralte Einsicht; indische, ostasiatische, hellenische Philosophie wissen davon zu reden. Man muß nur heute versuchen, das wissenschaftlich systematischer zu fassen. Dabei wird man sich philosophisch vor allem an der Philosophie Edmund Husserls zu orientieren haben, namentlich an seiner Lehre von der „Lebenswelt" und an seinen Untersuchungen über das „innere Zeitbewußtsein"* (Wilhelm Emil Mühlmann)[50].

Auf Mühlmann stützen wir uns auch in der folgenden Überschau. Für ihn steht zunächst die Vielfalt der Kulturen im Blickfeld: wie jeweils Menschen sich ihr Dasein gestalten und einrichten, um typische Chancen menschadäquaten Verhaltens zu verwirklichen. Die Mannigfaltigkeit der Formen führt zu Aussagen über „den" Menschen. Voraussetzung solcher Forschung sei die Überwindung der Befangenheit innerhalb des eigenen Kulturhorizonts; denn die eigene Kultur wäre sogar geeignet, uns das als „natürliches" Verhalten vorzuspiegeln, was in Wahrheit nur in einem ganz bestimmten kulturellen Kontext möglich sei[51]. Kulturanthropologisches Denken stützt sich auf die Methoden vergleichender Forschung, spielt *zwischen dem Verhältnis von Chance und Wirklichkeit*[52], – eine Polarität, der im Bereich der biologischen Anthropologie das Gegenüber von Chancen (Erbanlagen) und Realisierungen (manifestierten Zuständen) entspricht. Aufgrund des gegenwärtigen Standes einschlägiger Untersuchungen kommt Mühlmann zu folgenden Konstanten, *die allgemein-menschlich sind, die sich praktisch in allen Kulturen nachweisen lassen, also sozusagen transkulturell sind, die sich aber eben darum nur sehr allgemein und sehr unvollkommen formulieren lassen . . .*:

---

47 Unbefangen von europäischen Wissenschaftstraditionen – im positiven und im negativen Sinn. Vor allem deshalb, weil man europäisch-philosophische Publikationen in den USA kaum in den Originalsprachen zu lesen versteht / gewillt ist, und weil gerade deutsch- und französischsprachige Schriften zur philosophischen Anthropologie kaum präzise ins Englische übersetzbar sind. Beispielhaft für diese von Europa unabhängige Entwicklung der US-amerikanischen Kulturanthropologie: Marvon Harris, *The Rise of Anthropological Theory. A History of Culture*, London-Henley 1969; J. J. Honigmann (Hg.), *Handbook of Social and Cultural Anthropology*, Chicago 1973, auf dessen 1295 Seiten Musik mit 18 Zeilen abgetan wird.

48 3 Bände, 1923–29, Neudruck, Darmstadt 1953–54

49 New Haven, Conn. 1944

50 In: *Homo Creator*, Wiesbaden 1962, S. 107–129; erweiterte Fassung unter dem Titel *Umrisse und Probleme einer Kulturanthropologie*, in: W. E. Mühlmann, wie Anm. 32, S. 16; unter Bezugnahme auf E. Husserl, *Vorlesungen zur Phänomenologie des inneren Zeitbewußtseins*, Halle/S. 1928; ders., *Ideen zu einer reinen Phänomenologie und phänomenologischen Philosophie*, 3 Bände, Haag 1950–52 *(Husserliana VI)*

51 M. Scheler, *Die Wissensformen und die Gesellschaft*, Leipzig 1926, S. 59

52 W. E. Mühlmann, wie Anm. 32, S. 17

1. Durchweg in allen Kulturen findet sich das Bedürfnis nach Nahrung, Obdach und Schutz vor den Einwirkungen der äußeren Natur; also irgendeine Form der ökologischen Lebensgestaltung, des „Wirtschaftens" und der Technik, sei es auch primitivster Art.

2. Universal ist ferner das Bedürfnis nach geschlechtlicher Ergänzung sowie nach irgendeiner Institutionalisierung des männlichen und weiblichen Rollenverhaltens. Universal scheint bei den Geschlechtsbeziehungen das Inzestverbot zu sein ... Nicht ganz mit derselben Eindeutigkeit findet sich eine Arbeitsteilung zwischen den Geschlechtern, die der Tatsache der größeren physischen Kraft des Mannes Rechnung trägt. Konstant ist die Hilflosigkeit des menschlichen Kleinkindes und die dadurch erforderte Fürsorge der Mutter, konstant auch die relative Hilflosigkeit der fürsorgenden Mutter und damit die Beschützerrolle des Mannes.

3. Eine allgemeine psychologische Konstante ist das Bedürfnis nach Gegenseitigkeit, Reziprozität, Vergeltung in allen Bezirken des Lebens.

4. Allgemein finden wir Symboldenken und Drang nach „künstlerischem" Ausdruck in Tanz, Bildnerei, Sagen und Dichten; überall auch irgendeine Fähigkeit zu ästhetischer Schätzung, also die Unterscheidung von Schön und Häßlich.

5. Ferner gibt es überall bestimmte Ordnungsvorstellungen, wie das Leben der Gruppe beschaffen sein sollte, also verbindliche Normen und Begriffe für Richtig und Falsch, Gut und Böse, Schicklich und Unschicklich usw., und dies alles verbunden mit einer naiven Absolutsetzung dieser Normen; durchweg auch eine in Generationen überlieferte „Lebensweisheit" in stehenden Redewendungen oder Sprichwörtern.

Allerdings sind diese Konstanten nicht mehr als formale Prinzipien. Ihr Gehalt dagegen ist kulturell bestimmt bzw. kulturspezifisch und variiert dementsprechend aufs stärkste ... Der Mensch, wie jeder Organismus, „erlernt" und „erwirbt" – auch kulturell – nichts, was ihm nicht nach seinem erbbiologischen Potential möglich ist. Daher dürfte „Kultur" nicht in Antithese zu „Natur" gestellt werden: „Natur" sei ein Potential, „Kultur" aber eine Manifestation. Die Kulturanthropologie versucht mit Hilfe der Manifestationen zu Aussagen über das Potential zu kommen, wobei nicht alle „natürlichen" Verhaltensweisen des Menschen kulturell bedingt seien, wohl aber beim Menschen alle kulturellen Verhaltensformen dem „natürlichen" Potential entstammten[53].

Nun zu der Symbolwelt, der Welt der Bilder, der Kontaktzone des Menschen zu seiner Umgebung: in ihr vermengt sich Historisches mit Mythischem, real Erfahrenes mit Geglaubtem, frei entscheidbares mit ritualisiertem Handeln; eine gedachte Nebenwelt, in der Märchen, Sagen, Dichtungen, die „Künste", Dogmen, Tabus gedeihen. *Der Mensch verleiht den wahrgenommenen Wirklichkeiten da draußen etwas aus „sich selbst", etwas, was die Dinge an sich nicht besitzen*[54]. Was wir wahrnehmen, passiert – ehe es uns erreicht – den Filter jener Symbolwelt, den Filter uns umgebender sittlich-rechtlich normierender Dogmen, der religiösen und politischen Ideologien. Unser Handeln wird bestimmt von solchen Fakten, von dem uns *kulturell einverseelten ..., von dem unserer Gruppe eigenen Kulturverständnis, das älter ist als wir selbst*[55]. Edmund Husserl spricht in diesem Zusammenhang von der *strömenden Lebendigkeit*, und er meint damit das ständige Einfließen historischer Erfahrungen in aktuellen Entscheidungen. Mühlmann nennt diesen Prozeß eine *pseudoinstinktive Verhaltensweise*[56].

[53] W. E. Mühlmann, wie Anm. 32, S. 19f.
[54] W. E. Mühlmann, wie Anm. 32, S. 32. – Vgl. auch J.-P. Sartre, *L'imaginaire*, Paris 1940; ders., *L'imagination*, 6. Aufl., Paris 1965
[55] W. E. Mühlmann, wie Anm. 32, S. 33
[56] W. E. Mühlmann, wie Anm. 32, S. 33, und E. Husserl, *Die Krisis der europäischen Wissenschaften und die transzendentale Phänomenologie*, Haag 1954, S. 379 *(Husserliana VI)*

Für den modernen urbanisierten Menchen werden die Symbole unbewußt zum Religionsersatz. Die Bilderwelt „Kultur" tritt an die Stelle von gesetzten, geoffenbarten, geglaubten Jenseitsvorstellungen. Der Kult als Institution verliert seine Bedeutung, er ist vielfach reduziert auf sinnentleerte Rituale (Ausgestaltung von Geburts-, Hochzeits-, Beerdigungszeremonien). Aber die psychologische Bereitschaft dazu gehört nach wie vor zu den biologischen Grunddispositionen menschlichen Daseins. Das zeigt sich darin, daß die symbolische Welt nicht eine Verdoppelung sondern eine Steigerung der Realität darstellt. *Menschliches Handeln orientiert sich mehr oder weniger an kulturvariablen und kulturspezifischen Bildmodellen von überprägnantem Attrappencharakter. Es gehört zu unserer Existenz, daß wir das Faktische steigern und uns nach diesen Steigerungen richten*[57]. Angesiedelt werden solche Attrappen, solche gesteigerten Seins- und Handlungsmodelle in fremden, rätselhaften Bereichen, wir weisen ihnen gern geniale, künstlerisch-charismatische Züge zu. Offensichtlich brauchen gerade höhere Kulturen stark abweichende Handelnsmodelle als Steigerung der Realität. *Daher die charismatische Legitimität, daher der Geniekult*[58].

Diese Einsicht hat überdies Konsequenzen in der Beurteilung der Willensfreiheit des Menschen, die vielfach als dasjenige Kennzeichen angegeben wird, wodurch der Mensch vom Tier sich unterscheide. Für den Kulturanthropologen sind die Grenzen des „eigenen Willens", der „freien Entscheidung", der „Handelnsmuster" abgesteckt durch die Grenzen jener Kultur (Symbolwelt), in die jemand hineingeboren ist. Geltungsbereiche und Normen einzelner Kulturen sind relative, eben kultur-, schichten-, zeitspezifische.

Soziologische Anthropologie

Während W. E. Mühlmann, Ernst Topitsch, Claude Lévi-Strauss, Richard Thurnwald der Kulturanthropologie durch die Einbeziehung ethnologischer/volks- und völkerkundlicher Einsichten (und darin nahe verwandt der US-amerikanischen Cultural Anthropology), durch interkulturell-komparative Aspekte ihren Stempel aufdrücken, sprechen René König und Wolf Lepenies von einer empirischen oder soziologischen (Kultur-)Anthropologie. Im Blickwinkel stehen dabei Fragen der Enkulturation (= das Heranwachsen des Menschen in seiner Kultur) in bezug auf Familie und Gruppe sowie die Spannungen zwischen den gesellschaftlichen Schichten ethnischer Gruppen sowohl des eigenen Volkes wie – cross-cultural vergleichend – der einzelnen Schichten anderer Völker[59]. René König nennt letzteres den *endemischen Ethnozentrismus..., der die Werthaltungen zahlloser Untergruppen durch die jeweils dominanten Wertsysteme ständig vergewaltigt*[60]. Ansätze zu solcher soziologischer Betrachtungsweise finden sich bereits bei Mühlmann, der das stark triebbestimmte gesellige Verhalten des Menschen herausstellt, das durch sach- und zweckrationale Entscheidungen, durch den Zwang zu Kooperation, zu Toleranz (*... eine der höchsten Kulturleistungen überhaupt*) überdeckt werden muß[61].

---

[57] W. E. Mühlmann, wie Anm. 32, S. 38
[58] W. E. Mühlmann, *Homo creator. Abhandlungen zur Soziologie, Anthropologie und Ethnologie*, Wiesbaden 1962, S. 60ff.
[59] Ein Modellfall dafür sind die nach New York eingewanderten Puertoricaner, – eine ähnliche Situation wird in den westlichen Ländern durch die Vietnamesen eintreten, deren Integration in andersvölkische Umgebung nicht allein eine humanitäre Aufgabe sondern vor allem ein derzeit (1979) kaum gesehenes ethnologisches Problem darstellt.
[60] R. König, *Einleitung: Über einige Grundfragen der empirischen Kulturanthropologie*, in: R. König/A. Schmalfuß, *Kulturanthropologie*, Düsseldorf/Wien 1972, S. 10
[61] W. E. Mühlmann, wie Anm. 32, S. 30–32

Das Verhältnis des Menschen zur Gesellschaft ist in den modernen Industrienationen zum Problem geworden, wobei nicht übersehen werden darf, daß nicht einzelne Außenseiter sondern breite Schichten der Bevölkerung den Bruch zwischen Selbstbild und Gesellschaftsordnung erleben, ja erleiden. *Eine gewisse Desorientierung in der Sozialwelt dürfte heute eher der Normalfall als eine Ausnahmeerscheinung sein*[62]. Diese Einschätzung der Situation stützt sich auf empirische Untersuchungen der jüngsten Zeit. Dagegen kann man sagen, daß *in den einfachsten Formen menschlichen Zusammenlebens das Verhältnis von Individuum und Gemeinschaft nicht als solches thematisiert und problematisiert wurde. Wo die Sozialstruktur ausschließlich aus sog. Primärgruppen besteht, baut sich die gesellschaftliche Wirklichkeit in dauerhaften und unmittelbaren Begegnungen von Mitmenschen auf. Gesellschaft wird nicht als ein abgesondertes und entpersönlichtes anonymes Gefüge erfaßt, sondern als Bestandteil einer kosmischen Ordnung, die das Leben des einzelnen in der Gemeinschaft und der Gemeinschaft in der Welt durchdringt*[63].

Entscheidende Sozialisierungseffekte schreiben Soziologen und Anthropologen der Sprache zu. Die einschlägige Literatur zu diesem Fragenkomplex ist zu umfassend, als daß man an dieser Stelle darüber in gebührender Breite referieren könnte; vielmehr sollen hier einzig jene Aspekte hervorgehoben werden, die für den weiteren Gang unserer Untersuchung von Bedeutung erscheinen[64]. In der Sprache, als einem gesellschaftlichen Zeichensystem, ist fixiert, was in der subjektiven Erfahrung der Mitglieder einer Gruppe voneinander geschieden oder miteinander verbunden wird. Zwar ist die Sprache nicht das einzige Medium zwischenmenschlicher Kommunikation, René König nennt darüber hinaus: Mimik, Ausdruck, Gestik, Interjektion, doch ist sie anderen *Formen der Kommunikation wie denen der Kultur* [Mythos und Ritus, Religion, Kunst, Wissen] *vorgeordnet, als sich mit ihr entscheidet, wie jeweils die Wirklichkeit aufgenommen wird*[65]. Womit ausgesagt wird, daß mit Hilfe der Sprache Vorentscheidungen darüber getroffen werden, welche Motive und Handlungsentwürfe allgemein verbindlich sind, welche (unter Umständen) gebilligt werden, was problematisch erscheint oder wie man zu Lösungen gelangen kann. Sprache drückt nicht allein Gedanken aus, sie beteiligt sich an deren Ausformung. Das kann zu Mißverständnissen führen, wenn wir von einem Sprachraum in den anderen, von einer Sprachfamilie in die andere, aber auch, wenn wir innerhalb eines Sprachraumes von schichtenspezifischen Dialekten und Slangs zu anderen überwechseln. Die einzelnen Sprachen und Dialekte enthalten durchaus unterschiedliche Welt- und Wertsysteme. Noam Chomsky kam deshalb auf den Gedanken, die Untersuchung der Sprachstruktur als ein Kapitel der Humanpsychologie zu entwickeln. Ziel solcher Forschung sei es, eine Theorie des Spracherlernens zu entwickeln, eine Erklärung für die spezifischen angeborenen Fähigkeiten zu finden, die diese Leistung ermöglichen. Es handelt sich bei der Suche nach der „languageforming capacity" um ein Problem, an dessen Lösung mehrere anthropologische Fächer sich beteiligen sollten; denn die *Struktur der einzelnen Sprachen kann weitgehend bestimmt sein durch Faktoren, die sich bewußter Kontrolle durch das Individuum entziehen und für die die Gesellschaft wenig Wahlfreiheit hat*[66].

Noch deutlicher wird die anthropologische Fragestellung, wenn Jerrold J. Katz die Suche nach Prinzipien der menschlichen Sprachfähigkeit als eine Suche nach Komponenten der spe-

---

[62] Th. Luckmann, *Persönliche Identität in der modernen Gesellschaft*, in: H.-G. Gadamer/P. Vogler, *Neue Anthropologie*, Bd. 3, *Sozialanthropologie*, Stuttgart 1972, S. 168 *(dtv Wissenschaftliche Reihe* 4071)

[63] Ebda., S. 168f.

[64] Weiterführende Gedanken und Literatur bei: Th. Luckmann, *Soziologie der Sprache*, in: *Handbuch der empirischen Sozialforschung*, Bd. 2, hg. von R. König, Stuttgart 1969, S. 1050–1101

[65] R. König, wie Anm. 60, S. 32

[66] N. Chomsky, *Aspekte der Syntax-Theorie*, Frankfurt 1969, S. 82f.; vgl. auch ders., *Sprache und Geist*, Frankfurt 1970

zifisch menschlichen Natur nennt[67], wenn Eric H. Lenneberg von der einzigartigen biologischen Ausstattung des Menschen spricht, die in seinem Sprachverhalten zutage tritt[68], oder wenn Dell H. Hymes den Vorschlag macht, über die Suche nach den sprachlichen Universalien hinaus deren mögliche Fundierung in *interactional universals* aufzuzeigen; denn unter sozialer Kompetenz sei ein innerliches Regelsystem zu verstehen, *das jeglichem sozialen Handeln zugrunde liegt. Wir müssen also das Regelsystem beschreiben, das den Menschen befähigt, sich zu anderen Individuen geordnet zu verhalten, also sozial zu existieren*[69].

Ist heute von einer Renaissance anthropologischer Fragestellungen die Rede, so entspringt diese der Krise des Historismus. Das Unbehagen an historischer Forschung als Selbstzweck, wie es Reinhart Koselleck in seinem Vortrag im Rahmen des deutschen Historikertages 1971 aussprach: *Wozu noch Historie?*, führte zur Forderung, die Geschichtswissenschaften mit anthropologischen Fragestellungen zu durchdringen, die Strukturen geschichtlicher Epochen in ihrer jeweiligen anthropologischen Verfaßtheit aufzuzeigen. Aber auch von der Soziologie her wurde – durch Wolf Lepenies etwa – die Herausbildung einer interdisziplinären „Wissenschaft vom Menschen" prognostiziert, die Ergebnisse und Denkansätze der biologischen, ethnologischen und philosophischen Anthropologie in sich vereint, sozialwissenschaftlich orientiert ist – und (umgekehrt) zu *einer Stärkung des historischen Bewußtseins nach einer langen Phase der Enthistorisierung in den sozialwissenschaftlichen Disziplinen führen* wird. *Das Interesse der Soziologie an der Geschichte wie das Interesse der Geschichte an der Soziologie beruht… auf der „Selbstkritik" beider Disziplinen. … Die „Selbstkritik" der beiden Disziplinen vermag nur durch die Einbeziehung einer dritten: der Anthropologie, erfolgreich zu sein, der biologischen, weil die Möglichkeit historisch unveränderbarer Determinanten des Geschichtsprozesses nicht dogmatisch verneint werden kann, der ethnologischen, weil es darauf ankommt, neben der gesellschaftlichen und zeitlichen Bedingtheit der Theorie-Bildung auch die räumlich-kulturelle zu berücksichtigen. Alle „sciences de l'homme" sind in diesem Sinne, wenden sie die Prinzipien wissenschaftlicher Kritik an ihre eigene Organisations-, Lehr- und Forschungspraxis an, auf einen Zusammenhang von Soziologie, Historiographie und (biologischer und ethnologischer) Anthropologie zwingend angewiesen*[70].

---

[67] J. J. Katz, *Philosophie der Sprache*, Frankfurt 1969, S. 246

[68] E. H. Lenneberg, *Die biologischen Grundlagen der Sprache*, Frankfurt 1971

[69] Zitiert nach W. Lepenies, *Soziologische Anthropologie. Materialien*, München 1971 *(Reihe Hanser* 80), S. 37; mit weiteren Überlegungen zum Thema und ausführlicher Literatur. Siehe auch M. Hartig/U. Kurz, *Sprache als soziale Kontrolle*, Frankfurt 1971, bes. S. 108 und 114

[70] W. Lepenies, wie Anm. 69, S. 38–41. Vgl. auch O. Marquard, *Triebstruktur und Gesellschaft. Ein philosophischer Beitrag zu S. Freud*, Frankfurt 1965, S. 219: *Die Geschichte scheint erneut derart aussichtslos, daß einzig noch die radikale Nichtgeschichte, die Natur, als solider oder wenigstens praktikabler Bezugspunkt übrig bleibt; so ist die gegenwärtige Konjunktur der philosophischen Anthropologie und ihres Namens vor allem der Ausdruck für eine Krise des Vertrauens in die Geschichte und ihre Philosophie.* Kritisch auch: U. Sonnemann, *Negative Anthropologie. Vorstudien zu einer Sabotage des Schicksals*, Frankfurt 1981

B. Thesen und Fragen zur Konzeption einer Musikanthropologie

Philosophie ist bedachte Erfahrung. Sie hat nichts Neues zu erfinden. Sie hat den Menschen zu finden.

Amadeo (Graf von) Silva-Tarouca[71]

In den vorangegangenen Abschnitten dieses Buches war nicht von Musik die Rede. Das mag manchen Leser verwirrt und enttäuscht haben. Und auch der Fachanthropologe mag bemängeln, daß die Teilbereiche seiner Disziplinen ungenügend, ja einseitig vorgestellt wurden. Das hat seinen Grund darin, daß Musik als wesentliches Reagens menschlicher Selbstverwirklichung einerseits den Anthropologen in Europa nicht bewußt geworden ist[72] – oder daß sie sich zumindest zu unsicher fühlten, um Aussagen über den musizierenden und in neuerer Zeit immer stärker von Musik umgebenen Menschen zu formulieren; und daß andererseits der (karrierebewußte) Musikforscher aus Angst vor unsicheren Zwischengebieten, aus der Sorge, in einer multidisziplinären Diskussion nur ungenügend gewappnet zu sein, sich in rein historischen Problemen geradezu eingeigelt hat. Eine allgemeine Einführung in Fragestellungen einiger Bindestrich-Anthropologien zu geben, schien mir deshalb angebracht. Wobei nicht Vollständigkeit in der Darstellung sondern eher das Herausstellen spezifischer Forschungsansätze erstrebt wurde: Forschungsansätze, die jener philosophisch-musikwissenschaftlichen Begegnung Denkanstöße vermitteln sollten, in der die Aufhellung des Mensch-Musik-Verhältnisses im Mittelpunkt steht.

THESE I: Musik-Anthropologie geht nicht von der Musik, ihren – im europäisch-abendländischen Sinn – Werken aus, sondern von dem musizierenden und von dem Musik willig oder unwillig hörenden/empfindenden/ertragenden Menschen

Voraussetzung für eine solche Betrachtungsweise ist, daß die Musikwissenschaft sich von dem Standpunkt der älteren ethnographischen Kulturkunde befreit, die die Kulturprodukte als vom Menschen abgelöste Werke inventarisiert(e). In der Musik geistert die Idee des absoluten, von seiner Gebrauchsfunktion abgelösten Kunstwerkes seit dem 16. Jahrhundert durch das Schrifttum. Eduard Hanslick, den das Spiel der tönend-bewegten Formen faszinierte, hat 1854 in seinem Buch *Vom Musikalisch-Schönen* für die weite Verbreitung und Popularisierung solcher Gedanken gesorgt, die innerhalb der bürgerlichen Musikkultur auf fruchtbaren Boden fielen.

---

[71] *Philosophie der Polarität*, Graz/Wien 1955, S. 11
[72] Obgleich Rudolf Virchow bereits 1886 in der Berliner Anthropologischen Gesellschaft anmerkte, daß *der Mangel an der Erforschung der Urgeschichte der Musik die einzige Lücke in den Bestrebungen der Gesellschaft sei:* zu finden bei Carl Stumpf in dessen Buch *Die Anfänge der Musik*, Leipzig 1911, S. 7. Der 4. Band von Gadamer-Vogler *Neue Anthropologie: Kulturanthropologie*, Stuttgart 1973, enthält auf den S. 446–486 eine *Anthropologie der Musikinstrumente*, verfaßt von dem Direktor der Hautklinik der Medizinischen Akademie der Städtischen Krankenanstalten in Düsseldorf, A. Greither: eine rein historisch-systematische Zusammenstellung der wichtigsten Musikinstrumente, in der sich m. E. keine anthropologisch relevanten Aussagen finden. – Es ist bezeichnend, daß die Herausgeber der *Neuen Anthropologie* offensichtlich im deutschen Sprachraum keine geeigneten Musikwissenschaftler zur Mitarbeit gewinnen konnten/wollten.

Hanslick meinte, daß nichts die wissenschaftliche Entwicklung der musikalischen Ästhetik so empfindlich gehemmt hätte als der übermäßige Wert, den man den Wirkungen der Musik auf die Gefühle beilegen würde[73]. Das mag mit den damaligen spärlichen und vagen Aussagen der Musikpsychologie erklärbar sein. Wenn jedoch R. Schäfke im Jahr 1934 unter Hinweis auf die Analysetechniken von Halm, Schenker und Kurth die damit erreichte *Entmenschlichung der Tonkunst* rühmt[74] und wenn ein Musikpädagoge unserer Tage formuliert: *Musik ist ein Erklingendes und bedeutet nichts anderes als ihr Erklingen*[75], dann kann man nur mit Hans Mersmann eine Entwicklung konstatieren, in der die Musik *hinter dem beschreibenden Wort immer mehr verschwand. Es entstand eine Virtuosität, um die Musik herum und über sie hinweg zu reden, statt in sie hinein*[76]. Anthropologie, Soziologie und Kulturethologie melden gegen solche L'art pour l'art-Gesinnung Bedenken an. Wissenschaftlicher Redlichkeit entspricht es, von Fall zu Fall zu untersuchen, wo das subjektiv Menschliche aufhört und wo seine objektivierten Produkte beginnen: und dies kann erst aufgrund der Analyse der Kulturformen einschließlich ihres sozialen und ökonomischen Umfeldes, der Produktions- und Rezeptionsbedingungen geschehen, es kann nicht dogmatisch festgesetzt werden.

Musikanthropologie beruft sich daher auf Johann Gottfried Herder, der im Zusammenhang mit Musik von einer *energischen* Kunst spricht und damit – wie 1838 Wilhelm von Humboldt im Zusammenhang mit der Sprache[77] – nicht bloß ihre Werke (erga) sondern vor allem ihr Wirken (en-ergeia) im Auge hat; Kultur erhält den Charakter einer Tätigkeit.

THESE II: Musik ist Teil der Symbolwelt des Menschen: Mitteilung, Kommunikation, Interaktion

Musik wird gemeinhin als Tonkunst bezeichnet, aber auch als Tonsprache. Doch während die *gesprochene Sprache aus einem zwischenmenschlichen Kommunikationsbedürfnis entstanden ist, scheinen die rhythmischen und melodischen Klangformen zunächst mit dem Ziel entwickelt worden zu sein, emotionale Zustände zu schaffen, die eine Kommunikation mit der unsichtbaren Welt, mit der Geisterwelt ermöglichen... Primär sind musikalische Formen bei allen Kulturen im wesentlichen identisch mit rhythmischen, modalen oder melodischen Klangformen, die einen Trancezustand erzeugen sollen, einen Zustand mystischer Trunkenheit; hierbei verliert das Individuum allmählich sein Persönlichkeitsbewußtsein und wird für unsichtbare Kräfte gleichsam durchlässig, die sich schließlich durch seinen Mund mitteilen* (Alain Danielou)[78]. Dieser aufgrund empirischer Forschungen der Musikethnologen in Außereuropa gewonnene Befund trifft sich im Kern der Aussage mit dem des europäischen Musikhistorikers – auch wenn der ideologische Background differiert: *... ein akustisches Kommunikationssystem, das, relativ frei von emotionaler Bewichtung, den neuen kognitiven Prozessen adäquat war – Sprache; ein akustisches Kommunikationssystem, das die von der Sprache nicht realisierten Mitteilungsmöglichkeiten über innere Zustände und über emotive Bewichtung zu bewahren und weiterzuentwickeln imstande war – Musik* (Georg Knepler)[79]. Geht es im Falle verbaler Äußerungen um konkrete Faktenübermittlung, so führt der Zeichencharakter der Musik in den Bereich des Emotionalen. Doch zeigt eine solche Polarisierung nur die Spannweite an, innerhalb der sich verbale und nonverbal-klang-

---

[73] E. Hanslick, *Vom Musikalisch-Schönen*, Leipzig 1854, S. 135

[74] R. Schäfke, *Geschichte der Musikästhetik in Umrissen*, Berlin 1934; Neudruck Tutzing 1964, S. 448

[75] W. Killmeyer, *Sprache als Musik*, in: *Musik und Bildung* 4, 1972, S. 567

[76] H. Mersmann, *Musikhören*, Frankfurt 1952, S. 13

[77] J. G. Herder, *Sämtliche Werke*, S. 137; W. von Humboldt, *Schriften*, Bd. 3, Darmstadt 1963, S. 418

[78] *Magie und Pop-Musik*, in: *Musik und Bildung* 3, 1971, S. 183f.

[79] *Geschichte als Weg zum Musikverständnis*, Leipzig 1977, S. 36f.

liche Äußerungen bewegen können. Einen Satz, wie *Die natürliche Sprache erfüllt unter anderem auch eine emotionale Funktion, die Sprache der Musik erfüllt diese ausschließlich*[80], möchten weder Hans-Peter Reinecke[81] noch Georg Knepler[82] unterschreiben. Schon Edward Sapir hatte einerseits – im Zusammenhang mit der verbalen Sprache – darauf hingewiesen, daß der Durchschnittsmensch sich nie vom bloßen Inhalt einer Rede überzeugen ließe; er sei *in hohem Maße empfänglich für viele Implikationen im Sprechverhalten des Redners*[83], andererseits können Ton- oder Trommelsprachen durchaus eindeutige Codes übermitteln[84]. Man wird bei der Untersuchung des Zeichencharakters der Musik davon ausgehen müssen, daß sowohl im verbalen wie im nonverbalen Bereich die Systeme der Nachrichtenübermittlung künstliche sind; sie beruhen auf Traditionen und Vereinbarungen, die demjenigen verständlich erscheinen, der in der ent-sprechenden Kultur aufgewachsen und mit ihren Mechanismen vertraut ist. Wer in Europa heranwächst ohne eine Fremdsprache zu erlernen, der wird – nach China versetzt – zunächst kein Wort von der Sprache der Chinesen verstehen. Warum sollte er die Musik dieses fernöstlichen Reiches „verstehen", d. h. decodieren können? Daß Musik eine internationale Sprache, über Grenzen hinweg allen Menschen zugänglich sei, nicht übersetzt zu werden braucht usf., das ist ein Gemeinplatz von Festrednern, leider keine Tatsache[85]. Doch ist gerade zu diesen Fragen in den nächsten Jahren weitere Literatur zu erwarten, zumal „Semiotik" als eine fächerübergreifende wissenschaftliche Disziplin sich mehr und mehr entfaltet.

THESE III: Musik ist Gebrauchsgegenstand des Menschen

Alle Kulturen, von denen wir Kunde haben: seien es die alten Hochkulturen, die Naturvolkkulturen oder sei es die Sonderentwicklung der europäisch-abendländischen Kultur, kennen und

---

[80] A. Schaff, *Das Verstehen der verbalen Sprache und das „Verstehen" der Musik,* in: P. Faltin/H.-P. Reinecke (Hg.), *Musik und Verstehen. Aufsätze zur semiotischen Theorie, Ästhetik und Soziologie der musikalischen Rezeption,* Köln 1973, S. 284

[81] H. Rauhe/H.-P. Reinecke/W. Ribke, *Hören und Verstehen. Theorie und Praxis handlungsorientierten Musikunterrichts,* München 1975, S. 71f.

[82] wie Anm. 79, S. 37f.

[83] E. Sapir, *Die Sprache,* in: W. E. Mühlmann, wie Anm. 32, S. 120 (Übersetzung aus: *Encyclopaedia of the Social Sciences,* ed. E. R. A. Seligman, Bd. 9, New York 1937, S. 155–168). –Z. Lissa, *Neue Aufsätze zur Musikästhetik,* Wilhelmshaven 1975, S. 135, spricht von den Codes, *deren sich die einzelnen Künste b e d i e n e n* (Sperrung des Verf.) und die *ein Substrat der Kultur in des Wortes engerer Bedeutung* bilden. Ideal gedacht, aber in der Praxis auf einen verschwindend kleinen Kreis von „Kennern" beschränkt, erscheint folgende Aussage Lissas: *Das Geschichtsbewußtsein des heutigen Menschen in der Musik läßt sich demnach auf die Kenntnis der vielerlei Codes der musikalischen Aussage zurückführen, die sich im Laufe der Entwicklung dieser Kunst herausgebildet haben, ferner auf die Bereitschaft zu ihrer richtigen Interpretation.* Präziser äußert sich J. Blacking, *Music and the Historical Process in Vendaland,* in: *Essays on Music and History in Africa,* hg. von K. P. Wachsmann, Evanston 1971, S. 186: *Musicmaking is not simply an exercise in the organization of sound; it is a symbolic expression of social and cultural organization, which reflects the values and the past and present ways of life of the human beings who create it. Thus the logic and meaning of musical patterns can never be understood fully without reference to other phenomena in the culture of which they are a part.*

[84] Zu Tonsprachen wären etwa der alpenländische Jodler, der Almschrei und der Juchzer zu rechnen. Vgl. dazu W. Sichardt, *Der alpenländische Jodler und der Ursprung des Jodelns,* Berlin 1939; M. Haager, *Die instrumentale Volksmusik im Salzkammergut,* Graz 1979 *(Musikethnologische Sammelbände 3).* Zu den Hirtensignalen vgl. Chr. Kaden, *Hirtensignale – Musikalische Syntax und kommunikative Praxis,* Leipzig 1977 *(Beiträge zur musikwissenschaftlichen Forschung in der DDR 9),* mit weiterer Literatur vor allem aus dem Bereich europäischer Volkstraditionen. Zur Glockensprache vgl. D. Stockmann, *Der Kampf der Glocken im deutschen Bauernkrieg. Ein Beitrag zum öffentlich-rechtlichen Signalwesen des Spätmittelalters,* in: *Beiträge zur Musikwissenschaft* 16, 1974, S. 163–193, sowie allg. dies., *Musik als kommunikatives System. Informations- und zeichentheoretische Aspekte insbesondere bei der Erforschung mündlich tradierter Musik,* in: *Deutsches Jahrbuch der Musikwissenschaft* 14, Leipzig 1969 (1970), S. 76–95; dies., *Zur öffentlich-rechtlichen Signalpraxis im deutschen Bauernkrieg,* in: *Historische Volksmusikforschung,* Krakau 1979, S. 189–200

[85] *... music is not a universal language:* J. Blacking, *Making Artistic Popular Music: The Goal of True Folk,* in: *Popular Music* 1, 1981, S. 10

benutzen Musik. Und zwar in der Regel (genauer: außerhalb der Spätphase der europäisch-abendländischen Entwicklung) nicht als unnötiges Spielzeug, als nebensächliches Dekor, sondern eingebettet in lebenswichtige Vollzüge des Alltags, in kultische, politische, wirtschaftliche Ereignisse. Wo auch immer wir in der Geschichte der alt-asiatischen, alt-afrikanischen und alt-amerikanischen Kulturen und bei (Noch-) Naturvölkern Schwarz-Afrikas, des indonesischen Raumes, Südamerikas und Australiens die Quellen und die Traditionsträger befragen: Musik tritt uns nicht als selbständige Kunst entgegen. Diese Feststellung schließt nicht aus, daß Kreativität, künstlerisches Gestalten, das Bemühen, sich seine Umwelt zu „verschönern", angenehm zu machen, vorhanden ist. Am Anfang steht jedoch immer *die reine und unmittelbar lebensnotwendige Funktion* [86], wie uns die Verhaltensforschung lehrt. Alle Dinge, mit denen der Mensch sich im Verlauf seiner Entfaltung und Geschichte umgeben hat, entsprangen umweltbezogenen, ökologischen Bedingungen. Bedrängt von den Mächten der Natur, den real vorhandenen wie den geglaubten irrealen, ist der Mensch in Primärkulturen vielen Zufällen ausgeliefert, körperlich und seelisch leidend, in erster Linie ein heilsbedürftiges und weniger ein erkenntnishungriges Wesen. Daher ist Musik in den frühen Phasen der menschlichen Geschichte nicht selbständige „Kunst", sondern – wie auch die Wurzeln der anderen Künste – in allgemein-gesellschaftliche Tätigkeit eingebunden: in Arbeit, in Kult. Ihr Streben richtet sich auf die Beherrschung und Aneignung der fremden, kaum bekannten und daher furchtbar erscheinenden Natur, und darum gilt ihre vielleicht wesentlichste Funktion der Organisierung, Harmonisierung und Steigerung der physischen und geistigen Kräfte im Interesse der Befriedigung der lebenswichtigen Bedürfnisse der Gemeinschaft. Auf dieser primären Kulturstufe können wir nicht von ästhetischer Bewußtheit, von autonomem künstlerischen Schaffen und von ästhetischem Genuß reden.

Die auf ethnographische Angaben gestützte Konzeption von Lévy-Bruhl, die zwischen dem logischen Denken der entwickelten Kulturen und dem prälogischen Denken des primitiven Kollektivs eine Scheidelinie zieht, besitzt vom Gesichtspunkt der Geschichte der Musik aus einen wahren Kern. Der primitiven Musik fehlt das reflektierende Bewußtsein ihrer selbst. Die Anfänge musikalischer Tätigkeit sind von magischen Nützlichkeitsvorstellungen begleitet und durch sie motiviert. In den Kulturen der Urzeit wurden die Naturerscheinungen und Lebensvorgänge „nachgeahmt", weil man daran glaubte, daß diese mimetische Reproduktion zauberkräftig auf die in der unbekannt-unheimlichen Außenwelt vermuteten Mächte, die mildtätigen Geister und bösen Dämonen, wirkt [87]. Dies ist eine magische Vorstellung: sie vereint auf spezifische Weise Illusorisches mit richtiger Beobachtung. Wenngleich die magisch-künstlerische Tätigkeit – im Gegensatz zur realen Arbeitstätigkeit – auch keine unmittelbare Wirkung auf die objektive Außenwelt ausübte, so formte sie jedoch mit Hilfe der mimetischen Reproduktion die menschliche Natur, gestaltete, bereicherte sie die Gefühls- und Gedankenwelt des Menschen und ließ auf diese Weise nicht nur die produktive Tätigkeit erfolgreicher werden, sondern trug auch zur Entwicklung und Stärkung des menschlichen Wesens bei; sie ergänzte die primär zur Geltung kommende vermenschlichte Wirkung der unmittelbaren Arbeitstätigkeit und förderte die Entfaltung einer relativen Totalität der menschlichen Persönlichkeit.

---

[86] O. Koenig, *Kultur und Verhaltensforschung. Einführung in die Kulturethologie*, München 1970, S. 64 (dtv 614). – Ähnlich formuliert E. Topitsch (*Phylogenetische und emotionale Grundlagen menschlicher Weltauffassung*, in: W. E. Mühlmann, wie Anm. 32, S. 51): *. . . Alles Belebte ist nämlich dem Druck der Umwelt ausgesetzt, dem es bald erliegt, wenn es sich nicht in einer bestimmten Weise – die man als die biologisch richtige bezeichnen kann – verhält.*

[87] G. Lukács, *Ästhetik*, 3. Teil (Musik), Neuwied/Berlin 1963 (1972), stellt Musik unter den *Grenzfragen der ästhetischen Mimesis* dar.

Relikte solcher primärer Mensch-Musik-Beziehung werden in naturvölkischer Umgebung Afrikas noch heute deutlich. Der ghanesische Musikethnologe K. Nketia schreibt (ins Deutsche übertragen): *Traditionelle Dichtung in Afrika strebt danach, den einzelnen Menschen in den Mittelpunkt zu stellen, zwischenmenschliche Beziehungen deutlich zu machen, den Haltungen und Werten Ausdruck zu verleihen, die der afrikanischen Auffassung des Universums entspringen. Sie verbringt keine Zeit damit, Narzissen und Nachtigallen anzusingen, oder sich in der Betrachtung abstrakter Schönheiten der Natur zu ergehen. Der nächtliche Himmel oder ähnliche Dinge bilden ihren Gegenstand nur in Verbindung mit sozialer Erfahrung, mit dem unmittelbaren menschlichen Leben. Sie – die afrikanische Dichtung – ist voller Tiere und Pflanzen, aber diese dienen ihr als Mittel zum Gleichnis, oder als konzentrierte Bilder, in denen sich Stücke allgemein-menschlicher Erfahrungen konstatieren lassen.* – Léopold Sédar Senghor zeigt in seiner negro-afrikanischen Ästhetik das Ineinanderfließen von Gebrauchs- und ästhetischem Wert am Sprachgebrauch: *... daß der Negro-Afrikaner die Schönheit mit der Qualität, vor allem mit der Wirkungskraft gleichsetzt. So werden zum Beispiel im Wolof von Senegal die Wörter târ und rafet, Schönheit und schön, vor allem auf Menschen angewandt. Handelt es sich jedoch um Kunstwerke, benutzt das Wolof die Eigenschaftswörter dyêka, yèm, mat, die ich übersetze mit: was entspricht, was gemäß ist, was vollendet. Es handelt sich also um funktionelle Schönheit. Eine Maske, ein Gedicht ist dann schön, wenn das Kunstwerk beim Publikum die gewünschte Emotion hervorruft: Traurigkeit, Freude, Heiterkeit oder Schrecken*[88].

Anders gesagt: Die Entwicklung der uns umgebenden Gegenstände vollzieht sich im Verlauf der Geschichte in drei Phasen:

1. Gebrauchsgegenstand,
2. geschmückter Gebrauchsgegenstand,
3. Schmuck.

Als Illustration dazu zwei Vergleiche: (1) Eine Schale, ein Teller: sie erhalten ihre Form so und sie werden deshalb erfunden, um Speisen daraus essen zu können. In einer zweiten Phase der Entwicklung werden diese Gefäße geschmückt, mit Verzierungen versehen; und schließlich – der dritte Schritt – die Gegenstände werden selbst zum Schmuck. Sie sind nicht mehr Werkzeuge, werden nicht mehr ihrem ursprünglichen Sinn nach verwendet, funktionieren nicht mehr in dem ihnen eigenen Zusammenhang, sondern hängen als folkloristisches Souvenir an der Wand, stehen als „Meissener Porzellan" im Museum. (2) Mitteilungen werden auf größere Blätter geschrieben, gedruckt; es entsteht ein Plakat. Es dient primär dazu, Nachrichten zu übermitteln. In der zweiten Phase der Entwicklung wird dieses Plakat geschmückt, es wird mit verschiedenen Schriftgraden und Typen, mit verschiedenen Farben, mit Illustrationen gestaltet, erhält eine ansprechende Form, soll durch „schönes" Aussehen die Wirkung der Nachricht (etwa in der Werbung, im Wahlkampf) erhöhen. In der dritten Phase wird das Plakat selbst zum Schmuck. Graphiker, Künstler schaffen es nicht mehr, um damit Neuigkeiten zu übermitteln, sondern für Kunstausstellungen, als Requisit des Innenarchitekten, der damit Wohnraum gestaltet.

Wo sich die primären Beziehungen zu lockern und schließlich zu lösen beginnen, wo die eigentliche Funktion eines Gegenstandes und einer Zeremonie in Vergessenheit gerät, setzen Rituale die „Tradition" fort. Die Verhaltensforschung spricht in diesem Zusammenhang von

---

[88] K. Nketia, *Funeral Dirges of the Akan People,* Achimota 1955; L. S. Senghor, *Die negro-afrikanische Ästhetik,* in: *Diogenes,* Nr. 16, 1957, S. 467–485. – Weitere Beispiele bei B. Benzing, *Das Ende der Ethnokunst. Studien zur ethnologischen Kunsttheorie,* Wiesbaden 1978 *(Studien und Materialien der anthropologischen Forschung,* Band I, Nr. 4)

„Ritualisation". Kulturverschiebungen ergeben sich aus Funktionsänderung, Kopie des erfolgreichen und deshalb erstrebenswerten Vorbildes. An die Stelle der Gebrauchsfunktion tritt die soziale Verständigungsfunktion mit Prestige- und Imponierinhalten. *Bei der Übernahme hängt das „wer", „was" und „von wem" vom Erfolg und Sozialprestige des ursprünglichen Trägers ab. Wohin sich dann ein Objekt in der Rangordnungspyramide verschiebt oder in welche Richtung es wuchert, ist eine Frage der Position des Vorbildes zu der des Nachahmers* [89].

Zu fragen wäre, ob auch die Musik sich in ein solches Schema einordnen läßt? Aufgrund welcher Notwendigkeit ist sie mit dem Menschsein verbunden (worden)? Wozu braucht die Gesellschaft Musik? Wozu braucht der Mensch Musik? Braucht er sie in der Tat?

Diese Fragen sind nicht mit Hilfe philologisch-kritischer Quellenerschließung, nicht mit rein historischen Methoden, und sie sind nicht endgültig zu beantworten. Die Erforschung der Anfänge komplizierter geschichtlicher Vorgänge zählt zu den theoretisch schwierigsten Aufgaben des Historikers, zumal uns keine direkten Zeugnisse dafür zur Verfügung stehen. Die gedankliche Rekonstruktion wird hingegen durch jenes Moment der Relativität erschwert, das für Ursprung, Anfang und Entstehen stets, und zwar notwendigerweise, charakteristisch ist[90]. Wenn wir uns auf die Suche nach Zeugnissen primären Musikgebrauches begeben, genügt es nicht, festzustellen, wo die musiktheoretische Literatur ihren Anfang nimmt und wer als erster Wesen, Wert und Wirkung der Musik zum Gegenstand bewußter Reflexion gemacht hat. Den Schriftkulturen geht stets eine lange mündliche Überlieferung voraus, die der schriftgebundenen Geschichtsforschung unzugänglich bleibt[91].

Dagegen stehen der Musikethnologie folgende Einsichten und Erkenntnisse zur Verfügung:
1. Wir wissen von keiner menschlichen Gesellschaft, die ohne Musik ausgekommen wäre[92].
2. Unsere Erde wird heute von Menschen unterschiedlicher Kultur bevölkert: angefangen von den auf steinzeitlichem Niveau lebenden Tasaday, den Höhlenbewohnern in den Bergwäldern Mindanaos, den Eipo, neusteinzeitlichen Pflanzern in den Bergen West-Irians, von den Buschleuten der Kalahari[93] und den Pygmäenstämmen Zentral-Afrikas und der Philippinen ... bis zu uns, den Angehörigen der „europäisch-abendländischen" Kultur.
3. Innerhalb mehrfach geschichteter Kulturen haben sich Relikte aus verschiedenen historischen Zeiten und gesellschaftlichen Schichten erhalten.

Man wird durch typologisch- und genetisch-vergleichende Studien und durch die synchrone Analyse sich entsprechender Kulturformen daher Zeugnisse für alle drei Stufen der Entwicklung von Musik finden und dingfest machen können.

---

[89] O. Koenig, wie Anm. 86, S. 64

[90] D. Zoltai, *Ethos und Affekt. Geschichte der philosophischen Musikästhetik von den Anfängen bis zu Hegel*, Budapest/Berlin 1970, S. 7 u. ö.

[91] Grundsätzliches dazu: W. Wiora, *Die vier Weltalter der Musik*, Stuttgart 1961, vor allem Kap. I: *Ur- und Frühzeit*; ders., *Musikgeschichte und Urgeschichte*, in: *Historische und systematische Musikwissenschaft. Eine Aufsatzsammlung*, Tutzing 1972, S. 88–108; anregend auch A. Schneider, *Analogie und Rekonstruktion. Wege zur Erforschung der Ur- und Frühgeschichte der Musik*, in: *400 Jahre Kurfürst-Salentin-Gymnasium Andernach*, Andernach 1973, S. 51–63

[92] Georg Knepler, *Geschichte als Weg zum Musikverständnis*, Leipzig 1977, S. 52, geht von derselben Voraussetzung aus und formuliert weiter: *Sie* [die Musik] *ist eine so elementare, so universale Äußerungsform der Menschen, daß wir nicht hoffen können, ihr Wesen und ihre Funktionen zu begreifen, wenn wir sie nicht grundsätzlich im Zusammenhang mit der Menschwerdung sehen*, und S. 549: *Man betreibt, wenn man sich mit Musikgeschichte beschäftigt, Menschheitsgeschichte, ob man es weiß oder nicht.*

[93] In diese Kulturen drangen erst jüngst europäische Forscher ein; vgl. I. Eibl-Eibesfeldt, *Menschenforschung auf neuen Wegen. Die naturwissenschaftliche Betrachtung kultureller Verhaltensweisen*, Wien/München/Zürich 1976.

C. Fakten / Materialien

Musik und Kult

Die künstlerische Produktion beginnt mit Gebilden, die im Dienste des Kults stehen ... Das Elentier, das der Mensch der Steinzeit an den Wänden seiner Höhle abbildet, ist ein Zauberinstrument. Er stellt es zwar vor seinen Mitmenschen aus; vor allem aber ist es Geistern zugedacht.

Walter Benjamin[94]

In Situationen, in denen der Mensch mit seiner realen Umwelt nicht zurecht kommt, wendet er sich an irreale, geglaubte Mächte: an mythische Stammeltern, tierisch-menschliche Vorfahren, Dämonen, Götter ... Als Vermittler zwischen Diesseits und Jenseits, zwischen den Reichen der Lebendigen und der Toten treten Schamanen, Zauberer, Medizinmänner, Priester, Mönche auf. Diese Spezialisten benutzen im Rahmen von kultischen Zeremonien bestimmte Techniken: sie bemalen ihren Körper, maskieren, verkleiden sich, verstellen ihre Stimme, rezitieren und singen Zauberformeln, oft in für die Allgemeinheit unverständlichen, fremden (Latein) Sprachen. Sie hüten ihr unter bestimmten Voraussetzungen erhaltenes und gefertigtes Instrumentarium an Geräusch- und Klangwerkzeugen an besonderen, durch die Gegenwart des Numinosen „geheiligten" Orten.

Wenn oben darauf hingewiesen wurde, daß in allen menschlichen Kulturen, von denen wir Kunde haben, Musik vorhanden ist, dann ist nun zu ergänzen, daß überall dort, wo Kulthandlungen als Abbilder irrealer, geglaubter, außerirdischer Vorgänge vollzogen werden, Rezitation in erhobener Sprache, Gesang und Musik nicht fehlen. Denn: *Musik ist die Sprache der Götter* (eine Aussage, der der Verf. in jüngster Zeit in Westafrika und während der Aufnahme des Kumina-Kultes auf Jamaica in eben dieser Formulierung begegnete). Wer Musik versteht, hebt sich aus seiner Gruppe heraus, er ist imstande, mit außerirdischen Wesen, die das (Über-)Leben auf Erden vermeintlich bestimmen, in Kontakt zu treten, Signale auszusenden und zu empfangen – und damit Macht über die Gruppe zu gewinnen, diese selbst auszuüben (Priesterherrschaft) oder zu delegieren (der Häuptling erhält weltliche Gewalten vom Zauberer übertragen, der Papst krönt den Kaiser). Musik und Tanz führen den Schamanen, den Zauberer, den Medizinmann in jenen trance-artigen Zustand, in dem er mit der unsichtbaren Welt der Geister und Götter zu kommunizieren vermag. Musik wird gleichsam zum Vehikel, auf dem sich Gedanken und Wünsche dem „göttlichen Ohr" nähern. Das Musikinstrument des zentralasiatischen Epensängers ist zugleich sein Pferd (rta), an das er sich in höchster Erregung wendet, um auf ihm aus dieser Welt zu reiten, d. h. „außer sich" zu geraten. In Mythen, Epen und Märchen wird das Wissen um solche Zusammenhänge überliefert[95]. Der legendäre chinesische Harfenspieler Schi Da beherrscht mit seinem fünfsaitigen Instrument die Winde und die Hitze der Sonne, damit der Samen keime und Lebewesen entstehen könnten. Im ägyptischen Hathor-Mythos

---

[94] W. Benjamin, *Illuminationen. Ausgewählte Schriften,* Frankfurt 1977, S. 146f. *(Suhrkamp Taschenbuch 345)*
[95] D. Zoltai, *Ethos und Affekt. Geschichte der philosophischen Musikästhetik von den Anfängen bis zu Hegel,* Budapest 1970, S. 8

32

wird erzählt, wie das wilde und unstete Gemüt der Tochter des Sonnengottes Rê allein mit Hilfe von Musik, Tanz und Zauberworten beruhigt zu werden vermag. Die Wäinämöinen und Lemminäinen des Kalevala beherrschen die Natur mit Hilfe von Gesang und Musik. Auf Lebendige und auf Tote wirkt die Laute des Orpheus, der durch den Zauber seines Kitharaspiels selbst die Kräfte der Unterwelt bannt. *Die Grundformel ist überall dieselbe: die Klänge der Musik vergegenwärtigen und bändigen die dämonischen Naturkräfte*[96]. Doch nicht allein bei Naturvölkern und in alten Hochkulturen treffen wir auf solche Zusammenhänge zwischen der Musik, dem Glauben und der kultischen Zeremonie. Im Abendland stellt das frühchristliche Kirchengebäude symbolisch den himmlischen Thronsaal dar, die romanischen und gotischen Kathedralen samt ihrem Reichtum an Malereien und Figuren bilden den Himmel ab –, und Gesang wie Musik sind Gleichnis für den Lobgesang der Engel. Honorius von Autun schreibt im 12. Jahrhundert unter Berufung auf David und Salomon: *Dieses Lobopfer des angelischen Zusammenklanges haben David und Saul n a c h g e a h m t, die den Brauch einführten, daß die Hymnen beim Gottesdienst auf Orgeln und anderen musikalischen Instrumenten erschallen, und vom Volke gerufen werden solle...* (Sperrung durch den Verf.)[97]. Musik gehört – als ihr integraler Bestandteil – wesensmäßig zur Liturgie; sie ist in diesem Zusammenhang nicht Selbstzweck oder Beiwerk sondern Möglichkeit und *Mittel, einer höheren Wirklichkeit teilhaftig zu werden*[98].

Schamanen

In archaischen Kulturen ist der Schamane nicht allein *der große Spezialist für die menschliche Seele* (Mirca Eliade[99]), – man könnte ihn zudem als einen Ahnherren der Berufsmusiker bezeichnen; denn seine Berufung und seine Dienstleistung innerhalb von Primärgemeinschaften stehen im Zusammenhang mit professioneller Musikausübung. Das Musikinstrument: die Schamanentrommel (bei den Tungusen und Mongolen auch die Maultrommel, bei den obugrischen Völkern Westsibiriens auch die Leier), ist *eines seiner wichtigsten Attribute und nach außen hin das Symbol seines Schamanentums. Ohne sie war er nicht der, der er war... Außer durch stimulierende Drogen, durch Gesang, Rezitation und tänzerische Bewegungen, versetzte sich der Schamane vor allem durch Schlagen auf seine Trommel in Ekstase* (Ernst Emsheimer[100]).

Schamanistische Kulturen im engeren Sinn erstrecken sich vom Ural bis an die fernöstliche Küste Sibiriens, vom Eismeer (den Lappen Fenno-Skandinaviens) bis in die Steppengebiete und zu den Gebirgsketten Innerasiens. Doch treten uns – wie die Vergleichende Religionswissenschaft lehrt – schamanische Komplexe oder Einzelzüge in der Entwicklung zahlreicher Religionen dieser Erde entgegen. Voraussetzung für das Amt des Schamanen ist jene besondere psycho-mentale Veranlagung, die es einem Menschen ermöglicht, Träger und Vollzugsperson der kultisch-rituellen Zeremonien zu sein, d. h. den Beruf eines visionär-ekstatischen Mittlers zwischen Diesseits und Jenseits zu übernehmen. Der Schamane gehört damit einer

---

[96] Wolfgang Laade, *Musik der Götter, Geister und Dämonen. Die Musik in der mythischen, fabulierenden und historischen Überlieferung der Völker Afrikas, Nordasiens, Amerikas und Ozeaniens*, Baden-Baden 1975 *(Sammlung musikwiss. Abhandlungen 58)*; E. Seemann, Artikel *Singen, Gesang, Lied* u. a., in: *Handwörterbuch des deutschen Aberglaubens*, 10 Bände, hg. von H. Bächtold-Stäubli, Berlin und Leipzig 1927–1942

[97] R. Hammerstein, *Die Musik der Engel. Untersuchungen zur Musikanschauung des Mittelalters*, Bern und München 1957, S. 37: *Hoc sacrificium concentus angelorum David et Salomon sunt imitati...*

[98] E. Grassi, *Kunst und Mythos*, Hamburg 1957, S. 144 (rde 36)

[99] M. Eliade, *Schamanismus und archaische Ekstasetechnik*, Frankfurt 1975, S. 18 *(Suhrkamp Taschenbuch. Wissenschaft 126)*, mit umfassenden Literatur-Angaben; dt. Übersetzung von *Le chamanisme et les techniques archaiques de l'extase*, Paris 1951. – Künftig als Eliade zitiert.

[100] E. Emsheimer, Artikel *Schamanentrommel*, in: *MGG*, Suppl. 2, Sp. 1656

Elite zu, die das religiöse Leben der Gemeinschaft lenkt und überwacht. Der Vergleich mit den Mönchen, Mystikern und Heiligen der christlichen Kirchen drängt sich auf. Im Unterschied zum Christentum (wenigstens in seiner jüngeren Geschichte) messen jedoch jene Völker, die sich als „schamanische" zu erkennen geben, den ekstatischen Erlebnissen ihrer Schamanen entscheidende Bedeutung zu. In Trance verläßt die Seele den Körper zu Himmel- und Unterweltfahrten. Vom Besessenen unterscheidet sich der Schamane prinzipiell dadurch, daß er seine Geister meistert, daß er als menschliches Wesen eine Verbindung mit den Toten, mit den Dämonen und mit den Naturkräften zustandebringt, ohne sich in deren willenloses Werkzeug zu verwandeln. *Der Schamane wurde vor allem beansprucht, wenn man über die greifbare Wirklichkeit hinausgehen mußte, insbesondere bei Krankenheilungen, jedoch auch bei Ausübung von Jagd- und Wetterzauber sowie beim Erkunden weit entlegener und verborgener Dinge ... Als religiöses Genie, als Kenner und Bewahrer der kosmologischen, mythologischen und epischen Traditionen seiner Sippe sowie als Meister des Wortes und mit der Gabe in dichterisch-musikalischer Form das kundzutun, was er auf seiner Seelenreise erschaute und erlebte, in all diesen Eigenschaften war er wie kein anderer befähigt, Mittler zwischen seinen Mitmenschen und den übernatürlichen Mächten zu sein*[101]. *If, for example, the flock or tribe suffers hardships because of sickness or a poor catch, the shaman takes over: he d a n c e s, b e a t s t h e d r u m, s i n g s, is filled with ecstasy and falls into a trance. When he awakens he relates that he has been out on a journey, has spoken with the spirits, and now he gives advise which will help the ones who have asked him for it*[102]. Unter Bezugnahme auf alt-iranische Religionsübungen stellt H. S. Nyberg fest: *The shaman is a person who is able, with the help of psychical dispositions and methodical training, to put himself into a trance. Before beginning of the trance he sets himself into a ecstasy, through different means: m u s i c o n t h e m a g i c d r u m, combined with s o n g, d a n c e and sometimes certain narcotics* (Sperrungen durch den Verf.)[103]. Das bedeutet: Nur wer spezifische, geheime Techniken des Trommelns, des Singens und des Tanzens beherrscht, der kann Schamane werden. Musik und Tanz sind nicht Nebensachen sondern wesentliche Gebrauchsgegenstände des Grenzgängers zwischen der Sippe und den übernatürlichen Wesen und Gottheiten. Obzwar in „dienender Funktion", als Vehikel von Worten und Gedanken und nicht als Selbstzweck benutzt, kommt der Kulthandlung durch sie ihre Wirkmacht zu. Die jeweils benutzten Techniken des Trommelns, rezitierenden Singens und Tanzens sollten daher in der Schamanismus-Forschung mehr als bisher synoptisch beachtet werden. Musik und Bewegung, Maske und (Ver-)Kleidung, Zauberformel und Gestik bilden eine Einheit, – und löst man nur einen Bestandteil davon heraus, so wird der Blickwinkel verzerrt sein.

Ausgelöst wird die meist gegen den Willen des Kandidaten von den Vorfahren aufgegebene Entscheidung zum Schamanen-Amt durch eine Erkrankung und durch damit verbundene Initiationsträume von einer mystischen Reise zum Zentrum der Welt, zum Sitz des Weltenbaumes und des Herren der Welt. Bei den nordöstlichen Sojoten im Jenissei-Quellgebiet stellt sich diese Erkrankung bei Mädchen zwischen dem zehnten und zwölften, bei Jünglingen zwischen dem zwanzigsten und fünfundzwanzigsten Lebensjahr ein. Die Frauen beginnen mit dem Schamanisieren früher als Männer. Der künftige Schamane bekommt Kopfschmerzen, muß sich häufig erbrechen, leidet an Appetitlosigkeit. Er wünscht einzig rohes Fleisch und Rentier-

---

[101] E. Emsheimer, wie Anm. 100. – Eliade, wie Anm. 99, S. 15–18
[102] O. Nordland, *Shamanism as a Experiencing of „the Unreal"*, in: *Studies in Shamanism*, Stockholm 1967, S. 166 (*Scripta Instituti Donneriani Aboensis* 1)
[103] A. S. Kapelrud, *Shamanistic Features in the Old Testament*, ebda., S. 90, mit dem Hinweis auf H. S. Nyberg, *Irans forntida religioner*, Stockholm 1937, S. 187 (dt. Übersetzung 1938); J. Halifax, *Schamanen. Zauberer, Medizinmänner, Heiler*, London 1982; deutsch Frankfurt 1983

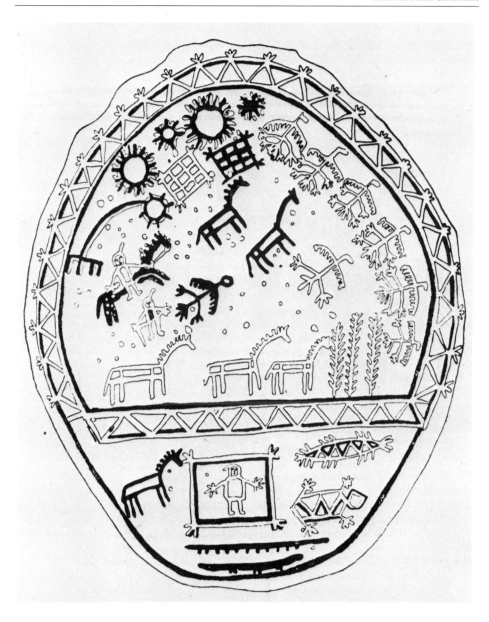

Teleut-Schamanen-Trommel
(Für die Vermittlung dieser Aufnahme bin ich Herrn Dr. Zoltán Falvy, Direktor des Musikwissenschaftlichen Instituts der Akademie der Wissenschaften in Budapest zu Dank verpflichtet.)

Schamanen-Weib der „Tofa"
mit Trommel und Trommelschlägel

blut – und verlangt nach einem Schamanen, der ihn heilen sollte. Doch dieser merkt sogleich, daß der Kranke von jenen Geistern erfüllt sei, die ihn zum Schamanenamt rufen. Die Geister quälen den künftigen Schamanen mehrere Tage, oft eine Woche oder sogar drei, sieben oder neun Monate lang, er raucht und trinkt in dieser Zeit nicht, lallt und spricht nur wirr, so, als ob er berauscht wäre. Während dieser Zeit bleibt der alte Schamane beim Kandidaten, er singt ihm die Schamanengesänge ins Ohr und bereitet ihn so auf sein Amt vor.

Der neue Schamane erhält zunächst den Schamanenstab und erst später, nachdem er in seiner Tätigkeit geübt ist, die Trommel. Man sagt: bislang ging er zu Fuß, nun r e i t e t e r a u f d e r T r o m m e l. Manche Schamanen gelangen nie zu einer Trommel, doch werden solche *niemals so mächtig sein, wie einer, der eine Trommel hat*[104].

Ähnlich verhält es sich bei den Taigatuwas Südsibiriens. Der Schamane erhält zunächst einen Stab aus Birkenholz – in dem unterhalb der Zinken Glöckchen den unentbehrlichen

---

[104] Wörtliche Aussage einer Gewährsperson, zitiert bei V. Diószegi, *Der Werdegang zum Schamanen bei den nord- östlichen Sojoten*, in: *Acta Ethnographica* 8, 1959, S. 280

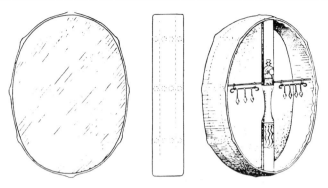

Schamanen-Trommel, Vorder-, Seiten- und Rücken-Ansicht

Vogelflug-Tanz eines Yakut-Schamanen

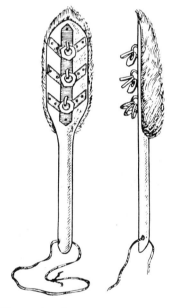

Trommelstock

Lärmgeräte (Glocken, Ratteln, Metallschlägel)
am Gewand des Schamanen

Schallzauber vermitteln. Das einem Bischofsstab vergleichbare, meist mit drei Zinken versehene Gerät wird jedoch nach etwa zwei Jahren durch eine Trommel ersetzt. Die Schamanentrommel der Taigatuwa ist annähernd rund, mit breiten Zargen, an der äußeren Seite sind Resonatoren angebracht. Auf der unbespannten Seite der Trommel wurde ein Holzgriff eingelassen, der mancherlei Verzierungen trägt. Wichtig erscheint die Verwendung unterschiedlicher Hölzer für die Resonatoren: Bei den Tofa neun, bei den Tuwa sieben und bei den Selkupen fünf. Die sarjanischen Völker und die Selkupen glauben, die Trommel sei das Reittier des Schamanen, jedoch kein Pferd, wie bei den Steppentuwas, sondern ein Rentier, auf dem der Schamane seine Reise in die „obere Welt" unternimmt. Bemalung und Behang der Trommel nehmen auf Farbe und Gliederung des Felles sowie auf die Rippen des Rens Bezug[105].

Aus dem Ast eines Baumes, der von den Geistern besonders gekennzeichnet wurde (etwa durch Blitzschlag), fertigen der Schamane oder seine Angehörigen den Rahmen der Trommel. Die Größe einer solchen einfelligen Rahmentrommel kann zwischen einem Durchmesser von 30–100 cm und einer Rahmenhöhe von 2,5 bis 20 cm variieren. Die Gegenwart des Numinosen im Holz läßt die Trommel zum Abbild des kosmischen Weltenbaumes werden, jenes mythischen Baumes des Lebens und der Magie, auf dessen Gipfel der Sonnengott in Gestalt eines Adlers wohnt und auf dessen Zweigen sich Nester befinden, in denen die Seelen künftiger Schamanen ausgebrütet und aufgezogen werden. Auch das Tier, von dem das Fell der Trommel genommen wird, steht mit dem Totemgeist der Sippe oder mit dem Ahnengeist in Verbindung. Je nach magisch-mythischer Vorstellung wird das Fell eines Pferdes, Rens, Elchs oder Marals benutzt und mit der enthaarten Seite nach oben entweder an der Innen- oder an der Außenseite des Rahmens aufgeklebt (Giljaken, Ainu, Burjaten, Solonen, Mandschuren), festgenäht (Lappen, Jakuten, Tungusen, Altaier) oder mit Schnüren und Holzstiften festgezogen. Bei den Lappen gibt es neben der Rahmentrommel auch Schalentrommeln, deren Corpus aus einem Holzblock ausgeschnitten wird[106]. Zusammenhänge zwischen Weltenbaum, Trommel und Seelenwanderung sind in allen schamanischen Kulturen deutlich erkennbar, doch wechseln die Details von Stamm zu Stamm. Ehe die Trommel als Kultgerät wirksam werden kann, wird sie im Verlauf eines langwierigen, durch Überlieferung genau festgelegten Rituals geweiht: das heißt, zum Leben erweckt. In Südsibirien meint man, daß zwischen dem Schamanen und seiner Trommel eine Art von Wesensidentität bestünde. Zerbricht die Trommel, so muß der Schamane sterben. Stirbt hingegen der Schamane, so wird die Trommel zerbrochen und das Fell unweit seiner Begräbnisstätte an einem Baum aufgehängt.

Bereits in der ersten Hälfte des 18. Jahrhunderts weisen europäische Reisende auf den Schamanismus hin. Von Interesse sind die Tagebuchaufzeichnungen D. G. Messerschmidts, der 1721 bei den Baraba-Tartaren u. a. vermerkte: *Als wir ein wenig hier gewesen, kam ein Kerl und bot sich an, er wollte schamanen oder weissagen ... Er hatte mit sich eine Schaman- oder Lapptrommel, worin ein hölzern Schaitan (mit alten Lumpen bekleidet) festgemacht war. Ehe und bevor er nun seine Kunst anfing, begehrte er eine Pfeife Tabak zu rauchen. Nachdem er solches vollbracht, fing er an, im Sitzen mit seinem Schamanlöffel (oder Trummelstock) hinten auf der Trummel zu wischen, recht als wenn er sie damit hinten mit Fett beschmieren wollte, wobei er ein wenig sachte oder leise brummte und murmelte. Mit der linken Hand aber hielt er den Schaitan, der in der Trom-*

---

[105] V. Diószegi, *Denkmäler der samojedischen Kultur im Schamanismus der ostsajanischen Völker*, in: *Acta Ethnographica* 12, 1963, S. 139–178

[106] E. Emsheimer, wie Anm. 100, Sp. 1656f., sowie *MGG* 8, 1960, Sp. 213f. mit Abb., und *MGG* 3, 1954, Sp. 1529 mit Abb.

Trommel des
„Chelkan"-Schamanen
mit einem zweiköpfigen Griff

mel festgemacht war fest . . . Darauf stand er auf, fing immer härter an zu schlagen . . ., machte dabei
immer ein stärker und stärker Geschrei, hüpfte in die Höhe, sprang herum wie ein toll Mensch, griff
mit einer Hand in heiße Asche, so auf dem Kamin lag, und in summa: der Kerl hatte sich sehr unge-
bärdig . . .[107].

Aus dieser Beschreibung erfahren wir, daß in der einseitig bespannten und auf der Rückseite
offenen Trommel sich ein hölzerner, durch bescheidenes Schnitzwerk verzierter Griff befindet,
der auch einen Menschen- (Schaitan) oder einen Tierkopf tragen kann. Ernst Emsheimer
schlägt vor, die Konstruktion dieses Griffes als klassifikatorisches Element zu wählen. Danach
könnte man Stielgriff-Trommeln, deren kurzer Griff seitlich außen am Rahmen befestigt ist,

---

[107] Abgedruckt bei V. Diószegi, *Pre-Islamic Shamanism of the Baraba Turks and some Ethnogenetic Conclusions,* in:
Shamanism in Siberia, hg. von Diószegi und M. Hoppál, Budapest 1978, S. 84 *(Bibliotheca Uralica* 1), vgl. auch
ebda. S. 92f. – Dieser Sammelband ermöglicht vor allem Zugang zur reichen sowjetischen Schamanismus-
Forschung.

und die als homogene Gruppe im äußersten Nordosten Sibiriens, bei den Eskimos und Tschuktschen als Schamanen- und als Begleitinstrument zu Lied und Tanz anzutreffen sind, von folgenden drei Typen der Innengriff-Trommeln unterscheiden: *(1) Trommeln mit einem vertikal im Rahmen verzapften Holzstab, der sich zu der abgerundeten Mitte hin verjüngt; ein bis zwei Querstützen aus Holz oder Eisen verstärken den Rahmen. Sie begegnen vor allem bei den Lappen und den turksprachigen Völkern des Altai-Sajan-Gebietes (Südwestsibirien). Bei letzteren ist der Längsstab oft an einem oder beiden Enden anthropomorph ausgeschnitzt. (2) Trommeln mit einem Griff in Form einer Y-förmigen Astgabel, der mit Riemen oder Sehnenfäden am Rahmen befestigt und häufig mit Tuch umwickelt ist. Sie begegnen bei den obugrischen und samojedischen Völkern Westsibiriens. (3) Trommeln mit kreuzartigem Griff, die über weite Gebiete u. a. bei den Nordtungusen und Jakuten, den südtungusischen und paläosibirischen Völkern des Amurgebietes sowie bei den transbaikalischen Burjaten verbreitet sind. Der Griff besteht aus einem mehr oder minder kompliziert ausgeformten Kreuz aus Holz oder Eisen, das mit Lederriemen am Rahmen lose eingebunden ist, im Amurgebiet und bei den Burjaten aus einem kleinen Hanf- oder Eisenring in der Mitte, der mit kreuzförmig gezogenen Riemen oder Schnüren gleichfalls lose am Rahmen befestigt ist. – Als mit potentieller magischer Energie geladene Zubehörteile sind oft an der Rahmeninnenseite Eisenklammern befestigt; an ihnen sind als idiophone Elemente Objekte wie metallene Ringe, Plättchen und Figürchen oder Rollschellen, Münzen usw. aufgereiht, die die akustischen Effekte des Trommelspiels erheblich steigern. Bei den südwestsibirischen Völkern des Altai-Sajan-Gebietes und den Lappen sind die magischen Zubehörteile überwiegend am Querstab der Trommel angehängt, bei den Lappen am Ende langer, mit Zinndraht umwickelter Riemen*[108]. Der Trommelschlägel kann aus einem Holzstab oder aus einer Holzplatte, aber auch aus Knochen oder Horn unterschiedlichster Länge und Breite bestehen. Die Griffseite läuft vielfach in einem tierähnlichen Schnitzwerk aus. Um den Klang der Trommel abstufen oder dämpfen zu können, ist die leicht ausgehöhlte Schlagfläche mit einer Tierhaut überzogen. Ein solcher Schlägel kann auch unabhängig von der Trommel als selbständiges Attribut des Schamanen für Krankenheilung oder zum Wahrsagen benutzt werden[109].

Messerschmidts Tagebuch gibt an mehreren Stellen Auskunft über die „Schaitans" oder „Abgötter", die innerhalb der Rahmentrommel fixiert sind, und er erfährt von den Einheimischen dazu, daß es sich um Geister oder Abbilder von Vorfahren handle. Daraus erklärt sich die Wirkmächtigkeit des Reibens und Schlagens auf das Trommelfell: Die real – als Abbild – in der Trommel gefangen gesetzten Geister werden unmittelbar angesprochen: eine Kategorie mimetischen Denkens, die Nachahmung, ermöglicht das Herbeiziehen, die Anwesenheit des Geistes.

Die Haltung der Trommel wechselt während der Kulthandlung. Der Schamane hält die Trommel bald vor sein Gesicht oder berührt mit dem Mund den Rahmen, dann wieder hebt er sie empor und schlägt sie ungestüm nach unten, um damit anzuzeigen, daß er in diesem Augenblick die Geister eingefangen hat. Schläge auf die Fellmitte oder an den Rand mit dem festen und harten oder mit dem weicheren Teil des Schlägels schaffen unterschiedliche Stimmungen. *Die eigenartig verdichtete, suggestive Atmosphäre, die durch kunstvolles und differenziertes Trommelspiel in Kombination mit den tänzerisch-pantomimischen Bewegungen des Schamanen, seinem Gesang und den von ihm ausgestoßenen Tierschreien sowie den klanglichen Effekten der*

---

[108] E. Emsheimer, wie Anm. 100, Sp. 1657

[109] V. Diószegi, *Tuva Shamanism: Intraethnic Differences and Interethnic Analogies,* in: *Acta Ethnographica* 11, 1962, S. 143–190

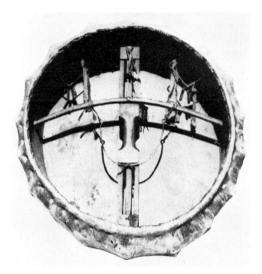

Innenseite der Schamanen-Trommel der „Tuvan"-Rentierzüchter

Innenseite der Schamanentrommel („täzim") der „Tuba"

an seinem Gewand befestigten Metallgegenstände entstand, bezeugen zahlreiche Angaben in der ethnologischen Literatur (Emsheimer[110]).

Tonaufzeichnungen, die von Schamanen-Rezitation oder Gesang sowie von den Trommel-rhythmen zu uns gelangten, zeigten eher gemurmeltes, verdecktes, kaum zum Gesang erhobenes Sprechen in sehr frei-rhythmischer Gestaltung. Ein Fragment macht P. Hajdú 1957 bekannt:

Bereits 1965 hatte B. M. Dobrovolskij auf den Gesang eines Schamanen hingewiesen:

Daß solche Transkriptionen einen vagen Eindruck vermitteln, ergibt sich aus einer Beschreibung von M. A. Castrén: *Ich muß noch bemerken, daß der Gesang der Tadibes nur wenige Worte enthält und wenig mehr als eine Improvisation ist. In den Gesängen der Samojeden überhaupt ist nicht die Rede von einem oder dem andern einzelnen Wort, noch weniger von Versmaß und Versfüßen. Weiß der Sänger, was er zu sagen hat, so kommt das Wort von selbst, und paßt es nicht zur Melodie, so schlüpft man über die eine oder die andere Silbe hinweg oder dehnt sie weiter aus, so wie es gerade die Melodie erfordert. Wenn aber der Samojede ein Lied nicht absingt, sondern nur rezitiert, so ist ihm an einem gewissen Rhythmus gelegen, an den sich auch mein Ohr gewöhnt hat. Dieser Rhythmus läßt sich nicht auf ein bestimmtes Versmaß zurückführen, zeigt jedoch gewisse Neigung zu Trochäen*[111]. T. V. Lehtisalo spricht in diesem Zusammenhang von Füllsilben, die dazu benutzt werden, um die Worte mit der Jodel-Melodie in Übereinstimmung zu bringen. Zum Unterschied von epischer, litaneihaft-stichischer, engstufiger Rezitation, zeigen die bisher

[110] E. Emsheimer, wie Anm. 100, Sp. 1658. – Dazu allgemein V. Diószegi, *Glaubenswelt und Folklore der sibirischen Völker*, Budapest 1963, S. 261–357; E. Emsheimer, *Studia ethnomusicologica eurasiatica*, Stockholm 1964, mit den Aufsätzen: *Schamanentrommel und Trommelbaum* (S. 50–61), *Eine sibirische Parallele zur lappischen Zaubertrommel* (S. 68–75) und *Lappischer Kultgesang* (S. 76–80); *Studies in Shamanism,* hg. von C.-M. Edsman, Stockholm 1967 *(Scripta Instituti Donneriani Aboensis* I)

[111] P. Hajdú, *The Nenets Shaman Song and Text,* in: *Shamanism in Siberia,* wie Anm. 107, S. 355–372; diesem Aufsatz sind auch die beiden Notenbeispiele und die Zitate entnommen.

bekannt gewordenen Belege schamanistischer Musikpraxis eher eine sprunghafte, von ethnischen und Familientraditionen subjektiv bestimmte Organisation des Tonmaterials. Deshalb auch der Vergleich mit dem Jodeln bei Lehtisalo[112]. Schließlich handelt es sich um eine Geheimsprache mit Geistern, und der Schamane hat kein Interesse daran, daß seine Zauberformeln (die ihm ja Macht und Ansehen verleihen) etwa Stammesfremde von ihm erlernen könnten. Der Schamane wechselt abrupt zwischen lallenden, unverständlichen Silben in einer introvertierten bis erregten, zum Sprechgesang erhobenen Stimme und ekstatischen Ausbrüchen. Er gerät dabei mehr und mehr „außer sich", seine Seele begibt sich in das Reich der Geister, er kommuniziert in Trance mit den Geistern – bis zum völligen körperlichen Zusammenbruch. Voraussetzung für eine freie Melodik, die keine feste Tonreihe und keine festen Melodiefiguren kennt, ist die Begleitung durch die ebenfalls „un-gestimmte" Trommel; an dieser Aussage ändert auch nichts die Tatsache, daß es Schamanen gibt, die ihre Trommel vor Gebrauch über ein Feuer halten, um sie fester zu spannen und eventuell sogar auf eine bestimmte Tonhöhe zu bringen. Erst dort, wo Saiteninstrumente (Gusle, Harfe, Leiern u. ä.) als Begleitinstrumente des singenden Erzählers in Erscheinung treten, paßt dieser sich den Tonhöhen seines Instrumentes an[113].

Der ethnomusikologische Befund trifft sich hier mit der Aussage des Anthropologen: *Shamanism has been conceived as a stage of psychic evolution of man* (Lawrence Krader[114]).

Abseits von den oben genannten geographischen Zonen im äußersten Norden Europas und Amerikas sowie in Sibirien, hat sich Schamanismus bei Sino-Tibetischen Bergstämmen im Norden Thailands bis in die Gegenwart herein erhalten. Der Basler Musikwissenschaftler Hans Oesch, der im Jahr 1974 diese Gruppen entlang der Grenze zu Laos und Burma aufsuchte, weist auf die Bedeutung der Musik für die Gesamtkultur der einzelnen Stämme hin[115]. Mitglieder des Stammes der Akha kennen ihre Genealogie über Vater, Großvater, Ahnen und Götter bis zu M$_v$ma$_v$, dem Himmelsgott. Jeder Schamane ist imstande, jederzeit die Ahnenliste eines jeden seiner Schützlinge vorzutragen. Bei bestimmten Gelegenheiten, werden die Namensreihen jedoch nicht gesprochen sondern auf- oder/und absteigend rezitiert, gesungen: (a) wenn sich zwei Akha begegnen, die bisher nichts voneinander wußten – und sich damit vorstellen, (b) wenn ein Akha in einem anderen Dorf wohnen möchte und beim Dorf-Chef darum bittet, (c) während der Hochzeitsfeierlichkeiten, (d) in Notfällen, um die Ahnen zu Hilfe zu rufen, (e) im Rahmen des Begräbniszeremoniells. Im letztgenannten Fall rezitiert der Schamane die Ahnenreihe mehrmals, um einerseits der Seele des Verstorbenen den Weg in die Ahnenwelt zu weisen und andererseits die Geister zum Beistand aufzurufen. Mitunter ist die Rezitation/der Gesang durch Exklamationen unterbrochen. Oesch bezeichnet solche magische Rezitation als Beweis dafür, wie eine Gattung schamanistischen Gesanges funktional im Leben verankert ist.

Bei den Blue Meo, ebenfalls einem der Bergstämme Nord-Thailands, ist der Ton der Mundorgel ausschließlich dem Totenkult vorbehalten. Während der Tote in der Hütte aufgebahrt liegt, und dies kann bis zu fünfzehn Tage dauern (*im optimalen Fall bis das Fleisch der Hände*

[112] T. V. Lehtisalo, *Beobachtungen über die Jodler,* in: *Journal de la Société Finno-Ougrienne* 48/2, 1937, S. 1–35

[113] W. Suppan, Artikel *Epos,* in: *MGG* 16, 1979, Sp. 101–114

[114] L. Krader, *Shamanism: Theory and History in Buryat Society,* in: *Shamanism in Siberia,* wie Anm. 107, S. 213. – Vgl. auch A. Lommel, *Die Welt der frühen Jäger,* München 1965; ders., *Shamanism: The Beginning of Art,* London 1966; D. Schröder, *Zur Struktur des Schamanismus,* in: *Anthropos* 50, 1955

[115] H. Oesch, *Die Musik der Bergstämme im Norden Thailands,* in: *Mitteilungen der deutschen Gesellschaft für Musik des Orients* 13, 1974/75, S. 83–89; ders., *Ethnomusikologische Arbeit bei den Bergstämmen Thailands. Erste Ergebnisse der Expedition 1974,* in: *Musik fremder Kulturen,* Mainz 1977 (Veröffentlichungen des Instituts für Neue Musik und Musikerziehung Darmstadt 17), S. 42–65

Tibetanischer Schamane
mit Klapper und Glocke

von den Knochen zu fallen beginnt: H. Oesch), erklingt immer dann die Mundorgel, wenn Besucher kommen und bevor das Schwein zur Verköstigung dieser Besucher geschlachtet wird. Das Mundorgelspiel vertreibt den Geist des Schweines, wogegen Trommel- und Flötenspiel dieselbe Wirkung auf die Geister des Federviehs haben sollen. Vor der Bestattung des Leichnams werden in der Nähe des Begräbnisplatzes Büffel geschlachtet, zumindest von jedem der hinterbliebenen Kinder einer. Die Geister dieser Tiere haben die Seele des Toten ins Jenseits zu begleiten. Auch davor und dazu erklingt die dafür vorbestimmte Musik. Danach beginnt das eher heitere Schlachtfest. Ist der Leichnam schließlich in der Erde versenkt, zerstören die Musiker ihre Instrumente und werfen sie weg. Neue Mundorgeln werden erst dann gebaut, wenn die alten vernichtet sind.

Im zauberischen Ritualgesang der Schamanen verstecken sich zudem Hinweise auf die Herkunft der in historischer Zeit nach Thailand gekommenen Stämme. Weil die zu Geistern gewordenen Ahnen der Rawang alle Wanderungen mitgemacht haben und man sie – neben den gebührenden Opfergaben – gerne in die Ursprungsländer zurückwünschen möchte, beschreibt der Schamane singend jenen Weg, den sein Volk in den vergangenen Jahrhunderten genommen hat. Hans Oesch kann darauf hinweisen, daß es sich dabei durchaus um konkrete Landschaftsbezeichnungen, Orte, Flüsse, Täler handelt ... *wobei sich wieder einmal zeigt, daß mündliche Überlieferung nicht eo ipso schlechter zu sein braucht als schriftliche*[116].

Zauberer und Medizinmänner

Unter Bezugnahme auf Schröder weist Krader[117] mit Recht darauf hin, daß Ekstase, Trance und Kollaps nicht auf das Schamanentum beschränkt seien, sondern sich auch beim Zauberer und Medizinmann in den Naturvolkkulturen Afrikas, Australiens und Amerikas finden. Charakteristisch für den Schamanen sei die Seelenwanderung, die ekstatische Himmelsreise (the ecstatic transformation), aber „außer sich", das heißt in Trance gelangt auch dasjenige Mitglied einer Naturvolkgruppe in Schwarzafrika oder bei den Ureinwohnern Amerikas und Australiens, das die Kulthandlung vollzieht – und zwar hier wie dort mit Hilfe der „Magie der Musik"[118].

In dem ebenso inhaltsreichen wie – für jeden Geisteswissenschaftler – anregend geschriebenen Buch *Menschenforschung auf neuen Wegen* führt Irenäus Eibl-Eibesfeldt die Leser mit folgender Schilderung nach Schwarz-Afrika: *Nacht liegt über der Kalahari. Ein Feuer brennt, und neun Buschmänner tanzen zum Rhythmus, den elf um ein Feuer sitzende Frauen klatschen. Die unruhigen Flammen werfen flackernde Lichter auf die kleinen, braunen Gestalten, deren Körper im Takt der Schritte vibrieren. Um die Waden tragen die Männer Rasseln, die jeden Tanzschritt unterstreichen. Mit maschinenhafter Gleichmäßigkeit umkreisen die Tänzer stampfenden Schrittes die Frauengruppe, einer hinter dem anderen, als folgten sie einer übergeordneten Macht. Ihre ernsten Gesichter zeigen einen versonnenen Ausdruck. Es scheint, als würden sie ihre Umwelt kaum wahrnehmen ... Dieser Tanz ist sicher kein Spiel und auch gewiß keine profane Unterhaltung. Tänzer und Klatschende geben sich feierlich entrückt. Geistig und körperlich konzentrieren die Männer all ihre Kraft auf den Tanz. Ihre fast nackten Körper glänzen vor Schweiß. Wieder berührt ein weißhaariger Alter eine unmittelbar vor mir Sitzende. Er verweilt und beginnt mit geschlossenen Augen zu singen. Dabei schwankt er leicht hin und her, und es sieht aus, als müsse er sich auf die Frau stützen. Und während ich ihn erstaunt betrachte, bäumt er sich auf und schreit gequält in die Weite ... Er wirft seinen Oberkörper zurück ... ein Ausdruck des Schmerzes verzerrt sein Gesicht. Dem lauten Schreien folgt krampfhaftes Weinen und Schluchzen, das den Körper des Tänzers erschüttert. Er bebt, und die Kiefer vibrieren im Krampf ... Andere Tänzer bemühen sich um den Alten. Sie massieren seine Lenden und stützen ihn. Langsam kommt er zu sich, richtet sich auf, macht torkelnd einige Tanzschritte, dann kippt er vornüber in den Frauenkreis und bricht unmittelbar neben dem Feuer zusammen ...*

In dieser Einsamkeit der Kalaharinacht hat sich eine Gruppe von Menschen versammelt, um mit den Dämonen der Krankheit zu kämpfen. Einige Frauen und Kinder waren in den letzten Tagen an Fieber erkrankt. Dem Glauben der Buschleute zufolge werden Krankheiten durch unsichtbare kleine Pfeile verursacht, die, von bösen Geistern und Feinden gesandt, in den Körper der Menschen eindringen. In der Trance erreichen die Männer einen Ausnahmezustand, der sie befähigt, diese unsichtbaren Pfeile in sich aufzunehmen und damit die Kranken von ihrem Übel zu befreien. Wenn

---

[116] H. Oesch, *Ethnomusikologische Arbeit* ..., wie Anm. 115, S. 45 und 49f. – Bei den Lahu, einem Bergvolk in Südwest-China und im nördlichen Südostasien unterscheidet sich die „Sprache" des Nyi-Prayers, wenn er den Wassergeist anruft, grundsätzlich von der Wortsprache; das außerirdische Wesen wird in einer litaneihaften, rhythmisch formelhaften, von Metaphern und sinnlosen Silben durchsetzten Rezitation „angesprochen": Darüber A. R. Walker, *Law ne cai ve: A Lahu nyi (Red Lahu) Rite to Propitiate the Water Spirit*, in: *Baessler-Archiv* NF 24, 1976, S. 440ff.
[117] L. Krader, *Shamanism: Theory and History in Buryat Society*, in: *Shamanism in Siberia*, wie Anm. 107, S. 213
[118] Eliade, wie Anm. 99, S. 172

sie die Frauen berühren, absorbieren sie die Pfeile. Und dann leiden sie, weil sie nun selbst all die Todesbringer in sich tragen. Sie ringen mit den Dämonen und besiegen sie zuletzt. Mit spitzen Schreien stoßen sie die Pfeile aus ... Sie können sie auch erbrechen; immer wieder sieht man, wie ein Trancetänzer in den Busch wankt und würgt und spuckt.

So fremdartig uns dieses Geschehen bei der ersten Konfrontation auch anmutet, die Gedankengänge, die diesem Ritual zugrunde liegen, können wir durchaus nachvollziehen. Uns leiten ja ganz ähnliche religiöse Vorstellungen: Ein Menschensohn opferte sich für die Gruppe, er nahm das Leid der Gemeinde auf sich und erlöste sie als Schmerzensmann vom Übel. Indem er das Böse bekämpft, stellt sich der Mensch tätig den Mächten. Und dennoch, was sich hier abspielt, scheint unwirklich ... Ich erlebe es hier und jetzt im Jahre 1970 bei den !Ko-Buschleuten der Kalahari, bei Menschen, die auf einer kulturellen Entwicklung stehen, die unsere Ahnen vor vielen tausend Jahren durchliefen, als sie noch als altsteinzeitliche Jäger und Sammler durch Busch und Savanne streiften und jene Höhlenmalereien anfertigten, die wir heute in Altamira bestaunen[119].

Auch hier ähnliche Phänomene: Rhythmus (durch Händeklatschen) und Klang (der Rasseln), verbunden mit Tanz führen in die Ekstase. In diesem Zustand der Besessenheit verfügt der Mensch über besondere Kräfte, er steht in Kontakt mit den Geistern, die ihn lenken und die sich durch ihn mitteilen. Die religiösen Rituale der !Ko-Buschmänner beschränken sich auf diesen Trancetanz, wie Eibl-Eibesfeldt an anderer Stelle seines Buches mitteilt[120]. Singen und Tanzen verstehen die Buschleute als Gebet zu ihrem Gott Gu/e, den sie als Schöpfer der Welt verehren und den man bei diesen Tänzen gegenwärtig wähnt.

Wer heute als musikethnologischer Sammler oder als Tourist Schwarzafrika aufsucht, wird jedoch nur in seltenen Fällen solche Beobachtungen machen können. Lebendiges Brauchtum ist in den vom Touristenstrom berührten und von den Massenmedien überschwemmten Gebieten West-, Ost- und Südafrikas in folkloristische Podiumskunst, in Vorführungen von Volkskunst-Ensembles übergegangen. Und selbst bei jenen Stämmen, bei denen Masken, Tänzer und Musiker kultisches Brauchtum innerhalb ihres Clans noch vollziehen, ist das Wissen um die primären Zusammenhänge vielfach geschrumpft, Kultspiele und Tänze werden als sinnentleerte Rituale weiter vollzogen. *Heute verstehen die meisten Sänger nicht, was sie singen,* vermerkt Hans Himmelheber in einem seiner Aufnahmeprotokolle des Jahres 1968 in Westafrika, und er ergänzt damit Tagebucheintragungen aus dem Jahr 1956: *Selten hatte ich in Afrika so sehr das Gefühl, auf den Trümmern einer Negerkultur zu stehen, wie in diesen kümmerlichen Dörfchen* (ein halbes Dutzend von Ansiedlungen im Verwaltungsbezirk Mankono der Republik Elfenbeinküste ist gemeint)[121]. Ähnliches berichtet Peter Fuchs aus dem Zentral-Sudan: *Die Kara von Birao bieten ein Bild vollkommener Auflösung. Ihre ursprüngliche Sprache haben sie fast völlig zugunsten von Arabisch aufgegeben. Biologisch ist der Stamm im Verlöschen, da außergewöhnlich viele Karafrauen unfruchtbar sind, die Familien nur wenige unterernährte und schwächliche Kinder haben. Es ist dies ein interessantes Beispiel dafür, wie der politische, wirtschaftliche und kulturelle Niedergang eines Volkes, der durch ein äußeres Ereignis (eben die Befriedung des Landes) verursacht wurde, auch ein biologisches Aussterben zur Folge haben kann*[122], während Hansjörg Liebscher auf einen völlig anderen Kulturraum, den der Nordlappen, hinweist: *Es ist anzunehmen, daß in wenigen Jahren ... nichts mehr übrig sein wird. Bald werden die*

---

[119] I. Eibl-Eibesfeldt, *Menschenforschung auf neuen Wegen. Die naturwissenschaftliche Betrachtung kultureller Verhaltensweisen,* Wien u. a. 1976, S. 9f., mit den zu dieser Schilderung gehörenden Abbildungen S. 48–50

[120] Ebda., S. 65

[121] H. Himmelheber, *Masken, Tänzer und Musiker der Elfenbeinküste,* Göttingen 1972, S. 25f. *(Publikationen zu wiss. Filmen, Sekt. Völkerkunde-Volkskunde,* Ergänzungsband 2, 1972)

[122] P. Fuchs, *Forschungen in der Südost-Sahara und im zentralen Sudan,* in: *Baessler-Archiv* NF 8, 1960, S. 285

alten Zaubersprüche und das epische Liedgut, auf deren Erhaltung von Seiten der Lappen früher großer Wert gelegt wurde, der Vergessenheit anheimfallen[123]. Wieder andere Völker entschwinden aufgrund der Industrialisierung aus unserem Blickwinkel: etwa die Nubier Ägyptens und des Sudans, deren Siedlungsgebiet durch den Bau des Assuan-Staudammes heute zum großen Teil von der Nubischen See überschwemmt ist. Baudenkmäler, wie Abu Simbel, wurden unter großem Aufwand „gerettet", während die Kultur der Nubier höchst unvollkommen, zum Teil sogar bewußt zurückhaltend dokumentiert erscheint[124].

Damit wird deutlich, daß politische und kirchliche Kolonisatoren aus Europa in den vergangenen Jahrhunderten nicht allein in das Wirtschaftsleben anderer Völker eingegriffen und durch die Versklavung vieler Millionen Menschen Leid verursacht haben. Indem sie die kulturellen Mechanismen zerstörten, haben sie den Menschen ihre Identität genommen. Wenn heute ein Missionar schreibt, daß alle, die mit Naturvölkern in engere Berührung treten, sich bewußt sein sollten, daß *die Religion die Basis des gesamten Stammeslebens darstellt*, weil eben das soziale Zusammenleben, die Pflichten und Rechte des Einzelnen, Arbeit und Fest, die Kräfte der Natur, die Autorität des Häuptlings, die Geschichte des Stammes bis zu den mythischen Vorfahren zurück durch Kult und Glauben geregelt werden, dann ist dies eine späte, meist zu späte Erkenntnis. Es ist daher begreiflich, wenn diejenigen, die das traditionelle religiöse Wissen ihres Stammes kennen, und das sind in der Regel einige ältere Männer, jedem Eindringling gegenüber sich verschließen und – wenn sie nicht anders können – den Fremden in die Irre zu führen versuchen. Trotz solcher Einsicht, besteht nach wie vor die Tendenz, im christlich-abendländischen Sinn zu missionieren, etwa Maskentänze *ohne all die üblicherweise damit verbundenen Zaubereien, Erpressungen der Nichtmitglieder und ähnlicher unziemlicher Auswüchse* als sinnentleertes Hobby zur Freude der Mittanzenden und der Betrachter zwar weiter zu pflegen, aber dabei *alles Unwürdige und Unerquickliche beiseite zu lassen... Auf diese oder ähnliche Weise brachte ich die Eingeborenen nach und nach dazu, auch noch viele andere ihrer angestammten Bräuche zu läutern und zu verchristlichen:* So zu lesen in dem Organ der Internationalen Union anthropologischer und ethnologischer Wissenschaften 1968 (!), verfaßt von P. Carl Laufer MSC, Seminar Oeventrop bei Arnsberg in der Bundesrepublik Deutschland[125]. Das bedeutet weiter: Wer die kulturellen Mechanismen einer ethnischen Gruppe kennt, kann diese umso wirkungsvoller bekämpfen. Im Mai 1966 sollten die Königreiche im südlichen Teil Ugandas aufgelöst werden, die Uganda-Armee überfiel im Mai 1966 den Königspalast in Kampala, die heiligen Trommeln des Kabaka, die Xylophone, das Entenga-Trommelspiel und alle anderen Instrumente der Hofkapelle wurden verbrannt – und damit die zentralen Wirkmechanismen des Königtums außer Kraft gesetzt. König Kabaka Mutesa II. schrieb darüber im Exil in London: *Among the sad news of who is dead, who is in prison and what is destroyed comes the con-*

[123] H. Liebscher, *Dringend notwendige Aufnahmen in Nordlappland*, in: *Bulletin of the International Committee on Urgent Anthropological and Ethnological Research* 9, 1967, S. 16f.

[124] Ein kleiner Hinweis darauf von Rex Seàn O'Fahey, *On Nubian Problems: A Brief Note on the Birged Language*, in: *Bulletin of the International Committee on Urgent Anthropological and Ethnological Research* 11, 1969, S. 63f.; H. M. Fahim, *The Ethnological Survey of Egyptian Nubia. Retrospect and Prospect*, ebda. 14, 1972, S. 65–80. – In Assuan besteht zwar ein Nubisches Kultur-Institut, und an der Heluan-University in Kairo wurde 1979 eine Magister-Arbeit über *Nubische Musik* approbiert (in Arabisch, Verfasser: Fikry Selim), doch könnte nur sehr rasche und systematische Feldforschung bei den in andere Gebiete Ägyptens und des Sudans umgesiedelten Nubiern die Reste einer einstmals blühenden Kultur erfassen.

[125] C. Laufer, *Zur Religionsforschung unter „Naturvölkern"*, in: *Bulletin of the International Committee on Urgent Anthropological and Ethnological Research* 10, 1968, Zitate S. 18–23. Es ist mir nicht bekannt, daß ein Völkerkundler sich dagegen gewandt hätte. – Dazu allgemein: H. Biezais, *Die Stellung der Religion in den soziokulturellen Strukturen*, in: ders. (Hg.), *Dynamics and Institution*, Stockholm 1976 (Scripta Instituti Donneriani Aboensis 9), S. 7–44; M.-L. Swantz, *Dynamics of the Spirit Possession Phenomenon in Eastern Tanzania*, ebda. S. 90–101

Vorder- und Seitenansicht einer kultisch-politischen Trommel aus Ghana/Westafrika

firmation that the R o y a l D r u m s a r e b u r n t ... These drums of which there are more than fifty are the h e a r t o f B u g a n d a, some of them hundred of years old, as old as the Kabakaship. To touch them was a terrible offence, to look after them a great honour. A Prince is not a Prince of the Blood but a P r i n c e o f t h e D r u m a n d h i s s t a t u s i s d e t e r m i n e d b y w h i c h D r u m. They all had separate names and significance and c a n n e v e r b e r e p l a c e d (Sperrungen durch den Verf.)[126]. Nicht Kolonisatoren aus Europa sondern die (zumeist in Europa oder in den USA ausgebildeten) Angehörigen desselben oder eines verwandten Stammes haben ihre intime Kenntnis der im Mythos begründeten und mit Hilfe des Kultes stabilisierten politischen Hierarchie dazu benutzt, um Machtstrukturen innerhalb eines schwarzafrikanischen Staates

---

[126] Kabaka Mutesa II., *Desecration of my Kingdom*, London 1967, zitiert nach G. Kubik, *Aufnahme und Erforschung der Hofmusik in Uganda*, in: *Bulletin of the International Committee on Urgent Anthropological and Ethnological Research* 9, 1967, S. 20

48

zu verändern[127]. So kann ethnologisches Wissen zur Basis politischer und religiöser Veränderungsbestrebungen werden.

Die oben abgedruckte Schilderung von Eibl-Eibesfeldt zeigte, daß bei den !Ko-Buschmännern der Kalahari alle Angehörigen des Clans in gleicher Weise am religiösen Ritual sich beteiligten. In arbeitsteiligen Gemeinschaften tritt uns dagegen ein Spezialist entgegen, der aufgrund seiner besonderen Fähigkeiten eine Vermittlerrolle zwischen Diesseits und Jenseits, zwischen den Menschen und der Welt der Ahnen, Dämonen und Götter übernimmt. Bei den Ba-Benzélé-Pygmäen im weitausgedehnten äquatorialen Waldgebiet im Südwesten der Zentralafrikanischen Republik, einem Nomaden- und Jägervolk, ist es der „Hellseher" (gubélé), der die rituellen Zeremonien vor dem Aufbruch zu einer großen Jagd gestaltet. Dabei erklingen bestimmte rituelle Gesänge zum Rhythmus der Trommeln und des Händeklatschens, während die Jäger mit kleinen schleifenden Schritten um das abendliche Feuer tanzen. Der gubélé sucht in den Formen, die die Glut zeichnet, nach den Tieren, die getötet werden sollen oder nach drohenden Gefahren. Erblickt er unheilvolle Zeichen, so läßt er die Jagd aufschieben. Zu dieser Zeremonie gehört der Rhythmus muya, der auch den Tanz des gubélé während der Krankenheilung begleitet. Die erfolgreiche Jagd wird durch den Rhythmus djoboko gefeiert, der u. a. bei Totenwachen und in Vollmondnächten erklingt. Bestimmte Gesänge nach der Jagd sollen die Geister der getöteten Tiere, vor allem der Elefanten, beschwichtigen[128].

Bei den Stämmen der Elfenbeinküste und Liberias besteht die Institution des „Heiligen Alten" (Gor): Er befindet über die Notwendigkeiten eines Kriegs- oder Jagdzuges, über die Abhaltung von Festen, über Masken und Spielleute, die über Land gehen wollen, er schlichtet Rechtsstreitigkeiten und entscheidet schließlich über Tod oder Leben der die Gemeinschaft bedrohenden Hexen. Er wohnt in der heiligen Hütte, die er nur selten verläßt und die niemand anderer betreten darf. Der Gor wird gewählt, jedoch zumeist aus einer bestimmten, bevorzugten Familie des Dorfes. Ein heiliger Alter stirbt nicht. Es heißt, er sei in die Berge oder in seine Hütte gegangen (Himmelheber vermutet, daß er dort heimlich begraben werde), – und man weint nicht um ihn. *Dem Verstorbenen wird die rechte Hand abgeschlagen, die Unterlippe und ein Hautstück von der Stirn weggeschnitten. Diese Teile werden getrocknet und für immer in der Heiligen Hütte aufbewahrt*[129]. Bis zur Wahl des Nachfolgers übernimmt die Maske alle Funktionen. Wieweit der Gor zudem Träger der geistlichen Überlieferung sei und Kulthandlungen selbst ausführe, darüber konnte Himmelheber wenig in Erfahrung bringen. Bei den Tura heißt es: *Bevor wir die heilige Hütte hatten, verehrten wir nur Fetische ... Wohl haben wir auch heute noch Fetische, aber diese helfen alle Gor*, woraus hervorgeht, daß der Übergang vom Fetischismus zum Ahnenkult den Überlieferungsträgern bewußt ist. Doch mag die heilige Hütte als *ein ungemein lebensvoller kultischer Kristallisationspunkt* (Himmelheber) andere Glaubensvorstellungen zurückgedrängt und kanalisiert haben. Im Dorf Glode im Stammesbereich der Gere konnte Himmelheber zwar die Geschichte der Gruppe inmitten eines feierlichen Zeremoniells, gestaltet durch Masken, Tanz, Trommeln und einen Elefantenzahn-Bläser, vom Gor erzählt auf Tonband aufnehmen und die Szenerie vor der heiligen Hütte filmen. Als aber die Rede auf die Masken kam, *die bei den Gere eine straffe, alle andern sozialen Einrichtungen überragende Organisa-*

[127] Vgl. dazu auch J. Blacking, *Music and Historical Process in Vendaland*, in: *Music and History in Africa*, hg. von K. Wachsmann, Evanston 1971, S. 211f.

[128] Simkha Arom und Geneviève Taurelle, *Die Musik der Ba-Benzélé Pygmäen*, Kassel u. a. o.J. *(Bärenreiter-Musicaphon)* = UNESCO-Reihe. *Anthologie afrikanischer Musik* 3, hg. von P. Collaer, BM 30 L 2303, Schallplatte mit Kommentar

[129] H. Himmelheber, *Der Heilige Alte. Eine Einrichtung zur Wahrung des Friedens bei einigen Stämmen der Elfenbeinküste und Liberias*, in: *Baessler-Archiv* NF 24, 1976, S. 217–247, Zitat S. 232

49

tion bilden, mischte sich einer der Notablen ein: der heilige Alte habe nicht das Recht, über die Masken zu sprechen[130]. Selbst erfahrenen Ethnologen ist es – wie dieses Beispiel zeigt – nur in seltenen Fällen möglich, jene Tabus zu durchbrechen, die das religiöse Leben bestimmen. Vom Besitz eines brauchbaren, erfolgreichen Fetisch' und von der Kenntnis wirkmächtiger Rezitations- und Musikformeln sowie der dazugehörenden Tanzschritte hängt das Überleben der Gruppe ab. Beschwörung, Analogiezauber als Vorbereitung auf Jagd, Ernte, Krieg und andere lebenswichtige Vollzüge des Alltags sind als apotropäische Effekte unentbehrlich angesichts der Unsicherheit des Menschen gegenüber einer weithin unbegriffenen, unheimlichen Umwelt. Eigene unvollkommene Kräfte werden durch Amulett- und Fetischwesen, durch Masken und Embleme erweitert. Darstellung, d. h. Nachbildung einer Gestalt, Nachahmung einer Gebärde, Nachvollzug einer Handlung in Maske, Tanz und mit verstellter Stimme (Musik), steht im Dienste des Bewirkens. Das Wissen um solche Zusammenhänge muß Geheimwissen bleiben, wenigen Auserwählten eines Stammes vorbehalten, es hat extrem hohen Gebrauchswert – und erhält erst in zerfallenden Kulturen auch Tauschwert (wenn ethnologischen Feldforschern für Geld oder Waren davon erzählt wird). Solches Wissen aber einem möglichen „Feind" auszuliefern, wäre dasselbe, als wenn die sogenannten Supermächte heute die Vernichtungswaffen der modernen Zivilisation zum Kauf allgemein freigeben würden, also Selbstzerstörung[131].

In jenen Ländern Westafrikas, denen die Kultur des Islam den Stempel aufgedrückt hat und in denen mächtige Häuptlinge Macht ausüben, treffen wir auf gewerbsmäßig tätige „Zauberer", die einer geschlossenen Kaste angehören. Tolia Nikiprowetzky berichtet darüber: *Leur rôle est multiple: historiens et généalogistes, ils sont le dédaigné l'écriture; musiciens, ils sont de toutes les fêtes et de toutes les solennités. Le griot peut être attaché à la cour d'un prince, intégré à sa maison: il peut aussi être indépendant et louer ses services en toute liberté*[132]. Obgleich in der sozialen Rangordnung auf unterster Stufe, sind die Zauberer doch überall dort gesucht und gut bezahlt, wo besondere Ereignisse den Alltag unterbrechen: bei Hochzeiten, bei der Geburt, Beschneidung und bei Totenfeiern. Ihr Ruf als Sänger und Instrumentalisten bestimmt ihren Wert; denn die Zauberkraft hängt nach allgemeinem Glauben unmittelbar davon ab.

Die Beschneidung der Jungen und – davon streng getrennt – der Mädchen bedeutet bei den schwarzafrikanischen Völkern das Ende des Reifungsprozesses und die Aufnahme in den Kreis der Erwachsenen. Die Initianten werden in einem Lager außerhalb des Dorfes zusammengefaßt, wo die Operation als Bestandteil eines meist umfangreichen geheimen Zeremoniells vollzogen wird. In Angola findet die Beschneidung der Jungen am Beginn der Trockenzeit oder in den beiden ersten Monaten der Trockenperiode statt. Die Jungen bleiben nach der Operation etwa vier Monate im Wald. Nach Heilung der Wunde beginnt eine Periode intensiven Unterrichts, in dessen Mittelpunkt Gesang und Tanz stehen[133]. *Indem ich mitsinge, mittanze, bin ich ein vollwertiges Mitglied der Gruppe*: so drückte sich ein Ashanti in Ghana im Jahr 1965 dem Verf. gegenüber aus. Bei den Dan Westafrikas ist das Beschneidungsfest das entscheidende Ereignis eines Menschenlebens, wobei neben der bei Jungen und Mädchen vollzogenen Operation ebenfalls der mehrwöchigen „Schule", der Vermittlung des historischen und kultisch-

---

[130] Ebda., S. 237f.

[131] Dazu H. H. Holz, *Vom Kunstwerk zur Ware. Studien zur Funktion des ästhetischen Gegenstands im Spätkapitalismus,* Neuwied und Berlin 1972, S. 10–13 *(Sammlung Luchterhand 65)*

[132] T. Nikiprowetzky, *Les griots du Sénégal et leurs instruments,* Gottwaldov/ČSSR 1962, (S. 3), als Kongreß-Referat von Radio diffusion outre-mer OCORA, Paris, gedruckt

[133] G. Kubik, *Muziek van de Humbi en de Handa uit Angola,* Tervuren 1973, S. 8 *(Opnamen von Afrikaanse Muziek . . . 9,* Belgische Radio en Televisie)

Der Zauberer (Medizinmann, Priester) des Senegal: Er weiß um die Technik der Magie, der Kommunikation mit außerirdischen Wesen, mit Dämonen, mit Göttern – und er stellt durch das Medium des Klanges den Kontakt zu ihnen her; denn „Musik ist die Sprache der Götter" (Zitat nach einer bereits halb in Trance taumelnden Priesterin bei einem Voodoo-Zauber auf Jamaica)

sozialen Gedächtnisses des Stammes im „heiligen Wald" Bedeutung zukommt. So geläutert, kehren die jungen Menschen singend und tanzend in ihr Dorf zurück, wo allgemeines Festgetümmel einsetzt. *Die Musik ist das, was Lebenskraft in den Menschen einführt*, heißt es bei den Dan, daher könnte nichts die pädagogische Wirkung des Singens und Tanzens ersetzen[134].

Obgleich durch den Atlantischen Ozean von solchen Überlieferungen getrennt, treffen wir in alt-indianischen Kulturen Amerikas auf beinahe wörtliche Entsprechungen: Der Crahó-Ritus im Nordosten Brasiliens dient dazu, die Lebensenergie dieses Indianerstammes stets zu

---

[134] H. Zemp, *Die Musik der Dan*, Kassel u. a. o. J. *(Bärenreiter-Musicaphon)* = UNESCO-Reihe. *Anthologie afrikanischer Musik* 1, hg. von P. Collaer, BM 30 L 2301, Schallplatte mit Kommentar. – Vgl. dazu H. Himmelheber, *Masken, Tänzer und Musiker der Elfenbeinküste*, Göttingen 1972, S. 148–152: „Stühlchentanz" der frisch beschnittenen Mädchen, Beschreibung zu Film E 1553 des Instituts für den wiss. Film in Göttingen

erneuern. Und dabei heißt es, der Gesang sei der Schöpfer der Kraft. Den Schöpfungsberichten zufolge ist der Ton die erste und elementarste Macht, repräsentiert in der Trommel. Die Oglala-Dakota in den USA erzählen: Weil die Trommel oft das einzige in unsern Riten gebrauchte Gerät ist, sollte ich euch hier vielleicht sagen, warum sie uns so besonders verehrungswürdig und wichtig ist: es ist darum, weil die runde Form der Trommel das ganze Weltall darstellt; und ihr beharrlicher Schlag ist der Puls, das Herz, das in der Mitte des Weltalls pocht. Es ist wie die Stimme des Großen Geistes, und der Ton erregt uns, er hilft uns, das Geheimnis und die Macht aller Dinge zu verstehen. In den mythischen Erzählungen der Ona (Feuerlandindianer) wird die Urheberschaft der kultischen Gesänge einem Vorfahren namens Kokpómeč zugeschrieben, der damit Wundertaten vollbracht und die Medizinmänner in dieser Kunst unterwiesen haben soll. Die magische Wirksamkeit des Gesanges habe stets für gutes Wetter gesorgt und sogar geholfen, einen Wal zu töten. Die Medizinmänner benötigen diese Lieder, um in den für ihre Tätigkeit als Krankenheiler, Wahrsager und Wetterzauberer erforderlichen Zustand halbbe-wußten Träumens versetzt zu werden. Höhepunkt des kultischen Lebens ist die Initiation der mannbar gewordenen Jünglinge. Dabei treten die Männer bemalt und maskiert als Geister auf[135].

Der Übergang von der Gebrauchs- zur Ritualfunktion wird dort deutlich, wo die Initiation der jungen Menschen in einen bestimmten Kult nicht mehr stattfindet, Elemente der Zeremo-nie aber weitergetragen und in Unterhaltungs- oder Spielformen übergeführt werden. Joachim Sterly berichtet, daß der Koa-(Vogel-)Kult im Gebiet der Chimbu im zentralen Hochland von Neuguinea heute weitgehend erloschen sei, doch würde man bei den Schweinefesten, die die Initiation einst einleiteten, noch die großen Bambus-Flöten (koa kumba) blasen. *Die Flöten-paare, deren Stimmen man den Frauen und Kindern gegenüber als Schrei eines großen sagenhaften Vogels ausgab, wurden früher lange vor dem Schweinefest geblasen, um die Schweine fett zu machen. Begleitet von den Flöten begaben sich die leitenden Männer in den Busch, um den mondo-Pfosten für das bolim-Haus zu schlagen*[136].

Die Vor-Führung (ehemals) kultischer Tänze und „Musikstücke" im Rahmen touristischer Veranstaltungen in Kenia und Ghana, auf Haiti und auf den Philippinen: überall dort, wo den Kolonisatoren, Missionaren, Handelsleuten und ethnologischen Feldforschern heute touri-stische Unternehmungen folgen, bedeutet in der Regel die endgültige Zerstörung der primären Kult-Musik-Bindungen. Die Darstellung solcher Zeremonien wird für die einheimischen Folk-loregruppen zum sinnentleerten, obgleich oft finanziell einträglichen Ritual, für Touristen zum exotischen Flair, zur willkommenen Abwechslung während der Badeferien. Kulturelle Mechanismen, die gesellschaftliches Zusammenleben in solchen Regionen der Erde konsti-tuier(t)en, werden außer Kraft gesetzt – ohne daß neue Werte dafür geschaffen würden. Darin liegen die Wurzeln des Nord-Süd-Konflikts begründet[137].

Es gibt aber auch Beispiele dafür, daß ethnische Gruppen der Hybris zwischen europäi-schem Einfluß, christlichem Missionierungseifer und traditionellen Lebensgewohnheiten dadurch entgehen wollen, daß sie bewußt zu den Wurzeln eigener Kultur zurückkehren. In einigen afrikanischen Staaten, vor allem aber im afro-amerikanischen Bereich sind solche „Revivals" im Zusammenhang mit einer Abkehr von weißer Politik und Ökonomie anzutref-fen. Alfons Michael Dauer weist darauf hin, daß die große Erweckungsbewegung *(The Great*

[135] P. Collaer, *Amerika. Eskimo und indianische Bevölkerung,* Leipzig o. J. (1967) *(Musikgeschichte in Bildern I/2),* S. 158 und 172; Schwarzer Hirsch, *Die heilige Pfeife,* Olten und Freiburg 1956, S. 98

[136] J. Sterly, *Über den gerua-Kult im zentralen Hochland von Neuguinea,* in: *Baessler-Archiv* NF 24, 1977, S. 49

[137] Dazu W. Wiora, *Ideen zur Geschichte der Musik,* Darmstadt 1980 *(Impulse der Forschung* 31), S. 22–29

Szene in einem Ashanti-Heiligtum in Ghana: Die Priesterin tanzt sich in Trance bis zu völliger Erschöpfung und Zusammenbruch

Awakening) kurz vor der Mitte des 18. Jahrhunderts die ersten selbständigen Kirchen der Afro-Amerikaner hervorbrachte, hauptsächlich Methodisten und Baptisten, daß um die Wende zum 19. Jahrhundert die zweite Erneuerungsbewegung *(The Great Revival)* von Presbyterianern, Pentacostels und sogenannten Heilskirchen getragen wurde. Diese aus einer Synthese von christlichen Bekenntnissen und afrikanischen Religionen entstandenen Bewegungen sind bis zum heutigen Tag stark von chiliastischen Zügen geprägt, die sich gegen soziale und geistige Unterdrückung, gegen Sklaverei und Rassendiskriminierung richten. Der sehr subjektiv empfundene Heilsaspekt solcher Gottesdienste ist heute mehr und mehr beeinflußt von (vermeintlichen oder wirklichen) alt-afrikanischen Ekstasetechniken und Trance-Tänzen. Ein Prediger vermag seine Gemeinde so in Erregung zu versetzen, daß die Gemeindemitglieder in der sicheren Erwartung des ekstatisch zu erlebenden Heilszustands ihre Erweckung *nicht selten bereits unter Erscheinungen verbaler Besessenheit* [bekennen]. *Neben der dramatischen Belehrung und Erweckung ist das höchste Ziel eines Heilsgottesdienstes die kathartische Befreiung. Sie ist gleichbedeutend mit der Hineinführung der Gemeinde in den Zustand vollkommener Ekstase. Die Ekstase hat mehrere Formen. Eine äußert sich in extremen Bewegungsvorgängen, von dem bekannten Zukken und Zittern der „Shakers" und „Holy Rollers" bis zum sogenannten „Heiligen Traum". Die Tänzer fühlen sich leibhaftig vom Heiligen Geist besessen, sie tanzen mit geschlossenen Augen, häufig in echter Trance. Dazu kann als weitere Form der Ekstase das Zungenreden kommen. Im*

Zustand heftiger Besessenheit treten die peripheren Nerven- und Aktionszentren des Ekstatikers aus der Kontrolle des Willens heraus, agieren willkürlich und lassen ihn Dinge tun, die an das „Wunderbare" grenzen… Trifft er [dieser Zustand] die Sprechwerkzeuge, so entsteht eine vollkommene Form der Glossolalie. Der Besessene hört auf, zusammenhängende Worte und Sätze zu sprechen, seine Rede wird unzusammenhängend, lallend, oder geht über in ein Herausschleudern unartikulierter Laute oder Silben. Die Afro-Amerikaner benutzen auch diesen Vorgang für ihren religiösen Vollzug und nennen diesen Zustand und seine stimmlichen Ausdrucksformen „scat singing", von englisch „to scatter", das ist den Zusammenhang verlieren… also: unzusammenhängend singen[138].

Handelte es sich bei den frühen nordamerikanischen Erneuerungsbewegungen der Afro-Amerikaner um Verbindungen von afrikanischen und europäisch-christlichen Kulthandlungen, so greift der Kumina-Kult Jamaicas bewußt westafrikanische Überlieferungen auf. Eine religiöse Tanz-Zeremonie *to invoke help from gods and spirits in personal and social problems.* Gesang, Tanz und ekstatische Trommelrhythmen sollen die Geister der Toten bannen und diese den Menschen nahe bringen, um Wünsche an sie heranzutragen und Lebensregeln von ihnen zu erfahren. Vielfach fallen die brennende Kerzen umtanzenden Priesterinnen dabei in Trance. Der afrikanische Bezug wird daraus deutlich, daß Worte der Bantu-Sprache in Rezitationen und in Gesangstexte eingeflochten werden. *The drumming is usually very brilliant with a characteristic snap rhythm played on the larger drum, the Kbandu, and complicated rhythms in keeping with the taste of the particular spirit being invoked, played on the smaller „playing cast" drum*[139]. Kumina ist jedoch nur eine von vielen Möglichkeiten für die schwarzafrikanische Welt und die damit in Verbindung stehenden afro-amerikanischen Populationen, sich in traditionelle Verhaltensformen zurückzuziehen, um so – zum Teil militant, zum Teil passiv – dem Einfluß anderer kultureller Systeme zu trotzen.

Priester und Mönche

> *Religion… muß mit der Überzeugung stehen oder fallen, daß Wirkungen irgendeiner Art wirklich eintreten… Tolstoi ist absolut genau, wenn er den Glauben zu den Kräften zählt, von denen Menschen leben.*
>
> William James[140]

Der Glaube daran, daß der Ursprung der Musik in der Übernatur, im Bereich mythischer Vorfahren und Götter verankert sei, ist nicht auf die Naturvölker begrenzt. In den alten Kulturen des Zweistromlandes an Tigris und Euphrat, in Indien und Indonesien, in Persien, in China und Korea, am Nil und bei den Mayas, Azteken und Inkas Alt-Amerikas erkannte der Mensch in der zur Rezitation und zum Gesang erhobenen Sprache, in Klangfarben und Rhythmen, in Intervallen und Harmonien Spiegelbilder göttlicher Ordnungsprinzipien – vergleichbar dem Wechsel der Jahreszeiten, dem Lauf der Gestirne, dem Rhythmus in der Natur. Derselben Formulierung, der wir in Schwarzafrika und im Kumina-Kult Jamaicas begegnet waren, daß Musik

---

[138] A. M. Dauer, *Die Posaunen Gottes. Über Erregungs- und Ergriffenheitstechniken in religiöser Dichtung und Musik der Afro-Amerikaner*, in: *Musik als Gestalt und Erlebnis = Festschrift W. Graf zum 65. Geburtstag*, Wien u. a. 1970 *(Wiener musikwissenschaftliche Beiträge* 9) S. 24–40

[139] Beide Zitate O. Lewin (Hg.), *From the Grass Roots of Jamaica*, Schallplatte mit Kommentar, o. O. und J. (*Dynamic* 3305); dies., *Jamaica's Folk Music*, in: *Yearbook of the International Folk Music Council* 3, 1971, S. 15–23. Vgl. auch J. K. Long, *Medical Anthropology, Dance, and Trance in Jamaica*, in: *Bulletin of the International Committee on Urgent Anthropological and Ethnological Research* 14, 1972, S. 17–23

[140] W. James, *Die Vielfalt der religiösen Erfahrungen. Eine Studie über die menschliche Natur*, Olten und Freiburg 1980

Szene auf dem Silberkessel von Gundestrup, dem wichtigsten Zeugnis keltischer Religion (6. bis 2. Jh. v. Chr.): Läuterungsszene des Heeres und Transport des kultischen Baumes. Die Szene bezieht sich auf das alljährlich stattfindende Fest zu Ehren der Muttergöttin und des Esus. Krieger veranstalten Aufmärsche, es werden Menschen geopfert, ein noch mit Wurzel und Blättern versehener Baum wird herumgetragen und schließlich in einen Schacht geworfen. Dieser Ritus soll die Verbindung zwischen der Welt der Lebenden einerseits und der Welt der Toten sowie den Mächten der Unterwelt andererseits beschwören. Der Klang der Carnyx-Bläser, die den Zug beschließen, ist jenes Ferment, das Reales und Irreales zu verbinden und zugleich Unheil „wegzublasen" vermag. Archäologische Zeugnisse für diesen Ritus sind die tiefen Schächte in den „Viereckschanzen" genannten Kultplätzen Süddeutschlands und die „puits funéraires" in Südwestfrankreich

die Sprache der Götter sei, begegnen wir u. a. in Indien: Ewig tönt Nādabrahma, die Anāhata-Musik (die nicht durch Anschlag hervorgebrachte Musik). Musik galt als Geschenk Gottes, mit dessen Hilfe der Mensch sich den Bereichen des Geistigen und Göttlichen nähern mochte; eine heilige Kunst demnach, ein Yantra, Mittel und Werkzeug der Erleuchtung, zugleich Ritual, Yoga und Erkenntnis. Saravatī, die Göttin der Musik, gilt zugleich als Göttin des Lernens; sie spielt Vīṇā, das älteste der indischen Saiteninstrumente und hält als weitere Attribute ihrer Göttlichkeit ein Buch (Wissen, Erkenntnis) und eine Perlenschnur (Rosenkranz, Geheimnis der Konzentration). Auch Gott Śiva spielt die Vīṇā, dazu jedoch die Stundenglastrommel Ḍamaru, mit der er die Zeit schafft und einteilt; er tanzt im goldenen Raum des Universums. Gott Brahmā singt, Gott Viṣṇu inkarniert sich als Kṛṣṇa, der göttliche Flötenspieler, der die Natur mit seinem Ton bezaubert. Verständlich, daß der Mensch nur in tiefer Ehrfurcht der Musik sich nähern durfte. Die Ausübung von Musik galt als magische Handlung[141].

[141] M. M. Junius, *Saṃgītakalā (Die Musik als Kunst). Betrachtungen zum ästhetischen Verständnis der Hindustani-Musik,* in: *Musik fremder Kulturen,* Mainz 1977 (*Veröffentlichungen des Instituts für Neue Musik und Musikerziehung Darmstadt* 17), S. 35; ähnlich: Naushad, *Music: A Gift from God,* in: *Illustrated Weekly of India* 90 (24), 15. Juni 1969, S. 34f.

Von göttlichem Ursprung der Musik berichten auch die überlieferten Mythen, Erzählungen, Berichte und Bildzeugnisse aus den präkolumbischen Indianer-Kulturen Mittelamerikas. *Wir können daher behaupten, daß Musik, Dichtung und Tanz für die religiösen und weltlichen Riten ebenso notwendig waren wie für das Leben von Staat und Volk. Der religiöse und politische Charakter der Musik der indianischen Bevölkerung ist wohl auch ein Grund für die unerbittliche Konsequenz, mit der die Invasoren diese musikalischen Traditionen zu vernichten suchten*[142].

Alt-Chinesische Überlieferungen sehen darin die oberste Aufgabe der Musik, die Verbindung zwischen Diesseits und Jenseits aufrechtzuerhalten. Im *Li-dji*, einem kanonischen Buch aus dem letzten vorchristlichen Jahrhundert, lesen wir: *Die Musik ist es, woran die Heiligen sich freuen, und man kann damit die Gesinnung der Menschen bessern. Sie beeinflußt die Menschen tief, sie ändert die Bräuche und wandelt die Gewohnheiten. Darum bewirkten die früheren Könige durch sie ihre Erziehung*[143].

Musik ist integrierender Bestandteil der religiösen Zeremonien der kurdischen Ahl-e-Ḥaq (Wahrheitsverbündeten); denn die Ahl-e-Ḥaq sind davon überzeugt, daß die Verbindung mit der unsichtbaren Welt allein durch Musik möglich sei. Mohammad Mokri hat im Jahr 1973 in der kurdischen Hauptstadt Sanandağ die vom Daf begleiteten Gesänge des Qāderī-Derwisch-Klosters aufgenommen. Die Derwisch-Bruderschaften dieses Klosters gelangen durch Sam'ā (das Lauschen von Musik) und durch Tanzen zur Ekstase, die schließlich in eine Ohnmacht mündet. Sam'ā gilt in der Ṣūfī-Lehre als das entscheidende Medium, um in Trance zu fallen und so zur letzten Erkenntnis des Göttlichen zu gelangen[144]. Entsprechende Aussagen begegnen uns in den vor-christlichen, Vor-Moslem- und Vor-Hindu-Traditionen Balis und Javas: *The leader of a troupe of trance players, sometimes called „Dalang", possesses the power of inducing hypnosis. He is regarded, like the dukun (exorcist-fortune teller) as a man with magic power, and is therefore respected in the community.* Im taiwanischen Tempel geschieht das hörbare Beten stets in singender Weise. Wobei man zwischen dem syllabischen Rezitieren im Orationston (niän djing) und dem eigentlichen Singen der melismatischen Lobgesänge (tschang dsan) unterscheidet[145].

Die ältesten Denkmäler griechischer Literatur, die homerischen Gedichte, sind reich an Zeugnissen über das Musikverständnis und den Musikgebrauch Alt-Griechenlands. In der Ilias spielt Apollon selbst die Phorminx beim Göttermahl auf dem Olymp, während die Musen lieblich singen. In der Odyssee ist vielfach von der Musenkunst die Rede, vertreten durch den Sänger, der meist bei Hofe erscheint, aber auch vor dem Volk bei festlichen Anlässen Lieder von Göttern und Helden darbietet. Mit der Zaubermacht ihres „helltönenden Gesanges" suchen die Sirenen Odysseus anzulocken. Der Sänger trägt den Beinamen „der Göttliche", in beiden Epen wird mehrmals der göttliche Ursprung von Musik und Dichtung vermerkt. Hesiod von Askra, der Homer zeitlich nächste bedeutende Vertreter epischer Dichtung, schildert im Prooimion der „Theogonie", wie die Musen ihm selbst erschienen seien, ihm göttlichen Gesang eingehaucht und ihm einen Stab vom Lorbeerbaum verliehen hätten. Von den Musen empfing

[142] S. Marti, *Alt-Amerika. Musik der Indianer in präkolumbischer Zeit*, Leipzig 1970 *(Musikgeschichte in Bildern* II/7), S. 7. – Vgl. auch H. Wilhelmy, *Welt und Umwelt der Maya. Aufstieg und Untergang einer Hochkultur*, München und Zürich 1981

[143] W. Danckert, *Musikgötter und Musikmythen Altchinas*, in: *Zeitschrift für Ethnologie* 88, 1963, S. 1–48; K. Reinhard, *Chinesische Musik*, Eisenach und Kassel 1956, Zitat S. 9. – Vgl. dazu auch Zeugnisse aus dem von China aus beeinflußten koreanischen Bereich: *Source Readings in Korean Music*, hg. von Band-song Song, Seoul 1980 *(Korean Traditional Music* I)

[144] M. Mokri, *La musique sacrée des Kurdes Fidèles de verité en Iran*, in: *Encyclopédie des musiques sacrées*, Paris 1968, S. 83

[145] M. J. Kartomi, *Music and Trance in Central Java*, in: *Ethnomusicology* 17, 1973, S. 165; J. Fritzen, *Die Anrufung des großen Bären im Djüehsiugung zu Taibej*, in: *Jahrbuch für musikalische Volks- und Völkerkunde* 5, 1970, S. 73–101

Steinmetzarbeit aus Nippur, 2600 v. Chr.: Religiöse Zeremonie mit Musik

der irdische Sänger die Gabe des Gesanges, der Stab kennzeichnete ihn als Rhapsoden, als umherziehenden Sänger. Grundsätzlich wurden in der Antike „Lieder für Götter" von solchen „für Menschen" summarisch geschieden. Zu der erstgenannten Gruppe gehörten Hymnen, Prozessionslieder, Mädchenchöre, kultische Tanzlieder und im weiteren Sinne auch die musikalisch gestalteten Teile von Tragödien, Satyrspielen und Komödien[146]. Im folgenden Abschnitt dieses Buches über „Musik und Politik" wird ausführlicher über die Wechselbeziehung zwischen Musik und seelischen Vorgängen zu sprechen sein, die im alten Griechenland seit Pythagoras in den Dienst der Erziehung und Seelenformung gestellt wurde, wohl im

Überdimensionale Musiker
und Krieger beschützen
den Eingang
zum Tempelbezirk
im südkoreanischen
Shilla-Reich

---

[146] A. J. Neubecker, *Altgriechische Musik. Eine Einführung*, Darmstadt 1977 *(Die Altertumswissenschaft)*, S. 7f. u. ö.

Anschluß an die seit dem 7. Jahrhundert eindringende orientalische Musik und die Verwendung der Aulosmusik in den Kulten des Dionysos und der Kybele, der zugleich von Kleinasien herkommenden „Großen Mutter". Der durchdringende, scharfe Klang der Auloi konnte bei gewissen Riten ekstatische Zustände herbeiführen, andererseits durch Steigerung bis zur Entladung auch wieder beruhigen, zur physischen Reinigung (Katharsis) führen[147].

In der umfassenden Darstellung der Musica romana hat Günther Wille das Eingangskapitel der Aufgabe der Musik im Kult gewidmet. Der Autor stellt dabei die grundsätzliche Frage, warum eine Begegnung mit der Gottheit stets unter „musikalischer Begleitung" stattfinden würde? Der Römer – so Wille – *dachte an das Vergnügen, das man selbst bei der Musik empfand, und stellte sich entsprechend die Reaktion bei den Göttern nicht anders vor: auch sie werden durch die Töne ergötzt*[148]. Eine so „aufgeklärt-rationalistische" Beantwortung der Frage findet sich bei Horaz, der Musik als ein Besänftigungsmittel für Götter beschreibt, die durch den in der Musik ebenso wie im Weihrauch enthaltenen sinnlichen Genuß gnädig gestimmt würden. Eine ähnliche Begründung gibt Censorin: Musik sei den Göttern angenehm, die Musen seien auf die Erde herabgeschickt worden, um die Himmlischen in wohlgefälliger Weise zu preisen. Musik würde demnach gleichsam eine Himmelsgabe rückerstatten und dem Preis der Schöpfung dienen. Unter dieser Fassade „aufgeklärter" Literaten wird jedoch deutlich, daß der primäre Zweck der Kultmusik in der magischen Vertreibung der Dämonen und in der Abschirmung gegenüber allen störenden, unheilvollen Geräuschen bestanden habe. Die Musik durfte während des Opfers nicht unterbrochen werden, um die Götter nicht zu erzürnen: Das geht aus einem Hinweis von Cicero deutlich hervor, in der das plötzliche Stummwerden des Tibicen bei den gottesdienstartigen großen megalensischen Spielen als eine Entweihung verstanden wird. Becken- und Schellenklänge hatten die Funktion, bei den Lupercalien und Saturnalien die Dämonen zu verscheuchen, bei den Isisfeierlichkeiten fiel dieselbe Aufgabe dem Sistrengerassel zu. *Von diesem durch das ganze heidnische Altertum lebendigen Glauben an die magische Kraft der Musik aus muß auch ihre Unentbehrlichkeit beim Opfer verstanden werden: Die Musik soll feindselige, chtonische Dämonen vertreiben; denn diese lieben die Stille*[149].

Arnobius von Gallien (um 450) spottete gemäß seiner christlichen Gottesauffassung zwar über römische Ideen zur Verwendung der Musik im Gottesdienst, doch schien der Glaube an die magische Kraft der Musik so fest verwurzelt, daß auch die Frühchristen ihren Kindern Schellen und Glöckchen als Talismänner an den Hals und an die Hände banden, um schädigende Einflüsse von ihnen fern zu halten. Johannes Chrysostomus von Antiochia (344–407) betonte daher mit aller Schärfe, daß nur der Schutz, der vom Kreuze herkomme, die Kinder vor Unheil bewahren könnte – und keine Glöckchen oder Purpurstreifen[150].

In überzeugender Weise stellt Karl Gustav Fellerer dar, wie der Gegensatz zwischen „ratio" und „emotio" die gesamte Entwicklung der christlich-abendländischen Kirchenmusik in ihrer Gestalt und Ausdrucksgebung wie in ihrer Stellung in der Liturgie beherrscht[151]. Einerseits sollte – ebenso rationalistisch wie schon bei Aristoteles und bei Horaz – die magische Kraft der Musik (nämlich ihre „heidnische" Komponente) zurücktreten, andererseits erlaubte die biolo-

[147] Ebda., S. 127f. – Vgl. auch H. Abert, *Der gegenwärtige Stand der Forschung über antike Musik,* in: *Jahrbuch Peters für 1921,* Leipzig 1922, S. 21–40

[148] G. Wille, *Musica romana. Die Bedeutung der Musik im Leben der Römer,* Amsterdam 1967, S. 26

[149] J. Quasten, *Musik und Gesang in den Kulturen der heidnischen Antike und christlichen Frühzeit,* 2. Aufl., Münster 1973, S. 39

[150] Ebda., S. 36–38

[151] K. G. Fellerer, *Die katholische Kirchenmusik in Geschichte und Gegenwart,* in: ders. (Hg.), *Geschichte der katholischen Kirchenmusik* I, Kassel u. a. 1972, S. 2

gische Disposition des Menschen – wie Boethius und Augustinus bald erkannten – keine völlige Trennung der Musik vom Gefühlsleben. Dieser Widerspruch wird deutlich, wenn wir das pneumatisch-spiritualistische Musikdenken der Kirchenväter betrachten. Es ist zunächst die Angst vor dem „Heidnischen", die zu solchen Formulierungen führt: *Wenn man sich viel mit Flöten, Saiteninstrumenten, Reigen, Tänzen, ägyptischen Klappern und ähnlichen ungehörigen Leichtfertigkeiten abgibt, kommt bald Unsitte und Zügellosigkeit auf; man lärmt mit Becken und Pauken, man gerät mit den Instrumenten des heidnischen Wahnkults in Raserei. Wir wollen die Panflöte den Hirten überlassen, die Flöte aber den abergläubischen Menschen, die zum Götzendienst eilen. Von unserem einfachen Mahle laßt uns diese Instrumente ganz und gar verbannen. Wir brauchen nur ein Instrument, das friedebringende Schriftwort allein, nicht dagegen das alte Psalterium, die Tuba, die Pauke und die Flöte, welche diejenigen lieben, die sich zum Kriege üben* (Clemens von Alexandria, 140–216). Oder: *Ihr Heiden seid überzeugt, daß sich die Götter durch das Tönen des Erzes und das Flötenblasen, durch den Wettlauf der Pferde und durch die Schauspiele sowohl ergötzen als auch anregen lassen und daß sie infolge dieser Art Sühne ihren vielleicht gefaßten Groll besänftigen; uns Christen erscheint dies unangebracht, ja wir halten es für wenig glaubhaft, daß die, welche jede Art von Tugendvollkommenheit bei weitem übertreffen, an solchen Dingen Lust und Behagen finden, die der vernünftige Mensch verlacht und in denen niemand anders irgendeine Annehmlichkeit zu erblicken vermag als kleine Kinder und was zu den niederen einfachen Leuten gehört* (Arnobius). Nach Auffassung der Kirchenväter besteht der echte und wahre Gottesdienst in der rein geistigen Gottesverehrung, und nur gelegentlich und aus erzieherischen Gründen sei es erlaubt, auf die Mithilfe des äußerlichen Werkzeugs der menschlichen Stimme zurückzugreifen. Wegen ihres sinnlichen Reizes und ihrer Fähigkeit zur Erregung von Emotionen sollte die Musik vom christlichen Gottesdienst ferngehalten werden. Heinrich Hüschen schließt daraus mit Recht, daß auf der Grundlage einer solch extrem negativen Beurteilung die erhabene Entwicklung, welche die Musik im allgemeinen und die Kirchenmusik im besonderen im abendländischen Kulturbereich genommen hat, unmöglich gewesen wäre und daß sie die *Aufgabe, die ihr der Schöpfer neben der Wortverkündung zugedacht hat, nicht hätte erfüllen können, die Aufgabe des Kerygmas, der Heilsverkündigung in Tönen*[152].

Schon bei Augustinus, im 33. Kapitel des X. Buches der Confessiones, tritt die Aufgabe der Musik als Lenkerin des Gefühlslebens konkret zutage: *Wohl fühle ich, daß die heiligen Worte selber, so gesungen, unser Gemüt inniger und lebhafter in der Flamme der Andacht bewegen, als wenn sie nicht so gesungen würden: finden doch alle Regungen unseres Geistes je nach ihrer besonderen Art auch in Stimme und Gesang ihren eigentümlichen Ausdruck, und ich weiß nicht, durch welch geheimnisvolle Verwandtschaft er den Stimmungen entsprechend hervorkommt. Aber meine Sinnesfreude, der sich der Geist doch nicht zur Verweichlichung ergeben darf, hintergeht mich oft; statt daß der empfindende Sinn sich der Vernunft als Begleiter anschlösse, um ihr zu folgen, da er doch nur ihretwegen verdient dabei zu sein, nimmt er sich heraus, ihr voran zu gehen und sie auf seinen Weg zu bringen ... Wenn ich meiner Tränen gedenke, die ich damals in der ersten Zeit meiner Rückkehr zum Glauben, bei den Gesängen deiner Kirche vergossen habe und wenn es doch auch heute nicht die Melodien sind, die mich bewegen, sondern die gesungenen Worte, wenn sie mit reiner Stimme im gehörigen Fluß der Töne gesungen werden, dann sehe ich wiederum auch den großen Segen dieser Einrichtung.* Solche theologische Spekulation und reale Wertdeutung der Musik als christlicher Ausdruck, verbindet sich bei Boethius mit der antik-mathematischen Musikauffassung. Bei Isidor von Sevilla († 636) findet sich, wie Rhabanus Maurus († 856) es ausdrückt, die

---

[152] H. Hüschen, *Musik der „Anbetung im Geiste"*, in: *Geschichte der katholischen Kirchenmusik*, wie Anm. 151, S. 31–36, mit den Zitaten S. 35f.

Im spätmittelalterlichen Totentanz holt sich der Teufel musizierend seine Opfer

Idee des Schöpfer-Gottes, der die Welt in den Gesetzen der harmonischen Ordnung geschaffen hat, so daß er – auch im Hinblick auf das göttliche Schöpfungswerk – formuliert: *Sine musica nulla disciplina potest esse perfecta; nihil enim est sine illa.* Mit anderen Worten, im Klang der Musik wird die Ordnung der Welt als göttliches Gesetz zur Wirklichkeit. Woraus folgt, daß ihre Gestaltung und Darstellung im Nachvollzug des göttlichen Schöpfungsgedankens ein religiöses Werk sei und daß Musik im Rahmen der Kulthandlung an erste Stelle zu setzen sei (Gedanken, die von Johannes Kepler und von Galilei im 17. Jahrhundert neu durchdacht werden sollten)[153].

Suchte auch die christliche Kirche sich immer wieder von sogenannten heidnischen Bräuchen abzusetzen: Konzils- und Kapitularienprotokolle bezeugen dies bis in die beginnende Neuzeit herein[154], so steht andererseits doch fest, daß der Kultgesang – der später so benannte Gregorianische Choral – unmittelbar aus jüdisch-syrischen Rezitations- und Lesungspraktiken hervorgegangen ist. *In dem unübersehbaren Synkretismus religiöser Bewegungen um die christliche Zeitenwende erstand das Davidische Psalmenwerk zum eigentlichen Pol, an dem sich judäo-christliche Geistigkeit begegnete und trennte. Mit den Psalmen wurde ein kostbares Vermächtnis des alten Israel an das erwachende Urchristentum weitergereicht, als erster Ansatz einer eigenen Liturgie. Es kann heute kein Zweifel mehr darüber bestehen, daß es in seiner poetisch-melodischen Ganzheit gegeben und empfangen wurde* (Edith Gerson-Kiwi). Damit aber – indem der natürliche Fluß der Rede auf eine Ein-Ton-Achse der Deklamation stilisiert wurde – setzen wir *unsere Sinne unter Magie... Wortgezeugte Musik dieser hochstilisierten Art hebt auch den Gregorianischen Choral samt seiner Dialekte aus der Begrenzung individueller Liturgie-Sprachen heraus und gliedert ihn – in einem übernationalen, überkonfessionellen Sinn – an die große Familie altasiatischer Kulturen an, welche das Gesamtschema der liturgischen Kantillation überhaupt entworfen und vollendet haben. Man könnte von einer pan-asiatischen Musikauffassung sprechen: über alle Grenzen der Völker und Konfessionen hinweg bilden die Kantillationstypen der schintoistischen, brahmanischen, buddhistischen, moslemischen, jüdischen, byzantinischen und christlich-orientalischen Religionsgemeinschaften eine Klasse für sich, verbunden durch die allen gemeinsame Kantillationsästhetik.* Die eigentliche schöpferische Leistung des Abendlandes besteht darin, die ihm wesensfremden östlichen Kantillationsweisen zwar nicht zu absorbieren, aber umzulenken und mit neuem Geist zu erfüllen. *Das Widerspiel dieser einheimischen und übernationalen Kräfte beherrscht alle Epochen der europäischen Musikgeschichte, kann aber erst jetzt durch unsern geschärften Sinn für ethnische Unterströmungen, in seiner vollen Dramatik gewertet werden*[155].

Die schon von Peter Wagner geäußerte Meinung, daß die bestehenden Gemeinsamkeiten zwischen Gregorianik und Synagogengesang auf die Überlieferung der synagogalen Gesangsweisen durch jüdische Konvertiten während der ersten nachchristlichen Jahrhunderte zurückzuführen seien, findet durch Forschungen von Eric Werner ihre Bestätigung[156].

---

[153] K. G. Fellerer, wie Anm. 151, S. 3

[154] W. Suppan, *Volksmusik in den Protokollen deutscher Synoden und Kapitularien des Mittelalters,* in: *Historische Volksmusikforschung,* hg. von L. Bielawski, A. Mauerhofer und W. Suppan, Krakau 1979, S. 202–220; besonders deutlich wird dies an den Verboten der Totenklage, dazu ders., *Über die Totenklage im deutschen Sprachraum,* in: *Journal of the International Folk Music Council* 15, 1963, S. 18–24

[155] E. Gerson-Kiwi, *„Justus ut palma".* Stufen hebräischer Psalmodien in mündlicher Überlieferung, in: *Festschrift B. Stäblein zum 70. Geburtstag,* hg. von M. Ruhnke, Kassel u. a. 1967, S. 64–66; dazu die hervorragend gestaltete Schallplatte *Die Musik der Bibel in der Tradition althebräischer Melodien,* hg. von E. Gerson-Kiwi, Düsseldorf o. J., Schwann, *Klangarchiv für Kirchenmusik,* AMS 8

[156] E. Werner, *The Sacred Bridge: The Interdependence of Liturgy and Music in Synagogue and Church During the First Millenium,* London und New York 1959; ders., *„If I Speak in the Tongue of Men...".* St. Paul's Attitude to Music, in: *Journal of the American Musicological Society* 8, 1960, S. 18–23; ders., *Die jüdischen Wurzeln der christlichen Kirchenmusik,* in: *Geschichte der katholischen Kirchenmusik I,* hg. von K. G. Fellerer, Kassel u. a. 1972, S. 22–29

62

Doch geht es in unserem Zusammenhang nicht um Nachweise von formal-strukturalen, melodischen oder rhythmischen Gemeinsamkeiten, sondern darum, daß Elemente meditativer, magischer Musizierpraktiken in die christliche Liturgie eingingen, die überdies infolge ihrer Verwendung in epischen und vorchristlich-kultischen (Zauberspruch) Volkstraditionen Europas „heidnisch" besetzt erschienen[157]. Der Gregorianische Choral blieb offizielle Kultmusik der katholischen Kirche, und zu ihm führten Reformbewegungen innerhalb der Kirchenmusik immer wieder zurück[158]. Daneben – jedoch vielmals nur geduldet – *wurde das Christentum zum Gestalter und Schöpfer einer Tonkunst, die nicht als ein Mittel der Magie, sondern als Mittel der Anbetung dem Kultus dient*[159]. Diesem Dilemma, daß Gottesdienst stets emotionale Schichten im Menschen anschneidet, und daß dieser Einübung in Transzendenz Formen magischer Musik entgegenkommen: eine Gebrauchsmusik demnach, während rationale Sinndeutung der Musik der Entfaltung des abendländischen Geistes gemäß zu artifiziellen, kunstvollen Werken – von Johann Sebastian Bachs h-Moll-Messe bis zu Bruckners f-Moll-Messe – führte, diesem Dilemma vermögen Theologen nur schwer zu entkommen[160]. Nach dem Vaticanum II fühlte sich Joseph Ratzinger gefordert, zumal in der deutschsprachigen Ausgabe der Texte des Zweiten Vatikanischen Konzils Karl Rahner und Herbert Vorgrimler bemerkt hatten, daß echte Kunst, wie sie in der Kirchenmusik vorliege, *von ihrem im guten Sinn esoterischen Wesen her mit dem Wesen der Liturgie und dem obersten Grundsatz der Liturgiereform kaum in Übereinstimmung zu bringen* sei[161]. Laut Liturgiekonstitution sollte Musik *nicht nur Zutat und Ausschmückung der Liturgie* sein, sondern selbst Liturgie, integrierender Bestandteil der vollen liturgischen Handlung. Der Schatz der Kirchenmusik möge mit größter Sorgfalt bewahrt und gepflegt werden – aber eben nicht innerhalb der Liturgie. Ratzinger sieht in der geforderten Einfachheit – der Rückkehr zum Gregorianischen Choral – eine Verarmung. *Der Rückzug ins Brauchbare hat die Liturgie nicht offener, nur ärmer gemacht... Eine Kirche, die nur noch „Gebrauchsmusik" macht, verfällt dem Unbrauchbaren und wird selbst unbrauchbar... Sie soll – wie es vom alttestamentlichen Tempel gesagt ist – Stätte der „Herrlichkeit" sein und freilich so auch Stätte, in der die Klage der Menschheit vor das Ohr Gottes gebracht wird. Sie darf sich nicht im gemeindlich Brauchbaren beruhigen*[162].

Hier liegt offensichtlich eine Verkennung von Möglichkeiten und Aufgaben einer Kultmusik vor. Musik als Kunst, L'art pour l'art, fordert Konzentration auf die musikalische Gestalt, auf das absolute Werk. Sie kann nicht Dienerin einer liturgischen Handlung sein. Kultmusik jedoch ermöglicht aufgrund ihrer magischen Struktur Teilnahme an der Liturgie, sie lenkt emotionell die Sinne des Menschen auf die Kulthandlung, läßt den Menschen teilhaben an der

[157] Dazu R. Lach, *Das Konstruktionsprinzip der Wiederholung in Musik, Sprache und Literatur,* in: *Sitzungsberichte der Akademie der Wissenschaften in Wien,* phil.-hist. Klasse, 201/2, 1925; B. Rajeczky, *Gregorianik und Volksgesang,* in: *Handbuch des Volksliedes* 2, hg. von R. W. Brednich, L. Röhrich, W. Suppan, München 1975, S. 391–405; W. Suppan, *Melodiestrukturen im deutschsprachigen Brauchtumslied,* in: *Deutsches Jahrbuch für Volkskunde* 10, 1964, S. 254–279; ders., *Volkslied. Seine Sammlung und Erforschung,* 2. Aufl., Stuttgart 1977, mit weiterer einschlägiger Literatur

[158] W. Suppan, *Das geistliche Lied in der Landessprache,* in: *Handbuch der katholischen Kirchenmusik* I, hg. von K. G. Fellerer, Kassel u. a. 1972, S. 353–359

[159] J. Quasten, wie Anm. 149, S. 2

[160] W. Wiora, *Religioso,* in: *Triviale Zonen in der religiösen Kunst des 19. Jahrhunderts,* Frankfurt 1971, S. 1–12; ders., *Über den religiösen Gehalt in Bruckners Symphonien,* in: *Religiöse Musik,* Regensburg 1978, S. 157–184

[161] K. Rahner und H. Vorgrimler, *Kleines Konzilskompendium,* 2. Aufl., Freiburg 1967, S. 48

[162] J. Ratzinger, *Zur theologischen Grundlegung der Kirchenmusik,* in: *Festschrift zum Jubiläum der Regensburger Domspatzen,* Regensburg o. J. (nach 1974), S. 39–62, Zitate S. 42 und 60

göttlichen Offenbarung – und kann zu Trance und Ekstase führen. Der Musikethnologe wird daher die Einsicht Rahners und Vorgrimlers bestätigen. Ein Vergleich zwischen Ostkirche und römischer Kirche macht dies deutlicher: Auch in der Orthodoxie haben sich kunstvolle musikalische Gebilde und vor allem kunstvolles chorisches Singen im Verlauf der letzten Jahrhunderte entwickelt; doch allein auf der Basis wortgeprägter Rezitationstöne. Die Musik blieb Vehikel der Wortaussage. Der Priester muß singen können. Anders im Westen, wo einerseits symphonische Orchester- und Chorwerke den Stil lateinischer Messen zu prägen begannen, andererseits die Funktion des singenden Priesters und der Schola zurücktrat – und als letzte Konsequenz nun sogar der reine Wortgottesdienst in Mode kommen konnte. Ein Gottesdienst ohne Musik, d. h. ohne singenden Priester, begibt sich aber der Möglichkeit, Abbild der himmlischen Liturgie und damit wirkmächtig zu sein. Gesang bleibt *notwendiger und integrierender Bestandteil der Liturgie*[163]; denn die *theologische Bedeutung der Musik liegt nicht in ihrem Wesen, sondern in dem, was sie andeutet, symbolisiert, ahnen und ersehen läßt*[164]. Ein Zusammenhang mit dem Bedeutungswandel der Musik im Gottesdienst drängt sich auf, wenn Alfred Lorenzer von der Zerstörung des Symbolgefüges, von der *Abschaffung der präsentiven Symbolik und ihre Ersetzung durch eine didaktisch einfunktionalisierte Liturgie*, von der Abschaffung der Sinnlichkeit und von dem Ersatz des Kults durch Katechese in der katholischen Kirche der Gegenwart spricht[165].

„Musik ist die Sprache der Götter", diese naturvölkische Weisheit ist über alle menschlichen Kulturen hinweg Grundlage der Verwendung von Musik in der Kulthandlung, im Gottesdienst. Auch im christlichen Himmel wird gesungen, jubiliert, nicht gesprochen[166]. Dem singenden Priester ist es möglich, seinen Gott nicht nur anzubeten sondern unmittelbar zu erreichen; denn der im Speculum musicae (um 1300) formulierte Gedanke, daß sich *die Musik auf*

---

[163] W. Kurzschenkel, *Die theologische Bestimmung der Musik. Neuere Beiträge zur Deutung und Wertung des Musizierens im christlichen Leben,* Trier 1971, S. 214. – Vgl. dazu auch Ph. Harnoncourt, *Gottesdienst, Kirchenmusik und Bildung,* in: *Festschrift zum zehnjährigen Bestand der Hochschule für Musik und darstellende Kunst in Graz,* hg. von O. Kolleritsch und F. Körner, Graz 1974, S. 127–145: *Hier zeigt sich mit aller Deutlichkeit, daß Kirchenmusik weder als „l'art pour l'art" noch als bloßer „background" verstanden werden darf. Die Integration der Musik in das gottesdienstliche Handeln verlangt gebieterisch nach Übereinstimmung der musikalischen Bedeutsamkeit* [!] *mit jener der jedem liturgischen Akt eigenen Funktion...* (S. 141). – W. Wiora, *Einleitung,* in: *Religiöse Musik in nicht-liturgischen Werken von Beethoven bis Reger,* Regensburg 1978, S. 7–17: *Der Gehalt einer Musik ist nicht im gleichen Maße handgreifliches Objekt wie ein Stein; er bedarf Verständniswilliger, um in Erscheinung zu treten* (S. 17)
[164] R. H. Wallau, *Die Musik in ihrer Gottesbeziehung. Zur theologischen Deutung der Musik,* Gütersloh 1948, S. 83. – Erlaubt sei in diesem Zusammenhang noch folgende Überlegung: Karl Marx spricht in der Einleitung des Manuskriptes *Zur Kritik der Hegelschen Rechtsphilosophie* von der Religion als der *phantastischen Verwirklichung* des Menschen, dem *Seufzer der bedrängten Kreatur,* dem *Opium des Volks* und der *Heiligengestalt der menschlichen Selbstentfremdung.* Vor allem *Opium des Volks* wurde daraus zum geflügelten Wort. Doch hatte schon Johann Gottfried Herder in seinem Aufsatz *Palingenesie (Zerstreute Blätter,* 5. Sammlung, Herders Werke, hg. von Suphan, Band 16, S. 348ff.) von dem Opium der religiösen Vorstellung einer *Metempsychose* (Seelenwanderung) gesprochen! Marx dürfte den Ausdruck von Heinrich Heine übernommen haben. Verf. meint, daß es die Musik sei, die der Religion jenen Drogen-Charakter verleihe; mit Hilfe der Musik begibt sich der Schamane auf die Seelenwanderung, fallen Zauberer und Medizinmänner in Trance, werden die Teilnehmer eines christlichen Gottesdienstes der göttlichen Offenbarung teilhaftig (H. Noack, *Allgemeine Einführung in die Philosophie. Probleme ihrer gegenwärtigen Selbstauslegung,* Darmstadt 1976, S. 72).
[165] A. Lorenzer, *Das Konzil der Buchhalter. Die Zerstörung der Sinnlichkeit. Eine Religionskritik,* Frankfurt 1981; vgl. dazu: *Kultur als christlicher Auftrag heute,* hg. von A. Paus, Graz u. a. 1980
[166] R. Hammerstein, *Die Musik der Engel. Untersuchungen zur Musikanschauung des Mittelalters,* Bern und München 1962; W. Wiora, *Jubilare sine verbis,* in: *Handschin-Gedenkschrift,* Straßburg 1962, S. 39–65

alles in der Welt erstrecke, zielt nicht primär auf die Tonkunst, sondern auf transmusikalische Ordnung des Himmels, der Welt und des Menschen (Walter Wiora[167]).

Die folgenden Unter-Kapitel dieses Buches werden stets zu theologischen Fragen zurückkehren müssen. Politik, Recht, Arbeit, Medizin, Tanz, Musikinstrumente finden ihre Wurzeln und ihre Begründung in jenen „Ordnungen", die als Abbild der Weltenschöpfung das Zusammenleben der Menschen auf dieser Erde in Familien/Gruppen/Völkern/Staaten regeln.

Musik und Politik

> *Der „Martin-Luther King-Friedenspreis" 1982 ist dem amerikanischen Sänger und Schauspieler Harry Belafonte verliehen worden. Coretta King, Witwe des 1968 ermordeten Bürgerrechtskämpfers, erklärte in Atlanta, Belafonte werde für die „Verteidigung der Menschenrechte in den USA" geehrt.*
>
> *Die Zeit*, 19. Februar 1982

Harry Belafonte, Sänger und Showman, erhält einen Friedenspreis, und nicht deshalb, weil er für irgendwelche Friedensinitiativen hohe Geldbeträge gespendet, weil er „Goldene Schallplatten" verliehen bekommen hätte, oder weil er – unserem „westlichen" Verständnis gemäß – so „schön" singen würde wie Hermann Prey, sondern für die Verteidigung der Menschenrechte. Hinter den Strukturen des Unterhaltungsgeschäftes verbergen sich offensichtlich politische Inhalte: Das ist der oben zitierten Pressenotiz zu entnehmen (die überdies nicht im Kultur- und Feuilleton-Teil der Zeitschrift sondern unter den aktuellen weltpolitischen Ereignissen abgedruckt erscheint). Seit Goethes „politisch Lied, ein garstig Lied" gilt es eher als suspekt, dem Singen und Musizieren politische Einflußnahme zu unterstellen. Doch die Ehrung Harry Belafontes ist kein Einzelfall. In den letzten Jahrzehnten mehren sich Hinweise darauf, daß Komponisten und Interpreten, von Hans Werner Henze bis zu den Free Jazz-, Pop- und Rock-Musikern[168], ihren Beruf oder ihr Hobby als Werkzeug politischer Wirksamkeit betrachten. Im Sommer 1980 hat Ajatollah Khomeini alle Aufführungen „westlicher" Musik in Persien mit der Begründung verboten, diese Musik sei *Opium für das Volk*[169].

---

[167] W. Wiora, *Methodik der Musikwissenschaft*, in: *Enzyklopädie der geisteswissenschaftlichen Arbeitsmethoden*, hg. von Gosdruck/Walters, München und Wien 1970, S. 134; vgl. auch F. L. Harrison, *Music and Cult: The Functions of Music in Social and Religious Systems*, in: *Perspectives in Musicology*, hg. von B. S. Brook u. a., New York 1972, S. 307– 334

[168] H. W. Henze, *Musik und Politik. Schriften und Gespräche 1955–1975*, hg. von J. Brockmeier, München 1976 (dtv 1162); LeRoi Jones, *Blues People. Schwarze und ihre Musik im weißen Amerika*, dt. Ausgabe, Darmstadt 1970); B. Leukert (Hg.), *Thema: Rock gegen Rechts. Musik als politisches Instrument*, Frankfurt 1980 (*Fischer Taschenbuch 4216*); P. Weibel, *Bankrock (!) Made in Austria oder Kuschen als Kredit*, in: *hannibalium*, hg. von F. Schuh, Wien 1983, S. 73–81; A. Perris, *Music as Propaganda: Art at the Command of Doctrine in the People's Republic of China*, in: *Ethnomusicology* 27, 1983, S. 1–28; sowie mehrere unten genannte Publikationen.

[169] Siehe oben, Anm. 164. – Die polnische Regierung wendet sich im August 1982 in einer Presseaussendung ebenfalls gegen die neue Welle der Rock-Musik: *Die Umkehrung aller Werte, der Haß, der sich durch die neue Rockkultur zieht, ist Nährboden für neue Gefahren*, lt. *Die Presse*, Wien, 12. 8. 1982.

Damit wird eine Weisheit wieder aktuell, die im alt-chinesischen Reich ebenso wie im antiken Griechenland Politiker und Philosophen beschäftigte: daß zwischen dem Funktionieren eines Gemeinwesens und der in diesem Gemeinwesen üblichen Musik Zusammenhänge bestünden.

Zu den rätselhaften Figuren alt-chinesischer Mythologie zählt K'ui oder K'uei, der Musikmeister des Vorzeitherrschers Shun. Von K'ui stammt die berühmte, in sich vollkommene neunteilige Shao-Musik, die noch den Konfuzius für drei Monate den Geschmack des Fleisches vergessen ließ. Die Legende schildert ihn als urzeitlichen Tonheros, der als einziger unter den Ministern Shuns sich seiner übermenschlichen Fähigkeiten rühmen darf. Er hilft dem Herrscher, Sitte, Staat, Naturlauf und Weltordnung in Einklang zu bringen; denn er steht auf geheimnisvolle Weise im Bunde mit der Weltharmonie. Konfuzius, der den Tanz-, Musik- und Sittenminister Shuns für eine historische Persönlichkeit hält, spricht im *Frühling und Herbst des Lü Bu We* von ihm: *Einst wollte Shun durch die Musik die ganze Welt beeinflussen. Da ließ er durch Chung Li den K'ui in der Steppe aufsuchen und vor den Thron bringen. Shun machte ihn zum Musikmeister. K'ui stimmte die sechs Röhren, harmonierte die fünf Noten, um sie mit den acht Kräften der Diagramme in Übereinstimmung zu bringen, und die ganze Welt unterwarf sich. Chung Li wollte noch jemand suchen, aber Shun sprach: Die Musik ist das Geistigste in der Welt, das Wichtigste und Wertvollste; nur Heilige können sie in Harmonie bringen. Das ist die Wurzel der Musik. K'ui kann sie so abstimmen, daß die ganze Welt in Ruhe kommt*[170].

Sinologen und auch Werner Danckert sehen in K'ui eher einen mythischen Gefährten des Orpheus oder der finnischen Wäinämöinen, keine historische Persönlichkeit. Trotzdem steckt in einem solchen Mythos, der im Buch der Urkunden vermerkt ist, ein realer Hintergrund. K'uis Amt vereinte die Funktion des Musikwarts mit der des Zeremonienmeisters; denn Zeremonien (Sitten) und Tonordnungen hängen nach chinesischer Auffassung aufs engste zusammen. Beide sind Abbilder kosmischer Harmonie. Im klassischen und nachklassischen China wird K'ui zum irdischen Verwalter der Himmelsmusik. *Ein Lichtwesen führt ihn an den Hof Shuns. Im Kreise der Minister des Urzeitherrschers trägt er als einziger keine tierischen oder tiermaskenhaften Züge... Er bleibt „einzigartig", sagt Shun, er befestigt das Reich, weil er im Bunde ist mit der kosmischen Musik, der musica mundana... K'ui, der Himmelsabkömmling, dessen Klänge das Welt- und Staatsgefüge intakt halten, symbolisiert schließlich die jenseitige Überwelt, deren Abglanz oder Widerspiel die irdische Tonordnung ist*[171].

Was aus älteren Hochkulturen epen- und legendenhaft herüberleuchtet, erscheint im altgriechischen Staatsdenken als Realität. Hermann Abert stellte überzeugend dar, daß Einsichten über die Beziehungen zwischen Musik, Seele und Staat aus orientalischen Wurzeln herkommen – und daß von daher die Schule des Pythagoras die Aufgaben der Musik in der Erziehung und Menschenformung gewonnen hat[172]. Ebenso wie im indischen und arabischen Raum (noch heute) bestimmte Ragas und Maqamat emotionale Zustände herbeiführen und lenken können, ebenso berichteten griechische Schriftsteller – worauf bereits im Abschnitt „Musik und Kult" hingewiesen wurde – von einer Musik, die bei gewissen Riten ekstatische Zustände herbeizuführen vermag, und von einer anderen, die durch Steigerung bis zur Entladung wieder beruhigen kann (Katharsis). Orgiastische Wirkungen werden der phrygischen Harmonie zuge-

---

[170] Zitat nach W. Danckert, *Musikgötter und Musikmythen Altchinas*, in: *Zeitschrift für Ethnologie* 88, 1963, S. 1; in der Darstellung des Musikverständnisses Alt-Chinas beziehe ich mich auf diesen Aufsatz (S. 1–48).

[171] Ebda., S. 37f. – Vgl. dazu K. Reinhard, *Chinesische Musik*, Eisenach und Kassel 1956, vor allem S. 51ff. und 58ff.

[172] H. Abert, *Die Lehre vom Ethos in der griechischen Musik*, Leipzig 1899; dazu auch W. A. Anderson, *Ethos and Education in Greek Music*, Cambridge/Mass. 1966

schrieben, die aus dem orientalischen Raum herstammen soll, während die alten einheimischen Gesänge, die in der dorischen Harmonia stehen, Ruhe, Würde und Männlichkeit repräsentieren[173]. Innerhalb dieser beiden Ausprägungen musikalischer Charaktere kam es in den folgenden Jahrhunderten zu weiteren, feineren Beobachtungen und Unterscheidungen, die auch auf den Rhythmus Bezug nehmen. Die Basis zu solchen Einsichten liegt bei Pythagoras und seiner Schule, wenn auch Einzelheiten dazu erst späteren Traditionen zu entnehmen sind. Als Endeckung des Pythagoras gilt, daß Musik auf Zahlengesetzen beruht, und daraus erklären sich die geheimnisvollen Zusammenhänge zwischen Musik und Mensch. Passende „Tropoi" (Harmoniai) lenken die körperliche und seelische Verfassung des Menschen.

Die Entwicklung nach Pythagoras ist aus den spärlichen Zeugnissen, die uns schriftlich überliefert sind, nicht immer deutlich zu rekonstruieren. Doch erscheint klar, daß bis zur Zeit Damons (2. Hälfte des 5. Jahrhunderts), von ihm zusammengefaßt und möglicherweise auch ausgestaltet, sich eine Art systematischer Lehre herausgebildet hatte. In Platons *Politeia* kommt Sokrates bei der Erörterung über die für einen Staat passende Musik zwar erst im Zusammenhang mit dem Rhythmus auf Damon zu sprechen. Im weiteren Verlauf der Abhandlung wird an entscheidender Stelle, nämlich bei der Warnung vor Veränderung in der Musik, nochmals auf ihn Bezug genommen: Änderungen musikalischer Tropoi, sagte Damon, gingen stets Hand in Hand mit tiefgreifenden politischen Veränderungen. Und aus Philodems Untersuchung der Musik geht hervor, daß nach Damons Lehre Musik zur Arete führen kann und daß deshalb der Musik eine entscheidende Aufgabe in der Erziehung junger Menschen zufallen würde. Aristides Quintilianus bemerkt, daß Damon und seine Schule erkannt hätten, daß durch Melodien bei Jugendlichen sittliche Haltungen erzeugt oder vorhandene Ansätze verstärkt werden könnten. Diese und weitere Zeugnisse beweisen, daß im alt-griechischen Staatswesen der Einpassungsprozeß des jungen Menschen in die Gemeinschaft in hervorragender Weise von Musik mitbestimmt wurde.

Platon ist von der ethischen Macht der Musik zutiefst überzeugt und weist ihr daher in seinem Staat eine bedeutsame Rolle zu. In den *Gesetzen* beklagt er, daß aus ursprünglich strenger Regelung allmählich durch Vermischung der Gattungen musikalische Gesetzlosigkeit geworden sei, was dann auch auf andere Lebensbereiche übergegriffen habe; letztlich sei das Vergnügen des Hörers zu einem Wertkriterium geworden. Platons Konzept bleibt dagegen konsequent: Musik würde so wie alle Künste zur Mimesis gehören, daher müßte in einem vorbildlichen Staat darauf geachtet werden, daß nichts Schlechtes oder Schädliches nachgeahmt würde. Bei der Auswahl der Harmoniai seien diejenigen auszusondern, die mit Klagen, mit Weichlichkeit, mit trägem Leben und Trunksucht in Verbindung stünden. Übrig blieben daher nur das Dorisch, als Inbegriff tapferer, kriegerischer Männlichkeit, und Phrygisch, als Ausdruck eines friedvollen Lebens. Alle vieltönigen Instrumente waren verworfen, darunter der Aulos. Nur Lyra und Kithara sollten im Staat belassen werden. Die Syrinx könnte für Hirten auf den Feldern geduldet bleiben. Für die Ordnung im Staat sei die Erkenntnis wichtig, daß der „vernünftige Seelenteil" durch Logos und Philosophie lenkbar sei, der irrationale Seelenbereich hingegen durch Musiké, da diese die tieferen Schichten der Persönlichkeit beeinflussen und mobilisieren würde.

Platon erkannte wohl auch, daß die emotionalen Werte der Musik nicht vordergründig in den Melodielinien liegen würden sondern in der Tonqualität, in den Verzierungs- und Ornamentierungspraktiken. Daher sollten beim Musikunterricht der Knaben Gesang und Beglei-

---

[173] Noch Platon, Laches 188 d, nennt die dorische Harmonia *die einzige hellenische*.

tung homophon erklingen, Verzierungen und Umspielungen der Hauptmelodie seien zu untersagen, da diese die Schüler nur verwirren würden. Auf eine schichtenspezifische Benutzung von Musik sei zu achten, so daß nicht etwa Lieder für Freie den Rhythmus für Sklaven hätten. Reine Instrumentalmusik, ohne Worte, sei verpönt. Ebenso wie bei Platon liegt auch bei dessen Schüler Aristoteles das Hauptvermögen der Musik darin, die Menschen in sittlicher Hinsicht zu beeinflussen. Darüber hinaus billigt er jedoch der Beschäftigung mit Musik auch deshalb Legitimität zu, weil sie überdies zur Erheiterung und Entspannung, zum gehaltvollen Zeitvertreib dienen könne. Aristoteles teilt unter Berufung auf zeitgenössische „Mousikoi" die Melodien in „ethische", „praktische" und „enthusiastische" ein. Zur Erziehung gehörten die erstgenannten, während Berufsmusiker auch die beiden anderen Gattungen benutzen dürften. „Ethisch" sei speziell das Dorische. Hier zeigt sich, wie das im 5. Jahrhundert zweifellos noch sehr ernst genommene Bild der Erziehung mit Hilfe von Musik mehr und mehr aufgeweicht wurde, wenn auch in der Öffentlichkeit und bei einzelnen Schriftstellern noch sehr klare Vorstellungen über die Wirkmöglichkeiten der Musik auf den Menschen und damit auf das Funktionieren des Staatsgefüges bestehen. Herakleides Pontikos und Theophrast sprechen davon, es wird darauf hingewiesen, daß von allen Sinneseindrücken nur diejenigen, die uns über das Gehör erreichen, in uns seelische Erregungen hervorrufen. Doch die Aufgabe der Musik im Staat, wie sie in der Zeit zwischen Damon und Platon überliefert wird, erscheint in der Spätphase der altgriechischen Kultur bereits in Vergessenheit zu geraten. Ob dies mit dem Untergang der griechischen Kultur überhaupt in Zusammenhang zu bringen sei, das muß eine offene Frage bleiben[174].

Werfen wir nun einen Blick in naturvölkische Umgebung, um zu sehen, was dort an Relikten älterer und jüngerer Musik-Politik-Beziehung für den Gang unserer Untersuchung von Interesse sein kann. *Wo immer in Naturvolkkulturen musiziert wird – überall besteht eine im jeweiligen Rahmen der kulturellen Wertvorstellungen festgelegte und sozial kontrollierte Ordnung*[175]. Während im Abendland Musizieren überall und für alle Menschen möglich erscheint, zweckentbunden, sozial nicht eingeschränkt, während hier ästhetischer (Kunst-) Wert und Gebrauchswert sich auseinander entwickelt haben, sind bei Naturvölkern musikalische Ausdrucksformen mit lebenswichtigen Vollzügen des Alltags verflochten, mit magischen, religiösen, politischen, ökonomischen Bedingungen: Musik ist Mittel gesellschaftlicher Kontrolle und damit ein zentraler Bestandteil aller Prozesse der sozialen Integration[176]. Es bestehen Vorschriften darüber, wann und wo, aus welchem Anlaß und für wen, ob Frauen oder Männer, bestimmte Geheimbünde oder soziale Schichten welche Art von Musik und Musikinstrumenten benützen dürfen. Normbrüche werden bestraft, die Strafandrohungen und Sanktionen sind in den einzelnen Kulturen überaus hart. Auf der griechischen Mittelmeerinsel Karpathos heißt es: Das Singen ohne aktuellen Anlaß bringe Unglück über den Sänger und seine Familie[177].

---

[174] In der Beschreibung der Mensch-Musik-Staat-Beziehungen in der altgriechischen Kultur stütze ich mich auf A.J. Neubecker, *Altgriechische Musik. Eine Einführung,* Darmstadt 1977 *(Die Altertumswissenschaft),* S. 127–144. – Über die Entwicklung im römischen Reich s. G. Wille, *Musica romana. Die Bedeutung der Musik im Leben der Römer,* Amsterdam 1967.

[175] U. Ramseyer, *Soziale Bezüge des Musizierens in Naturvolkkulturen. Ein ethno-soziologischer Ordnungsversuch,* Bern und München 1970, S. 13

[176] *Music was also a mechanism of social control:* A. A. Mensah, *Performing Arts in Zambia. Music and Dance,* in: *Bulletin of the International Committee on Urgent Anthropological and Ethnological Research* 13, 1971, S. 77

[177] R. Brandl, *Karpathos – eine griechische Inselkultur im Umbruch. Aufgezeigt an Hand des musikethnologischen Feldforschungsberichtes 1974,* in: *Bulletin of the International Committee on Urgent Anthropological and Ethnological Research* 17, 1975, S. 47

Eine derart mit außermusikalischen Vorstellungen verbundene, zweckorientierte Musik wird zum entscheidenden Mechanismus der Enkulturation und Sozialisation, das heißt: zum politischen Werkzeug. Aus der alltäglichen (Wort-) Kommunikation herausgehoben, in der Sprache der Musik wird dem jungen Menschen das Wissen um Herkunft und Sinn seines Stammes „eingepflanzt". Die nach rückwärts gerichtete Ausbildung verankert den heranwachsenden Menschen in der Tradition, enkulturiert ihn – und daraus ergibt sich in weiterer Folge die kulturelle Stabilität und Kontinuität der Gemeinschaft. Musik vermittelt darüber hinaus sozial gewünschte und geforderte Verhaltensregeln und trägt so zur gesellschaftlichen Integration jedes Mitgliedes eines Stammes bei.

Hervorragende Beispiele für solche „Pädagogik" in schriftlosen Kulturen bieten die Lehrgesänge der neuseeländischen Maori. In der polynesischen Inselwelt muß vor allem von politischen und religiösen Führern, den Wächtern einer erstaunlich konservativen Kultur, ungewöhnlich viel Wissensstoff: Geschichte, Genealogie, Zeremoniell und Ritual, überliefert werden, um sich behaupten zu können. Das hängt damit zusammen, daß der Maori von Geburt her Mitglied mehrerer sozialer Gruppen ist: (1) die Haushaltsgruppe, „whanau", setzt sich aus den Großeltern und deren Nachkommen zusammen und umfaßt in der Regel drei Generationen; (2) der Verwandtschaftsgruppe, „hapu", gehören einige hundert Mitglieder an, meist im Zusammenhang mit größeren wirtschaftlichen Unternehmungen; (3) dem Stamm gehören mehrere „hapus" an, er leitet seinen Namen von einem gemeinsamen Ahnen her, dem Gründer der Gruppe. Alle Mitglieder eines Stammes müssen die differenzierten genealogischen Beziehungen auswendig kennen, um den jeweiligen sozialen Ort des Einzelnen genau zu bestimmen. Der Erstgeborene, „ariki", hat Anspruch auf eine politisch und religiös führende Rolle. Kann er aus irgendwelchen Gründen das politische Erbe nicht antreten, so bleibt er doch zeremonieller Führer der Gemeinschaft, sein „mana" ist trotz des Verlustes der politischen Autorität unantastbar. Die genaue Kenntnis der Genealogie vermittelt demnach dem Maori das Wissen um seinen Status, um seine Rechte und Pflichten. Erziehung besteht vorzüglich darin, Anschauungsunterricht in den Stammestraditionen, Genealogien und Verwandtschaftsbeziehungen zu vermitteln. Und dies beginnt bereits beim Neugeborenen, dem hochkomplizierte Informationen in Liedform zugesungen werden. Solche Lehrlieder, „oriori tamariki" oder kurz „oriori" genannt, sind nicht Wiegenlieder sondern für jedes Kind eigens „gedichtete und komponierte" Weisen, in denen die Stammesgeschichte, die alten Mythen und Glaubensvorstellungen enthalten sind. Die „oriori" werden gesungen, lange bevor ein Kind ihren Inhalt verstehen und bevor es selbst sprechen kann, weil der Maori daran glaubt, daß das Kind schon unbewußt, während der Entwicklung von Denk- und Sprechfähigkeit, solche Texte aufzunehmen und im Gehirn zu speichern imstande sei. In diesen Texten sind eine Fülle von Eigennamen enthalten, nach denen das Kind fragen wird, sobald es sprechen kann.

Die rezitativische Sprachmelodik der Maori-Lehrgesänge zeichnet sich durch differenzierte, engmelodische Ton- und Klangnuancierungen aus. Eigene Schulen nehmen die Kinder der Nobilitäten auf, in denen Gedächtniskraft und die Fähigkeit, auswendig zu lernen, besonders geschult werden. Es kommt dabei auf größte Genauigkeit an. Die Sprache der Maori kennt eine hochentwickelte Terminologie für Verstöße gegen die Regeln. Die Realisation der Lehrgesänge soll ein kontinuierlich fortschreitendes Klangband ergeben, daher werden dort, wo Text und Atem-Rhythmus Pausen verlangen würden, bedeutungslose Silben vom Vorsänger interpoliert. Selbst solche Atempausen dürfen aber nur an festgelegten Einschnitten erfolgen, weshalb es zur Ausbildung gehört, seine Atemtechnik gründlich zu beherrschen. *Das Beispiel der polynesischen Maori und ihrer Lehrgesänge ist in seiner pädagogisch reifen Zielsetzung einmalig. In einer uns kaum faßbar erscheinenden Art wird in musikalisch-textlicher Symbiose die Geschichte eines Volkes gelehrt, das sich in ungewöhnlich hohem Maß mit seiner Ahnengalerie, mit verwickel-*

ten Verwandtschaftsbeziehungen und den Ereignissen einer stolzen Vergangenheit befaßt. Die Musik greift als gestaltender Faktor unmittelbar in den eigentlichen Sozialisations- und Enkulturationsprozeß informeller und formeller Art ein und trägt in hochentwickelter Weise zur Formung eines sozialen und geschichtlichen Bewußtseins bei[178].

In mehr oder weniger verdeckter, in einfacher oder höher entwickelter Form zeigt sich die sozial integrierende Kraft des Musizierens *in unzähligen, wenn nicht allen Kulturen dieser Welt* (U. Ramseyer). An Querschnitten durch einzelne Stämme oder Völker läßt sich dies nur ausschnittweise zeigen, doch sprechen die Teile für das Ganze. Im Arnhemland, dem nördlichsten Teil Australiens, von der Natur großzügig ausgestattet, so daß die Bewohner dort verhältnismäßig frei von Sorgen um das tägliche Brot leben können, besitzt jeder Klan seinen „Songman", ein Spezialist, der das von Vater oder Onkel ererbte traditionelle Repertoire an Gesängen, vielfach zusammen mit einem oder mit zwei „Assistenten", bewahrt und weitervermittelt. Der Songman wird nicht als ein mit Stimme, Gehör, Gedächtnis begabter Unterhalter oder Showman akzeptiert, sondern die ihm durch Geburt und Verwandtschaft zugefallene Rolle befähigt ihn, in Träumen und Visionen (liedhafte) Informationen von den Geistern der Toten oder vom totemistischen Schutzgeist einer musikalischen Gattung zu empfangen. Hierin ähnelt er dem Schamanen oder Zauberer. Darüber hinaus aber liegt seine soziale Funktion darin, einigende und integrierende Persönlichkeit seines Stammes und Klans zu sein. *A Songman is a great acquisition to a camp. Once he starts tapping his sticks, and his didjeridu accompanist takes up his position, a group gathers around. The active men dance and make the appropriate noises and calls, while some women beat time in the background and others unobtrusively get up and „dance" just where they stand, moving their feet, legs and arms, and often holding a piece of string stretched between their hands and probably making a „cat's cradle" with it. The older folk watch and silently beat time, while their thoughts sink into the dreaming, the unseen world of belief, of faith, and of hope. So all are bound in word, action or thought to the dreaming and to one another. A silent camp may be one in which something is amiss. On the other hand, all is well in the camp in which the fires blaze up, singing goes on far into the night, the dust rises high with the stamp-stamp of dancing feet, and the resounding calls of the dancers announce the end of movement after movement*[179].

In ähnlicher Form empfängt auch der Musikspezialist der Flathead-Indianer Nordamerikas die Musik einerseits mit Hilfe von Visionen: das sind jene Gesänge, die im religiösen, sozialen, ökonomischen Sinn Kraft besitzen, andererseits „komponiert" er selbst: Musik zur Unterhaltung, kraftlos und deshalb weniger geschätzt. Niemand rühmt sich seiner „kompositorischen" Fähigkeiten[180].

Daß Musik überirdischer Herkunft sei, von den Geistern der Ahnen, von Dämonen, von Göttern vermittelt, ist demnach gleichsam Substrat im Glauben/Wissen der Naturvölker ebenso wie aller alten Hochkulturen, von denen wir einschlägige Kenntnisse besitzen. Aus dieser überirdischen Provenienz erwächst der Musik die Kraft, gesellschaftliches Zusammenleben zu integrieren, zu reglementieren.

Zu den interkulturellen Konstanten im Zusammenhang mit Musik und Politik gehört es, daß weltliche und geistliche Herrscher sich mit Preisliedsängern und Hofkapellen umgeben. Schmeichelnde Lobgesänge und gesungene Ahnentafeln zählen als Autoritätsattribute zum

---

[178] U. Ramseyer, wie Anm. 175, S. 31. – Sehr aufschlußreich zu diesem Thema auch A. P. Merriam, *Basongye Musicians and Institutionalized Social Deviance*, in: *Yearbook of the International Folk Music Council* 11, 1979, S. 1–26.

[179] A. P. Elkin, *The Australian Aborigines*, 3. Aufl., 1954, S. 255f.; zitiert nach U. Ramseyer, wie Anm. 175, S. 84

[180] A. P. Merriam, *Ethnomusicology of the Flathead Indians*, in: *Viking Fund Publications in Anthropology* 44, 1967; ders. (Hg.), *Songs and Dances of the Flathead Indians*, Ethnic Folkways Library (Schallplatte), FE 4445

Repertoire germanischer ebenso wie schwarzafrikanischer, byzantinischer ebenso wie indischer und polynesischer Hofsänger und Barden. Die genaue Beschreibung von sozialer Funktion und Bedeutung des politischen Preisliedes bei den Hausa in Nigerien verdanken wir M. G. Smith: „maroka" bringen die den Nobilitäten der Hausa zugedachten Preislieder „roko" zum Vortrag, meist mit Trommelbegleitung. Je nach Rang der Nobilität können dazu überdies Doppelglocken, lange Trompeten aus Silber oder Messing, hölzerne Hörner oder Oboen zum Einsatz kommen. Doch gibt es genaue Vorschriften darüber, daß etwa Trompeten allein dem König vorbehalten sein müssen, daß Doppelglocken einigen bedeutenderen Vasallen und daß hölzerne Hörner und Oboen Beamten unterhalb des Ranges eines Distriktshäuptlings zustehen. Auf diese Weise bilden sich um höhere Autoritäten eigene Orchester, deren Mitglieder zum Lobe kleinerer Dorfhäuptlinge zwar allein musizieren, gemeinsam jedoch allein dem König aufspielen dürfen. Die Musiker leisten dem König zudem politische Agitations- und Spitzeldienste. Allwöchentlich einmal versammelt sich das „maroka"-Orchester vor dem Haus des Distriktshäuptlings, um dessen Amt, Macht und Ahnen zu preisen. Der Distriktshäuptling kann danach die Preislieder anwesender Freunde verlangen – und diese dadurch besonders auszeichnen. Die Zeremonie endet nach ein bis zwei Stunden dadurch, daß man den „maroka" Geldgeschenke vor die Füße wirft.

Am mohammedanischen Sallah-Fest besucht der Distriktshäuptling den König. Das Orchester begleitet ihn hoch zu Roß mit Hörner- und Trompetenklang. Mit gezogenem Schwert galoppiert die Gruppe am König vorbei und erweist diesem dadurch ihre Ergebenheit. Die „maroka" singen zu Pferd das Preislied ihres Herrn, begleitet von den Musikinstrumenten.

Das „maroka"-Ensemble des Königs überragt alle anderen Gruppen an Stärke und Klangfülle. Die Musiker sind beruflich an das königliche Amt gebunden, ein wohlorganisiertes und hierarchisch geordnetes Orchester. Neben dem unmittelbaren Dienst für den König zählt es zur Aufgabe der königlichen Musiker, Gäste mit Trompeten-Signalen und durch Geschrei anzukündigen. Die Tradition verbietet es, in den Texten der Preisgesänge irgendwelche Anspielungen und Respektlosigkeiten zu verstecken. Die Textmuster sind fixiert, sie drücken Wertschätzung für Macht, Amt, Verwandtschaft, Tradition und künftiges Wohlergehen aus, das bedeutet: nicht der jeweilige Herrscher wird angesungen – sondern die mit dem Amt verbundenen Werte. *As agents of public opinion, the „maroka" are only concerned with problems of the correspondence and relations between abstract social values and individuals who occupy positions to which these values are attached in various situations. Hence the generality of the „maroki's" address, and the fact that specific faults or virtues of the individual are irrelevant to his appraisal*[181].

Ziehen wir Berichte über mittelalterliche und frühneuzeitliche europäische Fürstenhöfe heran, so können wir uns gut vorstellen, daß das System der Hofkapellen damals im Abendland ähnlich funktionierte. Es handelte sich um Prestigemusik, zur Ehre des Brotgebers dargeboten, die da im Rahmen einer Hofhaltung erklang; die Musiker begleiteten ihren Herrscher auf seinen Reisen, kündeten (vergleichbar einer Visitenkarte) von seinen Verdiensten und bestätigten ihm seine Besonderheit, leisteten ihm vielfach zudem Spitzeldienste. Noch eine Oper am kaiserlichen Hof zu Wien, von Johann Joseph Fux komponiert, konnte nicht frei erfunden sein; denn gleichnishaft (zumeist unter Heranziehung von Gestalten aus der griechischen Mythologie) wurde da ein Ereignis aus dem Leben der kaiserlichen Familie in Text und

[181] M. G. Smith, *The Social Function and Meaning of Hausa Praise-Singing*, in: *Africa* 1, 1957, S. 26–45; s. auch U. Ramseyer, wie Anm. 175, S. 37–39. – W. Suppan, *Gedanken zum Thema: Musik und Gesellschaft in West-Afrika*, in: *Baud-Bovy-Festschrift*, Genf, im Druck

Musik umschrieben und verklärt: zum Zwecke der Lobpreisung des Herrschers oder eines Mitgliedes seines Herrscherhauses. Die besten Musiker des damaligen Abendlandes sollten in der hierarchisch gegliederten und alle anderen Hofkapellen an Stärke und Leistungsfähigkeit überragenden kaiserlichen Hofkapelle tätig sein[182].

Die bislang angeführten außereuropäischen oder antik-europäischen Vorstellungen über die Zusammenhänge von Musik und Politik bezeugen, daß in dem vom Christentum geprägten beginnenden Abendland durchaus vergleichbare Phänomene zu erkennen sind. Doch haben sich während der Entfaltung der europäisch-abendländischen Kultur die zunächst in einem untrennbaren Bündel von religiösen und sozialen Normen ineinander verzahnten Vorstellungen vereinzelt, sie sind zu voneinander unabhängigen Einzelfakten und letztlich zu sinnentleert weitergeschleppten Ritualen geworden. Da ist einerseits der Gottesdienst der christlichen Kirchen – da ist Musik – da sind gesellschaftlich-politische Ereignisse (der Empfang eines fremden Staatsoberhauptes auf dem Flughafen mit Blasmusik; die Umrahmung einer akademischen Feier durch ein Streichquartett; die anfeuernden Gesänge der Fans in einem Eishockeystadion; die Liedermacher von „rechts" und von „links", die Protestmusik der KKW-Gegner...). Aber wie und warum diese Komplexe zusammenpassen, zusammengehören, miteinander verquickt sind, darüber gibt die Fachliteratur keine Auskunft, und auch im Wissen des „gebildeten Bürgers" finden sich dafür kaum Anhaltspunkte. Die Vereinzelung und Ritualisierung der Komplexe hat in der Musik zum absoluten Kunstwerk geführt, das in sich begründet, als *triumphierender Gegenstand* (H. Freyer [183]) umhegt wird. Ein solches Kunstwerk als *dienenden Gegenstand* werkzeuglich zu handhaben, wird als Entweihung gesehen. Darin liegt geradezu ein Glaubensbekenntnis und damit – andersherum – ein Stabilisierungsfaktor der Bürgerlichen Musikkultur: Weil auch vermeintlich unpolitische Musik ihre politischen Wirkmechanismen entfaltet. *In der Tat, es wäre ein arger Übergriff und blinde Pedanterie dazu, wollte der Vertreter der musikalischen Formästhetik... darauf bestehen, daß die Musik nichts außer organisierten Tonbeziehungen verkörpere...*

... daß die Musik eine geheime Chiffresprache der Freiheit sei, die neben Tonrelationen noch etwas mehr, Höheres und Idealeres als diese, darstelle[184]: In dieser Fortsetzung des Tibor Kneif-Zitats liegt der Ansatzpunkt für ideologisch unterschiedlich gewichtete Singebewegungen der Gegenwart sowie für die – als Reaktion darauf – von Musikpädagogik und Kulturpolitik eingeleiteten Untersuchungen. Dabei kann es nicht um die vordergründige Politisierung von musikalischen Formen und Darbietungen gehen, in dem Sinn, wie die französischen Komponisten der Revolutions-Epoche ihre Musik für Freiluftveranstaltungen schufen[185], wie zu Anfang der zwanziger Jahre in der Sowjetunion Monsterveranstaltungen den Sieg der Revolution feierten und „Produktionsfeste" die Zukunft ausmalten. *Das Dichten, so meinte man damals, sei in kurzer Zeit jedem beizubringen wie Klavierspielen, Lesen und Schreiben... Mit Megaphonen verstärkte man Gesänge und Rezitationen an der Front gegen die Weiße Armee, im Kampf gegen General Judenitsch wurden dadurch „Soldaten veranlaßt, in Scharen zu den Bolschewiken überzulau-*

---

[182] In der beginnenden Neuzeit unterschied man – ebenso wie bei den Hausa in Nigerien – auch im mitteleuropäischen Raum das „starke Spiel" auf Blasinstrumenten für gehobene Gesellschaftsschichten, während den niedrigeren Kreisen nur das „stille Spiel" mit Saiteninstrumenten zukam; darüber G. Kocher, *Bild und Recht*, in: *Arbeiten zur Rechtsgeschichte (= Schmelzeisen-Festschrift)*, Stuttgart 1980, S. 162f.

[183] H. Freyer, *Schwelle der Zeiten*, Stuttgart 1965, S. 36f.

[184] T. Kneif, *Ästhetischer Anspruch und Ideologiegehalt im musikalischen Kunstwerk*, in: *Über Musik und Politik*, hg. von R. Stephan, Mainz 1971 *(Veröffentlichungen des Instituts für Neue Musik und Musikerziehung Darmstadt* 10), beide Zitate S. 94

[185] D. Whitwell, *Band Music of the French Revolution*, Tutzing 1979 *(Alta musica* 5)

Die militärische Überlegenheit der Türkenheere gründete u.a. darauf, daß sie die „stärkere" Musik (Klang der einschüchtert, der Überlegenheit vortäuscht) zu machen verstanden. – Auf der Miniatur aus dem Topkai-Saray-Museum in Istanbul eine solche Türkische oder Janitscharenmusik, mit acht Großen Trommeln, sechs Becken, sechs Trompeten und drei Paar Pauken

73

fen". *Damals entwarf Wladimir Tatlin den Plan zu seinem in mehreren Teilen sich drehenden „Turm der Revolution", der, vierhundert Meter hoch, „ein Zentrum der Agitation" sein sollte, „von dem aus man die ganze Stadt (vor der Einführung des Radios) mit Appellen, Proklamationen und Pamphleten aller Art beeinflußen kann". Auch die Musik hatte so wirksam wie möglich in die Realität einzugreifen, es wurden Symphonien für alle Fabrikssirenen einer Stadt, verstärkt durch Nebelhörner der Flotte, schießende Artillerie, Gewehrfeuer, Flugzeuge und Chöre aufgeführt, wobei die Dirigenten von hohen Kommandotürmen aus durch Fahnenschwenken die Einsätze der akustischen Elemente leiteten...*[186]; auch die Inszenierung eines „Reichsparteitages" oder die dem Sozialismus nützlich sein wollende Musik Hanns Eislers bleibt in solchen Äußerlichkeiten der Einbettung von Musik in parteipolitische Texte oder Prestigeveranstaltungen hängen.

Demgegenüber erkennt Hans Werner Henze sehr konkret die Aufgabe der Musik als *Waffe zur Veränderung des gesellschaftlichen Bewußtseins und der politischen Verhältnisse.. Der Verzicht auf Musik als einem realistischen und inhaltsbezogenen Vermittlungsträger hat als Entsprechung die Sprachlosigkeit der modernen Literatur („Zerschmettert die Syntax!") und die Gegenstandslosigkeit in der abstrakten Malerei.* Henze begreift Musik als politisches Phänomen, das *Mittel der Aufklärung oder Verdummung sein kann, das, auch wenn es sich als wertfrei und weltfern zu verstehen glaubt, ideologische Gehalte vermittelt, Klassencharakter trägt.* Damit widerspricht er Eisler, der meint, daß Musik am weitesten von der Welt der praktischen Dinge entfernt sei; denn *Nicht die musikalische Sprache wird vermittelt, sondern die musikalische Sprache vermittelt*[187]. In einem Bericht über *We come to the river*, eine *Art Oper*, die Henze zusammen mit Edward Bond geschrieben hat, sagt der Komponist: *Meine Musik drängt nach Gestik, nach Körperlichkeit und Bildhaftigkeit. Sie versteht sich als Drama, als etwas, das dem Leben innig angehört und das nicht existieren könnte in reinlicher Abstinenz oder im Privaten, Häuslichen.* Und mit dem Hinweis darauf, daß ihn – Henze – Stil als Selbstzweck nie interessiert hätte, versucht er, bestimmte Melodien, Klänge, Rhythmen, Musikinstrumente zu semantisieren: *Immer da, wo es der Instrumentalmusik die Stimme verschlägt, bricht dieser Trommler hervor, wie ein Sinnbild der Sprachlosigkeit.* Eine balinesische Bambusorgel vermittelt das Gefühl von Flußnähe, ihr hohler Klang begleitet zusammen mit Tempelglocken und Zymbeln die Erzählung des Kaisers. *Ich [Henze] habe versucht, den drei Instrumenten etwas Sprechendes zu geben, etwas, das die Spieler intensiver in das dramatische Geschehen einbezieht, als es bei Orchestermusik im Graben sonst üblich ist.* Die Musik der Gewalt wird einerseits durch signalartige Rufe der Militärmusik, aber auch durch Motivkerne, Intervallanordnungen und auch Zwölftonreihen charakterisiert, die Glätte, Heuchelei und Indifferenz kodieren. Die *feine Gesellschaft, die dem Themenkomplex der Gewalt zugeordnet ist, hat scharfe Septen- und Nonenintervalle, die aber mit banalen Melodiefolgen aus der Vulgärliteratur verbunden werden und so einen Ausdruck von Korruptheit und Frivolität ergeben, der unverwechselbar immer wieder aus den musikalischen Strukturen auftaucht.* Diesem *harmonischen und melodischen Terrain des Gegenmilieus, der Welt der Unterdrückten* steht die Arie des Kaisers im zweiten Teil von *We come to the river* gegenüber, *voller giftiger, scheinheiliger Tonalität ... wagnerisch, parsifalesk...*[188].

---

[186] W. Kraus, *Kultur und Macht. Die Verwandlung der Wünsche,* München 1978 (*dtv* 1328), S. 28; H. Eisler, *Musik und Politik,* München 1974 (Eisler-Gesamtausgabe, Serie 3/1)

[187] J. Brockmeier, Vorwort des Herausgebers, in: H. W. Henze, *Musik und Politik, Schriften und Gespräche 1955–1975,* München 1976 (*dtv* 1162), S. 8–14. – Vgl. auch O. Kolleritsch, *Musik zwischen Engagement und Kunst,* in: *Musik und Bildung* 8, 1976, S. 549–551; K. Völker, *Brecht und die Musik,* ebda., S. 552–556; E. K. Schneider, *Politisches Programm und ästhetischer Anspruch...,* ebda., S. 556–561; H. Antholz, *Politische Lieder – in der Schule?,* ebda., S. 562–566

[188] H. W. Henze, wie Anm. 187, S. 251–264. – Vgl. dazu auch John Cage: *Ich bin grundsätzlich gegen Regierungen eingestellt, darum schreibe ich eine Musik, die dem Interpreten seine Freiheiten läßt,* in: *Die Presse,* Wien, 30. 4. 1982, S. 6

Feldpostkarte aus dem Ersten Weltkrieg. „Im Geiste Radetzkys" und angefeuert von der Trompete, die „selbst feigen Seelen Mut zu machen verstand", stürmen die Soldaten in den Tod

Man muß sich mit solchen Aussagen Henzes und der damit verfolgten Ideologie nicht identifizieren; es geht allein um die Feststellung, daß es einem Komponisten der Gegenwart eher intuitiv als aufgrund von Einsichten in antike und außereuropäische Mensch-Musik-Beziehungen gelingt, die Fassade der L'art-pour-l'art-Ästhetik zu hinterfragen und aufzubrechen. Henze knüpft unmittelbar an ältere Einsichten, wenn er meint, daß Musik unsere seelische Flexibilität und damit auch unser gesellschaftliches Bewußtsein erweitern könne. Musik vermag Liebe, Nachsicht und Brüderlichkeit, aber auch kämpferischen Geist und kritische Fähigkeiten zu wecken. Es scheint, daß solche Zusammenhänge eher den Protagonisten von „westlichen" Gegen- und Subkulturen bewußt geworden sind als den Vertretern der Bürgerlichen Musikkultur, und zwar vor allem seit den fünfziger Jahren, seit dem Einbruch einer teilweise kulturfremden Musik in die europäische Jugendszene: nämlich durch Jazz und jazzverwandte Musik.

Wurde der Jazz zunächst als eine geistliche Musik der Jenseitsorientierung und damit in einer vermeintlich „ungefährlichen" Ventilfunktion geduldet *(Schwarze Musik war die revolutionäre Geheimsprache des Schwarzen Volkes in einer Zeit, in der jede andere Form der Résistance unmöglich war*[189]*)*, dann von der Unterhaltungsindustrie vermarktet, so gerann er in den afroamerikanischen Aufbruchbewegungen der Jahrzehnte nach dem Zweiten Weltkrieg zu einer

---

[189] G. und M. Dommermuth, Nachwort, in: LeRoi Jones, *Schwarze Musik*, dt. Ausgabe, Frankfurt 1970, S. 218

politischen Kraft. Die Ansätze dazu liegen in den vierziger Jahren in Mintons Playhouse, bei den Bop-Musikern um Dizzy Gillespie, Thelonius Monk, Charlie Christian, Kenny Clarke und Charlie Parker. *Bop enthielt einen unverkennbaren Zug sozialen Protests, nicht nur in der Musik, die absolut antikonformistisch klang, sondern auch in den Persönlichkeiten der Musiker selber*[190]. Charlie Mingus und Max Roach setzten die Linie fort, indem sie *als bewußte Künstler ihre Musik als Vehikel für eine Bewußtwerdung des Schwarzen Selbst in Amerika* einsetzten. In den siebziger Jahren schließlich deklarierte sich der Free Jazz offiziell als Musik der Black Power-Bewegung[191]. Während „weiße" Jazzforschung sich des Phänomens anzunehmen begann – und in gewohnter Manier Form- und Strukturuntersuchungen, biographische Daten-sammlungen, musikethnologische Transkriptionen der Improvisationen der stilbildenden Per-sönlichkeiten des Jazz in Fachzeitschriften und Dissertationen veröffentlicht wurden, spot-teten afro-amerikanische Theoretiker über derart oberflächliche Betrachtung des Phänomens: *Rein musikwissenschaftliche Jazzanalyse . . . bleibt als Methode der Jazzkritik ebenso beschränkt wie der strikt soziologische Ansatz. Der Stenograph eines Jazzsolos oder einer Bluesphrase hat keine Chance, die wirklich effektiven Elemente dieser Musik einzufangen . . . Ein Solo von Armstrong oder Thelonius Monk als Noten gedruckt sagt so gut wie nichts, höchstens, wie nützlich formale musikalische Bildung bei der Beschäftigung mit Jazz ist. Nicht nur sind die verschiedenen Jazz-Effekte gar nicht notierbar, jede Note hat eine Eigenbedeutung über die Möglichkeiten musikalischer Notation hinaus. Die Noten eines Jazzsolos existieren auf dem Papier aus strikt musiktheoretischen Gründen. Die gleichen Noten, im Prozeß ihrer Enstehung, kommen diesmal aus Ursachen, die nur nebenbei musikalische sind*[192]. LeRoi Jones weist damit auf Fakten hin, die erst in den letzten Jahren im Bewußtsein der Vertreter der Vergleichenden Musikwissenschaft und von dorther auch der Musikhistoriker Gestalt gewinnen: daß die eigentlichen semantischen und typusprä-genden Werte der Musik in Bereichen liegen, die in unserer Musiknotenschrift nicht notierbar – und die daher auch seit dem Überhandnehmen der Musiknotenschrift in der europäisch-abendländischen Kultur aus Praxis und Bewußtsein mehr und mehr verdrängt worden sind[193] (vgl. das abschließende Kapitel dieses Buches).

Doch Jazz und jazzverwandte Musik blieben in ihrem Charakter als eine Protestmusik „unterprivilegierter" Schichten nicht auf Amerika und auf die Afro-Amerikaner begrenzt. Schon in den Auseinandersetzungen um das Engagement der USA im Vietnam-Konflikt über-nahmen auch weiße Amerikaner Argumente und die Art der Präsentation dieser Argumente – nämlich mit Hilfe von Musik – von Afro-Amerikanern. In Europa erinnert man sich histori-scher Ereignisse: der Durchsetzung der Reformation und des damit verbundenen Einsatzes der Liedpublizistik, der Bauernaufstände[194], der Aufführung von Aubers Oper *Die Stumme von Portici* und des daran sich entzündenden Aufstandes in Brüssel im Jahr 1830, um die politische

---

[190] LeRoi Jones, ebda., S. 21
[191] W. Suppan, *Free Jazz. Negation ästhetischer Kriterien – Rückkehr zur funktionalen Musik*, in: *Musikerziehung* 26, Wien 1972/73, S. 206–208; dass. unter dem Titel *Free Jazz und seine anthropologischen Hintergründe*, in: *Jazz-Podium* 22, 1973, Heft 11, S. 16f.
[192] LeRoi Jones, *Schwarze Musik*, wie Anm. 188, S. 12f.
[193] Vgl. dazu u. a. W. Suppan, *Musiknoten als Vorschrift und als Nachschrift*, in: *Symbolae historiae musicae* (= *Federhofer-Festschrift*), Mainz 1971, S. 11–18
[194] W. Suppan, *Gereimte Liedpublizistik*, in: *Die Steiermark im 16. Jahrhundert*, hg. von B. Sutter, Graz 1979 (*Forschun-gen zur geschichtlichen Landeskunde der Steiermark* XXVII), S. 95–135; E. Strobach, *Die Bauern sind aufrührig worden. Lieder aus dem Bauernkrieg*, in: *Der arm man 1525. Volkskundliche Studien*, Berlin 1975 (*Veröffentlichungen zur Volks-kunde und Kulturgeschichte* 59), S. 237–366

Funktion der Musik neu aufleben zu lassen[195]. Die Rolle des (Volks-) Liedsingens in den deutschen Jugendbewegungen der zwanziger und dreißiger Jahre sowie beim Militär erschien plötzlich in anderem Licht. Die Bundeszentrale für politische Bildung in Bonn lud zu einer Tagung, um über *das Politische im Lied zu reflektieren*[196]. Der Funktionswandel des Singens in unserer Gesellschaft, von dem Ernst Klusen im Rahmen dieser Tagung sprach, bestand in Wirklichkeit aus einem Funktionswandel des Musikverständnisses: Zurück zu einer Gebrauchsmusik, deren politische Aufgabe *zwar nur eine Teilaufgabe darstellt – wie die Aufgabe der Galle im Organismus etwa – deren Erfüllung aber zum gesunden Gedeihen des Gesamtorganismus notwendig ist*[197] – so wie epische Lieder einst auch im europäischen Raum (man denke an das Nibelungenlied, an die von den Türkenkriegen erzählenden Epen der slawischen Völker des Balkans u. ä.) eine Funktion als Gewissen eines Volkes und als Bewahrer des geistigen Widerstandes gegen die Fremdherrschaft besaßen[198], Lieder deren die bulgarischen Partisanen des Zweiten Weltkrieges bedurften *wie des Brotes und der Luft*[199].

Die studentischen Jugendbewegungen der endsechziger und der beginnenden siebziger Jahre entfalteten jedoch in der Rezeption politischer Musik vorzüglich aus dem Bereich jazzverwandter Gattungen ihre eigene Dynamik. In der sozialistischen Zeitschrift für Kunst und Gesellschaft formulierte ein Redaktionskollektiv mit Konrad Boehmer, Wolfgang Hamm, Wolfgang Kolneder, Klaus Kuhnke, Hartmut Lück und Friedrich Rothe den Anspruch der Pop-Musik: eine jener ideologischen Formen zu sein, in denen sich die Klassenauseinandersetzungen widerspiegeln: *Popmusik als Medium politischer Agitation*[200]. Auf unterschiedlichem Niveau und von unterschiedlichen parteipolitischen Positionen aus, in Fachpublikationen, Alternativ-Flugschriften und in der Presse wird das Thema abgehandelt[201]. In extrem militanter Form deutet *Rock gegen Rechts* die Rockmusik als ein Medium der Entsublimierung, als *Aufstand der Triebe, Gefühle, Körper gegen ihre Verstümmelung und Domestizierung durch die Gesellschaft*, als Vehikel politischer Agitation, *die sowohl produktiv als auch destruktiv ausfallen kann*; denn *radikal ist an der Musik allein das Transzendierende, auch das, was über die Grenzen der politischen Vernunft hinausgeht*[202]. Man muß die Tages- und Wochenpresse verfolgen, um zu

[195] Darüber ausführlich und grundsätzlich H. Antholz, *Politische Aspekte des Musikunterrichts. Problemskizze*, in: *Musik und Bildung* 11, 1979, S. 290–304. Vgl. auch W.-E. von Lewinski, *Die Bedeutung der Musik in unserer demokratischen Gesellschaft*, ebda. 8, 1976, S. 122–126; M. Engelhard, *Musik und Politik*, ebda. 11, 1979, S. 305–308

[196] *Das Politische im Lied. Politische Momente in Liedpflege und Musikerziehung*, Bonn 1967 (*Schriftenreihe der Bundeszentrale für politische Bildung* 76); vgl. auch *Die Instrumentalisierung des Menschen im Soldatenlied*, in: *Zeitschrift für Volkskunde* 67, 1971, S. 203–227

[197] E. Klusen, *Der Funktionswandel des Singens in unserer Gesellschaft*, ebda., S. 20–33, Zitat S. 22

[198] O. Elschek, *Mensch – Musik – Instrument. Funktionelle Schichtung der Primärformen*, in: *Musik als Gestalt und Erlebnis. Festschrift W. Graf*, Wien u. a. 1970, S. 41–45

[199] Nach Nikolai Kaufmann zitiert bei W. Suppan, *J. G. Herder und die Volkslied-Sammelbewegung in den slawischen Ländern*, in: *Logos musicae (Festschrift für A. Palm)*, Wiesbaden 1982, S. 231–238.– An dieser Stelle ist auch zu verweisen auf H. Sakanishi, *Über das KZ-Liederbuch von A. Kulsiewicz*, in: *Memoirs of the Muroran Institute of Technology, Cultural Science* 8/3, 1976, S. 45–75; sowie K.-H. Kammertöns, in: *Die Zeit*, 30. 4. 1982, S. 41

[200] *Popmusik – Profite für das Kapital*, in: *Sozialistische Zeitschrift für Kunst und Gesellschaft* 6, Berlin 1971, 2. Aufl. (6. bis 8. Tausend) 1973, S. 3 und 71. – Vgl. auch D. Baacke, *Beat – die sprachlose Opposition*, München 1968, 2. Aufl., 1970

[201] Nennenswert u. a. *Neue Musik als gesellschaftliche Kontroverse*, in: *Interface* 3, 1974, mit Beiträgen von K. Boehmer, H. G. Helms und G.-W. Raes; W. Sandner (Hg.), *Rockmusik. Aspekte zur Geschichte, Ästhetik, Produktion*, Mainz 1977

[202] B. Leukert (Hg.), *Thema: Rock gegen Rechts. Musik als politisches Instrument*, Frankfurt 1980 (*Fischer Taschenbuch* 4216). – H. Salzinger, *Rock-Power – oder Wie musikalisch ist die Revolution*, Reinbek bei Hamburg 1982 (*ro ro ro* 7470)

begreifen, was dies bedeuten kann: _Jugendliche „Punker" werden in Hamburg gewalttätig (Frankfurter Allgemeine Zeitung, 7. Mai 1980)_, bestimmte Musikveranstaltungen sind ihr Treffpunkt; _Die jüngste Disziplin der Popmusik: Mit billigsten Mitteln, aber politisch motiviert. Post-Punk-Rock (Die Zeit, 6. März 1981) ... demonstrativ desinteressiert ist man an der Vorstellung von Rockmusik als Kultur, Kunst oder ideologischem Überbau, als Freizeitberieselung oder Mittel zu einer generationären Identifikation. Rock soll erstmals wieder nach dem Scheitern der Punk-Rock-Rebellion seiner Funktion als „just dumb showbusiness" (Mick Jaggers Worte) für Millionen entkleidet werden und neuerdings eine Bedeutung bekommen, wie ihn der frühe Rock 'n' Roll für die Kinder der Eisenhower-Ära hatte ... politisch motiviert. Diese oft mit billigsten Mitteln gemachte Musik will gar nicht „nur" Musik sein, mit technischem Können oder eingängigen Texten aufwarten, sondern auf außermusikalische Sachverhalte hinweisen: Jugendarbeitslosigkeit und zunehmende Depression, Ohnmacht angesichts immer stärkerer Automatisierung und Angst vor Anonymität, Bürokratisierung und Brutalisierung einer immer kräftiger verwalteten Zivilisation und das Gefühl von Sinnlosigkeit der eigenen Existenz._

Man sollte den Sinn solcher Entwicklungen auch darin sehen, in der Musikpädagogik und in der Kulturpolitik verstärkt darauf gestoßen zu werden, daß Musik ein hochempfindliches Instrument einer Kultur sei. Bei allem Respekt vor der Freiheit des Bürgers und seiner Freizeit, kann das Freizeitverhalten des Menschen – das heute von Sport einerseits und von Musik andererseits am stärksten beeinflußt wird – nicht einer willkürlichen Entwicklung überlassen bleiben[203]. Die oben zitierten Rock-gegen-Rechts-Leute haben ebensowenig etwas Neues erfunden, wenn sie von den produktiven und destruktiven Wirkmöglichkeiten der Musik sprechen, wie Hans Werner Henze, wenn er von Musik als Mittel der Aufklärung oder Verdummung schreibt: Es handelt sich in jedem Fall um die Neuformulierung jener Einsicht, die den alten Chinesen ebenso bekannt war wie den alten Griechen, wie den Israelis, die 1981 gegen die Aufführung Richard Wagnerscher Musik in ihrem Land demonstrierten[204], wie dem Ajatollah Khomeini ..., wie Jack Lang, der in einer Parlamentsrede in Paris die Wahlniederlage des französischen Präsidenten Giscard mit dessen Scheitern in der Kulturpolitik verknüpfte[205]. Der politische Auftrag der Musikpädagogik liegt darin, die Manipulationsmöglichkeiten und Gefährdungen des Menschen durch Musik transparent zu machen; denn nur wer weiß, was auf ihn zukommt, kann sich dagegen wehren. Bernhard Binkowskis Eröffnungsvortrag der 10. Bundesschulmusikwoche, München 1974, zielt in diese Richtung: _Wenn aber ... eine Wechselwirkung zwischen Individuum und Gesellschaft besteht, dann werden gefährdete Individuen eine Gesellschaft ebenso gefährden, wie die harmonisch gebildete Persönlichkeit ihr nutzen wird. Die Forderung nach verstärkter musikalischer Bildung in den Schulen ist somit kein Fachegoismus, sondern stellt eine politische Notwendigkeit ersten Ranges dar_[206].

---

[203] Vgl. dazu die Schriftenreihe des Deutschen Musikrates: _Referate. Informationen_, Bonn 1965ff., mit zahlreichen einschlägigen Aufsätzen und Berichten, sowie P. Koch (Hg.), _Musik im kommunalen Kreislauf. Referate der 5. AGMN-Tagung 1973 in Osnabrück_, Hannover 1973

[204] _Wagner doch noch gespielt_, in: _Frankfurter Rundschau_, 16. Okt. 1981; _Israel: Gesetz gegen Wagner?_, in: _Die Presse_, Wien, 21. Okt. 1981; sowie zahlreiche weitere Presse-Stimmen zu diesem Vorfall.

[205] J. Altwegg, _Kultur ist kein Privatbesitz. Mitterand verdoppelt Frankreichs Kunst-Etat_, in: _Die Zeit_, 4. Dez. 1981

[206] B. Binkowski, _Musik und Individuum_, in: _Musik und Individuum. Musikpädagogische Theorie und Unterrichtspraxis. Vorträge der 10. Bundesschulmusikwoche_, hg. von E. Kraus, Mainz 1974, S. 12

78

Musik und Arbeit

> *The essential quality of music is its power to create another world of virtual time.*
>
> John Blacking [207]

Für den Menschen außerhalb der „westlichen" Kultur, der den Produktionsvorgang noch unmittelbar betreut und beobachtet, ist es nicht selbstverständlich, daß das Weizenkorn treibt, daß der Halm wächst und Früchte bringt, und er lebt in ständiger Angst vor Naturkatastrophen, die das Getreide verdorren lassen oder vernichten würden. Berichte aus der Sahel-Zone Afrikas, die in den letzten Jahren nach Europa drangen, lassen eine solche Situation und ihre Folgen erahnen. Alles, was mit Feldarbeit und mit der Beschaffung der zum Überleben wichtigen Nahrungsmittel zusammenhängt, ist daher eingebettet in ein kultisches Zeremoniell. Spirituelle Momente sind mit ökonomischen Überlegungen verbunden: Ob wir um unser tägliches Brot beten oder um genügend Regen, ob Zauberer in Afrika für Fruchtbarkeit und wider Dürre ihre Macht ausüben, ob Inselbewohner der Südsee oder der Polarzonen vor der Ausfahrt zum Fischfang magische Handlungen ausführen: *die Beziehung zwischen der rationalen Technik und den übernatürlichen Mitteln, den Lauf der Dinge zu kontrollieren, gehört allemal zu den wichtigsten Themen der Soziologie* [208]. Reis ist in Ostasien die zentrale Bedingung für die Existenz der Bewohner. Er wird als Gabe der Götter angesehen. In Thailand steht auf jedem Bauernhof, auf Grundstücken und in Gärten das „Geisterhäuschen", in dem neben Blumen und Räucherkerzen kleine Portionen von gekochtem Reis als Dank- und Bittopfer dargebracht werden. Die Zeit der Reisaussaat beginnt in feierlicher Form: Der König segnet in einem Tempel in Bangkok einen rot-goldenen Pflug, zwei geweihte Wasserbüffel ziehen mit geschmücktem Pflug die ersten Furchen, feierlich wird die erste Saat ausgestreut. Gesang und Musik schaffen jene Atmosphäre, die es den Göttern ermöglichen soll, dem Menschen beizustehen und die Frucht keimen und wachsen zu lassen.

Eines der frühen (1935) Standardwerke ethnologischer Feldforschung, Bronislav Malinowskis *Korallengärten und ihre Magie*, Abschluß und Höhepunkt der Trilogie über die Trobriander der südostasiatischen Inselwelt, macht deutlich, wie im naturvölkischen Bereich *die Beziehung von Mensch und Erde in der Zeit, wie sie im Wechsel der Jahreszeiten vom Reproduktionszyklus des Yams* [der Kartoffelfrucht] *und über längere Perioden von rechtlich-politischen Strukturen bestimmt wird, die der Mythos legitimiert. In der Bewegung des Yams zwischen Dorf und Garten, menschlicher Arbeit, natürlichem Wachstum und sozialer Verteilung greift die Magie ein, indem sie als organisierendes Prinzip im Kontinuum der Zeit Zäsuren setzt und naturbedingte Aufgaben und menschliche Anstrengungen wirksam zu koordinieren erlaubt* [209]. Nur einige für unser Thema besonders wichtige Passagen seien daraus zitiert: Das gemeinsame Pflanzen wird durch die Herausforderung zum Wettstreit belebt und angefeuert und durch melodische Schreie unterbrochen. Sehr häufig ist der „kabwaku"-Schrei zu hören, nach dem Vogel „kabwaku" benannt; ihn imitieren die Trobriander im ersten Vers des Liedes mit einer absteigenden Passage auf dem Vokal E in hohem Falsett: *Kabwaku E-E-E-E-E* !

---

[207] J. Blacking, *How musical is Man?*, London und Seattle 1973, S. 27
[208] B. Malinowski, *Korallengärten und ihre Magie. Bodenbestellung und bäuerliche Bräuche auf den Trobriand-Inseln*, dt. Ausgabe, Frankfurt 1981, S. 16
[209] F. Kramer, in: B. Malinowski, wie Anm. 208, S. 415

Malinowski berichtet, daß zur Zeit des Pflanzens – und nur dann – dieser Schrei von nah und fern ertöne, und daß es ihm oft schwer gefallen sei, Original und Nachahmung zu unterscheiden. Ein gewisser Widerspruch scheint darin zu liegen, daß Malinowski einmal berichtet, daß das „kabwaku"-Lied keine Magie trage, daß es aber andererseits für das Gedeihen der gepflanzten Knollen nach Meinung der Trobriander unerläßlich sei. Nach Beendigung der Pflanzarbeit wird ein antiphonischer Gesang angestimmt, in dem sich Vorsänger und Gruppe abwechseln, – damit die Leute im Dorf erfahren, daß die Arbeit vorüber sei.

Ehe nach Abschluß der Ernte die Früchte im Speicherhaus aufbewahrt werden, muß dieses vom Magier geweiht werden. Diese „vilamalia" genannte Weihe setzt sich in Oburaku aus zwei Riten zusammen. Der erste Teil findet am Neumond vor der Hauptyamsernte statt. Der Magier zieht sich mit dem geweihten Muschelhorn in seine Hütte zurück, stopft in das Muschelhorn trockene Bananenblätter und rezitiert folgende Formel in das Instrument:

I
Heile es, heile…
Heile hier, heile da.
Muschelhorn, heile es, heile.

II
Muschelhorn, heile es, heile.
Bauch, vom Hunger geschwollen, Muschelhorn, heile ihn, heile.
Erschöpfung durch Hunger, Muschelhorn, heile sie, heile.
Schwäche durch Hunger, Muschelhorn, heile sie, heile.
Entkräftung durch Hunger, Muschelhorn, heile sie, heile.
Niedergeschlagenheit durch Hunger, Muschelhorn, heile sie, heile.
Ermattung durch Hunger, Muschelhorn, heile sie, heile.
Pochende Hungersnot, Muschelhorn, heile sie, heile.
Äußerste Hungersnot, Muschelhorn, heile sie, heile.
Ermattende Hungersnot, Muschelhorn, heile sie, heile.
Tatum des Hauses, Muschelhorn, heile es, heile.
Kaykatiga des Hauses, Muschelhorn, heile es, heile.
Erdofen, Muschelhorn, heile ihn, heile.
Herdsteine, Muschelhorn, heile sie, heile.
Grundbalken, Muschelhorn, heile sie, heile.
Sparren, Muschelhorn, heile sie, heile.
Firstbalken, Muschelhorn, heile sie, heile.
Giebelrahmen meines Daches, Muschelhorn, heile sie, heile.
Bretter meines Hauses, Muschelhorn, heile sie, heile.
Schwellenbretter meines Hauses, Muschelhorn, heile sie, heile.
Schwelle meines Hauses, Muschelhorn, heile sie, heile.
Boden vor meinem Haus, Muschelhorn, heile ihn, heile.
Dorfplatz, Muschelhorn, heile ihn, heile.
Festgetretener Boden, Muschelhorn, heile ihn, heile.
Yagesi, Muschelhorn, heile ihn, heile.
Anfang der Straße, Muschelhorn, heile ihn, heile.
Straßen, Muschelhorn, heile sie, heile.
Strand, Muschelhorn, heile ihn, heile.
Strand bei Ebbe frei, Muschelhorn, heile ihn, heile.

Seichtes Wasser, Muschelhorn, heile es, heile.
Heile hier, heile da.

III
Hunger, dies ist nicht dein Wind, dein Wind weht von Nordwest.
Dies ist nicht deine Durchfahrt, deine Durchfahrt ist Kadinaka.
Dies ist nicht dein Berg, dein Berg ist Kuyaluya.
Dies ist nicht dein Vorgebirge, dein Vorgebirge ist Silawotu.
Dies ist nicht deine Fahrrinne, deine Fahrrinne ist Kalubaku.
Dies ist nicht dein Meerarm, dein Meerarm ist Kaulokoki.
Begib dich in die Seestraße zwischen Tuma und Buriwada.
Begib dich nach Tuma.
Verschwinde, fort.
Grau dein Haar, fort.
Fort mit dir, fort.
Stirb, fort.
Verschüttet, fort.
Ich fege dich, Bauch meines Dorfes.
Der Bauch meines Dorfes wird von Fülle verdunkelt.
Der Bauch meines Dorfes ist voll starker Yamsstützen.
Der Bauch meines Dorfes ist voll Schweiß.
Der Bauch meines Dorfes trieft von Schweiß.

Danach bläst der Magier ein stark guttural aspiriertes „Ha" in das Muschelhorn und stellt das Instrument mit der Öffnung nach unten auf die Matte, damit die Kraft nicht entweichen kann. Es folgt ein Gang an das nördliche Ende des Dorfes, wobei den Magier seine nächsten Verwandten begleiten. Dort wird ein langgezogener Ton auf dem Muschelhorn geblasen, Ingwer gekaut und rituell nach West, Nord und Ost gespuckt. Dasselbe wiederholt sich am Südende des Dorfes. Schließlich begibt sich die Gruppe an den Strand, wo das Instrument an gut markierter Stelle in das Wasser geworfen wird. Einige Monate später holt man das Muschelhorn wieder aus dem Wasser.

Nach der Ernte folgte der zweite Teil der Zeremonie, die in ähnlicher Art mit Zauberformeln und rituellen Begehungen und Rezitationen ausgefüllt ist[210]. Das bedeutet: Nicht allein mit dem Ernte-Zeremoniell („Erntedankfeier") sind kultische Handlungen verbunden, der Ablauf der Jahresarbeit selbst ist wesentlich bestimmt durch magische Vorstellungen, deren überirdische Kraft in Verbindung mit Musik wirksam wird. Grundsätzlich findet darin die kulturethologische Einsicht ihre Bestätigung, daß ein organisiertes System von Verhaltensmustern, durch das die Beziehungen der Individuen untereinander voraussehbar und kontrollierbar gemacht werden, vor allem für die Existenz von Primärgesellschaften entscheidend sei. *Die Norm als verbindlich vorgestellte Richtschnur des sozialen Verhaltens ist nicht Befehl sondern Gebarenserwartung,* formulierte Ralph Linton in seinem Buch *The Study of Man* bereits 1936[211]. Dabei tritt Musik als Sozialisationshilfe für den Einzelnen und als ordnendes Bezugssystem innerhalb der Gruppe in Funktion. Wenn etwa ein Gesang, ein Musikstück, eine genau

---

[210] B. Malinowski, wie Anm. 208, S. 152f., 317 und 323
[211] R. Linton, *The Study of Man*, New York 1936, S. 107

festgelegte rhythmische Abfolge ausschließlich zu einem bestimmten Zeitpunkt, an einem genau umschriebenen Ort oder Anlaß stattfinden darf, werden damit Normen deutlich, die Handlungen und Situationen typisieren – und die sich an alle Mitglieder der Gruppe richten. Der Verbindlichkeitsgrad der normativen Ansprüche ist im Bereich der meist statischen rituellen und magischen Musikpraxis in höherem Maß wirksam als im weltlichen Bereich. Daher vollzieht sich eine bescheidene musikalische Fortentwicklung auch eher in diesem weltlichen Bereich, während mit Instrumenten, Stimmgebungen, melodischen und rhythmischen Mustern magisch-kultischer Musik feste Vorstellungen verbunden sind.

Im mittleren und fernen Osten erscheint die Verbindung zwischen rein ökonomischer, rational fundierter und technisch wirksamer Arbeit auf der einen Seite und der organisierenden Funktion von Magie und Glauben auf der anderen Seite einst weit verbreitet gewesen zu sein. Relikte eines solchen „politischen" Arbeitsverständnisses konnte Hans Oesch bei den Bergstämmen Nordthailands antreffen. Auch dort gibt es ein gesellschaftlich bestimmtes musikalisch-kultisches Repertoire, das im Zusammenhang mit dem Arbeitsprozeß steht. Doch ist der primär beschwörende und reglementierende Auftrag der Musik heute vielfach verloren gegangen, *ehemals magische Musik ist zu Unterhaltungsmusik herabgesunken.* Wird während der Bearbeitung des kargen Bodens heute noch musiziert, so handelt es sich um Musik zum Zeitvertreib. Dagegen bedeutet der Hornruf noch immer *mehr als nur Signal; er wird als Stimme der Geister verstanden*[212]. Aus solchen Berichten wird deutlich, wie der Akkulturationsprozeß, die Vermischung traditioneller kultureller Verhaltensweisen mit „westlichen" Kulturmechanismen, die Situation in den Ländern Außer-Europas Schritt für Schritt zu verändern vermag.

Musiker singen und spielen den Arbeitern Kraft zu

Mit finanzieller Hilfe der Stiftung Volkswagenwerk konnte das Institut für den Wissenschaftlichen Film in Göttingen im Jahr 1967 eine Expedition in die westafrikanische Republik Elfenbeinküste entsenden. Unter der Leitung von Hans Himmelheber wurden bei den Dan, einem an der westlichen Elfenbeinküste und im nordöstlichen Liberia im Urwald siedelnden Stamm mit zusammen etwa dreihunderttausend Menschen, mehrere Filme aufgenommen, die in unser Thema einführen sollen. Film E 1523 handelt vom Kriegsorchester *Tru*, einem Elefantenzahn-Blasorchester, wie es in dieser Gegend Häuptlingen und Kriegern zugeordnet wird. Das Orchester spielte dem Krieger zu, bevor er in den Kampf zog, es begleitete ihn zuweilen in den Kampf und spielte bei der Rückkehr aus dem erfolgreichen Kampf zum Siegestanz auf. Dieses Zeremoniell gründet auf dem in Schwarz-Afrika verbreiteten Glauben, daß Musik in besonderem Maß die Eigenschaft besitzen würde, seelische und auch körperliche Werte nicht nur zu wecken, sondern in den Menschen hineinzutragen. Um solche Willensbeeinflussung geht es auch bei wirtschaftlicher Tätigkeit, bei der kooperativen Arbeit des Rodens des Waldes, bei der Feldarbeit, beim Straßenbau, bei der Jagd. Himmelheber zitiert einen Dan, der ihm sagte: *Die Musikanten spielen den Arbeitern, dem Jäger, dem Krieger zu*, womit ausgedrückt wird, daß eine bestimmte Eigenschaft von den Musikanten auf den Arbeitenden, auf den Jagenden, auf den Krieger durch das Medium des musikalischen Klanges übertragen wird. *Ohne Musik wären wir Sklaven... Ihr Weiße habt die Maschinen, um euch bei der Arbeit zu helfen, aber wir Schwarzen, wir könnten in unserem heißen Land die Arbeit nur unter Zwang verrichten, wenn uns nicht die*

---

[212] H. Oesch, *Ethnomusikologische Arbeit bei den Bergstämmen Thailands. Erste Ergebnisse der Expedition 1974,* in: *Musik fremder Kulturen,* hg. von R. Stephan, Mainz 1977 (*Veröffentlichungen des Instituts für Neue Musik und Musikerziehung Darmstadt* 17), beide Zitate S. 51f.

Musik beistünde: so faßte Himmelhebers Dolmetscher die Bedeutung der Musik im Zusammenhang mit dem Arbeitsprozeß zusammen.

Ebenso instruktiv ist Himmelhebers Film E 1529, der die Arbeit und die Musik des Buschroder-Bundes *Guá* zeigt. Die Gruppe der Musiker betätigt bis zu sechs unterschiedliche Trommeln, eine eiserne Glocke, dazu kommen Frauen, die während der Trommelrhythmen singen, Tänzer sowie ein Antilopenhorn, das zeitweise von einem der Arbeiter angeblasen wird. Die Trommeln beginnen, um die Arbeiter anzufeuern und Musiker wie Tänzer in Erregung zu bringen. Die Filmbeschreibung zeigt, daß das Orchester nicht starr und zusammen an einem Platz stehen bleibt, daß also nicht der in Europa heute übliche Abstand zwichen Orchester und Zuhörern vorhanden ist: *Man sieht die zwölf Roder von hinten in einer Reihe mit ihren Buschmessern gegen den Busch vorgehen. In der Mitte vor dem Stamm einer gefällten Palme drei singende Frauen neben den Trommlern; ihre Stimmen, insbesondere die der Vorsängerin, sind deutlich zu hören, neben ihnen das Läuten der Glocke ... Die Vorsängerin geht hin und her, um alle Arbeiter anzuspornen. Die beiden anderen Sängerinnen und die Trommler bleiben an ihrem Platz ... Etwas undeutlich noch sieht man den Glockenläuter gebückt zwischen den Arbeitern hin- und hereilen. Der Bläser des Antilopenhorns ist zu sehen und zu vernehmen. Dann beteiligt er sich wieder an der Rodungsarbeit. Der Glockenläuter kommt groß ins Bild. Man sieht, wie er einzelnen Arbeitern besonders zuspielt. Sein Instrument gibt durch das Läuten von innen und das Schlagen von außen besondere Tonfolgen. Daneben bläst einer der Arbeiter das Antilopenhorn, während er in der rechten Hand sein Buschmesser hält. Ein Mann rechts im Bild unterbricht seine Arbeit für eine kurze Abfolge von Tanzschritten ... Der Film zeigt unter anderem, wie die Musiker sich unermüdlich, ohne die geringste Pause, ihrer Aufgabe widmen, den Arbeitern „Kraft zuzusingen". Insbesondere setzen sich die Glockenläuter und die Vorsängerin ein*[213].

Bei beiden Filmen erscheint bedeutsam, daß der Rhythmus der Musik zwar dann und wann die Arbeiter zu einigen Tanzschritten inspiriert, daß aber der Arbeitsprozeß durch den Rhythmus der Musik nicht geregelt wird. Die Arbeiter übernehmen den Rhythmus nicht in ihre Arbeitsbewegungen; denn dies würde sie geradezu von der eigentlichen Arbeit ablenken.

Neben Himmelheber hat H. Zemp sich mit der suggestiven Wirkung der Dan-Musik befaßt, die den neuen ökonomischen und Arbeitsbedingungen sich laufend anpaßt: *L'encouragement par le chant et la musique joue un rôle considérable dans la société dan. „La musique (et la danse = tã), s'est pour donner du courage", dit-on souvent en pays dan. Or l'expression fadam gysi, que l'interprète traduit par „donner du courage" ou „encourager" veut dire littéralement „introduire la force vitale dans l'homme" ... Il ne s'agit pas seulement d'un encouragement banal par des paroles flatteuses, mais d'une véritable transmission de force par la musique*[214].

Aber auch bei anderen Stämmen und Völkern Afrikas wird die arbeitsermöglichende und arbeitsfördernde Wirkung des Musizierens betont. D. W. Ames berichtet von den Wolof in Senegambien, daß dort die Bedeutung von Gesang und Trommelrhythmen für die gemeinsam

---

[213] H. Himmelheber, *Masken, Tänzer und Musiker der Elfenbeinküste*, Göttingen 1972 (= *Publikationen zu wissenschaftlichen Filmen. Sektion Völkerkunde/Volkskunde*, Ergänzungsband 2, hg. von G. Wolf), S. 94f. – Vgl. auch von dems. und U. Himmelheber, *Die Dan. Ein Bauernvolk im westafrikanischen Urwald*, Stuttgart 1958. – Die genannten Filme können für pädagogische und Forschungszwecke im Institut für den Wissenschaftlichen Film, D-34 Göttingen, Nonnenstieg 72, entliehen oder gekauft werden. Es handelt sich um Tonfilme (Lichtton) im 16-mm-Format mit einer Vorführgeschwindigkeit von 24 B/s.

[214] H. Zemp, *Musiciens autochtones et griots malinké chez les Dan de Côte d'Ivoire*, in: *Cahiers d'Etudes Africaines* XV, 1964, S. 374 und 378; zitiert nach U. Ramseyer, *Soziale Bezüge des Musizierens in Naturvolkkulturen. Ein ethnosoziologischer Ordnungsversuch*, Bern/München 1970, S. 43

zu verrichtende Arbeit so hoch eingeschätzt würde, daß die Arbeitsgruppe des Dorfes Njau einige Monate untätig blieb, weil der beste Trommler des Orchesters um den Tod eines nahen Verwandten trauerte und daher ausfiel[215].

Musik als rhythmisch-reglementierendes Signal

Musik kann während der Arbeit erklingen und dabei im psychologischen, magischen Sinn zur Arbeit anhalten, ja sogar dazu zwingen. Der rhythmische Schlag der Trommeln kann aber auch den Ablauf der Arbeit regeln. Bei den Maori geschieht das Pflanzen der Süßkartoffeln (kumara) in der Art, daß sich die Arbeitenden mit ihren Grabstöcken in einer Reihe aufstellen und die einzelnen Bewegungen in einem militärisch-exakten, einheitlichen Rhythmus ausführen, der von den Gesängen vorgegeben wird. Die magische Bedeutung des Arbeitsvorganges wird dadurch bezeugt, daß der Refrain der Gesänge jeweils von allen mitgesungen wird, die Arbeit wird dabei unterbrochen und die Arbeiter halten ihre Grabstöcke zusammen hoch[216]. Auf Tikopia wird der Vorteil der durch Musizieren geregelten kooperativen Arbeit ebenfalls genutzt. Ist die gemeinsam zu tragende Last besonders schwer, etwa ein für den Kanubau bestimmter Baumstamm, singt man gemeinsam. Der dort übliche Arbeitsgesang, feuku genannt, ein profaner Tanzliedtypus, steckt voller unzüchtiger Anspielungen, mit Vorliebe werden die Bezeichnungen der Geschlechtsteile genannt. Der Gesang regelt nicht nur den Ablauf der Arbeit, den Gleichschritt der den Baumstamm tragenden Männer, man nimmt auch an, daß der Baumstamm den Gesang vernimmt und dadurch an Gewicht verliert: *The Tikopia explain its action in terms of response of the time itself; but it is clear that the concerted action of the workers in this way does give a coordination which enables them to cope more easily with the weight, and probably lends them also encouragement in their task*[217].

Die Arbeitsmusik erweist sich damit als Technik der Magie, als ordnende und damit produktionsfördernde Macht, und als Mittel der Ermunterung und Erfrischung in einem, wie Urs Ramseyer richtig bemerkt. Die Einwirkung der Hitze, des Staubs und der Eintönigkeit verliert unter dem Gesang und während des rhythmischen Schlagens der Trommeln an Bedeutung, alles Ungemach sinkt gleichsam unter die Bewußtseinsschwelle[218].

Karl Büchers anregende Studie über *Arbeit und Rhythmus*

Karl Bücher hat bereits im Jahr 1896 unzählige Beispiele zum Thema „Musik und Arbeit" vorgelegt[219]. Obgleich – dem damaligen Stand musikalisch-völkerkundlicher Forschung entsprechend – seine Quellen nicht immer vertrauenswürdig sein konnten, und obgleich seine Konstruktion, nämlich den Ursprung der Poesie und der Musik in der Arbeit nachzuweisen, weil diese ihrer Natur nach rhythmisch sei oder doch durch rhythmische Übung erleichtert würde,

---

[215] D. W. Ames, *Wolof Co-operative Work Groups*, in: *Continuity and Change in African Culture*, hg. von W. R. Bascom und M. J. Herskovits, Chicago/London 1959, First Phoenix Edition 1962, S. 224–237

[216] E. Best, *Maori Agriculture*, in: *Dominion Museum Bulletin* 9, 1925, S. 82

[217] R. Firth, *Primitive Polynesian Economy*, London 1939, S. 138

[218] U. Ramseyer, wie Anm. 214, S. 42 und 44. – Vgl. dazu auch E. Stockmann, *Die Darstellung der Arbeit in der instrumentalen Hirtenmusik*, in: *Studia instrumentorum musicae popularis* 3 = *Emsheimer-Festschrift*, Stockholm 1974, S. 233–236

[219] K. Bücher, *Arbeit und Rhythmus*, in: *Abhandlungen der philosophisch-hist. Classe der Kgl. Sächs. Akademie der Wissenschaften* 17/5, Leipzig 1896; 2. erw. Auflage Leipzig 1899; 6. Aufl. ebda. 1924. – Über K. Bücher vgl. W. Suppan, Artikel *Bücher* in *MGG* 15, 1973, Sp. 1169

inzwischen durch eine Vielfalt neuen Materials unhaltbar geworden ist, bleibt der Wert seiner Zusammenstellung doch unbestritten. Im Bereich der Vergleichenden Musikwissenschaft hat seine *epochemachende That* [220] sowohl bei den Vertretern der Wiener Schule (Richard Wallaschek, Robert Lach und Walter Graf) wie bei den Repräsentanten der Berliner Schule (Curt Sachs, Erich M. von Hornbostel) rege Diskussionen entfacht [221]. Haben Bücher und seine unmittelbaren Zeitgenossen, vor allem auch Curt Sachs, im Sinne einer evolutionistischen Geschichtsbetrachtung eine Entwicklungslinie von einfacheren zu komplizierteren Formen angenommen, so erscheint dem Ethnologen heute eher ein Nebeneinander unterschiedlicher Gebrauchsmöglichkeiten von Musik im Zusammenhang mit Arbeitsvorgängen gegeben. *Dort, wo in Naturvolkkulturen gemeinschaftliche verkettete Arbeitsvorgänge musikalisch begleitet werden, dürften sich im wesentlichen drei Komponenten der Motivation abgrenzen lassen, die im Denken des Naturvolkmenschen ein untrennbares Ganzes formen: (1) Sicherung der Ernährung durch magisches Handeln, (2) Förderung der Arbeitsleistung durch rhythmische Regulierung, (3) Anregung und Unterhaltung durch die Musik* [222].

Die ebenfalls bei Bücher bereits formulierte richtige Beobachtung, daß dauernde geistige und/oder körperliche Anstrengung durch „Musikberieselung" oder musikalisch-rhythmische Reglementierung gleichsam unbewußt verrichtet, also erleichtert werden, daß an Stelle der vom Willen geleiteten die automatische, rein mechanisch vollzogene Bewegung treten kann, ist nicht allein im naturvölkischen Bereich oder bei alten Hochkulturen des asiatischen Raumes anzutreffen sondern auch in Europa. Solange die Getreide-Ernte in Europa noch ohne Mähdrescher eingebracht wurde, konnte man auf den Feldern und beim Dreschen Arbeitslieder hören. Pilotenschläger-Lieder erklangen beim Brückenbau noch bis in die Jahre nach dem Zweiten Weltkrieg herein. In diesen Fällen hatte Musik rhythmisch reglementierende und/oder geselligkeitsfördernde Aufgaben zu erfüllen [223]. Die psychologische Wirkung der Musik aber wird in jener Background-Musik neu genutzt, die unter dem Stichwort *Muzak* für Fabrikshallen ebenso maßstabgetreu zurechtgeschnitten wird wie für Großkaufhäuser, Restaurants, Bahnhöfe und Flugzeuge.

Muzak: funktionelle Hintergrundmusik

Seit 1934 beschäftigen sich Spezialisten in den USA mit der Produktion einer funktionellen „Hintergrundmusik", die lediglich vernommen, aber nicht wahrgenommen werden soll. Seit dem Ende des Zweiten Weltkrieges gibt es in London und Düsseldorf eigene Studios dafür, die Tonbänder herstellen, die aufgrund arbeitspsychologischer Untersuchungen in den USA pro-

---

[220] U. von Wilamowitz-Moellendorf, in: *Deutsche Litteraturzeitung* 21, 1900, Sp. 91ff.
[221] R. Wallaschek, *Anfänge der Tonkunst*, Leipzig 1903; E. M. von Hornbostel, *Arbeit und Musik*, in: *Zeitschrift der Internationalen Musikgesellschaft* 13, 1912, S. 341–350; C. Sachs, *Vergleichende Musikwissenschaft in ihren Grundzügen*, Leipzig 1930; W. Suppan, *Volks- (völker-) kundliche und soziologische Gedanken zum Thema „Musik und Arbeit"*, in: *Arbeit und Volksleben. Deutscher Volkskundekongreß 1965 in Marburg*, Göttingen 1967, S. 318–324
[222] U. Ramseyer, wie Anm. 214, S. 42
[223] J. Schopp, *Das deutsche Arbeitslied*, Heidelberg 1935; A. Anderluh, *Das Lied der Arbeit im deutschen Alpenland*, in: *Arbeit und Volksleben*, Göttingen 1967, S. 325–330, mit Notenbeispielen; E. Stockmann, *Volksmusikinstrumente und Arbeit*, ebda. S. 331–342, mit weiterer Lit., vor allem über die Verwendung von Musik- und Schallinstrumenten zu Signalzwecken; O. Hrabalová, *Ke studiu žatevních písní východomoravských a slovenských* (Studie über ostmährische und slowakische Erntelieder), in: *Slovenský národopis* 13, 1965, S. 33ff.; C. I. Johnson, *Navaho Corn Grinding Songs*, in: *Ethnomusicology* 8, 1964, S. 101ff.

duziert werden [224]. Hintergrundmusik soll ein *angenehmes, gewinnbringendes Arbeitsmilieu* schaffen, unaufdringlich sein und nicht zu angespanntem, aktivem Zuhören herausfordern. Die Formel für den Stil solcher Musik lautet daher: keine Agressivität. Gesungene Partien werden vermieden, um die Hörer nicht über den Text nachdenken zu lassen. Die Musik ertönt in unaufdringlicher Lautstärke, soll aber an jedem Platz der Werkshalle gut gehört werden können, damit nicht der eine Arbeiter durch übermäßige Lautstärke irritiert, der andere durch die Anstrengung, etwas hören zu wollen, abgelenkt wird. Das Programm umfaßt Unterhaltungsmusik aller Sparten, vermeidet jedoch die jeweiligen Spitzenreiter der Hitparaden, die zu Diskussionen pro oder contra, zu Begeisterung oder Ärger herausfordern könnten. Bei der Bearbeitung der Tonbänder werden die agressiven hohen und tiefen Frequenzen beschnitten, die mittleren aber deutlich ausgesteuert, damit die Hauptmelodie klar zu verfolgen ist. Die Musik soll nicht vom Geräusch im Arbeitsraum überlagert oder zeitweilig unterbrochen werden. Arrangement und Zusammenstellung der Programmfolge werden ebenfalls sorgfältig beachtet. Das Tempo basiert auf der Metronomangabe 70, also dem Tempo des Herzschlages des gesunden Menschen. Aus Tierversuchen ist bekannt, daß Rhythmusbeschleunigungen den Herzschlag mit beschleunigen können, die Erregung des Menschen also steigern würden; und das würde dem Gleichlauf der Arbeit schaden. Rücksicht wird auch darauf genommen, daß ständige Berieselung abstumpfen und sich deshalb um den Effekt bringen würde. Die Viertelstundenprogramme werden daher durch Pausen unterbrochen. Außerdem wird bei der Zusammenstellung der Programme darauf geachtet, daß die Leistungskurve des Menschen am Vormittag zwischen 10 und 11 Uhr und am Nachmittag zwischen 15 und 16 Uhr abfällt, das heißt: der arbeitspsychologisch und physiologisch bedingte Leistungsabfall in den genannten Zeiträumen wird durch reizstärkere Musik auszugleichen versucht. Doch soll damit kein aufputschender „Doping"-Effekt erzielt werden, der später zu Erschöpfungszuständen führen würde.

Die abonnierten Betriebe erhalten die *Muzak*-Programme über Telefonleitungen direkt zugespielt. In den Betrieben selbst befinden sich nur die Lautsprecheranlagen. Sonderprogramme, an Weihnachten etwa, werden nicht gesendet, da man die Weihnachtsatmosphäre nicht in den Betrieb hineintragen möchte. Das Düsseldorfer Studio macht insofern eine Ausnahme, als es an den Karnevalstagen ein Sonderprogramm ausstrahlt. *Muzak* erreicht(e) durch sein Programm (so die Statistik des Jahres 1963) an die 55 Millionen Arbeiter, und zwar in drei Fassungen: für Büroräume, für Industriehallen und für öffentliche Versammlungsräume. In den USA gefertigte Untersuchungen führen eine Produktionssteigerung an, die bei Büropersonal zwischen 8,03 und 18,6% liegt [225]. Nach ihren Eindrücken befragt, äußerten sich Amerikaner überwiegend positiv dazu: 98,1% empfanden die Situation als angenehm, 94% waren darüber erfreut, 48,8% fühlten sich angespornt, 89,8% konnten dadurch die Monotonie der Arbeit leichter ertragen, bei 76,5% vertrieb die Musik Ermüdungserscheinungen, 86,2% fanden bei Musik ihre Arbeitsgefährten netter, 79,1% hatten den Eindruck, daß Musik sie davor bewahren würde, nervös und mürrisch zu werden. Nur 5% nannten negative Empfindungen [226]. Wurde *Muzak* zunächst als eine Sozialleistung der Unternehmer gefeiert, so bestehen heute eher

[224] S. Wyatt/J. W. Langdon, *Fatique and Boredom in Repetitive Work*, London o. J.; D. M. Nell, *Muzak. Eine kurze Übersicht über ihre Natur und Aktivität*, London 1963; *Die Wissenschaft von Muzak*. Eine Publikation der Wrather Corporation 1963

[225] E. Klusen, *Musik zur Arbeit heute*, in: *Arbeit und Volksleben*, Göttingen 1967, S. 306–317; I. Zaunitzer-Haase, *Maschinen, Mädchen – berieselt von Muzaks Musik*, in: *Die Zeit*, Hamburg, Nr. 20, 13. Mai 1966

[226] *Effects of Muzak on Office Personnel*, Muzak Corporation, New York 1958. – Vgl. auch R. Meißner, *Funktioniert die funktionelle Musik? Zur Musik am Arbeitsplatz*, in: *Musik und Bildung* 8, 1976, S. 573–577

Bedenken gegen die Musikbeschallung. Detmolder Schulmusiker, Professoren und Studenten, wandten sich 1977 an Arbeitgeber und Deutschen Gewerkschaftsbund: *Daß Funktionelle Musik… unbewußt erfolgende psychische Auswirkungen hat, ist u. a. deshalb zu befürchten, weil viele Arbeitnehmer mit der ihnen verordneten Hintergrundmusik zufrieden sind, nur spricht das nicht für ihre Harmlosigkeit, sondern ist eher ein Anzeichen für die Unterschwelligkeit der Gefährdung und Bewußtseinsbeeinflussung. Diese Zufriedenheit mit der zeitweiligen Zufriedenheit eines Süchtigen zu vergleichen, ist sicher überspitzt; daß Musikkonsum aber auch die Funktion haben kann, Probleme zu verdrängen, um im Zustand der Gedankenlosigkeit zu verbleiben, kann wohl kaum bestritten werden*[227].

Soweit Fakten, die zeigen, wie die bei Naturvölkern und in alten Hochkulturen in magisch-mythischen Bereichen liegenden Begründungen für die Verbindung von Musik und Arbeit in der Gegenwart mit wissenschaftlichen Methoden der Musikpsychologie und der Arbeitsplatz-forschung bestätigt werden. Das heißt, kehren wir zum anthropologischen Ansatz zurück: wir stoßen in diesem Bereich erneut auf eine primäre Mensch-Musik-Beziehung, auf einen Gebrauchswert von Musik, der unabhängig von kulturell entfalteten wertästhetischen Qualitäten funktioniert.

Musik und Recht

> … *music plays a vital part in the process of incorporating an individual into the particular communication style of his cultural milieu… a person's emotional stability is a function of his command of a communication style that binds him to a human community with a history… music functions for the Australian aborigine of Yirkalla as an enculturative mechanism, a means of learning Yirkalla culture. It instructs him about his natural environment and its utilization by man.*
>
> Alan Lomax / Richard Waterman / Carol E. Robertson-DeCarbo[228]

In den modernen Staaten dieser Erde ist es selbstverständlich geworden, daß geschriebene Gesetze das Zusammenleben der Menschen regeln und daß Verstöße gegen diese Gesetze durch lokale, nationale oder internationale Gerichte behandelt werden. Auch Naturvölker bedurften solcher Normen, die ein geregeltes Zusammenleben innerhalb der Gruppe möglich machten. Die Normen wurden auf mythische Setzung und auf religiöse Vorstellungen zurück-geführt oder ergaben sich aus traditionellen Sitten und sozial eingeschliffenen Handlungsmustern. Zu den Möglichkeiten der Rechtsfindung gehörten Orakel- und Zauberspruch, Disput und persönliche Selbsthilfe bis zum „Aug' um Aug', Zahn um Zahn" und bis zur Blutrache. Daß in diesem Rahmen gesungener Spott eine Rolle spielen konnte, wird ebenso aus Berichten aus Westafrika und aus Polynesien deutlich wie aus mittelalterlichen Rechtsakten unserer Breiten. Der heilige Alte, bei einigen Stämmen der Elfenbeinküste und Liberias als Wahrer des Frie-

---

[227] H.-K. Jungheinrich, „*Gezielte Beschallung*" *im Fadenkreuz. Detmolder Schulmusiker wenden sich an Arbeitgeber und DGB*, in: *Frankfurter Rundschau*, 9. März 1977

[228] C. E. Robertson-DeCarbo, *Music as Therapy: A Bio-Cultural Problem*, in: *Ethnomusicology* 18, 1974, S. 33; mit Zitaten aus A. Lomax, *Folksong Style and Culture*, Washington, D.C. 1968, S. 5, und R. A. Waterman, *Music in Australian Aboriginal Culture: Some Sociological and Psychological Applications*, Lawrence, Kansas 1956, S. 40–49

dens oberste Rechtsinstanz, benutzt dann, wenn er seine Berater zusammenruft und ex officio ihnen eine Entscheidung verkündet, zwar die Sprache seines Stammes, aber sie erklingt klanglich verfremdet, maskiert: Denn er spricht in einen dünnen, hohlen Knochen hinein, in dem eine Membran befestigt ist, nämlich das feine Gewebe, mit dem eine bestimmte Spinnenart ihre Eier schützt. Durch dieses Instrument, eine Art Mirliton, erhält seine Sprache einen fremden, säuselnden, gequetschten Ton, und es entsteht die Vorstellung, der Heilige Alte spricht nicht selbst – sondern durch ihn verkünden die Ahnen des Stammes ein Gesetz oder die Lösung einer Streitfrage [229]. Dieselbe Vorstellung von der magischen Kraft des Gesungenen führte im hohen Mittelalter dazu, Urkunden und Gerichtsurteile mit erhobener Stimme zur Kenntnis zu bringen und ihnen in dieser rezitierend gesungenen Form Gültigkeit und Gesetzeskraft zu verleihen [230]. Ehe das *Magische des geschriebenen Wortes, zumal des schriftfixierten Rechtes* in Funktion treten konnte, und dies geschah erst in jüngerer Zeit, hoben litaneihafte Rezitation und Singstimme besondere Texte aus dem Alltäglichen der Wortkommunikation heraus [231].

Obgleich in der Literatur schon mehrfach zitiert, ist in diesem Zusammenhang nochmals auf den juridischen Trommelgesang (Ingmerneq) der Grönland-Eskimos zu verweisen, weil daraus besonders deutlich wird, wie sehr gesellschaftliche Bedingungen die Rechtsfindung in Primär-Kulturen beeinflussen. Die an Mitgliedern sehr beschränkte Eskimo-Gemeinschaft konnte es sich nicht leisten, Menschenleben zu verlieren; *deswegen war der Trommelstreit der geniale Ausweg, schwere Schwierigkeiten zu lösen* [232]. Trommelgesänge waren persönliches Eigentum bei den Ammassalik, einer Sammelbezeichnung für die kleinen Eskimogruppen, die an der Südostküste Grönlands leben, zusammen wenige hundert Menschen. Die Gesänge wurden vom Vater auf den Sohn vererbt, doch durfte der Name des Vaters im Text erst dann erwähnt werden, wenn ein neugeborenes Kind den Namen des Verstorbenen erhalten hatte. Den Eskimos ist die Genealogie der einzelnen Gesänge durchaus bekannt. Treten Verstöße gegen die gesellschaftliche Norm auf, dann halten es die Eskimos *nicht für ihre Aufgabe, Recht zu sprechen, sondern ausschließlich den Frieden wieder herzustellen, wenn man diesen Begriff im mittelalterlichen Sinne eines geordneten und regelmäßigen Verlaufes des Lebens braucht. Auf dieser Grundlage können die Bewohner einer Siedlung zum Beispiel beschließen, einen Mann oder eine Frau, die man der Hexerei verdächtigt, zu töten, denn solche Leute stellen eine Bedrohung des Friedens der Gemeinschaft dar* [233]. Fallen Verstöße gegen die Norm jedoch nicht unter die Bereiche Zauberei oder Häufung von Morden, das heißt: geht es nicht um die Bedrohung der Gemein-

---

[229] H. Himmelheber, *Der Heilige Alte. Eine Einrichtung zur Wahrung des Friedens bei einigen Stämmen der Elfenbeinküste und Liberias,* in: *Baessler-Archiv* NF 24, 1976, S. 238. – Vergleichende Forschung ist versucht, in diesem Zusammenhang auf den im Märchen verbreiteten „singenden Knochen" hinzuweisen; vgl. L. Schmidt, *Kulturgeschichtliche Gedanken zur Musik im Märchen,* in: *Wege der Märchenforschung,* Darmstadt 1973, S. 210–219. – Dazu grundsätzlich: W. Suppan, *Rechtsgeschichte im Volkslied – Rechtsgeschehen um das Volkslied,* in: *Festschrift für Berthold Sutter,* Graz 1983, S. 353–379

[230] K. H. Bertau, *Sangverslyrik. Über Gestaltung und Geschichtlichkeit mittelhochdeutscher Lyrik am Beispiel des Leichs,* Göttingen 1964 *(Palestra* 240), S. 218

[231] L. Kretzenbacher, *Rechtslegenden abendländischer Volksüberlieferung,* Graz 1970 *(Kleine Arbeitsreihe des Instituts für Europäische und vergleichende Rechtsgeschichte,* hg. von B. Sutter, 1), S. 10

[232] M. Hauser, *Polar-Eskimo. Nord-Grönland – Thule-Distrikt. Trommelgesänge,* in: *Encyclopaedia Cinematographica,* hg. von G. Wolf, Göttingen 1970 (Band B II, H. 6), S. 623–645, Zitat S. 628; Kommentar zu Film E 1146/1967. – Vgl. auch E. Emsheimer, *Singing Contests in Central Asia,* in: ders., *Studia ethnomusicologica eurasiatica,* Stockholm 1964, S. 86–90

[233] K. Birket-Smith, *Die Eskimos,* Zürich 1948, S. 191; P. Collaer, *Amerika. Eskimo und indianische Bevölkerung,* Leipzig (1967) *(= Musikgeschichte in Bildern* I/2), S. 31–33

schaft oder um Blutrache, dann soll ein Singstreit zu einem Ausgleich führen. Die einst weit über das Eskimogebiet von Ostgrönland bis zu den Aleuten üblichen Singkämpfe wurden sowohl im Sommer wie im Winter veranstaltet. Im Sommer trafen sich die zerstrittenen Parteien bei den gemeinsamen Fischfangplätzen, um sich in den hellen Nächten gegenseitig anzusingen. Solche „Verhandlungen" konnten sich über mehrere Nächte erstrecken, bis eine der Parteien, von den Beweisgründen des Gegners und der lautstarken Beteiligung der Zuhörer beschämt, sich zurückzog.

Solche Singwettstreite wurden sorgfältig vorbereitet. Die Tradition verlangte es, daß sowohl der Text wie auch die Singweise nicht spontan improvisiert werden durften. Es handelte sich um strophische Rezitations- und Liedformen mit komplizierten rhythmisch-melodischen Strukturen, wobei sich inhalt-tragende Texte mit kehrreimartigen sinnlosen Silben abwechselten. Während des Streites standen die beiden Parteien sich unmittelbar gegenüber, die Argumente des anderen genau verfolgend. Es wurde nicht durcheinander gesungen, sondern jede Partei hatte die Möglichkeit, in einem bestimmten Zeitraum ihre Argumente singend loszuwerden und dabei dem Gegner Hiebe auf den Kopf zu erteilen. Dadurch wurde jeweils die eine oder die andere Gruppe dem Gelächter der Zuschauer preisgegeben. Ausgelacht zu werden, galt als größte Schande, und es gibt Beispiele dafür, daß die im Singwettstreit Unterlegenen die Gruppe verließen und in eine andere Siedlung zogen, zumindest aber als Ausgestoßene (quivitoq) einige Zeit in der Einöde lebten. Dies alles beruht auf dem Glauben, daß derjenige, der im Recht sei, auch die kraftvolleren Worte hervorbringen könnte. So war es auch dem physisch Schwächeren möglich, sich innerhalb der Gemeinschaft zu behaupten. Im Hintergrund aber wirkten dabei kultische Vorstellungen, deren Abbau durch christliche Missionare letztlich zum Verklingen des juridischen Trommelgesanges führte.

W. Thalbitzer hat den Text eines solchen Trommelgesanges aufgezeichnet und Urs Ramseyer hat ihn ins Deutsche übertragen [234]:

Oh, ich weiß nicht, ob ich singen kann,
Ob ich gegen ihn singen kann. –
Ist denn meine Seele nicht zu schwach
Um einen Gesang gegen ihn zu verfertigen?
Und weshalb soll ich mich überhaupt mit ihm befassen?
Eines Tages hat sie mich dort oben, im Norden,
Als wir in Kialinek waren,
Wie üblich geärgert.
Ich rege mich nicht grundlos auf,
Aber ich verlange, daß sie die Decken meines Kayaks gut näht.
Es scheint, der schamlose Kerl gibt vor,
Ich schlage meine Frau zu oft,
Und ich behandle sie nicht gut.
Ließe ich ihm doch dieselbe Behandlung zuteil werden!
Ein Messerstich diesem Taugenichts,
Um ihm zu zeigen, daß ich ihn gut behandle,
Diesen Taugenichts, der mich so sehr ärgert.

234 W. Thalbitzer, *Légendes et chants esquimaux du Groenland,* Paris 1929; U. Ramseyer, *Soziale Bezüge des Musizierens in Naturvolkkulturen. Ein ethno-soziologischer Ordnungsversuch,* Bern und München 1970, S. 25f.

Hier macht sich der Sänger über die gesanglichen Fehler lustig, die seinem Gegner in einem früheren Treffen unterlaufen sind. Der Ankläger studiert seine Lieder gründlich vor der Abreise:

Was tut ihr, Freunde, wenn ich fern sein werde?
Ich werde abreisen.
Abreisen im Umiak, über das er sich lustig gemacht hat,
Im Umiak, das er beleidigt hat.
Ich bin's, dein Landsmann, den du beleidigst,
Gegen mich erhebt sich dein Zorn,
Und doch bin ich schon da.
Mit Ungeduld erwartete ich den Augenblick dich zu treffen.
Ich bin da, um mich mit dir zu messen.
Ich suche dich, sofort habe ich dich gesucht.
Komm, singe!
Mag ich auch klein sein, ich muß dein Gegner sein,
Ich bin bereit, mein Gesang war bereit,
Bevor ich mit all diesen da aufgebrochen bin,
Habe ich ihn geübt, habe ich ihn gelernt,ich kann ihn.
Letztes Mal warst du nicht so geschickt.
Hast du etwa die Fehler deines Gesanges schon vergessen,
Alle deine Fehler, die du das letzte Mal gemacht hast?

Vergleichbar ist dem Singwettstreit der Grönland-Eskimos die Praxis des balkanischen Epensängers, von dem es heißt, daß er nicht zum Schwert greifen würde, um einen Zweikampf auszufechten – sondern zur Gusle: Und das bedeute keinesfalls, daß er die humanere, weniger verletzende Waffe benutze[235]! Auch aus Berichten von schwarzafrikanischen Stämmen wissen wir, daß Verleumdung mit Hilfe des Liedes schlimmer sei als körperliche Züchtigung. Kirchliche und weltliche Gewalten wandten sich im europäischen Mittelalter nicht wegen der sündhaften, heidnisch-weltlichen oder derben Texte gegen das Singen, sondern wegen des apotropäischen Elements im Lied, wegen der Kraft des Gesanges, wegen des auf jemanden Einsingens oder des auf jemanden Einblasens, das konkrete psychische Veränderungen bewirken konnte: *Quaecumque ad aurium et ad oculorum pertinent incelebras, unde vigor animi emolliri posse credatur – ut de aliquibus generibus musicorum aliisque nonnullis rebus sentiri potest – ab omnibus Dei sacerdotes abstinere debent...* (Konzil von Tours, im Jahr 813); auf deutsch: *Alles, was mit Lockungen der Ohren und Augen im Zusammenhang steht, wodurch vermutlich die Geisteskraft erschlaffen kann – wie diesbezüglich bestimmter Arten von Musik und mancher Erscheinungen empfindbar ist, all dessen sollen sich Gottesdiener enthalten...*[236].

Dem modernen Menschen ist das Wissen um die beherrschende Kraft des Klanges weitgehend verloren gegangen, und er steht aus diesem Grund verständnislos, ja ungläubig vor solchen Überlieferungen. Der Nonsberger Märtyrer-Bericht aus dem Jahre 397 mag als aufschlußreiches Zeugnis für primären Musikgebrauch in Erinnerung gebracht werden: Die Nonsberger begingen ein Fest, um den Göttern zu opfern und diese um gute Ernte zu bitten. Die Prozession gelangte dabei zur neuerbauten Kirche der Christen, heidnisch-kultische Lieder singend, die der Bischof als Geheul (ululato carmine diaboli) bezeichnete. Man zwang einige bekehrte

---

[235] W. Wünsch, *Heldensänger in Südosteuropa*, Berlin und Leipzig 1937
[236] W. Suppan, *Volksmusik in den Protokollen deutscher Synoden und Kapitularien des Mittelalters*, in: *Historische Volksmusikforschung*, hg. von L. Bielawski, A. Mauerhofer und W. Suppan, Krakau 1979, S. 214

Christen, den heidnischen Göttern zu opfern und ergriff dann den Ältesten der Priester, schlug ihn mit Beilen und blies mit der Tuba (vermutlich eine Rindentrompete, ein Wurzhorn) durchdringend auf ihn ein. Da liegt ein zauberischer Schallritus vor. Das zum Kult gehörige Instrument sollte durch den Schall das Unheil „wegblasen", ebenso wie das über die Berge klingende Alphorn in der Abenddämmerung die Dämonen der Nacht verscheucht. In beiden Fällen wird magische Kraft und Lautstärke angestrebt, im Abendritus extensiv, in die Weite wirkend, hier aber intensiv, in eine Person eindringend[237].

Das eben ist die Rolle der Musik in der Volksjustiz, wie sie sich in Relikten bis in die Gegenwart herein erhalten hat. Ich verweise auf das „Hörnergericht" der Simmentaler Nachtbuben, wo Hörner, Glocken und Pfeifen einen entsetzlichen Lärm hervorbringen[238], und auf die öffentlich-rechtlichen sowie kultischen Signalpraktiken im europäischen Mittelalter[239].

In den Bereich der Volksjustiz gehört der böswillige, verleumderische Einsatz des Liedes, der immer wieder zum Gegenstand gerichtlicher Auseinandersetzungen wird. Zunächst ein vereinzelter Fund aus dem Jahre 1442: Damals mußte ein Tuchscherergeselle aus Wien in der Stadt Würzburg schwören, das Lied von der hölzernen Tasche weder hier noch dort jemals zu singen[240]: Eines jener berufsschädigenden Spottlieder, unter denen vor allem die Schneider zu leiden hatten. *Ittem auff Bitt der Schneider und damit ihr Knecht nicht aufstehen, hat man das böse Lied von der Geiß, das man in Salzburg und andern Orten verboten hat, hie* [nämlich im Jahr 1469 in Regensburg] *auch verboten; denn es ist ein Knab hie mördlich darum gestochen, und als jedermann spricht, so wird er sterben*[241]. Singen gehörte demnach offensichtlich zu den Dingen „auf Leben und Tod". Vierzig Jahre später ist dasselbe Lied in den Straßburger Ratsprotokollen erwähnt. Unterm 6. Dezember 1508 heißt es da: *Also man iegnote* [= immerzu] *das lied singet von dem snider und einre geiße, das vertrüsset das erber antwerck die snider und ire knehte, und darumbe durch friden und ouch durch des willen, daz nieman kein unzuht erbotten werde der es sünge: so sint unße herren meister und raete übereinkomen, daz hinnanvürder nieman in unser stat das vorgenant liede mit me singen sol, er sie junge oder alte, noch dahein ander liet in semlicher mossen, das erber lüte und antwercke antreffe ist, und sol iederman mit sinen kinden bestellen daz sü das vorg. liet noch dahein ander lied in semlicher mossen nit me singen, und wer das egenant liet oder ander liet in semlicher mossen hinnanvürderme sünge, er sie junge oder alte, der bessert 30 sl.*[242].

---

[237] W. Wiora, *Zur Frühgeschichte der Musik in den Alpenländern,* Basel 1949; W. Suppan, *Bürgerliches und bäuerliches Musizieren in Mittelalter und früher Neuzeit,* in: *Musikgeschichte Österreichs* I, Graz-Wien-Köln 1977, S. 143–172

[238] E. Hoffmann-Krayer, *Knabenschaften und Volksjustiz in der Schweiz,* in: *Kleine Schriften zur Volkskunde,* 1946, S. 1949f.

[239] D. Stockmann, *Die Erforschung vokaler und instrumentaler Praktiken im mittelalterlichen Rechtsleben,* in: *Deutsches Jahrbuch der Musikwissenschaft 1973–77,* Leipzig 1978, S. 115–134; A. Mauerhofer, *Tanz- und Tanzmusiknachrichten in den österreichischen Weistümern (Musik und Recht* I und II), in: *Musikethnologische Sammelbände* 2 und 5, 1978 und 1981, S. 105–117 und 183–194

[240] *Scharolts Beiträge zur älteren und neueren Chronik von Würzburg,* Band 1, Würzburg 1818, S. 202

[241] B. Salditt, *Der Schneider und die Geiß im Volksmunde bis zum 17. Jahrhundert,* in: *Hessische Blätter für Volkskunde* 30/31, 1931/32, S. 88–105, Zitat S. 90. Weitere Belege bei: H. Fehr, *Das Recht im deutschen Volksliede,* in: *Volk und Rasse* 1, 1926, S. 200–222; W. Heiske, in: *Deutsches Jahrbuch für Volkskunde* 2, 1956, S. 73ff.; Chr. Petzsch, *Nachrichten aus deutschen Städtechroniken...,* in: *Musikethnologische Sammelbände* 2, 1978, S. 119–136; 5, 1981, S. 67–86; *Historische Volksmusikforschung,* Krakau 1979, S. 121–134

[242] Zitat aus: C. Hegel, *Die Chroniken der oberrheinischen Städte,* Straßburg 1871, Band 2/VII, Kulturgeschichtliches, S. 1024. – Weitere Zeugnisse zum Schneiderspottlied bei M. Eidel, *Das Schneiderspottlied als Beispiel für das Handwerkerspottlied,* Zulassungsarbeit zur wiss. Prüfung für das Höhere Lehramt an Gymnasien, Freiburg 1970, S. 27f.; M. Hasse, *Das Schneiderlied,* in: *Handbuch des Volksliedes* 1, hg. von R. W. Brednich, L. Röhrich und W. Suppan, München 1973, S. 801–831

Doch was half es: Noch um 1597 findet sich auf einem Flugblatt das folgende Lied:

Die Herren haben verbotten,
man sol der Schneider nimmer spotten,
biß auff Sanct Barthlome, me, me, me, me, me.

Im 15. und 16. Jahrhundert kam einem guten und liederreichen Sänger besonderes Prestige im sozialen Gefüge seiner Gemeinschaft zu. Er konnte bei Sänger(wett)streiten zwischen sozialen oder Handwerkergruppen, zwischen den Jünglingen verschiedener Orte für die Überlegenheit seiner Gruppe sorgen. Solche Zusammentreffen mündeten allerdings oft in Streit und Rauferei. Die Eifersucht auf den Beifall, den im Jahr 1573 ein Sänger in einer Prager Wirtsstube erntete, führte zu einer heftigen Schlägerei zwischen den Gesellen verschiedener Handwerke. Ein Zeuge, der Prager Maler Jan Mylík, schildert in den Gerichtsprotokollen den Verlauf des Wettgesanges mit folgenden Worten: *Als ich mit Lorenz Rotschmied am Samstag vor Fabiani Sebastiani zum Hern Mikulás Kosík kam, nachdem wir ein Paar Seidel Wein getrunken hatten, gingen wir weg, da lud uns Mikulás Kosík morgen wieder zu kommen, und wir versprachen, daß wir uns einfinden werden. Den nächsten Tag am Sonntag kamen wir hin um die Zeit der Vesper, ich, Lorenz Rotschmied und Balcar der Kürschner. Wenn es so um eine Stunde oder zwei nach Sonnenuntergang war, kamen etliche Schneidergesellen und mit ihnen der Bruder des Mikulás Kosík. Sie saßen an einem anderen Tisch. Dann begann Balcar der Kürschner ein weltliches Lied zu singen ohne einen Schaden für einen jeden. Dann sangen auch die Schneider, bis dann alle zusammen sangen, und guten Willen hatten. Und sie konnten nicht so gut singen wie der Kürschner. Er sagte ihnen gutgelaunt: „Ich könnte euch alle in einen Sack hineinsingen“. Nach einer Weile begann ein Geselle ein Lied über Katzen zu singen gegen den Kürschner, und er erwiderte ihnen mit einem Lied, welches ich nicht kenne. Und manche begannen, daran Anstoß zu nehmen und gegen den Kürschner zu grollen ... usf.* – Die Sache endete mit einer schweren Rauferei, wonach Lorenz Rotschmied und sein Bruder durch den Stadtrichter festgenommen und eingekerkert wurden, weil sie in das Schankhaus den Degen mitgebracht hatten [243].

In diesem Zitat sind zwei Hinweise von besonderer Wichtigkeit: einmal, daß ein Lied mit oder ohne Schaden für jemanden gesungen werden könne, zweitens, daß jemand imstande sei, andere Leute in einen Sack hinein zu singen [244]. Das beweist: Die Macht der Musik, auf die ich schon hingewiesen habe, ist den Menschen jener Zeit durchaus bewußt. Das Prager Protokoll ist kein Einzelfall. Streit und Schlägerei kommen jedoch nicht unbedingt daher – wie in kulturhistorischen Schriften oft zu lesen –, daß sich der Mensch im 15. und 16. Jahrhundert zu wenig in der Gewalt gehabt hätte, daß er unfähig gewesen sei, seine Gefühle zu bändigen. Die Kampfbereitschaft, die durch den Gesang ausgelöst wurde, hatte ihren Grund in der Gefahr, die einem Handwerk drohte, das mit Hilfe des Liedes verleumdet, verunglimpft wurde. Die Ehre des Handwerks in einer Stadt oder in einer Landschaft stand auf dem Spiel. Einem Meister, der eine schwere Verleumdung nicht tatkräftig genug zurückweisen konnte, entflohen alle Gesellen. Der Stadt, in der ein Handwerk schlechten Ruf hatte, blieben die Handwerksgesellen fern. Ein Spottlied vermochte demnach dem Handwerk bedeutenden finanziellen Schaden zuzufügen.

---

[243] K. Foytík, *Musik, Tanz und Gesang in den tschechischen Urkunden des 16. Jahrhunderts,* in: *Studia musicologica* 13, 1971, S. 215–224, Zitat S. 220
[244] Auch Shakespeare legt dem Caliban in *Perikles, Fürst von Thyrus* folgende Worte in den Mund: *Die Bühne ist voll Lärm, voll Tön' und süßer Lieder, die ergötzen und niemand Schaden tun.* Er kennt demnach auch solche, die Schaden zuzufügen vermögen.

Im Jahr 1401 wird in Hamburg Klaus Störtebeker zusammen mit seinen 72 Spießgesellen hingerichtet: Ein Ereignis, bei dem Musik nicht fehlen durfte, – und zwar nicht deshalb, weil der Hamburger Senat den Todgeweihten damit eine Freude bereiten wollte, sondern weil einmal mehr die alte mythische Vorstellung nachwirkte, daß beim Klang der Musik die Seelen der Toten sich problemlos vom Leib lösen könnten, zum andern, weil das Rechtsgeschäft durch die Zeremonialmusik, durch den „Bekanntmachungsschall", Gültigkeit erlangte

Der um die Mitte des 14. Jahrhunderts niedergeschriebene, reichbebilderte Krumauer Kodex enthält eine Zeichnung, auf der zwei Trompeter vor dem Königspalast in ihre Instrumente stoßen; der Schall ist durch geschlängelte Linien gekennzeichnet, die aus den Trichtern der Musikinstrumente hervorkommen. Die Beischrift erklärt diese Trompetenstöße als Zeichen dafür, daß der König seinen ungetreuen Verwalter zum Tod verurteilt hätte. Im Museum für Hamburgische Geschichte zeigt ein Holzschnitt die Hinrichtung Störtebekers und seiner Bande im Jahr 1401. Während der Scharfrichter einem Seeräuber nach dem andern den Kopf abschlägt, blasen zwei Trompeter eifrig auf die Todgeweihten ein, daneben spielen zu gleicher Zeit Pfeifer und Trommler. Der unbefangene Betrachter dieser Bilder mag sich fragen, ob im einen Fall der König und im anderen Fall der Senat der Stadt Hamburg den verurteilten noch eine letzte Freude dadurch machen wollten, daß sie Musikanten bestellt hatten? Oder sind da Vorstellungen wirksam, zu denen der Mensch der Gegenwart keinen Zugang mehr hat? Etwa in der Art, wie im oben genannten Nonsberger Märtyrer-Bericht ein Priester erschlagen und gleichzeitig auf ihn eingeblasen wird, um durch die Kraft des „magischen" Klanges die Geister des Getöteten zu verscheuchen? Im Kapitel über die Zusammenhänge zwischen Musik und Kult konnte auf solche Glaubensvorstellungen bei Naturvölkern verwiesen werden. Oder treffen wir in unseren Beispielen auf den „Bekanntmachungsschall", in dem Trompeten als legalia insignia der Herrschenden den Rechtsspruch fixieren? Guilelmus Durandus schreibt davon knapp vor dem Jahr 1300: *Sicut Rex terrenus in exercitu suo habet legalia insignia, scilicet tubas et vexilla: sic et rex aeternus Christus, in ecclesia sua militanti campanas pro tubis: et cruces pro vexillis habet.* Und noch in der Gerichtsordnung für das Feldlager von 1570 steht zu lesen, daß der Marschall als der oberste Richter im Krieg eine anstehende Gerichtsverhandlung durch einen Trompeter im Lager ausblasen lassen sollte. Während des feierlichen Zuges zum Gerichtsplatz, wo der Marschall *das Recht verbannen* wird, schreiten ihm der Trompeter und ein Herold mit bloßem Schwert voraus[245].

Die Durchsicht der einschlägigen Quellen erbringt für das europäische Mittelalter eine Fülle von Zeugnissen dafür, daß die Klänge von Musik- und Lärminstrumenten, das Singen ebenso wie das Geschrei nicht allein bei geistlichen und weltlichen Festlichkeiten, auf den Burgen des Adels und in den Bürgerhäusern, sondern auch im Krieg (um durch Hörner- und Trompetenschall, Trommel- und Paukenschläge Stärke vorzutäuschen) und im Rechtsleben eine bedeutsame Funktion erfüllt haben[246]. Allerdings unterschied man seit dem späten Mittelalter und vor allem zur Zeit der Renaissance zwischen dem „Trommetten" und der „Musica". Hellmut Federhofer wies darauf hin, daß der von der steirischen Landschaft zur Ausführung der Kirchenmusik in der evangelischen Stiftskirche herangezogene Grazer Stadtturner Gregor Wilfinger im Jahr 1589 ausdrücklich geltend gemacht habe, daß er *nit allein der Musica, sondern auch der Trometten vorstehen kan,* und im selben Jahr versicherte der ehemalige Stadtturner Sigmund Khemeter, daß er sich *nit allein mit den musicis instrumentis, sondern auch mit der Trometten zu Felde oder wie es die Not erfordert, in der Übung zu erhalten* beabsichtige[247]. Ältere Quellen sprechen von *festlichem Lärm,* die Musik wird vielfach deshalb gerühmt, weil sie besonders laut gewesen sei. Das sogenannte „Lärmblasen"[248] hängt mit überlieferten magischen, rituellen Vorstellungen zusammen, vor allem im Rechtsleben. Wird ein *schädlicher Mann* verfolgt, so sind alle zum Helfen verpflichtet, die das Geschrei hören. Wer nicht als Friedensbrecher verdächtigt werden will, muß seine Stimme in Situationen, die mißdeutet werden könnten, laut werden lassen. Verläßt ein Reisender den üblichen Weg, ohne zu schreien oder in sein Horn zu blasen, so kann er als Dieb betrachtet und getötet werden. Wer nach dem Ertönen der Abendglocke durch die Stadt geht, soll singen oder ein Licht mit sich tragen, um nicht als Einbrecher zu gelten[249].

Werden Rechtsbrecher bestraft, so stellt der Klang von Musikinstrumenten oder Glocken die Öffentlichkeit dar. Es geht einmal um die Darstellung offizieller Rechtsprechung: an Bildzeugnissen sind deshalb dem kreuztragenden Christus Musikanten mit Trompeten und Trommeln beigegeben, auch die Dirne, die strafweise und mit Steinen um den Hals durch die Straßen der Stadt geführt wird, begleiten Hornbläser; zum anderen wird die Schande durch laute Bekanntgabe vergrößert[250]. Daß ein Hochzeitszug mit Musik verbunden wurde, geht auf ähn-

---

[245] Zitate nach S. Žak, *Musik als „Ehr und Zier" im mittelalterlichen Reich. Studien zur Musik im höfischen Leben, Recht und Zeremoniell,* Neuss 1979, S. 58f.

[246] W. Salmen, *Der fahrende Musiker im europäischen Mittelalter,* Kassel 1960 *(Die Musik im alten und neuen Europa* 4)

[247] H. Federhofer, *Blasinstrumente und Bläsermusik in der Steiermark bis zum Ende des 18. Jahrhunderts,* in: *Bericht über die 1. internationale Fachtagung zur Erforschung der Blasmusik,* Graz 1974, hg. von W. Suppan und E. Brixel, Graz 1976 *(Alta musica* 1), S. 81

[248] H. Heyde, *Trompete und Trompetenblasen im europäischen Mittelalter,* phil. Diss. Leipzig 1965, mschr., S. 142

[249] Salzburger Stadtrecht 1368, zitiert bei D. Stockmann, *Deutsche Rechtsdenkmäler des Mittelalters als volksmusikalische Quelle,* in: *Studia musicologica* 15, 1973, S. 286

[250] W. Salmen, *Musikleben im 16. Jahrhundert,* Leipzig 1976 *(Musikgeschichte in Bildern* III/9); ders., *Die soziale Geltung des Musikers in der mittelalterlichen Gesellschaft,* in: *Studium Generale* 1966, S. 92–103; G. Kocher, *Musik und rechtliche Volkskunde,* in: *Musikethnologische Sammelbände* 5, 1981, S. 163–182

liche Vorstellungen zurück: die Heimführung der Braut sollte in aller Öffentlichkeit erfolgen. Lärm und Musik dienen in dieser Form dazu, um zu zeigen, daß alles Rechtens zugeht. In der frühen christlichen Kirche galt Lautstärke – und das bedeutet vor allem: die Möglichkeit der Veständrung der menschlichen Stimme mit Hilfe von Musikinstrumenten – als Zeichen göttlicher Inspiration. Der Amen-Ruf der Gemeinde, der sich an das Gebet des Priesters schloß, sollte „gleich dem himmlischen Donner" in den römischen Basiliken widerhallen. Der Geist Gottes äußert sich – nach mittelalterlicher Vorstellung – laut, in Streitfällen gilt die größere Lautstärke als Ausdruck von Rechtmäßigkeit und Machtanspruch. Auf diese Art wird etwa entschieden, ob der zweite Sohn Johanns von Böhmen den Namen seines Großvaters Heinrich VII. erhalten sollte (wie die Deutschen möchten), oder ob er Ottokar heißen sollte (wie die Böhmen möchten), letztere setzen sich durch, *quorum tunc clamor praevaluit*. Als Friedrich von Zollern durch Kaiser Sigismund in Konstanz die Mark Brandenburg zum Lehen erhält, da begleiten ihn auf seinem Umritt durch die Straßen der Stadt alle Trompeter und Pfeifer, die sich in der Stadt aufhalten. Nach dem Belehnungsakt, *do viengen all pfiffer und prosoner an pfiffen und prosunen, so strencklich, das nieman sin aigen wort wol hören mocht*[251]. Zwar gewinnen kunstvoll gestaltete musikalische Formen während des hohen Mittelalters an repräsentativem Wert, doch bleibt die Bedeutung der Lautstärke als Demonstration der Macht und des Ansehens weiter bestehen. Das Wort „schal" wird so zum Synonym für „höfisches Fest", für „Ruhm" und für „Pracht". Die „Macht der Musik" liegt in ihrer Lautstärke: ebenso im kultischen wie im politisch-rechtlichen Sinn. Daher berichtet kein Geringerer als der Meister der alt-französischen Chanson, der Wegbereiter polyphoner Messen und Motetten, Guillaume de Machaut, im *La Prise d'Alexandrie* (es geht darin um die Kämpfe des Zypernkönigs Peter von Lusignan gegen die Nicht-Christen) nicht von artifizieller Musizierpraxis sondern von dem gewaltigen Lärm der Trompeten und Trommeln im Heer – als Ausdruck der Stärke, von dem weithallenden Klang der Alta-Kapelle mit Becken im Palast des Sultans – als Ausdruck morgenländischer Prachtentfaltung – und er zählt alle Musikinstrumente auf, die er kennt, um den unüberbietbaren Glanz des Prager Kaiserhofes als eines *paradis terrestre* zu verherrlichen[252]. Das Formelhafte einer solchen Aufzählung aus den Jahren 1369/70 hat nach Vorstellung der Zeitgenossen offensichtlich das Wesentliche „musikalisch" begründbarer und sanktionierter gesellschaftlicher Machtfülle und daraus abzuleitenden Rechtsanspruchs zum Ausdruck gebracht[253]. In den mittelalterlichen Städten entfaltete sich vor dem Hintergrund primärer Mensch-Musik-Beziehungen, wie sie in den vorangegangenen Abschnitten dieser Schrift vor allem in außereuropäischen Kulturen dargestellt wurden, ein differenziertes Ritual öffentlich-rechtlicher Signalpraxis mit Hilfe von Musik- und Lärminstrumenten. Zusammen mit Fahne und Siegel gehörte die Trompete zu den Insignien einer freien Bürgerschaft. Daher übersandte das aufständische Mailand im Jahr 1154 zum Zwecke der Einberufung der Volksversammlung die Trompete zusammen mit Fahne und Siegel an Tortona[254]. Bereits zu Beginn des 14. Jahrhunderts verwendet eine Reihe oberitalienischer Städte für die Fixierung der Ratsbeschlüsse fol-

---

[251] Alle Zitate dieses Absatzes nach S. Žak, wie Anm. 245, S. 10–13; eine Fülle weiterer einschlägiger Quellen ebda., S. 14–21; W. Suppan, *Blasmusik in Baden. Geschichte und Gegenwart einer traditionsreichen Blasmusiklandschaft*, Freiburg i. Br. 1983, S. 42ff.

[252] Guillaume de Machaut, *La Prise d'Alexandrie*, hg. von M. L. de Mas Latrie, Paris 1876

[253] Zum höfischen Menschenbild des europäischen Mittelalters gehört Musikalität in so starkem Maße, daß – nach Meinung einiger Dichter der damaligen Zeit – unerkannt heranwachsende Königskinder durch ihre Musikalität ihre Herkunft deutlich machen würden. – Vgl. dazu S. Žak, wie Anm. 245, S. 275.

[254] Dieser Nachweis und alle folgenden nicht gesondert bezeichneten Nachweise bei S. Žak, wie Anm. 245, S. 108ff.

Charivari (Mummenschanz, Lärmblasen, Katzenmusik) und Maskerade an den Fastnachtstagen:
Aus dem 14. Jahrhundert (die Abbildung ist dem „Roman de Fauvel" entnommen) ebenso bezeugt
wie in der Gegenwart im Schwarzwald und in österreichischen Alpentälern lebendig (die Abbildung auf S. 97 zeigt die „Trommelweiber" in Bad Aussee/Salzkammergut)

96

gende Präambel: Die Versammlung sei – in gewohnter Weise – durch den Klang der Glocken sowie durch die Stimme der Ausrufer mit Trompeten einberufen worden. Damit ist zum Ausdruck gebracht, daß die Bekanntgabe der Sitzung rechtlich unanfechtbar erfolgt sei. Vielfach hat der Ausrufer (Trompeter) als Zeuge und Bürge mit zu unterschreiben. Der Ausrufer und Trompeter der Stadt Como beschwört im Jahr 1248 in einer öffentlichen Gemeindeversammlung einen eben geschlossenen Frieden *im Namen der ganzen Gemeinde und in Stellvertretung der anwesenden Ratsmitglieder.* Das „Friedeblasen" und die öffentliche Bekanntgabe der Bedingungen gehört zu seinen Aufgaben.

Auf kultisch-magischen Wurzeln beruht der Glaube, daß der Schutz und Schirm, den das Gotteshaus und später die Stadt ihren Bürgern gewährt, so weit reicht, als der Klang der Glocken zu hören ist. Deshalb finden sich Glocken nicht allein auf Kirchtürmen sondern auch in den Türmen der Stadt und des Rathauses. Die Klangqualität einer Glocke wird als Machtfülle verstanden. Als Parma etwa eine besonders große Glocke herstellen ließ, um damit auch umliegende Orte zu „beschallen", d. h. einzugemeinden, da wurde dies als Anmaßung und Überheblichkeit gedeutet. Als der Guß dieser Glocke gar mißriet, da sprach man von einer Strafe Gottes. Eine erbeutete Glocke wurde ebenso wie die Standarte einer militärischen Einheit als Zeichen des Triumphes gewertet: die Florentiner füllten eine solche der Stadt Parma entführte Glocke mit Erde und pflanzten einen Olivenbaum hinein – als Spott für die Unterlegenen und als Erinnerung an den eigenen Sieg.

In Bologna werden die Ausrufer 1288 als „trunbator", „banitor", „banitor seu trunbator" genannt, den Amtsleuten der Stadt, wie Notare, Richter, Boten, Nachtwächter, Türmer gleichgestellt und in den Rat der Zweitausend gewählt. Mit ungewöhnlicher Genauigkeit wird in eigenen Statuten festgehalten, welche Pflichten solche Stadttrompeter zu erfüllen haben, wann und wo sie welche Nachrichten zu verkünden hätten, welche Rechte ihnen zuständen. *Es ist ganz offensichtlich, daß die Trompeter der Kommunen kein „Luxus" sind, den sich die Stadt erlaubt, sondern ihre Anstellung entspringt einer rechtlichen Notwendigkeit; an ihrer Zahl läßt sich nicht unbedingt der wirtschaftliche Reichtum der Stadt ablesen ... Die italienischen Stadttrompeter waren ein Stück Verfassungswirklichkeit*[255], durch Kleidung und Insignien besonders kenntlich gemacht, ihre Instrumente konnten sogar aus Silber sein, wurden durch Wimpel mit dem Stadtwappen und seidene Schnüre sorgfältig verziert. An einem Beispiel sei dargestellt, wieweit die Rechtsgültigkeit eines Erlasses davon abhängig gemacht werden konnte, ob der für eine bestimmte Kommune zuständige Trompeter diesen verkündete. Ende des 15. Jahrhunderts war Karl VIII. von Frankreich in Italien eingefallen, er wollte in Siena friedlich einziehen, forderte aber, daß vorher die Söldner die Stadt verlassen sollten und verlangte die Trompete, um der Stadt diese Ankündigung im Namen des Königs machen zu können. Nach längeren Verhandlungen einigten sich die Stadtverwaltung und der französische Gesandte auf ein Dekret, das den Abzug der Söldner innerhalb von zwei Stunden vorsah. *Und diesen Erlaß verkündete Moro, Trompeter der Signoria von Siena, und er hatte einen Reiter des französischen Königs bei sich, dessen Mantel mit Lilien gemustert war*[256]. Der Sieneser Trompeter mußte in dieser Rechtshandlung kaum deshalb in Erscheinung treten, weil der französische König keinen eigenen Trompeter zur Verfügung gehabt hätte; um aber dem Erlaß die nötige Autorität bei den Bür-

Die ältesten Siegel der Stadt Freiburg i. B. (aus Heinrich Schreibers Urkundenbuch)

---

[255] S. Žak, wie Anm. 245, S. 112f. – Weitere Belege dafür bei D. Whitwell, *The Wind Band and Wind Ensemble before 1500*, Vol. 1, Northridge, Cal. 1982
[256] S. Žak, wie Anm. 245, S. 114

gern der Stadt zu geben, brauchte er eben jenen Trompeter, der in dieser Stadt dafür legitimiert war, dessen Kleidung ihn als städtische Amtsperson auswies und der die den Bürgern vertraute „klingende Heraldik" seiner Stadt anzuwenden vermochte.

In allen diesen Fällen ging es darum, daß der Klang der Trompete rechtlich-offiziellen Charakter ausdrückte. Darüber hinaus ist Musik unentbehrlich, um im Rahmen eines mittelalterlichen Festes oder beim Empfang von Stadtoberhäuptern zu repräsentieren; um zu Tisch zu blasen, das heißt, durch „Worte, Klänge und Gesänge" die vornehmen Familien während der Mahlzeiten zu unterhalten; oder durch cantori cantilenarum – wie aus Florenz berichtet – die Missetaten von Friedensbrechern und Verbannten zu besingen und diese damit dem öffentlichen Gespött preiszugeben.

Die Quellenlage ist im italienischen Bereich günstig: dort sind Stadttrompeter seit der Mitte des 12. Jahrhunderts bezeugt, nördlich der Alpen erst seit der Mitte des 13. Jahrhunderts. Doch unterscheiden sich deren öffentlich-rechtliche Aufgaben südlich und nördlich der Alpen nicht voneinander. Auch hier sind Trompeten und Horninstrumente als Rechtszeichen bezeugt, wie u. a. das Siegel der Stadt Freiburg im Breisgau deutlich macht. Auf jenem Siegel, das zwischen 1230 und 1253 benutzt wurde, steht über dem Tor ein Bläser, der die beiden Türme rechts und links im Siegel überragt. Ein späteres Siegel der Stadt, etwa seit 1245 in Gebrauch, zeigt in der Mitte einen hohen Turm, rechts und links davon zwei kleinere Türme mit je einem Bläser mit langer, gewaltiger Trompete. Folgen wir der Deutung der Rechtssymbolik dieser Siegel durch Bernt Schwineköper, so wären die Sterne im Siegel als Gerichtszeichen zu verstehen; sie umgeben Gott den Weltenrichter auf Darstellungen des Jüngsten Gerichtes und charakterisieren auf dem Siegel die Gerichtsbarkeit der Stadt. Die Lilie sei Zeichen richterlicher Gewalt. Mit den Sternen und mit der Lilie auf dem Siegel stellte sich Freiburg im Breisgau als eigener Friedens- und Rechtsbezirk dar, als freie Bürgergemeinde mit weitgehender Selbstverwaltung[257]. Die Trompeter aber, die Schwineköper als Wächter einstuft, wären nach Sabine Žak eher im Sinne des obengenannten Instruments von Tortona zu verstehen, als signum civile für die städtische Rechtsgemeinschaft[258]. Auch andere Städte Deutschlands führen in ihrem Siegel oder Wappen Trompeter und/oder Hornisten.

Ebenso wie im Bereich des Adels, so bestanden auch im Bürgertum feste Vorstellungen darüber, welche Art von Musik und vor allem welche und wieviele Musikinstrumente als Statussymbol jeweils angemessen sein konnten. Der Konstanzer Chronist berichtet nach der Mitte des 15. Jahrhunderts von der Hochzeit eines gesellschaftlich ungleichen Paares. Die Braut, eine Weberstochter, die mit 120 Pferden von St. Gallen an den Bodensee gekommen war und bei der Messe eine große Summe opferte, wurde mit zwei Pfeifern und einem Trompeter zur Kirche geführt. Der Bräutigam dagegen, ein einfacher bischöflicher Diener, wurde in seinem Zug zur Kirche nur von drei einfachen Spielleuten mit Rauschpfeife, Laute und Geige begleitet. Der Rangunterschied drückte sich in diesem Fall durch lautere und leisere Musik aus.

In der traditionsreichen Stadt Aachen sind seit 1334 Stadtrechnungen erhalten, in denen drei Gruppen von Musikern unterschieden werden: (1) Die Wächter auf den Stadttürmen mit ihren Kupferhörnern, (2) Pfeifer und Trompeter, die im Rathaus wohnen. Die Trompeter haben bei der Reliquienzeigung, bei der Einholung des Königs, beim Hofieren im Festsaal des Rathauses zu blasen, (3) die Fiedler und ioculatores sowie ein Sänger, die beim Besuch der Kai-

[257] B. Schwineköper, *Zur Deutung des Freiburger Stadtsiegels. Ein Beitrag zur Erforschung der Symbolik von Königsfrieden und Königsbann*, in: *Schauinsland* 78, 1960, S. 3–41; A. Harter-Böhm, *Zur Musikgeschichte der Stadt Freiburg i. Br. um 1500*, Freiburg i. Br. 1968 (*Veröffentlichungen aus dem Archiv der Stadt Freiburg i. Br. 10*)
[258] S. Žak, wie Anm. 245, S. 126

serin, bei den Krönungsfeierlichkeiten und bei Fronleichnamsprozessionen bezahlt werden. Besondere Bedeutung kam in Aachen der Reliquienzeigung zu, die alle sieben Jahre stattfand. Von *lieblicher Musik* begleitet, werden die Reliquien aus dem Schrein genommen und in die Heiltumskammer gebracht, die Glocken läuten dabei und die Wächter der mittleren Stadttore blasen die *gemeine Freiheit* aus. Damit wird der Beginn eines besonderen, von Friedrich Barbarossa 1166 verliehenen Rechtszustandes markiert, während dessen Gültigkeit kein Auswärtiger in Schuldhaft genommen werden darf. Die *gemeine Freiheit* galt in Aachen überdies dreimal pro Jahr, an Epiphanie, zur Kirchweih und an Mariae Geburt – und sicherte der Stadt an den Märkten dieser Festtage einen großen Zuzug fremder Kaufleute und Käufer[259].

In den Zunftordnungen deutscher Städte erscheinen Musiker und Musikinstrumente immer dann, wenn Handlungen einzelner Zunftmitglieder oder ganzer Zünfte der bestehenden Rechtsordnung zuwiderliefen und Sanktionen verschiedener Art nach sich zogen[260].

Ebenso wie in Italien, so gehörte es auch in deutschen Landen zu den Aufgaben der Musiker, Menschen oder Menschengruppen zu verspotten. Die Straßburger Chronik berichtet im Jahr 1389, daß man in der damaligen gefahrvollen Zeit das übliche „Judenblasen" abends und mitternachts vom Münsterturm herab eingestellt hätte: Dabei waren die Juden in der Stadt mit dem sogenannten „grüselhorn" „musikalisch" verspottet worden[261]. Eine Nürnberger Ord-

Musik als Mittel der Verspottung – Lärm, der Schmerz verursacht (Verspottung Christi auf dem Fastentuch von 1458 im Dom zu Gurk/Kärnten)

[259] S. Žak, wie Anm. 245, S. 131f.
[260] A. Schneider und E. Perkuhn, *Musikalische Nachrichten aus Zunfturkunden und verwandten Quellentypen,* in: *Historische Volksmusikforschung,* Krakau 1979, S. 140
[261] Chr. Petzsch, *Nachrichten aus Städtechroniken (Fortsetzung) und Weiteres,* in: *Musikethnologische Sammelbände 2,* 1978, S. 122f.

nung zur Stadtverteidigung nennt eine weitere Aufgabe der Musiker: *Item man hette auch 4 trumeter, und wenn die türmer auf den türmen feint pliesen* [d. h. durch ein Signal das Herannahen eines Feindes ankündeten]... *so ranten dieselben trumeter alle gaßen auf und ab und drumete*[te]*n auf. auch hett man etlich mit Sackpfeifen* [Dudelsäcken] *und etlich mit pauken bestelt; dieselben pfiffen und paukten dem fußvolk auf, und die* [Soldaten] *ranten und luffen* [liefen] *denn zu den torn...*[262].

Der Kampf um die Glocken, wie er in den deutschen Bauernkriegen des 16. Jahrhunderts tobte, bezeugt die Verwurzelung jener Glaubensvorstellungen in der Bevölkerung, die wir bereits aus älteren italienischen Quellen kennen: es ging darum, die grundherrlichen Verfügungsrechte über die Glocken und damit bestehende Ordnungen sowohl in Glaubensdingen wie bezüglich der Rechtmäßigkeit von Abgaben und Dienstleistungen zu brechen[263].

Die Fülle einschlägiger Daten, die in diesem Zusammenhang zu zitieren wäre, ist bislang weder von Rechtshistorikern noch von Musikwissenschaftlern aufgearbeitet und systematisch-vergleichend untersucht worden. Es handelt sich um einen Übergangsbereich zwischen den genannten Disziplinen und zudem um Quellenmaterial, das in verschiedenartigsten Zusammenhängen und vielfach nur indirekt über Musik-Recht-Beziehungen Auskunft gibt. In einer Zwischenbilanz formuliert der Rechtshistoriker Gernot Kocher die gegenwärtige Situation, die zu weiteren interdisziplinären Aktivitäten führen könnte. *Das Beziehungsverhältnis von Musik und Recht kann nach zwei Gesichtspunkten gegliedert werden: Bei der Frage nach der (manchmal nur schwer exakt zu verifizierenden) Wirksamkeit der Musik bei Rechtsakten verläuft der Bogen vom dekorativen Beiwerk über deklarativen, den Rechtsakt massiv unterstreichenden Charakter bis zur konstitutiven Wirkung, die Musik ist hier unumgänglicher Bestandteil des Rechtsaktes. Als dekoratives – oft aber doch rechtlich relevantes – Beiwerk können etwa musikalische Darbietungen beim Empfang eines mittelalterlichen oder neuzeitlichen Herrschers oder auch musikalische Darstellungen in mittelalterlichen juristischen Handschriften eingestuft werden... Deklarativ, also mit rechtlicher Beweiswirkung ausgestattet erscheinen musikalische Akte bei Krönungen, Belehnungen, rechtlichen Ankündigungen, bei Hochzeiten und Grenzbegehungen... Konstitutive oder rechtsgestaltende Wirkung kann man beispielsweise dem Glockenklang als Zeichen für den Beginn oder den Ablauf einer Frist sowie dem Einsatz von Musikinstrumenten bei mancher strafrechtlichen Maßnahme zuschreiben*[264]. Zu den bisherigen Quellen werden künftig solche aus außereuropäischen Naturvolk- und Hochkulturen heranzuziehen sein, weil auch im Musik-Recht-Verhältnis die Wirkung allgemeiner, biologisch disponierter Mensch-Musik-Substrate anzunehmen ist; Verf. ist mit Ernst Cassirer davon überzeugt, daß das Wissen von den archaischen Kulturen das Wissen um die philosophische Bestimmung unserer menschlichen Existenz zu bereichern vermag[265].

---

[262] Ders., *Nachrichten aus deutschen Städtechroniken des 14. bis ins 16. Jahrhundert (Fortsetzung)*, ebda. 5, 1981, S. 70

[263] D. Stockmann, *Die Glocke im Profangebrauch des Spätmittelalters*, in: *Studia instrumentorum musicae popularis 3 = Emsheimer-Festschrift*, Stockholm 1974, S. 224–232; dies., *Der Kampf um die Glocken im deutschen Bauernkrieg*, in: *Beiträge zur Musikwissenschaft* 16, 1974, S. 163–193; dies., *Trommeln und Pfeifen im deutschen Bauernkrieg*, in: *Der arm man 1525. Volkskundliche Studien*, Berlin 1975, S. 288–308; dies., *Zur öffentlich-rechtlichen Signalpraxis im deutschen Bauernkrieg*, in: *Historische Volksmusikforschung*, Krakau 1979, S. 189–200

[264] G. Kocher, *Musik und Rechtliche Volkskunde*, in: *Musikethnologische Sammelbände* 5, 1981, S. 164; H. Fischer, *Musikinstrumente in der alten Strafrechtspflege*, in: *Antaios* 12, 1970, S. 321ff.

[265] E. Cassirer, *Philosophie der symbolischen Formen*, 3 Bände, Neudruck Darmstadt 1953f.; zitiert nach W. Schmied-Kowarzik, *Philosophische Überlegungen zum Verstehen fremder Kulturen und zu einer Theorie der menschlichen Kultur*, in: *Grundfragen der Ethnologie. Beiträge zur gegenwärtigen Theorie-Diskussion*, hg. von dems. und J. Stagl, Berlin 1981, S. 355

Musik und Medizin

> *Was aber die Wissenschaft von der Musik anbetrifft, so gehört sie in einer bestimmten Hinsicht zur Medizin ... Wer die Musik ausübt, spielt nämlich geradezu mit den Seelen und Körpern (der Menschen) ... denn wir wissen doch generell, daß es eine Art der Melodie und des Trommelns und des Blasens und des Rhythmus' gibt, die Trauer, eine andere, die Freude hervorruft, eine andere, die beruhigt und entspannt, eine andere, die beunruhigt und beklemmt, eine andere, die schlaflos macht, eine andere, die einschläfert; wir verordnen bei der Therapie von Melancholikern häufig die ihnen entsprechenden und für sie nützlichen Tonarten (tarā'iq).*

> Ibn Hindū, ein arabischer
> Arzt-Philosoph des 10. Jahrhunderts [266]

Der Schamane/Medizinmann hat die Kraft, das emotionale Gleichgewicht in einem Menschen (wieder)herzustellen

Da Krankheit bei Naturvölkern vielfach auf außerirdische Mächte zurückgeführt, als eine Besessenheit von Dämonen und bösen Geistern gedeutet wird, ist der Schamane, der Zauberer in der Regel zugleich der „Medizin"-Mann: eben jener Spezialist, der mit jenseitigen Mächten Kontakt herzustellen versteht. Im Kapitel „Musik und Kult" sind daher die Voraussetzungen dafür zu finden, daß Musik und Medizin eine Einheit bilden (sollten). Die Humboldt'sche Universität hat auch in diesem Fall eine Trennung in verschiedene Fakultäten und damit ein Auseinanderfallen der Fächer bewirkt, so daß heute der praktizierende Arzt kaum an musikalische Therapien denkt und andererseits der Musiker sich nicht mehr Rechenschaft darüber ablegt, welche biologischen und medizinischen Probleme mit seinem Spiel verbunden sein können. Die kultische Zeremonie, die Irenäus Eibl-Eibesfeldt in dem Buch *Menschenforschung auf neuen Wegen* (oben Anm. 119) beschreibt, ist zugleich eine medizinische Handlung, ein Austreiben böser, krankheiterregender Geister aus dem Körper eines Menschen – und es ist erlaubt, dabei an „Teufelsaustreibungen" im christlichen Bereich unserer Breiten zu denken, die zuweilen noch in der Gegenwart (vor wenigen Jahren in Bayern) in der Presse Schlagzeilen machen [267].

Der Schamane hat die Kraft, schreibt Bryce Boyer, das emotionale Gleichgewicht in einem Menschen (wieder)herzustellen und zu bewahren: *When the shaman had exposed the symbol of the patient's distress (bear, snake, lightning, and so forth), he attempted to determine why the embodiment of evil „bothered" his patient. For the answer to this question he invokes his „power". He sings his ceremonial songs and recites his prayers in an effort to communicate with this „power", to obtain its aid in tracing down the forces which have made his patient ill and to gain its support in opposing those forces* [268]. Es gibt zahlreiche Belege dafür, wie solche Therapie im indianischen

---

[266] Unedierter Kodex, zitiert nach J. Chr. Bürgel, *Zur Musiktherapie im Arabischen Mittelalter,* in: *Geering-Festschrift,* Bern-Stuttgart 1972, S. 243f.

[267] Th. Hauschild, *Hexen in Deutschland,* in: *Der Wissenschaftler und das Irrationale* I, hg. von H. P. Duerr, Frankfurt 1981, S. 537–564

[268] L. B. Boyer, *Folk Psychiatry of the Apaches of the Mescalero Indian Reservation,* in: *Magic, Faith, and Healing,* hg. von A. Kiev, London 1964, S. 404

Bereich Amerikas, bei Eskimos und Lappen sowie bei sibirischen Völkern funktioniert, und ebenso vermögen Zauberer und Medizinmänner Schwarzafrikas mit Hilfe von Musik das körperliche und geistige Wohlbefinden der ihnen anvertrauten Menschen zu regulieren: *Rituals of therapy with music are very widespread in Zambia... In time of stress, e.g. prolonged illness or recurring disaster, the gods are approached through special music to come to man's rescue*[269]. Die Sprache der Yorubas ist reich an Fachausdrücken für geistige Erkrankungen: „Dindinrin" nennen sie den in sich gekehrten, mißtrauischen, autistisch-schizophrenen Typ, „danidani" (oder „edani") den regressiven psychisch und geistig Behinderten, „were alaso" (oder „were") den paranoid Schizophrenen; „were agba" bezeichnet die Alters-Verkalkung, „abisinwin" und „were d'ile" meinen spezifische Formen der Psychose. Die Heilkundigen haben für jede dieser Erkrankungen eigene Therapien, wobei die rezitierten und gesungenen Texte aus einer Mischung aus symbolischen, feststehenden Wendungen und konkreten, auf den Erkrankten zugeschnittenen Passagen bestehen. Der Zauber beginnt mit der kultischen Schlachtung einer Taube und der Palm-Öl-Opferung auf der Schwelle der Behausung des Medizinmannes. Carol E. Robertson-DeCarbo hat einen Teil der Beschwörungsformel roh ins Englische übertragen:

He who awakens and makes a bargain with God.
He who awakens and is God's peer.

Health is the bondsman of my father
and I crossed the river to seek him.

Let this woman have health today
Doves dwell in tranquillity
All men are at peace with water
 Of it we take to bathe
 Of it we take to drink

Let ‚asinwin' pass from this woman today
Let ‚were' pass from this woman today
Let ‚dindinrin' pass from this woman today
Let ‚danidani' pass from this woman today
Let all the evil on her head follow the water away
 If it is the work of an ‚alfa'
 Of a ‚babalawo's' curse
 Perhaps a hunter or farmer paid money for this evil
 Or a sorcerer or a witch or any other cause of evil upon her
As she drinks and bathes in water,
Let water bear all evil things away.
Let only peace and contentment follow her home.
Water always flows forward – it never comes back,
Water always flows forward – it never comes back[270]

---

[269] A. A. Mensah, *Performing Arts in Zambia. Music and Dance*, in: *Bulletin of the International Committee on Urgent Anthropological and Ethnological Research* 13, 1971, S. 76; vgl. auch S. Haller und M. Kremser, *Danse et Thérapeutique chez les Azande*, ebda. 17, 1975, S. 65–78

[270] C. E. Robertson-DeCarbo, *Music as Therapy: A Bio-Cultural Problem*, in: *Ethnomusicology* 18, 1974, S. 38 f.; unter Bezugnahme auf R. Prince, *Indigenous Yoruba Psychiatry*, in: *Magic, Faith, and Healing*, hg. von A. Kiev, London 1964

Solche litaneihaft rezitierten, „auf den Flügeln des Gesanges" unter Umgehung der Hirnrinde in den Menschen eindringenden Verse stehen im Zentrum der Heilzeremonie. *The most important thing for a person to know is just how appropriate a bit of behaviour or communication is and how to respond to it appropriately. The rules of suitable interaction... in social anthropology are only crude approximations of the patterns or models of repeated, learned behavior to which they refer*[271]. Die Semantik und Wirkweise der Musik ergibt sich aus ihren Beziehungen zu außermusikalischen, nämlich sozial bedingten Fakten und Bildern. Musikalische Eindrücke können daher beim Patienten Erinnerungen an solche Fakten auslösen und somit Ordnung in das vielfältige System emotionaler Bindungen bringen, sein psychisches Leben wieder stabilisieren, ihn in jene Welt zurückführen, aus der er ausgebrochen war und mit der er alle Kontakte verloren hatte[272]. Die an zeitgenössischen mitteleuropäischen Verhältnissen gewonnene Einsicht des Facharztes für Neurologie und Psychiatrie, Wolfgang Müller-Thalheim, beschreibt ebenso treffend die Situation in außereuropäischen Kulturen: Mit Hilfe von Musik wird ein *gestörtes Verhältnis des Menschen zur Umwelt... zurechtgerückt – und* [werden] *seine Ängste gebannt*[273].

Einblick in die Situation in den zentralafrikanischen Staaten verdanken wir Rose Brandel[274]: Singen die Mambuti-Pygmäen im ehemals belgischen Kongo ihre spezifischen Lusumba-Gesänge (Lusumba ist der Name eines geheimen Männerbundes) zu Ehren ihres großen Waldgottes, dann sind sie davon überzeugt, daß die magische Kraft dieser Gesänge Krankheiten von ihnen fernhält. Ist jemand erkrankt, so holt man den Schamanen, der im Rahmen eines zauberischen Rituals die Krankheit vertreiben soll. Bei den Watussi in Ruanda wird den Heilpropheten („bapfumu") hoher Rang zugesprochen; im sozialen Ansehen darunter stehen die Geisterbeschwörer („abacumbi"); daneben gibt es eine eigene Priester-Kaste („impara"). Durch soziales Prestige und durch die Verwendung spezifischer „medizinischer" Praktiken voneinander geschieden, benutzen doch alle diese Gruppen die vermeintlich außerirdische (extraterrestrial) Natur der Musik dazu, um den Menschen psychisch und physisch von Krankheiten zu befreien. Bei den Wanyamwezi in Tanganyika sind Heilpraktiken mit dem Geheimbund der Waswezi verbunden, dem – zum Unterschied von den üblichen Geheimbünden Schwarzafrikas – auch Frauen angehören können. Der Bund setzt sich zum größten Teil aus Watussi-Nomaden zusammen, die aus dem Norden nach Tanganyika einwanderten. Gegenstand der Verehrung ist ein Dämon, „Lyangombe" benannt, der in Trance-Tänzen aus den Besessenen spricht. Vertreter des Geheimbundes leben in den einzelnen Gemeinden und haben eigene Priester, die „mutwale" oder „mutware", die die Zeremonien organisieren. Versagt jedoch der zuständige Medizinmann, wird ein Waswezi-Spezialist in das Dorf geholt, der vier bis fünf Tage in unmittelbarer Nähe des/der Erkrankten verbringt und der in dieser Zeit im Rahmen einer pausenlosen Tanz- und Trommel-Zeremonie seine Heilkunst versucht[275]. Bei den Iteso in Uganda ist der Medizin-Tanz „Etida" mit so extremer, wahnsinniger Raserei verbunden, daß ihn die Regierung verbieten mußte (weshalb er im Geheimen weitergepflegt wird). Männer und Frauen tanzen mehrere Tage und Nächte hindurch, wobei es zu manchen Ausschreitungen kommt: *In daylight, after only half an hour of the dance I have seen girls strip off the*

[271] A. Lomax, *Folksong Style and Culture,* Washington, D. C. 1968, S. 12

[272] E. E. Gaston, *Psychological Foundations for Functional Music,* in: *American Journal of Occupational Therapists* 2, 1948, S. 1–8; J. Cody, *The Cryptic Message of Music,* in: *Journal of Music Therapy* 2, 1965, S. 45–52

[273] W. Müller-Thalheim, *Psychopathologie und Musik,* in: *Österreichische Ärztezeitung* 32/22, 1977, S. 1413–1417

[274] R. Brandel, *The Music of Central Africa. An Ethnomusicological Study,* Den Haag, Neudruck 1973, S. 21–23

[275] F. Spelling, *Über Geheimbünde bei den Wanyamwezi,* in: *Zeitschrift für Ethnologie* 49, 1927, S. 64f.

upper part of their clothing and roll in the dust stuffing dust and dirt into their mouth. Far more revolting excesses have been recorded from Usuka[276]. Und Rose Brandel ergänzt: *A quality of doomsday abandonment seems to run through these healing rituals, which involve nearly all of the senses as participants in a multivarious drama of kinesis* (S. 23). Solche Heil-Zeremonien sollen mögliche Krankheiten abwenden oder eingetretene Krankheiten beseitigen. Krankheiten, wie alle anderen Übel, die eine Gruppe betreffen, werden als Folge eines Mißverhaltens den außerirdischen Mächten gegenüber gesehen, als Strafe. Der magisch-rituelle Tanz symbolisiert den Kampf des Guten gegen das Böse.

Das Wohlergehen eines Volkes wie des einzelnen Menschen hängt – nach weitverbreiteter schwarzafrikanischer Glaubensvorstellung – unmittelbar von der Kommunikation mit den Vorfahren ab. Der Medizinmann ist Priester, Prophet, Arzt, Pflanzenkenner, Seelentröster, Wahrsager und Historiker des Stammes, vor allem aber der Vermittler zwischen den Stammesmitgliedern und deren Ahnen. Ein besonders mächtiger „sangoma" (Medizinmann bei den Bantu in Südafrika) ist derjenige, der sich bei seinen Gebeten an viele Mitglieder seiner Ahnenreihe wenden kann. Da ein sterbliches Wesen Gott nicht direkt ansprechen soll, bedarf es mehrerer Bindeglieder: nämlich der Geister und der Ahnen. Der/die initiierte „sangoma" arbeitet mit seinen/ihren Ahnen und Geistern zusammen für das Überleben des Volkes[277]. Der Schamane/Medizinmann vermag aber den Bereich des Irrationalen nur in einer veränderten Seinsweise zu betreten oder anzusprechen: eben im Außer-Sich-Sein, in Trance – und dieser Zustand kann durch Drogen, vor allem durch Musik, herbeigeführt werden[278]. *Trance may be seen as a technique through which the adept, in a voluntary, self-controlled, learned change of self-consciousness, introjects the persecution by a spirit and assumes his new role as worshipped spirit. Music, however, simply serves as praisesong in that it says to the adept who he should be and whom he should identify with. It is an initial signal for this technique of introjection through trance. The technique itself may work on a physiological basis as far as drugs are concerned ...:* Veit Erlmann kommt zu diesem Schluß nach Untersuchungen über den „Bòorii"-Kult bei den Hausa in Nigeria[279]. Nach alter Überlieferung konnten nur Frauen, vorzüglich Prostituierte, Mitglieder einer „Bòorii"-Kultgruppe werden. Doch führten die gesellschaftlichen Veränderungen und der Einbruch des Islam in neuerer Zeit dazu, daß auch Männer und sogar Stammesfremde aufgenommen werden können. Um Mitglied der Gruppe zu werden, muß man an einer gefährlichen Krankheit, an Lähmung oder an Unfruchtbarkeit leiden. Nur dann, wenn diese Krankheit von den lokalen Medizinmännern („bookaa") oder von den Koran-Gelehrten („maalàmii") nicht erfolgreich behandelt werden kann, wird die Initiation im Rahmen einer sieben Tage dauernden Zeremonie („girkaa") notwendig, um zu einer Vereinbarung mit dem verärgerten und daher die Krankheit verursachenden Geist zu gelangen. Die auf solche Zeremonien spezialisierten Musiker kennen nicht allein die Preislieder aller wichtigen Mitglieder der Kultgruppe sondern auch diejenigen der mehr als vierhundert Geister. Während das Orchester die Melodie des möglicherweise zuständigen Geistes spielt, sitzt der Initiant vor den Musikern, das Haupt

[276] J. C. D. Lawrence, *The Iteso,* London 1957, S. 166

[277] A. K. Boshier, *Afrikanische Lehrjahre,* in: *Der Wissenschaftler und das Irrationale* I, hg. von H. P. Duerr, Frankfurt 1981, S. 16f.

[278] G. Rouget, *Music and Possession in Trance,* in: J. Blacking, *The Anthropology of the Body,* London 1977 (*ASA Monograph* 15), S. 233–239; ders., *La musique et la transe: Esquisse d'une théorie générale des relations de la musique et de la possession,* Paris 1980

[279] V. Erlmann, *Trance and Music in the Hausa „Bòorii" Spirit Possession Cult in Niger,* in: *Ethnomusicology* 26, 1982, S. 49–56, Zitat S. 56

in eine Wolldecke eingehüllt. Nach gewisser Zeit fällt er in Trance und schließlich – wenn die Wolldecke entfernt ist – in Besessenheit. Das ist der Augenblick, in dem der Geist vom Initianten Besitz ergreift. Die Priesterinnen oder Priester identifizieren nun den Geist, die Musiker spielen und singen die diesem Geist eigenen Preislieder – und so mag es letztlich zu einer erfolgreichen „Heilung" kommen[280].

Im Gegensatz zu Andrew Neher, der mit Hilfe gehirnphysiologischer Untersuchungen bestimmte Trommelrhythmen als Auslöser von Trance-Zuständen nachzuweisen suchte[281], kommt Gilbert Rouget aufgrund des interkulturellen Vergleichs zu der Einsicht, daß jede Art von Musikinstrumenten, von der kaum hörbaren Zither bis zu den mächtigen Trommel-Ensembles, benutzt werden kann. Entscheidend ist das Singen/Spielen des dem Geist eigenen Preisliedes, die dazu verwendeten Instrumente haben untergeordnete Bedeutung. *The most important part... of the Hausa theory of music and spirit possession is the parallel drawn between human and ghostly susceptibility to praise-songs. It means that „bòorii" music is understood as praise-singing and fulfills three basic functions: First, praise-songs are a means of communication in that they speak to the spirits and are understood by the spirits and the spectators. Communication with the spirits is the supreme aim of „bòorii" ceremonies, and music is one of the forms of communication with the spirits. Other forms include talking, gift-giving, and body contact. Second, praise-songs describe and, hence, identify a person. Every spirit has a praise-song of his own with special tunes, words and sometimes rhythmic patterns of accompaniment by which he may be identified. Thus „bòorii" music not only serves as a means of communication, it also symbolizes the spirit himself... Third, „bòorii" music helps to generate trance, because praise-singing is a major means of role affirmation in Hausa society*[282].

Revival-Formen schwarzafrikanischer, in kultische Handlungen und Geheimbünde eingebundener schamanistischer Heilpraktiken finden sich heute bei Afro-Amerikanern. Joseph K. Long wies auf Zeugnisse dieser Art auf Jamaica hin, wobei die sogenannten Balmisten auf der Basis pflanzlicher Gifte und Heilmittel (Rivina humilis bei Asthma etwa) ihre Zauber-Doktorei („witch-doctoring") betreiben. Wesentlich sind auch in Mittelamerika stets Trance-Tänze: *Trance appears to be a quite common phenomen in Jamaica, with many local variants. Among Balm people, trance is used therapeutically. African rhythms are gradually introduced into Christian hymns to induce trance*[283].

Auf vergleichbare Vorstellungswelten treffen wir im mittleren Osten: In Balūčestān, vor allem in Küstennähe, wird eine Musiktherapie praktiziert, bei der mysteriöse Geister, die in den Körper eintreten und von ihm Besitz ergreifen durch Musik und Tanz ausgetrieben werden. Den einzelnen Krankheitsgeistern werden eigene Melodien zugeschrieben. Der Medizinmann bestimmt, welche Melodie für die Austreibung des entsprechenden bösen Geistes geeignet sei[284].

---

[280] F. E. Besmer, *Bòorii: Structure an Process in Performance,* in: *Folia Orientalia* 16, 1975, S. 101–130

[281] A. Neher, *A Physiological Explanation of Unusual Behaviour in Ceremonies Involving Drums,* in: *Human Biology* 4, 1962, S. 151–160

[282] V. Erlmann, wie Anm. 279, S. 55; vgl. auch J. Monfouga-Nicolas, *Ambivalence et culte de possession: Contribution à l'ètude du Bori hausa,* Paris 1972

[283] J. K. Long, *Medical Anthropology, Dance, and Trance in Jamaica,* in: *Bulletin of the International Committee on Urgent Anthropological and Ethnological Research* 14, 1972, S. 17–23

[284] M. T. Massoudieh, *Die Musikforschung im Iran. Eine bibliographische Übersicht (Fortsetzung),* in: *Acta musicologica* 52, 1980, S. 82f.; unter Bezugnahme auf M. A. Aḥmadīyān, *Musik in Balūčestān,* in: *Zeitschrift für Völkerkunde und Kunst* 1356/1977, Nr. 182

Instrumenten und Seytenspil der Musica helffen auch die gesuntheit erhalten / und die verloren wider zubringen [285]

Glaube und Vertrauen auf die heilbringende Wirkung der Musik und des Tanzes beschränken sich nicht auf die Angehörigen von Naturvolkkulturen. Was bei letzteren in mythischen Überlieferungen sich gründet und als Geheimwissen unreflektiert von Generation zu Generation weitergegeben wird, ist in den alten Hochkulturen Gegenstand gelehrten Nachdenkens und Praktizierens. Für das Verständnis der leib-seelischen Natur des Menschen und der damit verbundenen Auffassung von Gesundheit und Krankheit bot jene pythagoreisch-platonische Konzeption ein bildkräftiges Denkmodell, derzufolge Musik hörbarer Ausdruck und klingende Vermittlerin der zahlenmäßigen Ordnung aller Dinge sei. Medizin und Philosophie bezogen sich gleichermaßen darauf, indem diese Fächer rationale Ordnungsvorstellungen für den Bau und für die Funktion des menschlichen Körpers zu entwickeln suchten, um auf solcher Basis Gesundheit als konkret definierbare Ordnung, Krankheit als konkret erklärbare Abweichung von der Norm zu erkennen und daraus ärztliche Therapie abzuleiten. Das bedeutet: der Medizin fiel seit der Antike eine doppelte Aufgabe zu, erstens die Gesundheit zu bewahren und Krankheiten zu heilen, zweitens die für das Wohlbefinden des Menschen bedeutsame Verbindung zwischen Körper und Seele im Gleichgewicht zu halten. Übermäßige Affekte fügten Seele und Körper Schaden zu. Da nach antiker Ethos-Lehre die Musik Gemütsbewegungen zu regulieren vermochte, bedienten sich bereits griechische Ärzte vereinzelt ihrer Wirkungen. Platon etwa gebrauchte das Bild der Leier, um die „musikalische" Übereinstimmung des Menschen mit sich selbst in der Erkenntnis der Dinge und im Ethischen anschaulich zu machen. Doch erst bei arabischen Gelehrten und Ärzten des 9. Jahrhunderts, die die antike Ethos-Lehre aufnahmen und weiterentwickelten, erscheint die Musik als fester Bestandteil der praktischen Medizin. *Mit der Rezeption der arabischen Wissenschaft macht sich das lateinische Mittelalter auch diese medizinische Funktion der Musik zu eigen. Bis in das frühe 19. Jahrhundert behielt die Musik ihre Geltung in der Medizin; sie verlor sie erst, zumindest zu einem großen Teil, als die Tradition der Diätetik, auf der sie beruhte, zu Ende ging* [286].

Grundlegend für die antike und im 16. Jahrhundert neu belebte Diskussion von der „Musik" im Puls sind die Schriften des um 300 v. Chr. in Alexandria wirkenden griechischen Arztes Herophilos. Mit Hilfe einer Wasseruhr hatte er eine Reihe von Pulsmerkmalen gefunden und darauf eine Pulsdiagnostik und Prognostik aufgebaut sowie die den Altersstufen eigenen Pulsfrequenzen erkannt. Während ein anderer griechischer Arzt, Galen (129–199 n. Chr.), der Lehre des Herophilos widersprach, während Isidor von Sevilla (um 570–636) und Cassiodor (erste Hälfte des 6. Jahrhunderts) das Sprechen und die Pulsbewegungen aufgrund der „musikalischen Rhythmen" in jene universale „Harmonie" einbetteten, die aus der musica-humana-Idee erwuchs, wonach Seele und Körper des Menschen sowie das Zusammenwirken beider von denselben harmonischen, zahlenmäßigen Ordnungen bestimmt seien wie die Töne der Musik und die Umläufe der Gestirne, kam die musikalisch-metrische Pulslehre des Herophilos durch den arabischen Arzt-Philosophen Avicenna zu neuem und für das europäische Mittelalter maßgebendem Ansehen. Avicenna (980–1037) formuliert in seinem *Kanon der Medizin* u. a.: *Du mußt wissen, daß im Puls musikalische Natur vorhanden ist. Wie sich das Fach Musik zusammensetzt aus der „Komposition" der Töne aufgrund des Verhältnisses zwischen* [je zwei von] *ihnen*

---

[285] *Schachtafelen der Gesuntheyt...*, Straßburg 1533

[286] Dazu W. F. Kümmel, *Musik und Medizin. Ihre Wechselbeziehungen in Theorie und Praxis von 800 bis 1800*, Freiburg und München 1977 *(Freiburger Beiträge zur Wissenschafts- und Universitätsgeschichte 2)*, S. 20 und 411. – Die folgende Darstellung stützt sich, soweit nicht anders vermerkt, auf Kümmel.

Sonare.ꝛ balare.

Musik und Tanz als Heilmittel. Aus einem medizinischen Werk des 14. Jahrhunderts: Tacuinum Sanitatis in Medicina (Codex Vindobonensis Series nova 2644), Faks.-Neudruck in der Akad. Druck- und Verlagsanstalt, Graz

in Höhe und Tiefe und aus Zyklen metrischer Zeitmaße begrenzter Zeitspannen, die zwischen den Anschlägen der Töne [mit dem Plektrum auf der Laute] *liegen, so ist es auch beim Puls. Die Proportionen* [seiner] *Zeitabschnitte in Schnelligkeit* [der Bewegungen] *und* [ihrer] *Aufeinanderfolge entsprechen den musikalisch-metrischen Proportionen, und* [seine] *Proportionen in Intensität, Schwäche und Quantität entsprechen den musikalisch-„kompositorischen"*[287]. Der „Kanon" des Avicenna wurde im 12. Jahrhundert ins Lateinische übersetzt und blieb bis in das 16. Jahrhundert herein das wichtigste medizinische Lehrbuch im Abendland.

Kaum ein bedeutender Arzt oder Musiker kam in den folgenden Jahrhunderten an der Frage vorbei, ob im Puls musikalische „Konsonanz" wahrzunehmen sei oder nicht. Petrus von Abano (1257–1315) erörtert diese Frage in seinem *Conciliator* (1303) in scholastisch-dialektischer Weise, er befaßt sich mit den metrisch fixierten Lebensalterpulsen, mit der Definition und Klassifikation der Musik, mit der Lehre von den musikalischen Proportionen und Intervallen sowie mit dem Monochord. Ebenso wie schon in einem antiken Musiktraktat Aristeides Quintilianus die Ordnung der Pulse unmittelbar mit der Ordnung der Musik in ihren Intervallen verbunden hatte, wobei er die der Oktave, der Quint und der Quart entsprechenden Proportionen im Pulsschlag als normal oder doch der Gesundheit nicht schädlich und andere Proportionen als gefährlich wenn nicht gar tödlich bezeichnete, ebenso erläutert Petrus von Abano diejenigen Proportionen musikalischer Intervalle, die den für die „Rhythmen" im Pulsschlag aufgestellten Proportionen entsprechen. *Wie die klingende Musik (musica organica) es mit Zeitqualitäten zu tun hat, so wird auch im Puls Musik beobachtet*[288]. Solchen Aussagen kam in dem Augenblick besondere Aktualität zu, als – im 13. Jahrhundert – mit der Mensural-Theorie und Notation in der Musik erstmals ein autonomes, von Silbenquantitäten und metrischen Modellen unabhängiges musikalisches System der Zeitmessung und ihrer graphischen Darstellung sich durchzusetzen begann. Obgleich bis zu Johann Joachim Quantz hin, also bis ins 18. Jahrhundert, bei Ärzten und Musikern von den Puls-Musik-Beziehungen die Rede war, verlief doch künftig das Bestreben der Mediziner, die quadriviale Puls-Musik-Verbindung ins Praktische umzusetzen, in anderen Bahnen als das der Musiker.

Ein Beispiel dafür ist der italienische Medizinprofessor Michaele Savonarola (1384–1468), der in seinen Vorlesungen über den Puls zwar vom Pulsschlag des gesunden Menschen ausgeht, den der Arzt kennen müßte, um krankhafte Veränderungen zu beurteilen, darüber hinaus aber in der Verknüpfung des Pulses mit der Musik ein praktikables Vergleichsmaß für die Geschwindigkeit des Pulses fand. Savonarola forderte, daß der Arzt die italienische Mensurallehre kennen müßte, vor allem zwei ihrer „divisiones", deren Zeitintervall und Tempo er dazu benutzen könne, um die Geschwindigkeit des Pulses zu kontrollieren[289]. Josephus Struthius (1510–1568), Franciscus Joël (1508–1579), vor allem aber der Tübinger Medizinprofessor Samuel Hafenreffer (1587–1660) erweiterten die Lehre von den Musik-Puls-Beziehungen. In Hafenreffers *Monochordon symbolico-biomanticum* erscheint die gesamte herkömmliche Pulslehre mit ihren verschiedenen Pulsqualitäten und Pulsarten in einem vierlinigen Notensystem graphisch darstellbar. Die vier Linien sollten den vier pulsfühlenden Fingern entsprechen und es ermöglichen, nicht allein das rhythmisch-musikalische Bild von Einzelpulsationen mit ihren inneren Proportionen der beiden Bewegungen, sondern jeweils ein Stück des Pulsverlaufes im Noten-

[287] Avicenna (Ibn Sinā), *al-Qānūn fi ṭ-ṭibb*, Kairo 1294/1877, S. 125; hier nach Kümmel, S. 29

[288] Petrus de Abano, *Conciliator controversiarum, quae inter philosophos et medicos versantur*, Venedig 1565, S. 126r D

[289] W. F. Kümmel, *Zum Tempo in der italienischen Mensuralmusik des 15. Jahrhunderts*, in: *Acta musicologica* 42, 1970, S. 150–163, wies darauf hin, daß sich aus diesen Angaben das Tempo der italienischen Mensuralmusik zuverlässig ermitteln läßt.

bild sichtbar zu machen. Unabhängig von Hafenreffer beschäftigte sich auch der Jesuit Athanasius Kircher (1601–1680) in seiner *Musurgia universalis* mit der *wunderbaren und verborgenen Harmonie der Pulse*; denn nichts im Körper lasse so sehr an Harmonie und Disharmonie denken. Die vier Lebensalterpulse ordnete Kircher jeweils dem Sopran-, Alt-, Tenor- und Baßschlüssel zu und verband sie überdies mit bestimmten Tönen: f' – c' – a – c, die zusammen einen F-Dur-Akkord bildeten:

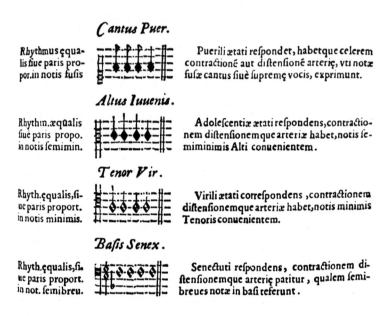

Eine ähnliche Entwicklung wie in der medizinischen Wissenschaft ist seit dem ausgehenden 15. Jahrhundert auch in der Musik festzustellen. Als Modell für den Ablauf der Musik erscheint der Puls erstmals 1472 bei Bartholomaeus Ramis de Pareja (um 1440–nach 1491), danach bei Franchinus Gafurius (1451–1522) und bei Gioseffo Zarlino (1517–1590). Doch beschränkte sich das Vorbild des Pulses in der alten Musiktheorie keinesfalls darauf, eine Art metronomisches Gleichmaß für das Tempo eines Musikstückes abzugeben. *Vielmehr scheint das Modellhafte des Pulses, sofern die Musiktheoretiker überhaupt näher darauf eingehen, hauptsächlich in folgenden Punkten zu liegen: einmal in der Regelmäßigkeit des Pulses, zum andern darin, daß der einzelne gesunde Pulsschlag, wie man annahm, aus zwei „gleichen", d. h. gleich langen Bewegungen der Arterie bestand. Das entsprach den von Struthius aufgestellten Lebensalterpulsen, aber nur zum Teil den ursprünglichen metrischen Pulsschemata des Herophilos. Beides, die Regelmäßigkeit und die gleich langen Bewegungen des Pulsschlages, sollte auch für die Musik, genauer: für das Auf und Nieder der Dirigierbewegung gelten (natürlich nur bei zweizeitiger, „imperfekter" Mensur). Daher scheiden bei Gafurius Fieberpulse als Modell für die Musik aus*[290]. Bis in das 18. Jahrhundert

---

[290] W. F. Kümmel, wie Anm. 286, S. 55

behielt diese Ansicht Gültigkeit, und Abweichungen davon wurden eigens bezeichnet. Claudio Monteverdi unterschied in seinem achten Madrigalbuch von 1638 ausdrücklich zwischen dem herkömmlichen „tempo de la mano", also der gleichmäßigen Dirigierbewegung, und dem neuen *tempo del'affeto del animo e non a quello de la mano*[291].

Was sich bei Marin Mersenne (1588–1648) andeutete, daß in den beiden Bewegungen des Pulses zwar das traditionelle Auf und Ab der dirigierenden Hand sich widerspiegle, darüber hinaus aber der Takt nicht allein seine innere Ordnung, sondern auch sein Tempo vom Herz- und Pulsschlag übernehmen würde (er gibt das normale musikalische Tempo mit mehr als 60 MM und mit weniger als 71–75 MM an), wird bei Johann Joachim Quantz (1697–1773) zum konkreten Maßstab: In dessen Flötenschule von 1752 gibt der Pulsschlag eine Art Metronom ab. Zwar sei dieser Pulsschlag *weder zu einer jeden Stunde des Tages, noch bey einem jeden Menschen, allezeit in einerley Geschwindigkeit. . ., um das Zeitmaß in der Musik richtig darnach zu fassen*, aber dafür hätte er den unschätzbaren Vorteil, daß ihn *jeder immer bey sich hat*[292]. Quantz gibt eine genaue Beschreibung des normalen Pulsschlages und setzt ihn mit 80 Schlägen pro Minute fest. Daraus lassen sich für alle damals wichtigen Tempobezeichnungen und Taktarten hinlänglich genaue Verhältniszahlen zwischen Notenwerten und Normalpuls errechnen.

In allen diesen theoretischen und praktisch-musikalischen Erörterungen ist verhältnismäßig wenig oder gar nicht von den Wirkungen der Musik auf den Pulsschlag die Rede. Experimentelle Untersuchungen seit der zweiten Hälfte des 19. Jahrhunderts sowie neuere Tierversuche bezeugen, daß der Herzschlag durch langsamer oder schneller werdende Rhythmen verändert werden kann[293]. Ein vereinzelter Beleg aus dem alt-arabischen Bereich nimmt darauf Bezug: Ibn al-Qifṭī († 1248) berichtet, daß al-Kindi († um 870) einen vom Schlag getroffenen Patienten dadurch ins Leben zurückführte, daß er vier Lautenspieler kommen ließ, die unablässig auf den Kranken einspielten. Al-Kindi ergriff dabei *den Puls des Kranken, und während dieser Zeit wurde sein Atemzug regelmäßig und sein Puls stärker, und sein Geist kehrte nach und nach zurück, bis er sich bewegte*[294]. Seit der Mitte des 18. Jahrhunderts wird diesem Phänomen erneut Beachtung geschenkt. Luigi Desbout, ein italienischer Arzt, berichtet 1784 von einem fiebernden Mädchen, dessen Atem- und Pulsfrequenz sich während eines Konzertes genau dem Takt der Musik anpaßte. André-Ernest-Modeste Grétry beschreibt in seinen Memoiren 1789, er habe an sich selbst beobachtet, daß sich die Pulsfrequenz beim Singen je nach Tempo und Rhythmus des Gesanges verändern würde.

Bis weit in die Neuzeit herein prägte die Idee der „musica humana" das abendländische Geistesleben. Die „Musik" erstreckte sich auf alle Bereiche des menschlichen Daseins. Für Cassiodor bestand „Musik" darin, *daß der Mensch die Gebote des Schöpfers befolgte und sich reinen Herzens den göttlichen Gesetzen unterwarf; tat er dagegen unrecht, so hatte er keine „Musik" in sich. Sowohl das Sprechen als auch die Pulsbewegungen hatten für Cassiodor durch ihre „musikalischen Rhythmen" an der universalen Harmonie teil*[295]. Für Boethius bestand die „musica humana" in der Vereinigung der Seele mit dem Körper, und zwar nach denselben Proportionen, nach denen „harmonische" Tonbewegungen verlaufen. Über solche Spekulationen hinaus gehörte jedoch die Musik infolge ihrer Wirkungen auf den Menschen ebenso zu den „moralischen"

---

[291] C. Sachs, *Rhythm and Tempo. A Study in Music History*, New York 1953, S. 275
[292] J. J. Quantz, *Versuch einer Anweisung die Flöte traversiere zu spielen*, Berlin 1752 (Nachdruck Kassel-Basel 1953), S. 266 und 261
[293] Vgl. dazu auch im Kapitel „Musik und Arbeit", oben S. 85f. den Hinweis darauf, daß funktionelle Hintergrundmusik in Fabrikshallen im Tempo dem Herzschlag des gesunden Menschen angepaßt wird.
[294] *Ibn al-Qifṭī's Ta'rīh al-ḥukamā*. Auf Grund der Vorarbeiten A. Müllers hg. von J. Lippert, Leipzig 1903, S. 376f.
[295] Nach W. F. Kümmel, wie Anm. 286, S. 93

Disziplinen. Arabischen Traditionen folgend, sollten vor allem Geisteskranke durch Musik beschallt werden, weil Musik der Seele auf dem Weg über das Gehör jene harmonischen Klänge vermittelt, die durch die Bewegungen und Berührungen der himmlischen Sphären entstünden. Zahlreiche Ärzte des 16. und 17. Jahrhunderts argumentierten ähnlich: *Sie sahen die musikalische Veranlagung des Menschen und erst recht die Wirkungen der Musik, vor allem ihren günstigen Einfluß auf Geisteskranke, in der „musikalischen" Ordnung des menschlichen Wesens begründet*[296]. Weil die menschliche Seele Anteil habe an der „Musik" der Weltseele, weil sie die Erinnerung an die Zahlenordnung und an die Musik in den Körper gebracht und sich mit ihm eng verbunden habe, aus diesem Grund bestünde zwischen Geist und Körper des Menschen eine so enge Gemeinschaft, daß die meisten Heilmittel für beide wirksam seien: formulierte der Leibarzt mehrerer pfälzischer Kurfürsten, Johann Lange (1485–1565). Aber auch Musiker, wie Johann Mattheson, vertraten solche Ansichten: *Die Gesundheit ist so musicalisch, daß alle Kranckheiten aus nichts anders, als aus lauter Mishelligkeiten und Dissonantzen bestehen*[297], und Novalis (1772–1801) faßt diese Musica-humana-Gedankenwelt am Beginn der Romantik in dem Satz zusammen: *Jede Krankheit ist ein musikalisches Problem, die Heilung eine musikalische Auflösung*[298].

Für die Zeit zwischen den Jahren 800 und 1800 hat Werner Friedrich Kümmel Tausende von Belegen dafür zusammengetragen, wie Musik in diätetisch-therapeutischer Funktion, wie Musik zum Schutz der Gesundheit, als seelisch-körperliches Regulativ, während der Schwangerschaft, zur Linderung von Krankheiten und zur Unterstützung ärztlicher Therapie, während eines Badeaufenthaltes (Georg Philipp Telemann schrieb 1734 dafür die *Scherzi Melodichi, per divertimento di coloro, che prendono le Acque minerali in Pirmonte*, eine gefällige Kurmusik), im Krankenhaus, gegen Fieber und nach Aderlaß, als Stimulans bei Ohnmacht, Katalepsie oder Schwindsucht, als Sedativum bei Schmerzen, Schlaflosigkeit und Herzstörungen von Ärzten benutzt wurde. Nicht allein im System arabischer medizinischer Praxis und Wissenschaft, auch im abendländischen Mittelalter und bis in das 19. Jahrhundert herein, nahm die Musik einen festen Platz in der praktischen Medizin ein; sie galt bei allen Krankheiten als nützlich, ohne sich auf den Indikationsbereich gegenwärtiger Musiktherapie (bei Nerven- und Gemütsleiden, Verhaltensstörungen, Rehabilitationsmaßnahmen) zu beschränken. In der Regel verstand man darunter jedoch passives Musikhören, obgleich dann und wann vom Singen als einer gesundheitsfördernden Übung die Rede ist.

Zu diesem Abschnitt gehört auch ein Hinweis auf die mittelalterliche „Tanzkrankheit" und auf den Tarantismus des 16. bis 18. Jahrhunderts. Musik konnte demnach nicht allein bei gesunden und kranken Menschen die Gemütsbewegungen regulieren und das Leib-Seele-Verhältnis im rechten Maß bewahren, sie verhalf auch zu unablässigen, rauschhaften Tänzen, indem sie die Affekte in eine Richtung lenkte und übermäßig steigerte; eine Funktion, die jedenfalls nicht in das Konzept der Humoralmediziner und ihrer Diätetik sich fügte. Das bedeutet: Musik wird zwar als konkret wirksames Heilmittel gesehen und eingesetzt, jedoch ist die magische, apotropäische Wirkung der Musiktherapie/Musikbeschallung nicht davon zu trennen[299].

---

[296] W. F. Kümmel, wie Anm. 286, S. 100
[297] J. Mattheson, *Der vollkommene Capellmeister,* Hamburg 1739 (Neudruck Kassel – Basel 1954), S. 14, § 46
[298] Novalis, *Fragmente.* 1. vollst. geordnete Ausg., hg. von E. Kamnitzer, Dresden 1929, S. 347
[299] E. De Martino, *La terra del rimorso. Contributo a una storia religiosa del Sud,* Mailand 1961 *(La Cultura* 42), befaßt sich umfassend mit Tanzepidemien und Tarantismus.

Wir haben Augenlider, aber leider keine Ohrenlider! (Tucholsky). Physiologische und psychologische Bedingungen des Musikerlebens

I think that music education should include basic knowledge about our own hearing system and about the risks for hearing damage.

Alf Gabrielsson[300]

Während die Schulmedizin den Wirkweisen der Musik im Verlauf des 19. und 20. Jahrhunderts kaum Beachtung schenkt, gewinnt mit dem Aufkommen der Vergleichenden Musikwissenschaft und mit der Aufarbeitung außereuropäischer kultureller Traditionen die Physiologie und Psychologie der Musik an Bedeutung. Carl Stumpfs *Tonpsychologie* (1883) führt die bei Hermann Helmholtz angedeuteten *Tonempfindungen als physiologische Grundlage für die Theorie der Musik* (1863) überzeugend im Bereich der Psychologie weiter. Richard Wallaschek entwickelt im Zusammenhang mit den Entstehungstheorien der Musik (1891) eine *Psychologische Ästhetik*, die allerdings erst nach dem Tode des Autors im Jahr 1930 in Wien erscheinen sollte[301]. Auf medizinische Beobachtungen im Zusammenhang mit psychosomatischen Wirkungen der Musik macht 1927 Ernst Urbantschitsch aufmerksam[302], Wilhelm Heinitz untersucht in seinen Studien über *Strukturprobleme in primitiver Musik* (1931) auch das mit der Ausführung und mit dem Erleben der Musik verbundene Bewegungsverhalten und gründet 1933 die „Gesellschaft zur wissenschaftlichen Erforschung musikalischer Bewegungsprobleme", um auf breiter Basis für die Erforschung von Musik *aus ihrer Verwurzelung mit den Funktionen unseres gesamten Bewegungsapparates heraus wichtige Anregungen* zu erhalten[303].

Der Zweite Weltkrieg unterbrach die weitere Entfaltung der Vergleichenden Musikwissenschaft im deutschsprachigen Raum. Doch während sich in Wien in den fünfziger Jahren mit Walter Graf ein konsequenter Fachvertreter für die Weiterführung des Wallaschek-Lachschen Forschungsansatzes fand und in Mainz der ebenfalls aus der Wiener Schule hervorgegangene Albert Wellek einen weithin wirksamen Lehrstuhl erhielt: beide bekämpften und ergänzten sich in ihren einerseits mehr der Biologie (Graf), andererseits mehr der Psychologie (Wellek) zugewandten Schwerpunkten[304], während in Hamburg in losem Anschluß an Wilhelm Heinitz[305] mit Hans-Peter Reinecke, Hermann Rauhe und schließlich Vladimir Karbusicky ein in der Sozialpsychologie, Pädagogik und Systematischen Musikwissenschaft verankertes Zen-

[300] A. Gabrielsson, *Music Psychology. A Survey of Problems and Current Research Activities*, in: *Basic Musical Functions and Musical Ability* 32, Stockholm 1981, Ms. S. 9

[301] Zusammenfassung der einschlägigen Schriften bei W. Graf, *Zu den psychosomatischen Beziehungen der Musik*, in: *Festschrift zum zehnjährigen Bestand der Hochschule für Musik und darstellende Kunst in Graz*, hg. von O. Kolleritsch und F. Körner, Graz 1974, S. 109–121; ders., *Musikalische Klangforschung*, in: *Acta musicologica* 44, 1972, S. 31–78; ders., *Sonagraphische Untersuchungen*, in: *Handbuch des Volksliedes* 2, hg. von R. W. Brednich, L. Röhrich und W. Suppan, München 1975, S. 583–622; ders., *Vergleichende Musikwissenschaft. Ausgewählte Aufsätze*, hg. von F. Födermayr, Wien-Föhrenau 1980

[302] E. Urbantschitsch, *Nervosität, Neurasthenie, Hysterie, Reflexerscheinungen, Otalgie*, in: A. Denker und O. Kahler, *Handbuch der Hals-, Nasen-, Ohren-Heilkunde mit Einschluß der Grenzgebiete* 7, Berlin und München 1927, S. 595–617

[303] W. Heinitz, *Methodologische Auswertung und vergleichend-musikwissenschaftliche Problemstellung*, in: Hülse, Panconcelli-Calzia und Heinitz, *Untersuchungen über die Beziehungen zwischen allgemeinen und Phonationsbewegungen*, Vox 1936, S. 15–21

[304] A. Wellek, *Musikpsychologie und Musikästhetik*, Frankfurt 1963

[305] W. Heinitz, *Hamburg und die Vergleichende Musikwissenschaft*, in: *Kongreß-Bericht Hamburg 1956*, Hamburg 1957

trum sich bildete, konnte Berlin trotz mancher Anstrengungen und Instituts-Neugründungen nicht die einstige Ausstrahlungskraft wiedererlangen. Den Anschluß verloren hatte aber auch Werner Danckert, der sich im Jahr 1925 in Jena mit einer anthropologisch orientierten Schrift über *Personale Typen des Melodiestils*[306] habilitiert, dort und in Graz einen beachtlichen Schülerkreis um sich versammelt hatte – und der nach 1945 in verhältnismäßig bescheidenen Verhältnissen und ohne die Autorität eines Universitäts-Lehrstuhles in umfangreichen Büchern und Aufsätzen eine Fülle von Anregungen vermittelte: So wollte er u. a. in den fünfziger Jahren die ältere Vergleichende Musikwissenschaft in eine „Musik-Anthropologie" und in eine „Musik-Ethnologie" aufgliedern[307]; denn bei der Absplitterung der Ethnomusicology von der Vergleichenden Musikwissenschaft, die sich in den dreißiger Jahren in den USA vollzogen hatte, war die anthropologische Seite des Faches verloren gegangen.

Für die Wechselbeziehungen zwischen Musik und Medizin bedeutet dieses Stück Forschungsgeschichte, daß in der Idee von Vergleichender Musikwissenschaft der medizinisch-biologische Anthropologiebezug zunächst durchaus angepeilt wurde, daß aber im Grunde allein die Wiener Schule in ihrer kontinuierlichen und bruchlosen Entfaltung von Wallaschek über Robert Lach zu Walter Graf (seit 1974 Franz Födermayr) an dem Thema und auch an der Fachbezeichnung „Vergleichende Musikwissenschaft" festhielt[308]. Als in den sechziger und siebziger Jahren in einer von Musik/Lärm immer mehr bedrohten Umwelt Psychologen und Ärzte sowohl die positiven wie die negativen Wirkweisen der Musik auf den Menschen neu zu durchdenken begannen, da boten sich von seiten der Musikwissenschaft einerseits Graf, andererseits Reinecke und Rauhe den Medizinern als mögliche Gesprächspartner an. Die Chancen einer Integration von musikwissenschaftlichen und medizinischen Erkenntnissen wurden jedoch bislang kaum genutzt[309].

Der Zugang der Mediziner zum Musikerleben ist ein naturwissenschaftlicher: Das bedeutet, *die Erscheinungsformen der Studienobjekte sind so zu beschreiben und zu quantifizieren, daß ihr Verhalten meßbar und unter fremden Bedingungen vorhersagbar wird. Das erfordert auf dem Gebiet der Physik und Chemie schon den Einsatz aller technischen Hilfsmittel und ist im Bereich der belebten Natur und der Biologie ungleich schwieriger. Fast unmöglich scheint es da zu sein, wo der Mensch sich selbst betrachten und sein bewußtes Erleben naturwissenschaftlich erfassen will. Der Grund dafür liegt in der Unmöglichkeit, wirklich alle Parameter zu erkennen, die auf das mensch-*

---

[306] In erweiterter Fassung unter dem Titel *Ursymbole melodischer Gestaltung*, Kassel 1932, gedruckt.

[307] W. Suppan, *Werner Danckert: 1900–1970*, in: *Ethnomusicology* 15, 1971, S. 94–99; A. Schneider, *Vergleichende Musikwissenschaft als Morphologie und Stilkritik: Werner Danckerts Stellung in der Volksliedforschung und Musikethnologie*, in: *Jahrbuch für Volksliedforschung* 24, 1979, S. 11–27

[308] Im Plan eines Handbuches der Systematischen und Vergleichenden Musikwissenschaft nimmt die „musikalische Anthropologie" einen wichtigen Platz ein, vgl. V. Karbusicky und A. Schneider, *Zur Grundlegung der Systematischen Musikwissenschaft*, in: *Acta musicologica* 52, 1980, S. 87–101

[309] Einige Beispiele dafür: In dem Sammelband *Neue Wege der Musiktherapie. Grundzüge einer alten und neuen Heilmethode*, hg. von W. J. Revers, G. Harrer und W. C. M. Simon, Düsseldorf und Wien 1974, ist die Musikwissenschaft nicht vertreten. In *Grundlagen der Musiktherapie und Musikpsychologie*, hg. von G. Harrer, Stuttgart 1975, sind drei (Graf, Reinecke, Touma) von zwanzig Aufsätzen aus dem Bereich der Musikwissenschaft. An dem Buch *Mensch und Musik. Festschrift für H. von Karajan*, hg. von W. C. M. Simon, Salzburg 1979, hat kein Musikwissenschaftler mitgearbeitet. Für den Ossiacher Tagungsband *Music, Mind, and Brain, The Neuropsychology of Music*, hg. von M. Clynes, New York und London 1982, hat ebenso wie für das Wiener Neurophysiologen-Gespräch 1982 der Karajan-Stiftung jeweils nur ein Musikpsychologe (Alf Gabrielsson, Uppsala) einen Beitrag geliefert; zur letztgenannten Tagung vgl. W. Suppan, *Musik und Neurophysiologie*, in: *Musik und Bildung* 9, 1982, S. 586–588. Den Medizinern muß aber andererseits zugutegehalten werden, das Thema überhaupt aktualisiert zu haben – während die Veranstalter musikwissenschaftlicher Kongresse sich bisher nicht darum bekümmerten.

liche Verhalten Einfluß nehmen. Man denke dabei an Erbfaktoren, Reflexverhalten, angeborene Verhaltensweisen, Prägung, Lernen, momentane Reaktionen auf Umwelteinflüsse und schließlich die freie Willensentscheidung, die alles Genannte wieder außer Kraft setzen kann[310]. Das Problem besteht demnach nicht darin, Musik/Geräusch/Lärm als physikalisch-akustisch meßbares Schallereignis zu fixieren und die physiologischen Vorgänge im Gehörorgan zu beschreiben, sondern es geht um die Umwandlung physikalischer Reize, die uns über die Sinnesorgane (Ohr, aber auch Tast- und Vibrationssinn) erreichen, in körpereigene Erregungen, in Erlebnisse. Die genaue Kenntnis der Anatomie und der Arbeitsweise des Ohres gibt darüber Auskunft, daß entlang der Basilarmembran in der Schnecke, etwa an der Stelle, an der die maximale Schwingung zustande kommt, sich nervöse Strukturen und andere mikroskopische Aufbauten befinden, die es ermöglichen, Membranbewegungen in nervöse Erregungen umzuwandeln. Nervenfasern leiten die Erregung in verschiedene Zentren des Gehirns weiter, wo die Schallinformation „dekodiert" wird.

David geht den akustischen Nervenbahnen nach und registriert dabei, daß der entscheidende Schritt im Corpus geniculatum mediale erfolgt: Dort kommt einerseits die Verbindung zur Gehirnrinde zustande, die zum bewußten Hörerlebnis verhilft, andererseits werden von dort aus sogenannte thalamische Zentren erreicht, die das emotionale Befinden des Hörers beeinflussen. Zugleich führen Nervenverbindungen zu jenen Gehirnpartien, die die Reaktionslage des Körpers steuern. Bedeutsam erscheinen in diesem Zusammenhang zwei Gehirnareale: *Vom verlängerten Rückenmark bis zu den tiefen Gehirnstrukturen des Zwischenhirns verläuft ein Kerngebiet, die Formatio reticularis genannt. Dieses erhält aus allen Sinnesorgankanälen Informationen über die Sinneserregungen. Je nachdem, welche Bedeutung der Organismus der einzelnen Sinneserregung zumißt, wird das System aktiviert, d. h. die Erregungsschwelle gesenkt und damit eine Aufmerksamkeitszuwendung erreicht. Das gilt auch für das akustische System und erklärt, warum z. B. die durch Schmerzen erzeugte nociceptive Empfindung durch Musik verringert werden kann, ja sogar zu einer rein motorischen Einstellung zur Musik . . . führen kann. Der andere Mechanismus geht vom Thalamus aus, also von jenem Gehirngebiet, welches wie oben schon gezeigt die emotionale Färbung des Erlebten erzeugt. Dies geschieht nicht nur durch differenzierte Veränderung der Empfindlichkeit einzelner Gehirnteile, sondern auch durch den Eingriff in die hormonelle Regulation der verschiedenen Körperfunktionen. Die unter dem Thalamus gelegenen Nervenzellensammlungen (Hypothalamus) haben die Fähigkeit, bestimmte hormonartige Substanzen auszuscheiden, die dann die Hypophyse erreichen. Die Hypophyse ist ein Drüse, die ihrerseits auch wieder Hormone bildet, welche aber sehr unterschiedlicher Natur sind und die anderen Drüsen im Körper anregen. So wird etwa bei Furcht, Angst oder Schrecken in der Hypophyse ein Hormon gebildet, welches die Nebenniere auf dem Blutwege erreicht und diese zur Ausschüttung von Adrenalin veranlaßt. Das Hormon Adrenalin fördert den Stoffwechsel und damit nicht nur die Herztätigkeit, die Atmung und die Blutzuckerbereitstellung, sondern auch die Steigerung der Muskelaktivität. Auf diesem Weg kommen also Reaktionen zustande, die wir als Streß bezeichnen und die z. B. dann auftreten, wenn wir unliebsame, störende oder unangenehme Musik hören. Blutdruckkrisen, ja krankhafte Veränderungen des vegetativen Systems können über diesen oder ähnlichen Weg zustande kommen. Andererseits ist es auch möglich, Störungen in der vegetativen Regulation, z. B. eine zu heftige Aktivierung des Herzens bei alltäglichen Aufregungen, durch Musik zu dämpfen*[311].

---

[310] E. David, *Musikerleben aus der Sicht der Naturwissenschaft*, in: *Verhandlungen der Naturforschenden Gesellschaft in Basel* 91, 1981, S. 79–100, Zitat S. 79, mit schematischen Darstellungen und Diagrammen. Soweit nicht anders angezeigt, folge ich in den weiteren Absätzen der Darstellung von David.
[311] E. David, wie Anm. 310, S. 88–95

Aus diesen Untersuchungen wird deutlich, daß Musikhören – und dazu zählt auch der ästhetische Genuß eines abendländischen Musikwerkes – stets zu zweierlei Reaktionen führt: (1) Da sind einmal die sogenannten vegetativen Reaktionen, die unbewußt vom Individuum die Tätigkeit der inneren Organe erfassen. Gerhard Harrer hat solche Veränderungen, Blutdruckanstieg oder Abfall, Herzfrequenzsteigerung, Atemsynchronisation, Veränderungen des Hautwiderstandes, beim Anhören von Musik gemessen[312], ohne aus dem Meßergebnis schließen zu können, ob etwa der Blutdruckanstieg als positive oder als negative Reaktion auf die akustischen Signale zu deuten wäre. (2) Zum anderen handelt es sich um animalische (bewußte) Reaktionen. Eine von David und Pfotenhauer entwickelte Meßtechnik der damit verbundenen Nerven- und Muskelerregungen hat gezeigt, daß dann, *wenn jemand aktiv an der Musik beteiligt ist, er entweder die Bewegungsmuskulatur im Rhythmus der Musik aktiviert oder mindestens die Atmung und die Anspannung der Stimmbänder, meßbar an Kehlkopfpotentialen, im Rhythmus der Musik bewegt. Allgemein bekannt dazu ist, daß nicht nur bei der Musik, sondern auch bei der Spracherzeugung Schallfrequenzgemische benützt werden. Das bedeutet, daß sogar beim Lesen, aber nur dann, wenn man die Sprache wirklich verstanden hat, die Sprachmelodik, also der Kehlkopf, aber auch die im Gehirn befindlichen Steuerzentren, auch wenn man schweigt, mitreagieren*[313].

Mit Hilfe naturwissenschaftlicher Meßmethoden ist nur ein Teilbereich des komplexen Mensch-Musik-Verhältnisses meßbar. Dem Stand der medizinischen Forschung gemäß lassen sich derzeit Muskelaktivität, vegetative Funktionen (Herz, Kreislauf, Atmung, Gefäßreaktionen, Schweißsekretion) und die mit den psychischen Reaktionen korrelierenden Hirnrindenpotentiale beim Anhören von Musik/Geräusch/Lärm mit Hilfe von Diagrammen graphisch darstellen. Die Testreihen führen zu einer groben Trennung in drei Arten des Musikerlebens: (A) Eine motorische Einstellung, wobei sich der Hörer dem Musikerlebnis hingibt, automatisch mitschwingt und dabei den Intellekt weitgehend ausschaltet. (B) Eine meditative Einstellung, die Musik als geistiges Erlebnis aufnimmt. *Eine solche Einstellung kann dazu führen, daß die Gedanken als selbständige Erregung bestimmter Gehirnareale, losgelöst von den reflektorischen Kopplungsmechanismen mit dem übrigen Körper, Aktivitäten entwickeln, wie sie bei der echten Meditation als schöpferisch erwünscht sind, zustande kommen.* (C) Eine bewußt aktive Einstellung, in der es neben der rationalen Erfassung der musikalischen Strukturen um eigenes aktives Mitgestalten, um Mitsingen, Mitmusizieren geht, so daß neben dem Geist auch der Körper beteiligt wird. Wo meßbare körperliche Erregungen zu bewußten Empfindungen, zu Erlebnissen werden, dort *enden die Kompetenzen des Naturforschers und gehen in die des Philosophen und Theologen über*[314]. Aber dies ist nichts anderes als eine Bestätigung der alten platonischen Einsicht, daß *der vernünftige Seelenteil durch Logos und Philosophie lenkbar sei, der irrationale Seelenbereich hingegen durch Musiké, da sie die tiefsten Schichten der Persönlichkeit beeinflußt und mobi-*

---

[312] G. Harrer, *Das „Musikerlebnis" im Griff des naturwissenschaftlichen Experiments*, in: *Grundlagen...*, wie Anm. 309, S. 3–47, mit älterer Lit.

[313] E. David, wie Anm. 310, S. 96f. – Vgl. dazu auch N. P. Bechtereva, *Physiologie und Pathophysiologie der tiefen Hirnstrukturen des Menschen*, Berlin 1969; E. Kern, *Rückkopplungsphänomene zwischen Musiker und Musikinstrument*, in: *Nova Acta Leopoldina* NF 206, Band 37/1, Leipzig 1972, S. 573–610; ders. und H. H. Glättli, *Die Beziehung zwischen Musiker und Musikinstrument in sinnesphysiologischer Sicht*, in: *HNO* 22, 1974, S. 297–308; J. R. Roederer, *Introduction to the Physics and Psychophysics of Music*, London 1973, ins Deutsche übersetzt: *Physikalische und psychoakustische Grundlagen der Musik*, Berlin u. a. 1977

[314] E. David, wie Anm. 310, S. 99

lisiert[315]. Und es entspricht zweitens der psychologischen Einsicht, daß Sprache wie intelligenter Mitvollzug des musikalischen Kunstwerkes sich an die Noopsyche wenden, während emotionales Mitschwingen bis Sicheinlullenlassen durch Musik in den Bereich der Thymopsyche führen, wo Gemüt und Affekt angesiedelt sind.

Es wurde oben bereits darauf hingewiesen, daß beim Musikerleben nicht allein die Ohren sondern – wie Versuche mit vollständig tauben Menschen zeigen – auch Tast- und Vibrationssinne mitwirken. Selbst organische Schäden können durch Resonanzeffekte im Körper auftreten. So hält es der Biophysiker F. A. Popp für wahrscheinlich, daß ein Organismus an Krebs erkrankt, wenn die ideale elektromagnetische Kommunikation seiner Zellen gestört ist[316]. Es geht demnach bei der in der Gegenwart ins Unermeßliche gestiegenen Beschallung des Menschen durch Musik/Geräusch/Lärm nicht allein um „(Zu-)Hören" sondern um ein komplexes psychosomatisches Geschehen mit affektiven und vegetativen Reaktionen, es geht um den Gebrauch/Konsum von Musik als kulturstabilisierendes Element (Erziehungshilfe) und als Droge, mit allen damit verbundenen physischen und psychischen Belastungsfaktoren. Besonders davon betroffen sind derzeit Musiker in jenen Orchestern, die neben traditioneller abendländischer Hochkulturmusik, von Bach bis Richard Strauss, neuere Formen der Avantgardemusik darzubieten haben. Medizinische und psychologische Untersuchungen machen deutlich, daß *bei vielen ausübenden Musikern entsprechende Werke* [der Avantgarde] *buchstäblich an Herz und Nieren gehen*, daß Proben und Konzerte mit solchen Werken Streßsituationen provozieren, so daß *vor besonders belastenden Aufführungen Medikamente an Orchestermitglieder ausgeteilt werden, allerdings nicht zum Zweck der Erzeugung ekstatischer Zustände, sondern zur Dämpfung, Beruhigung, Schmerzstillung und Prophylaxe gegen Darmspasmen und Durchfälle*[317]. Ein Zuviel an Musik stumpft nicht allein ab gegen ihre Reize – was Karl Maria von Weber schon 1802 bemerkte und bedauerte –, es kann (mit Hilfe der Massenmedien und technischer Tonträger) zu einer gesundheitsgefährdenden Umweltverschmutzung führen[318]. Die um die Jahrhundertwende geäußerte Meinung des Entdeckers des Tbc-Bazillus, Robert Koch, daß der Mensch den Lärm eines Tages ebenso bekämpfen werde müssen wie Cholera und Pest, wird durch Forschungen eidgenössischer Mediziner bestätigt, denen zufolge der Lärm das derzeit *stärkste Umweltgift für den Menschen sei*; Hörschäden zählten zu den häufigsten Erkrankungen unserer Zeit[319]. Schon Tucholsky beklagte: *Wir haben Augenlider, aber leider keine Ohrenlider!*,

[315] W. J. Revers, *Mensch und Musik*, in: W. C. Simon (Hg.), *Mensch und Musik. Festschrift für H. von Karajan*, Salzburg 1979, S. 13. – Vgl. auch ders., *Das Musikerlebnis*, Düsseldorf und Wien 1970; H. Moog, *Zum Gegenstand der Musikpsychologie*, in: *Psychologische Rundschau* 28/2, 1977, S. 110–125

[316] Mitgeteilt von O. F. Schäfer, *Wesen und Bedeutung der Resonanz in der Natur. Erkenntnisse zum Weltbild*, in: *Universitas* 37, 1982, S. 286

[317] M.-L. Fuhrmeister und E. Wiesenhüter, *Metamusik. Psychosomatik der Ausübung zeitgenössischer Musik*, München 1973, S. 8. – Eine entsprechende Untersuchung wurde auch im Auftrag der Wiener Symphoniker publiziert: M. Piperek, *Streß und Kunst. Gesundheitliche, psychische, soziologische und rechtliche Belastungsfaktoren im Beruf des Musikers eines Symphonieorchesters*, Wien und Stuttgart 1971

[318] H. Rauhe, *Aspekte einer Umweltverschmutzung durch Musik*, in: *Musik und Bildung* 9, 1977, S. 12–16; ders., *Zum Problem der Beobachtung und Analyse musikbezogener Verhaltensweisen*, in: *Forschung in der Musikerziehung 1974*, Mainz 1975, S. 5–28; ders., *Umweltgeprägtes Musikverhalten. Aspekte der Ermittlung und der didaktischen Analyse*, in: K. Blaukopf (Hg.), *Schule und Umwelt*, Wolfenbüttel und Zürich 1975, S. 15–52; ders., *Grundlagen der Antriebsförderung durch Musik*, in: W. J. Revers und H. Rauhe, *Musik – Intelligenz – Phantasie*, Salzburg 1978, S. 55–78

[319] R. M. Schafer, *Lärmflut – eine Montage*, in: *Musik und Bildung* 3, 1971, S. 333–336; S. Borris, *Lust am Sound und Recht auf Stille*, ebda., S. 336–339; H. Neus, *Erhöht Verkehrslärm das Risiko der Hypertonie?*, in: *Musik + Medizin* 12, 1981, S. 20–34. – Um die gesundheitsschädigenden und lebensbedrohenden Wirkungen der Musik und des Lärms wußte man schon im alten China: Im 3. Jahrhundert v. Chr. erließ dort der Polizeimeister Ming-Ti folgendes Gesetz: *Wer den Höchsten schmäht, der soll nicht gehängt werden, sondern Flötenspieler, Trommler und Lärmmacher sollen ihm ohne Pause so lange vorspielen, bis er tot zu Boden fällt; denn das ist der qualvollste Tod, den ein Mensch erleiden kann.* Bei Dante gilt der Lärm als Erfindung des Teufels.

d. h., die Akustik reicht auch um die Ecke. *Nur imperative Innenreize setzen [etwa bei Hintergrundmusik] ein thalamisches, also hirnphysiologisches Filter vor... Nach einiger Zeit beginnt sich aber eine innere Unruhe bemerkbar zu machen, zum Zeichen, daß eine als unangenehm empfundene Musik im Raum ist. Experimentell wurde der Beweis erbracht, daß ab einer bestimmten Lautstärke auch das Weghören nicht vor den vegetativen Begleiteffekten schützt. Man kann daher annehmen, daß Musik, die nicht mit der inneren Bereitschaft des Hörers konform geht, Unlustgefühle auslöst, die ihrerseits mit veränderten Parametern der nervösen Erregbarkeit einhergehen und quantitativ erfaßbar sind. Mit anderen Worten: jene Musik, die einer postulierten individuellen Harmonie zuwiderläuft, macht nervös*[320].

Gerhart Harrer ist überrascht darüber, wie intensiv Musik auf das vegetative Nervensystem zu wirken vermag; die Wirkungen entsprechen denen sehr starker Medikamente. Dabei ist unbedeutend, ob die Versuchspersonen eine oder keine musikalische Ausbildung erhalten haben. Solche Befunde lassen die interdisziplinäre, nämlich anthropologisch orientierte Beschäftigung mit Musik und vor allem mit den Wirkweisen der durch elektronische Geräte beliebig verstärkbaren Formen der Unterhaltungs- und Drogenmusik jugendlicher Teilkulturen auf den Menschen immer dringlicher und aktueller erscheinen[321].

Musiktherapie

> *Wenn man da drei Wochen eingeschneit ist – und die Lawinengefahr so groß war, daß man nicht ins Tal kam, und man sehr, sehr Strom sparen mußte, habe ich Geige gespielt, sobald es dunkel geworden ist, drei, vier Stunden lang; denn so früh konnte ich nicht schlafen.*
>
> Walter Moser
>
> *Der Typus des „emotionalen Hörers" benützt Musik als Mittel zum Zweck der eigenen Triebökonomie.*
>
> Wolfgang Müller-Thalheim[322]

Der zu Beginn des 20. Jahrhunderts aufgekommene Begriff „Musiktherapie" entfaltete sich in der Gegenwart *zur gängigen Münze, hinter der sich so viele Inhalte verbergen, als Autoren sich zum Thema Musik und Krankheit äußern*[323]. Einer derart skeptisch formulierten Stellungnahme in einer musikwissenschaftlichen Enzyklopädie steht die klare Definition des Mediziners gegenüber: *Unter Musiktherapie ist eine diagnosespezifische Behandlungsmethode der Psychotherapie zu*

---

[320] W. Müller-Thalheim, *Psychopathologie der Musik*, in: Österreichische Ärztezeitung 32, Heft 22, 1977, S. 1414f.

[321] G. Harrer, wie Anm. 312, S. 23: *Großen Lautstärken hingegen und ihren Auswirkungen auf das Vegetativum... können wir uns nicht entziehen. Verstärkt durch die Wirkung der Rhythmen erreichen diese Schalleindrücke das sogenannte aszendierende retikuläre System, also jene Schaltstellen im Hirnstamm, die unter anderem für die Regelung unserer „Wachheit", unseres Bewußtseinszustandes zuständig sind. Vielleicht bietet diese obligate Wirkung großer Schallintensitäten auf das Vegetativum eine Erklärung für die meist erhebliche Lautstärke moderner Beat-Musik. Jedenfalls dürften solche Mechanismen dabei mit eine Rolle spielen, daß viele Jugendliche angeben, unter solcher lauter Musik „high" zu werden.* – Vgl. auch L. Lesle, *Auch Beat kann krank machen*, in: *Die Zeit*, Hamburg, 9.1.1976, S. 41f.

[322] W. Moser, nun Professor für Botanik an der University of Edmonton, Alberta in Kanada, über seine Arbeit auf der 3211 m hoch gelegenen Station Nebelkogel in Tirol, in: *Das Fenster. Tiroler Kulturzeitschrift* 24, Sommer 1979, S. 2391; W. Müller-Thalheim, wie Anm. 320, S. 1414

[323] Artikel *Musiktherapie* in: *MGG* 16, Suppl. 2, Kassel u. a. 1974, Sp. 1342

verstehen, welche, nach psychopathologischen Erfordernissen ausgerichtet, das spezifische Kommunikationsmedium Musik rezeptiv und aktiv anwendet, um therapeutische Effekte in der Behandlung von Neurosen, psychosomatischen Störungen, Psychosen und neuropsychiatrischen Erkrankungen zu erzielen. Das nonverbale Kommunikationssystem „Musik" erreicht, nach H. Willms, zweifellos noch psychische Bezirke, welche aus psychopathologischen Gegebenheiten verbal bereits unerreichbar wurden und schafft symbolisch eine Kontaktmöglichkeit zum archaischen Du, ehe das bereits abgekapselte Ich völlig im psychotischen Chaos versinkt[324].

Die ärztliche Musiktherapie mit ihren spezifischen Anwendungsbereichen in der Psychiatrie greift damit zwei Grundtatsachen auf, die im Umfeld der primär am Kunstwerk orientierten deutschsprachigen musikhistorischen Forschung kaum beachtet werden – und die im Grunde auch die Basis dieser „Musik-Anthropologie" bilden: (1) *Die Musik kann ursprünglich nicht so funktionslos gewesen sein, wie sie heute vielfach erscheint,* und (2) *Musikformen sind Verhaltensweisen, die dazu beitragen, biologische Bedürfnisse zu befriedigen*[325]. Und das bedeutet weiter, daß die am Extremfall, nämlich am psychisch kranken Menschen, erarbeiteten Einsichten für jedermann von Interesse sein müssen, daß vor allem in der Musikpädagogik nicht allein im Sonderschulbereich sondern auch im „normalen" Musikunterricht in allen Formen allgemeinbildender Schulen und in Musikschulen daraus wichtige kulturelle, ethische und didaktische Ansprüche abzuleiten sind. Nicht zufällig betont Gertrud Orff in ihrer Orff-Musiktherapie, daß im Material und in der praktischen Anwendung des Orff-Schulwerkes die Orff-Musiktherapie miteingeschlossen sei: *Jede schöpferische Arbeit mit dem Schulwerk hat therapeutische Aspekte*[326]. Die Grenze zwischen „therapeutisch" und „erzieherisch" aber wird aufgehoben, wenn Hans Sittner betont: *Heute allerdings könnte es angesichts der in erschreckendem Ausmaß zunehmenden Störungen des psychosomatischen Gleichgewichts moderner Menschen und der Einwirkung gewisser zeitgenössischer Musikarten manchmal fast scheinen, als ob die Musikerziehung immer mehr von einem Thema der Bildungstheorie zu einem Anliegen der Psychohygiene mutiere*[327]. Musiktherapie sollte daher in ihrem Anwendungsbereich nicht zu eng gefaßt werden. Musik vermag zu heilen, aber auch krank zu machen[328].

Doch zurück zu den medizinischen Verfahren und den therapeutischen Applikationsmöglichkeiten. Dabei wird weniger der intelligente Mitvollzug des Musikwerkes als vielmehr die Einflußnahme auf Gefühl und Affekt mithilfe von Musik genutzt. Oft ist das musikalische Kommunikationssystem als einziges noch im Stande, autistische Abkapselungen aufzubrechen und den Psychotiker in seinem Realitätsverlust aus der Ich-Bezogenheit herauszuführen. Darüber hinaus vermag Musik als flankierende Einflußnahme in psychotherapeutischen Verfahren den Heilprozeß wesentlich zu unterstützen. Simon sieht drei Anwendungsmöglichkeiten, in denen Musik als therapeutisches Agens in der Einzeltherapie oder in der Gruppe „verabreicht" werden kann: Einmal durch Musikhören, das bedeutet in rezeptiv-passiver Form, wobei der stimmungsübertragende Effekt vor allem bei der Behandlung von Neurosen, funktionellen Organstörungen, psychosomatischen Erkrankungen und Psychosen nützlich sein kann; zweitens durch Singen/Musizieren, in einer aktiv-reproduzierenden Form, deren therapeutisches

---

[324] W. (C.) Simon, *Musik und Heilkunst,* in: W. J. Revers, G. Harrer und W. C. M. Simon (Hg.), *Neue Wege der Musiktherapie. Grundzüge einer alten und neuen Heilmethode,* Düsseldorf und Wien 1974, S. 10

[325] J. Kneutgen, *Einige Voraussetzungen für eine wirkungsvolle Musiktherapie,* ebda., S. 34

[326] G. Orff, *Die Orff-Musiktherapie. Aktive Förderung der Entwicklung des Kindes,* München 1974, S. 13

[327] H. Sittner, *Musikerziehung zwischen Theorie und Therapie,* Wien 1974 *(Publikationen der Wiener Musikhochschule 6)*

[328] N. Linke, *Heilung durch Musik? Didaktische Handreichungen zur Musiktherapie,* Wilhelmshaven 1977 *(Musikpädagogische Bibliothek 15),* mit zahlreichen historischen und ethnologischen Fakten sowie konkreten Fallstudien.

Schwergewicht bei der Behandlung hirnorganisch oder sozialbedingt verhaltensgestörter Kinder sowie bei Psychose- und Neurosekranken liegt; drittens durch freie Improvisation, in aktiv-produzierender Weise, vor allem mit Rhythmusinstrumenten, deren Anwendung bei motorischen Störungen Erfolge zeitigt. Das freie Improvisieren innerhalb der Gruppe, wie es der Berliner Arbeitskreis einsetzt, passiert als ein musikalisches Gruppengespräch, wobei die im Kreis sitzenden Spieler im Laufe der Zeit miteinander zu kommunizieren beginnen. Zusammenfassend formuliert Simon: *Musik ist ein besonderes „psychosomatisches Medikament", welches... eine breitgestreute multifaktorelle Wirkung besitzt und imstande ist, Menschen... aus extremster Vereinsamung herauszuführen, und die Möglichkeit gibt, Beziehungen zur Umwelt wieder aufzurichten und den „Weg ins Freie" zu finden*[329]. Daß diese *Beziehungen zur Umwelt* als Vehikel der Sozialisierung zu verstehen sind, sollte aus völkerkundlichen Forschungsergebnissen deutlich werden: *The question is, have music therapists just began to discover what healing specialists in non-literate societies have been practicing for centuries? In a sense, the non-Western psychotherapist uses even stronger weapons than the modern clinical psychotherapist. He works not only with the strength of his own personality, but the* r i t e *he is performing is* p a r t o f t h e c o m m o n f a i t h o f *the community which often even participates directly in the healing rite*[330].

Es sind daher primär entwicklungsbedingte, gesellschaftliche Faktoren, die den Einsatz von Musik im Verlauf medizinischer Therapie regeln. Der Anspruch der Musikerziehung, zu den Meisterwerken der abendländischen Kunst hinzuführen[331], bleibt dabei außer acht. Die Wirkung von Musik auf den Menschen hängt nicht unmittelbar mit den ästhetischen Kriterien unserer westlichen Zivilisation zusammen, deren Funktionieren auf dem bewußten Verdrängen der Instinkte beruht. Voraussetzung sind sorgfältige Analysen des Bildungsstandes und des Vorlebens eines Patienten, seiner Familie, seines Milieus, der Sozialschicht, der Schule, der Gleichaltrigengruppen und auch des jeweiligen Angebots der Massenmedien, um die ihm tatsächlich adäquate, die ihn (be)rührende, die von ihm zu „verstehende" Musik, deren Codes er zu entschlüsseln vermag, einzusetzen. Dabei kommt es weniger auf die Musikliteratur an als auf daran gekoppelte Assoziations- und Erinnerungswerte, an Interpreten, an den Sound einer Gruppe, an Schlager, Tänze, Lieblingsmelodien der Jugendzeit in Verbindung mit entscheidenden Erlebnissen und Ereignissen. Diese *Antriebsmusik*, wie sie Hermann Rauhe nennt, ist zudem nach den unterschiedlichen physischen und psychischen Störungen eines Patienten zu bemessen[332]. Zu Beginn der siebziger Jahre überrollte eine Drogen-Welle die Bundesrepublik Deutschland, und zwar nicht unbeeinflußt von der gleichzeitigen Song-Welle. Als Juliane Werding, eines der gitarrespielenden Song-Ideale der damaligen Jugend, im Stil der Drogenmusik den Anti-Drogen-Song *Am Tag als Conny Kramer starb* kreierte und davon 200.000 Schallplatten innerhalb von sechs Wochen verkauft werden konnten, da schwappte die Welle ins Gegenteil um: Zahlreiche Jugendliche befreiten sich mithilfe dieses Songs von der Drogensucht. Ein Effekt, der nicht mit einem Bach- oder mit einem Schubert-Lied hätte erzielt werden können,

---

[329] W. (C.) Simon, *Musik und Heilkunst*, wie Anm. 324, S. 14–16. – Neben dem Sammelband von G. Harrer (Hg.), wie Anm. 312, sind folgende Schriften für die ärztliche Musiktherapie grundlegend: Chr. Schwabe, *Musiktherapie bei Neurosen und funktionellen Störungen*, Stuttgart ²1972, dazu *Studia musicologica* 15, 1973, S. 390f.; H. Willms, *Musiktherapie bei psychotischen Erkrankungen*, Stuttgart 1975; ders., *Musik und Entspannung*, ebda. 1977; P. Nordoff und C. Robbins, *Creative Music Therapy*, New York 1977; K.-J. Kemmelmeyer und W. Probst (Hg.), *Quellentexte zur Pädagogischen Musiktherapie. Zur Genese eines Faches*, Regensburg 1981

[330] C. E. Robertson-DeCarbo, *Music as Therapy: A Bio-Cultural Problem*, in: *Ethnomusicology* 18, 1974, S. 31–42, Zitat S. 40, Hervorhebungen durch den Verf. – Vgl. auch A. Kiev, *Magic, Faith, and Healing*, London 1964

[331] H. Federhofer, Artikel *Musikerziehung* in: *MGG* 9, 1961

[332] H. Rauhe, *Grundlagen der Antriebsförderung...*, wie Anm. 318, S. 55–78

weil dieses „Bildungsgut" dem Fühlen und Denken der in Rede stehenden Jugendlichen nicht entsprach. Die Jugendlichen griffen ja u. a. deshalb zu den Drogen, um diesem „Bildungsgut" zu entfliehen.

Wenn in der Deutschen Medizinischen Wochenschrift[333] davon berichtet wird, daß „getragene Musik" die angespannte Atmosphäre auf Intensivstationen zu entkrampfen vermag und daß auf diese Art Schwerkranke, die eben einen Herzinfarkt überstanden hätten, in ihrem Befinden günstig beeinflußt würden; wenn in Operationssälen bei besonders schwierigen Fällen leise, in der Dynamik geglättete Musik eingespielt wird, um Ärzte und Personal in einer entspannten Umgebung arbeiten zu lassen (Auskunft des Grazer Neurochirurgen Fritz Heppner, der dies an US-amerikanischen Kliniken schätzen gelernt hat und es nun auch in Graz anwendet): Dann handelt es sich um jene Backgroundmusik, die man unterbewußt empfindet, der man aber nicht zuhört, wie sie im Kapitel „Musik und Arbeit" dieses Buches bereits beschrieben wurde. In der Musiktherapie jedoch ist das bewußte Zuhören mit in Rechnung zu stellen: Und daher darf es nicht gleichgültig sein, welche Art von Musik wie dargeboten zum Einsatz kommt. *Das Problem liegt darin, daß zum Beispiel Patienten mit spastischen Lähmungen, wie sie nach Schlaganfällen, aber auch bei anderen cerebralen Schäden, auftreten, unterschiedlich reagieren. Sie bedürfen, je nach Diagnose und Konstitution, jeweils verschiedener Antriebsmusik. Dies gilt etwa auch für den Parkinson-Kranken, dessen wiederum ganz andersartige Tonusstörung eine andere Antriebtherapie erfordert; denn er bewegt sich verlangsamt, kommt aber besser voran, wenn er erst einmal „in Gang" ist, obgleich seine Bewegungen mehr oder weniger „wächsern" wirken. Seine Bewegungsstörung hat eine andere Pathogenese als die des Schlaganfall-Patienten[334].* Es scheint, daß in der medizinischen Praxis diese Unterscheidung bislang zu wenig beachtet wurde und allein grundsätzlich vom Einsatz „der" Musik die Rede ist. Hier bedarf der Mediziner offensichtlich der Unterstützung des im Bereich der Popularmusik arbeitenden Musikwissenschaftlers.

Patientenbezogene Musik ist in erster Linie – entsprechend dem Anteil von 88 Prozent am gegenwärtigen massenmedialen Musikkonsum – jene „leichte" Popularmusik, die beim einzelnen Patienten zu früheren Zeiten mit bestimmten Aktivitäten, mit Gefühlen der Freude, des Glücks und der Hoffnung verbunden war. Zu diesen Zeiten wurden beim einzelnen Menschen „bedingte Reflexe" gebahnt, die antriebssteigernden und stimmungsaufhellenden Charakter hatten. Diesen verlieren die einmal konditionierten, mit spezifischen textlichen und musikalischen Strukturen verbundenen „bedingten Reflexe" nicht, auch wenn die Anlässe ihrer Entstehung mehr oder weniger irrelevant geworden sind[335]. Mit dem Wiederaufdecken gebahnter Reflexe schafft Musik Zugang zu Menschen, die der Wort-Kommunikation nicht mehr zu folgen vermögen.

Ärztliche Musiktherapie und (Heil-, Sonder-) Pädagogik mithilfe von Musikhören/Musizieren dürfen nicht als zwei getrennte Disziplinen gesehen werden – wie oben bereits angedeutet. *Von Haus aus ist Musiktherapie eine medizinische Methode; denn sie ist diagnosespezifisch (d. h. sie verlangt ein diagnostiziertes Krankheitsbild und die Indikation nach einer speziellen Methode). Doch von altersher haben sich in der Musikpädagogik Theorien behauptet, die von niemals exakt gefaßten und wohl auch nicht faßbaren Wirkungen der Musik auf den Menschen ausgehen und diese pädagogisch nutzen möchten. Hier, bei dem Versuch Wirkungen von Musik auf den Menschen gezielt zu dessen Nutzen einzusetzen, berühren sich medizinische und pädagogische Methode ... Die Notwendigkeit gemeinsamer Arbeit zeigt sich im besonderen auf folgenden Gebie-*

---

[333] Band 105, 1980, S. 556
[334] H. Rauhe, *Grundlagen...*, wie Anm. 318, S. 70f.
[335] H. Rauhe, wie Anm. 318, S. 73f.

ten: 1. *als musikdidaktische Material- und Verfahrenshilfe, 2. in der medizinischen Beratung der Musikdidaktik im Sonderschul-Bereich, um für die verschiedenen Behinderungen jeweils speziell wirksame musikalische Lernsequenzen entwickeln zu können, 3. in der gemeinsamen Grundlagenforschung*[336]. Die Fülle an Literatur, die im musikpädagogischen Bereich zu unserem Thema vorliegt, reicht von Lehrerhandbüchern zu den gängigen Sing- und Spielbüchern bis zu Spezialstudien über einzelne Behinderten-Probleme[337].

Da Behinderte in der Regel auch emotional geschädigt sind, ist für den Pädagogen die Frage der Wahl des Musikinstruments und die Zusammensetzung der Sing/Spielgruppe von Bedeutung. Friedrich Klausmeier hat in diesem Zusammenhang eine sehr wichtige Tatsache bewußt gemacht: Durch die Verwendung neuerer technischer, elektronischer Musikinstrumente delegiert der Mensch einen Teil seiner Aktivitäten an diese Geräte, mindert dadurch seine Aktivität und zugleich die Möglichkeit, emotionalen Ausdruck zu kodieren. Das Verdrängen von Emotionen (Depersonalisationserscheinung) resultiert daraus – und wird zur zweiten soziokulturellen Natur des Instrumentalisten. *Sein Verhalten zeigt dann ein Defizit in der emotionalen Balance, was als Mangel an emotionalem Ausdruck oder deutlicher als ein Verdrängen des Ausdruckswunsches zu definieren ist*[338]. Umgekehrt weist Helmut Moog nach, daß unter den konventionellen Musikinstrumenten es vor allem die Blechblasinstrumente sind, die wegen ihrer „Körpernähe" besonders erfolgreich zum Einsatz kommen können: Der Ton wächst unmittelbar aus der Atembewegung hervor, wird mit Zunge und Lippen (den nervlich bestversorgten Körperpartien) gebildet, es bedarf für den Einsatz der zumeist nur drei Ventile geringer manueller Fähigkeiten – und nicht zuletzt ist die Integration der Behinderten über die im Gemeinwesen gesellschaftlich verankerte Blaskapelle in der Regel besonders intensiv, das Erfolgserlebnis unmittelbar, der Stolz über die Teamarbeit verteilt sich in gleicher Weise auf alle Angehörigen des Klangkörpers. Das gestörte Verhältnis des Menschen zu seiner Umwelt wird zurecht gerückt, seine Ängste werden gebannt. Schlüsselproblem ist demnach *die Wahl des Instruments bzw. der Instrumentengruppe. Die Zuweisung eines unpassenden Instruments kann zur Folge haben, daß der Betreffende sich von der Musik abwendet und unter Umständen langfristig ein gestörtes Verhältnis zur Musik behält*[339].

Der – anzustrebende – multidisziplinäre Kontakt zwischen Ärzten verschiedener Fachbereiche, Soziologen und Musikwissenschaftlern kann davon ausgehen, daß Musik für eine *humane Existenz lebensnotwendig* (Friedrich Klausmeier) sei. Falscher Gebrauch von Musik

---

[336] S. Abel-Struth, *Musiktherapie und Musikpädagogik,* in: *Musica* 29, 1975, S. 516ff.

[337] Nur einige repräsentative Schriften können hier zitiert werden: H. Moog, *Lehrerhandbuch zum Singbuch* I und II, Düsseldorf 1972; K. Josef, *Musik als Hilfe in der Erziehung geistig Behinderter,* Berlin ³1974; W. Probst, *Musik in der Sonderschule für Lernbehinderte,* Berlin ²1976; A. Seidel, *Musik in der Sozialpädagogik, dargestellt am Beispiel Randgruppenarbeit,* Wiesbaden 1976 *(Materialien zur Didaktik und Methodik des Musikunterrichts 5)*; U. Bleidick, *Pädagogik der Behinderten,* Berlin ³1978, in: *Musica* 33, Heft 6, Kassel 1979

[338] F. Klausmeier, *Die Lust, sich musikalisch auszudrücken,* Reinbek bei Hamburg 1978, S. 12. – Ein Befund, den der Mediziner bestätigt: E. Kern, *Rückkoppelungsphänomene zwischen Musiker und Musikinstrument,* in: *Nova Acta Leopoldina* NF 206, 37/1, 1972, S. 573–610: *... bleibt eine synthetisch erzeugte, elektronische „Musik" unbefriedigend, es fehlt ihr zwangsläufig die künstlerische Aussage, die durch die Wechselbeziehung zwischen dem Musiker und seinem Instrument entsteht* (S. 608).

[339] H. Moog, *Blasinstrumente bei Behinderten,* Tutzing 1978 *(Alta musica 3)*, S. 23; ders., *Der Einsatz von Blechblasinstrumenten in der Sonderpädagogik,* in: *Bericht über die 1. Internationale Fachtagung zur Erforschung und Förderung der Blasmusik,* hg. von W. Suppan und E. Brixel, Graz 1976 *(Alta musica 1)*. – Zu ähnlichen Ergebnissen kommt R. A. Weber, *An Approach to the Uses of Musical Instruments in the Education of the Mentally Handicapped,* Doctoral-Diss. Columbia Teacher's College 1966, wobei das Blasinstrument auf das Erlernen anderer Musikinstrumente vorbereiten soll. – Eine Zusammenstellung der einschlägigen US-amerikanischen Literatur bietet B. L. Krebs, *Music Education for the Mentally Handicapped: A Summary of Selected Related Literature with Conclusions and Recommendations,* in: *Council for Research in Music Education* 57, Winter 1978, S. 11–22

kann deshalb im Sozialisierungs- und Sensibilisierungsprozeß des Menschen ebenso Schaden anrichten wie der zeitweilige völlige Entzug von Musik (Norbert Linke berichtet von solchen *krankmachenden Untersuchungen* in den USA, nachdem einer Reihe von Testpersonen für längere Zeit die Musik entzogen worden war[340]). Doch was „falsch" und „richtig" in diesem Zusammenhang genannt werden darf, ist relativ, weil von kulturspezifischen Mechanismen getragen. Künftiger einschlägiger Forschung bietet sich ein weites, noch kaum beackertes Feld an; denn *there is so much music in our lives – yet we know little about its function. Music is one of man's most remarkable inventions – though possibly it may not be his invention at all: like his capacity for language his capacity for music may be a naturally evolved biologic function. All cultures and societies have music*[341].

Tanz

Maistänze [sind] *in erster Linie Gebete um Feuchtigkeit*[342]

Die einzelnen Kapitel dieses Buches sind so ineinander verzahnt, daß es schwer fällt, anthropologische Bezüge und Ausdruckswerte des Tanzes gesondert darzustellen, ohne auf frühere Abschnitte hinzuweisen und ohne von späteren Abschnitten etwas vorwegzunehmen. Der Schamane, der Zauberer und Medizinmann, der Priester: sie alle benutzen sowohl die Wort- und Tonsprache wie die Körpersprache, von der genauen Beachtung der rezitierten und gesungenen Zauberformeln/Texte wie von dem genauen Ausschreiten des Sakralraumes, von den damit verbundenen festgelegten (Tanz-)Bewegungen, von der Mimik und Gestik hängen der Erfolg der Zauberhandlung/des Gottesdienstes ab. Mittelalterliche Tanz-Epidemien oder der Tarantismus des 16. bis 18. Jahrhunderts erweisen sich als medizinische Probleme. Das Abschreiten von Grundstücken und das Umschreiten von Häusern hatte im mittelalterlichen Rechtsleben seine feste Bedeutung. Verschiedene Arbeitsprozesse wurden/werden bei Naturvölkern in streng abgezirkelten Bewegungsabläufen vollzogen, die durchaus nicht allein von manuellen und von ökonomischen Voraussetzungen geprägt sind. Im geistlichen Drama des Mittelalters ging man deklamierend auf und ab, die Text- und Melodiezeilen wurden exakt abgeschritten, Wortsilbe und Bewegung (Schritt) verliefen starr synchron. Die Haltung der Sänger und Instrumentalisten ist vielfach von „ritualisierten" Bewegungen bestimmt – man betrachte nur einen Zigeuner-Primas mit seiner Geige. Schließlich wäre zu fragen: Haben politische Demonstrationen der Macht, wie eine militärische Parade oder die „Choreographie" eines Reichsparteitages, auch mit Tanz zu tun? Ist Ballett funktionslos gewordene Schönheit der Darstellung und Schaustellung des menschlichen Körpers, der koordinierten Bewegung, der Zucht und Ordnung, also l'art pour l'art?

Curt Sachs erwähnt in seiner Weltgeschichte des Tanzes, daß auch Gruppen von Tieren: Vögel, Bienen, Schimpansen, in geregelten Bewegungsabläufen sich darzustellen vermögen[343].

---

[340] N. Linke, wie Anm. 328, S. 146

[341] M. Clynes (Hg.), *Music, Mind, and Brain. The Neurophysiology of Music*, New York und London 1982, S. VII. – Nur in Anmerkung, obgleich ich dies für Kunstdiskussionen ebenso wichtig halte wie für die Didaktik des Musikunterrichtes, sei in diesem Zusammenhang nochmals W. Müller-Thalheim, wie Anm. 322, S. 1417, zitiert: *... weil dem* `kreatürlichen Wesen der Intellekt eigentlich ein wenig fremd ist. Er liegt uns ferner als die Sensibilität, das unmittelbare Empfinden. Daraus dürfte auch letztlich der Antrieb zum Schöpferischen und zum Musischen stammen, die beide sich dem Wesen nach der Logik widersetzen.*

[342] H. Hartmann, *Ein Maistanz in San Ildefonso Pueblo*, in: *Baessler-Archiv* NF 24, 1976, S. 5–39, Zitat S. 17

[343] C. Sachs, *Eine Weltgeschichte des Tanzes*, Berlin 1933; engl. New York 1937, S. 9f.

Karl von Frisch erkannte den Tanz der Bienen als Bestandteil ihrer Sprache – und erhielt dafür den Nobelpreis[344]. Das deutet auf biologische Dispositionen zum Tanz im menschlichen Verhalten hin. Doch bestimmen unterschiedliche klimatische, wirtschaftliche, gesellschaftliche, zivilisatorische Bedingungen spezifische kulturelle Verhaltensmuster des Sich-Darstellens und Sich-Gebens im Tanz. In der (rhythmischen) Bewegung des Körpers ist der Mensch freier, seine Emotionen zu gestalten, als in der Wort- oder Tonsprache. Das hängt nicht zuletzt damit zusammen, daß Tanzen nur selten – und jedenfalls weniger präzise mit Hilfe der Schrift vermittelt wird (das heißt: durch diese eingeengt und petrifiziert wird) als etwa Sprechen und Musizieren. Und daraus würde sich ergeben, daß die anthropologischen Grundfragen, was der Mensch sei und was er vermöge, an der Körpersprache des/der Tanzenden besonders deutlich ablesbar wären. Was Musik mit dem Menschen anzustellen vermag, ist an den in einer mitteleuropäischen Diskothek Tanzenden oder an den Trance-Tänzern Javas und Balis augenscheinlicher wahrzunehmen als etwa in einer Ballett-Vorstellung des Württembergischen Staatstheaters in Stuttgart.

Trotzdem ist in der umfangreichen Literatur zur Geschichte und zu den einzelnen zeit- und schichtenspezifischen Gattungen des Tanzes über seine primär-menschliche und gesellschaftliche Funktion wenig zu finden. Margaret Mead hat in ihrem Buch über Samoa erstmals diesem Komplex besondere Aufmerksamkeit gewidmet[345]. Grundlegend für die funktionale Betrachtungsweise des Phänomens aber wurde das Buch von F. Boas, in dem die Frage nach den Beziehungen zwischen dem Bewegungsverhalten des Menschen im täglichen Leben und in stilisierten Tanzformen aufgeworfen wird, um so Material für Studien über das „cultural temperament" eines Volkes zu gewinnen: *Gesture and posture in daily life are certainly expressive of a people's character, but how are their gestures and postures in a stylized, heightened, and intensified form, as they appear in the dance, related to their particular character? ... One field which still awaits exploration is the question of how far a dominant kinesthetic awareness of certain parts of the body is related to psychological factors. If posture and movement of an individual are closely interdependent with his psychological state, would not stylized posture and gesture in the dance of a people be relevant to a general psychological trend in their life?*[346]. Gertrude Kurath hat in ihrem Lexikon-Artikel von 1949 erstmals versucht, systematisch zu gliedern, wo und wann überall Tänze gebraucht werden: *puberty initiation, courtship, friendship, wedding, occupations, vegetation, astronomical dances, hunting, animal mime, battle mime and „moriscas", cure, death, ecstatic dance, and clown dances*[347]. Anthony V. Shay hat diese vierzehn Gruppen in eine sinnvolle Typologie gebracht, die noch sechs Kategorien enthält: (1) Tanz als Spiegelbild und Bestätigung (validation) gesellschaftlichen Zusammenlebens, (2) Tanz als Vehicel weltlicher und religiöser Riten/Zeremonien, (3) Tanz als gesellschaftlicher Zeitvertreib und als Freizeitvergnügen, (4) Tanz als psychologisches Ventil, (5) Tanz als Ausdruck ästhetischer Werte oder als eine *aesthetic activity in itself*, (6) Tanz als Basis einer wirtschaftlichen Existenz oder als eine *economic activity in itself*[348].

---

[344] K. von Frisch, *Tanzsprache und Orientierung der Bienen*, Berlin u. a. 1965
[345] M. Mead, *Coming to Age in Samoa*, New York 1928. – Vgl. dazu und zu den folgenden Absätzen A. P. Royce, *The Anthropology of Dance*, Bloomington und London 1977, S. 78–85
[346] F. Boas, *The Function of Dance in Human Society*, New York 1944, S. 55. 62f.
[347] G. Kurath, *Dance: Folk and Primitive*, in: *Dictionary of Folklore, Mythology and Legend* 1, New York 1949, S. 277–296
[348] A. V. Shay, *The Functions of Dance in Human Societies: An Approach Using Context (Dance Event) not Content (Movement and Gestures) for Treating Dance as Anthropological Data*, MA-Thesis California State College, Los Angeles 1971

In Shays erste Kategorie fallen Tänze, die soziale Aspekte in einer Gruppe regeln. Solche Tänze sind an Altersgruppierungen oder an das Geschlecht gebunden. Den englischen Morris-Tänzern, den rumänischen Cálusari und den mexikanischen Matachines gehören ausschließlich Männer an – und eine gelegentliche Frauenrolle wird dabei von einem Mann in Frauenkleidern getanzt. Bei manchen Indianerstämmen Nord-Amerikas ist es allein den Frauen erlaubt, zum Abschluß eines erfolgreichen Raubzuges oder während eines Kriegertreffens den Skalp-Tanz zu „zelebrieren". In einigen volkskundlichen Rückzugsgebieten Jugoslawiens ist es den Frauen verboten, nach der Verehelichung noch zu tanzen. Bei den Hopi hängt es vom Alter der Frauen ab, welche Tänze sie jeweils ausführen dürfen. Bestimmte Sippen (Clans) innerhalb ethnischer Gruppen haben ihre eigenen, ihnen allein zustehenden Tänze. Die Bororo in Südafrika teilen ihre Dörfer in jeweils zwei Hälften („moieties"), jede dieser Hälften hat ihre eigenen Tänze und die dazugehörigen spezifisch geprägten Tanzanlässe. Freundschaftsgruppen versinnbildlichen mit Hilfe des Tanzes ihre eigengeprägten Interessen. Die Aufführung des Solo-Kriegstanzes bei den Kwakiutl-Indianern ist einzelnen Frauen vorbehalten[349]. Kindertänze in Tibet zeigen *figürliche Umdeutungen von Vorgängen auf einem Kinderspielplatz*[350].

Tänze im Zusammenhang mit Initiationsriten bilden ein Bindeglied zur zweiten Kategorie Shays. In Zambia gibt es einen eigenen Tanz, „Mitunga" genannt: *The occasion for the performance of this dance is when a girl menstruates in the junior gowelo. She is immediately removed and taken to her mother's home. Soon the other matured girls and women of the village coverge on the house, make music and dance the chimwangalala or mitunga dance with the newly matured girl... The dance has motifs which are not considered suitable for a public; and therefore none other than the performers and those eligible to dance it are allowed to see it*[351]. Im Rahmen der Winter-Zeremonien werden bei den Kwakiutl-Indianern die Novizen durch „übernatürliche Kräfte" initiiert; nach Rückkehr in die Gemeinschaft imitieren sie tanzend das Ereignis.

In die zweite Kategorie Shays fällt die Gestaltung wesentlicher Stationen des menschlichen Lebens („rites of passage") und religiöser Rituale, einschließlich der ekstatischen oder Trance-Tänze, der Maskentänze und feierlicher Prozessionen. Dieser Bereich ist allerdings so umfangreich und für das anthropologische Verständnis des tanzenden Menschen so zentral, daß man gerne Gabriele Christiane Busch zustimmen möchte, ihn in zwei Komplexe zu trennen: (a) *der privilegierten Personen vorbehaltene zeremonielle Tanz und sakrale Tanz*, (b) *der mit magischem Sinn erfüllte sowie der Heiltanz von Schamanen, Medizinmännern und anderen erwählten Personen*[352]. Auf Gilbert Rougets Buch sowie auf die Untersuchungen der Musik-Trance-Riten auf Java und bei den Hausa in Nigerien wurde bereits hingewiesen[353]. Im Rahmen der Aufnahmezeremonie in die Kultgruppe kommt es bei den Hausa zu einem Sieben-Tage-Fest, *that ultimately leads to an agreement with the offended spirit*. Darum geht es letztlich: Den vermeintlichen Einfluß irrealer Wesen auf das Wohlbefinden der Gruppe und jedes Angehörigen dieser

---

[349] Diese und weitere Nachweise bei A. P. Royce, wie Anm. 345, S. 80

[350] A. M. Dauer und C. T. Jongchay Rinpoche, *Tibeter (Zentralasien). Kindertänze*, in: *Encyclopaedia Cinematographica*, Göttingen 1971, Film E 1608/1970

[351] A. A. Mensah, *Performing Arts in Zambia. Music and Dance*, in: *Bulletin of the International Committee on Urgent Anthropological and Ethnological Research* 13, 1971, S. 78

[352] G. C. Busch, *Ikonographische Studien zum Solotanz im Mittelalter*, Innsbruck 1982, S. 20. – A. P. Royce, wie Anm. 345, S. 80f., beschreibt diese zweite Gruppe Shays in sechs Zeilen, um dafür der dritten Gruppe *one of the most universal functions of dance* zuzusprechen: Eine m. E. verzerrte, „western"-orientierte Sicht des Phänomens.

[353] G. Rouget, *La musique et la transe*, Paris 1980; M. J. Kartomi, *Music and Trance in Central Java*, in: *Ethnomusicology* 17, 1973, S. 163–208; V. Erlmann, *Trance and Music in the Hausa Bóorii Spirit Possession Cult in Niger*, ebda. 26, 1982, S. 49–58

Gruppe durch Vereinbarungen mit diesen Wesen (Ahnen/Dämonen/Göttern) zu lenken, und zwar konkret dadurch, daß man „göttliche" Verhaltensweisen: Musik/Gesang und Tanz, übernimmt/nachahmt (Mimesis). Das wird aus Ergebnissen ethnologischer Feldforschung bei jenen ethnischen Gruppen deutlich, die bislang wenig oder kaum mit europäischer Zivilisation in Berührung gekommen sind. Rose Brandel beschreibt in diesem Sinn die auf wenige Funktionen reduzierbaren, aber in Stil und Form ungemein reichhaltigen und durch die Verwendung von Masken den mimetischen Charakter bezeugenden Tier-Tänze, die krampfartigen und ekstatischen Schamanentänze, die Fruchtbarkeitstänze, *all realized in archaic circle or later file and couple forms*, in Zentral-Afrika[354].

Wie der Tänzer – in diesem Fall der beobachtende Ethnologe selbst – zum *Bindeglied zwischen den kosmischen Ebenen, zwischen der Welt hier unten, unserer Welt, und der Welt oben* werden kann und dabei *durch das unaufhörliche Schlagen der Trommeln, die langen Gesänge und die Rassel in meiner Hand* zu fühlen beginnt, *wie die wogenden Rhythmen des Kosmos meine tanzenden Füße durchströmen, auf, nieder, seitwärts, in alle Richtungen*, wird aus der Darstellung eines religiösen Tanzes *an einem Abend im März 1972 ... in dem Pueblo New Mexikos* durch Alfonso Ortiz deutlich[355]. In diesem Fall – wie auch bei der folgenden Beschreibung des Schamanenrituals mit dem „Tanzenden Zelt" – stellt Åke Hultkrantz die Frage, ob erstens das Publikum (einschließlich des beobachtenden Ethnologen) hypnotisiert wird oder Gegenstand einer sehr nachhaltigen Suggestion ist; zweitens, ob der Schamane entweder Helfer hat, die unbemerkt die gewünschten Effekte hervorbringen, oder ob er sich selbst bestimmter Tricks bedient; und drittens, ob die Mirakel *doch irgendwie das sind, was sie zu sein scheinen.* Hultkrantz fordert deshalb eine Para-Anthropologie, die sich der Untersuchung solcher Phänomene widmen sollte; denn: *An Ritualen mit Medizinmännern teilnehmend, mußte ich in meinem Notizbuch Beobachtungen von einer Art festhalten, die ich in keiner Fachzeitschrift hätte veröffentlichen können, ohne meine wissenschaftliche Reputation aufs Spiel zu setzen. Solche Beobachtungen werden in der Tat als unwichtige Nebenprodukte eines kulturellen Systems angesehen. Statt dessen ist es vielmehr häufig so, daß diese Glaubensüberzeugungen die k o g n i t i v e n G r u n d e l e m e n t e d e s W e l t b i l d e s u n d W e r t s y s t e m s e i n e s V o l k e s* [!] *offenbaren. (Die moderne kognitive Anthropologie scheint für diese Perspektive etwas offener zu werden.)*[356]

Beim Tanzenden Zelt handelt es sich um ein Schamanenritual, das im nördlichen Bereich Nordamerikas vor allem bei den Algonkin-Indianern, den Mistassini, Cree und Ojibway verbreitet ist. Der Medizinmann (Zauberer, Gaukler) setzt die Zeremonie dann fest, wenn er gebeten wird, mit Hilfe der Geister verschwundene Menschen oder Gegenstände wiederzufinden, die Zukunft zu weissagen, Krankheiten zu heilen. Um die Geister herbeirufen zu können, wird der Medizinmann in eine Decke gehüllt, mit dicken Seilen gewissenhaft verschnürt und in einem kleinen, eigens zu diesem Zweck errichteten Zelt eingeschlossen. Um das Zelt, das im Winter in einer größeren Hütte steht, versammeln sich seine Mitbewohner. Während der Zeremonie befreit sich der Schamane auf geheimnisvolle Weise von seinen Fesseln, der Einzug der Geister in das Zelt wird von heftigen Windstößen begleitet, die die Hütte erschüttern sowie in rhythmischen Bewegungen heben und schaukeln, wobei zudem ein verwirrendes Durchein-

[354] R. Brandel, *The Music of Central Africa. An Ethnomusicological Study*, The Hague 1973, S. 40–47; dazu auch A. M. Dauer, *Zum Bewegungsverhalten afrikanischer Tänzer*, in: *Research Film* 6, 1969, S. 517–526

[355] A. Ortiz, *Die letzte Wanderung auf den Berggipfel*, in: *Der Wissenschaftler und das Irrationale* 1, hg. von H. P. Duerr, Frankfurt 1981, S. 60–72. Ortiz ist Professor für Ethnologie an der University of New Mexiko in Albuquerque.

[356] Å. Hultkrantz, *Ritual und Geheimnis: Über die Kunst der Medizinmänner, oder: Was der Herr Professor verschwieg*, ebda., S. 73–97, Zitate: S. 80, 74, 76, Hervorhebung durch den Verf.

ander von Tierstimmen zu vernehmen ist. Seit der Jesuitenpater Paul Le Jeune im Jahr 1637 erstmals das Ritual des Tanzenden Zeltes beobachtet und beschrieben hat, haben sich zahlreiche Weltreisende, Amateurethnologen und Gelehrte verschiedener anthropologischer, medizinischer und theologischer Fachrichtungen des Phänomens angenommen – ohne einerseits den/die Schamanen des Betrugs überführen zu können und ohne andererseits eine Erklärung für dabei (durchaus erfolgreich) wirksam werdende „übernatürliche Kräfte" zu finden[357]. Obgleich es sich bei dieser Zeremonie nicht um einen Schamanen-Tanz handelt, sondern das Zelt als ein „Tanzendes" bezeichnet wird, mag der Bericht an dieser Stelle zum Verständnis dessen beitragen, was in der Volksterminologie (auch) als Tanz bezeichnet wird.

Ein Medizinmann oder eine Medizinfrau („sangoma") wird man bei den Bantus in Südafrika durch das Erlernen besonderer Tänze, Gesänge und der Trommelkunst sowie durch das Einnehmen von Brechmitteln zur Reinigung des Körpers. Der/Die Kandidat/in wird dabei ständig durch eine „Baba" betreut und beobachtet, die sich vor allem darum bekümmert, in welcher Form der Geist jeweils erscheint. Zu den unterschiedlichsten Tag- und Nachtzeiten werden die angehenden sangomas aufgefordert, Gegenstände zu suchen, die von der Baba irgendwo im Dorf versteckt worden sind, wobei die Aufgaben im Verlauf der Ausbildung immer schwieriger werden. Immer wieder werden die angehenden Medizinmänner/-frauen aufgefordert, den Geist, von dem sie besessen sind, zu stärken und zu nutzen. Wenn die Kraft des Geistes nachläßt, kommt es zur Anwendung von schwächeren Drogen, um Träume und haluzinatorische Erlebnisse aufzuklären. An diesem Ausbildungsmodell wird deutlich, wie Tanz, Musik, Trommeln, körperliche Reinigung und z. T. auch Drogen ineinandergreifen müssen, um die „übernatürlichen" Fähigkeiten eines Medizinmannes zu erlangen, zu entfalten und zu bewahren[358].

Wie schon in vorstehenden Abschnitten dieses Buches anhand umfangreicher Materialien dargestellt, läßt sich auch am Tanz zeigen, daß zwischen den Vorstellungen in Naturvolkkulturen und Alten Hochkulturen mehr Gemeinsamkeiten bestehen als zwischen Alten Hochkulturen und europäisch-abendländischer Kultur. In Tibet bedeutet das Wort „'cham" wörtlich Tanz, doch die Semantik des tibetanischen Wortes umschreibt damit „Bewegung von Händen, Füßen, Kopf und Körper für Religionszwecke". 'Cham-Maskenspiele werden u. a. deshalb aufgeführt, um das Schlechte, Böse, Unruhige zu beseitigen und die Atmosphäre für ein bevorstehendes großes Ereignis zu reinigen, zum Beispiel für Neujahr, für den 29. Tag des 11. tibetanischen Monats. Die Entstehung des 'cham als institutionalisierte Einrichtung wird dem Buddha „Kun-bzan" (Sarvabhadra) zugeschrieben, einem sehr frühen Buddha. In vielen Klöstern gehören zu den 'cham-Tänzern auch Figuren ohne Gesichtsmasken, aber mit einem reichen Gewand und mit einem hohen schwarzen Hut: Diese symbolisieren die Welt[359]. Im Zusammenhang mit der filmischen Aufzeichnung von Tiertänzen weisen die Autoren darauf hin, daß solche kultischen Maskentänze die Zuschauer an den abstoßenden Anblick der Schutzgötter und Dämonen im Zustand zwischen Tod und erneuter Reinkarnation gewöhnen

---

[357] Dazu einige Literatur (Auswahl): *Primitive Man* 17, 3/4, Washington 1944, mit Beiträgen von D. Collier, J. A. Burgesse, F. Flannery, J. M. Cooper; Å. Hultkrantz, *Spirit Lodge, a North American Shamanistic Séance*, in: *Studies in Shamanism*, Stockholm 1967, S. 32–68; W. Müller, *Die Religionen der Indianervölker Nordamerikas*, in: *Die Religionen der Menschheit* 7, hg. von C. M. Schröder, Stuttgart 1961, S. 171–267; M. Leiris, *Die eigene und die fremde Kultur. Ethnologische Schriften*, Frankfurt ²1979, S. 135–227

[358] A. K. Boshier, *Afrikanische Lehrjahre*, in: *Der Wissenschaftler und das Irrationale* 1, hg. von H. P. Duerr, Frankfurt 1981, S. 23

[359] C. T. Jongchay Rinpoche, *Tscham-Tänze in einem tibetischen Lama-Kloster*, in: *Institut für den wissenschaftlichen Film*, Film F 940/1967, Göttingen 1972, S. 6f.

sollten. Der Vorführung dieser Mysterienspiele gehen tagelange Meditationen voraus. Wort, Gesang, Musik, Tanz, Gestik, Maske, Kostüm, Szenerie vereinigen sich, um die Vertreibung der alten Bon-Religion durch den Buddhismus, die Austreibung der Dämonen, die den Menschen bedrängen, und die Darstellung des Totenreiches zu gestalten. *In den großen Klöstern mit ihren vieltausend Mönchen erreichen diese Spiele das Ausmaß von Hunderten von Mitwirkenden, und es ist verständlich, daß von ihnen eine ungemein erschütternde Wirkung auf Zuschauer und Teilnehmer ausgeht*[360]. Der katechetisch-didaktische Zweck dieser Tanz-Spiele entspricht durchaus den Aufgaben eines mittelalterlich-christlichen Mysterienspiels – nur das Medium, das die Ideologie vermittelt und in den Zuschauern einpflanzt, ist jeweils kulturspezifisch anders geformt.

Beschreibungen aus dem antiken Griechenland und aus dem alten Rom, aber auch das Nachleben älterer Vorstellungen von Sinn und Inhalt des Tanzes bei russischen Tanzsekten und bei den Derwisch-Orden am Balkan bezeugen die Tatsache, daß der Tanz im Zusammenhang mit kultischen Handlungen die Aufgabe erfüllt(e), das Wachbewußtsein im Menschen zurückzudrängen und schließlich auszuschalten[361].

Die eigengeprägte europäisch-abendländische Entwicklung knüpft zwar an antike Vorstellungen tanzender Götter und Dämonen: Apoll, Athene, Dionysos, die Dioskuren gelten als Erfinder des Tanzes, Musen, Chariten, Nereiden und Nymphen tanzten, auch der geregelte Umschwung der Gestirne wird als Urbild des Tanzes gedeutet: *Im Tanz der Himmelskörper, in den komplizierten Bewegungen, durch die die Planeten in harmonische Beziehung zu den Fixsternen gebracht werden, siehst du ein Beispiel dieser Kunst in ihrer Kindheit* (Lukian)[362] – doch prägt der Himmel-Hölle-Dualismus des Christentums die Vorstellungen vom guten und bösen Tanz einschließlich der Entwicklung zum gesellschaftlichen Paartanz und zum Ballett in völlig neuer Art und Weise. Während einerseits von den Kirchenvätern die naturvölkische und antike Vorstellung von den tanzenden Dämonen und Göttern auf die Engel übertragen wird, in den Johannesakten aus dem 2. Jahrhundert Christus selbst den Reigen anführt (denn: *wer nicht tanzt, erkennt das Bevorstehende nicht:* eine Vorstellung, die am großartigsten Dante in der gewaltigen Choreographie seines Paradiso gestaltet hat), wird der Tanz der Teufel zum Sinnbild des höllischen Infernos. Dazwischen aber steht die arme Menschenkreatur, vom Teufel zum Tanz verführt – und damit in Schuld, Sünde und Strafe verstrickt. Symptomatisch für diese Ideologie sind die den Tanz betreffenden Passagen in Predigten des hohen Mittelalters und der beginnenden Neuzeit, in denen die Zuhörer vor dem Tanz gewarnt werden; denn diejenigen, die auf Erden allzusehr dem Tanzvergnügen nachgingen, die müßten später auf ewig mit dem Teufel in der Hölle tanzen: *Denn die tentz diser werlt fürnd die tentzer in die helleschen tentz, da sie zusammen werden kommen in groszem schmertzen und in ewigen trübsale irme meister, dem butzen, tantzen müssen uff koln in flammen und ein cleglichs liedt singen mit bitterem weinen und hulen,*

---

[360] A. M. Dauer und C. T. Jongchay Rinpoche, *Tibeter (Zentralasien). Tiertänze,* in: *Encyclopaedia Cinematographica,* Film E 1609/1970, Göttingen 1971, S. 8. – In diesem Zusammenhang sei auch an Wilhelm Filchners Reisebeschreibungen und vor allem an seinen China-Tibet-Nepal-Film *Mönche, Tänzer und Soldaten* erinnert.

[361] A. J. Neubecker, *Altgriechische Musik. Eine Einführung,* Darmstadt 1977, S. 85–93; G. Wille, *Musica romana. Die Bedeutung der Musik im Leben der Römer,* Amsterdam 1967, S. 187ff. u. ö.; E. Arro, *Das Ost-West-Schisma in der Kirchenmusik,* in: *Musik des Ostens* 2, 1963, S. 7–83, vor allem 55ff.

[362] R. Hammerstein, *Die Musik der Engel. Untersuchungen zur Musikanschauung des Mittelalters,* Bern und München 1962, S. 28f. 47–49. – An dieser Stelle sei auf die umfassende medizinisch-philosophische Darstellung von E. Grassl, K. H. Fisch, H. Anton und H. Grassl, *Das „geistige" Band der Natur; die mathematisch-musikalische Akustik als strukturanalytisches Verfahren,* in: *Gegenbauers morph. Jahrbuch* 124–127, Leipzig 1978–1981, verwiesen.

und vaht daz liedt also an: „we uns nu und ummer ewiclich!"[363] Daran schließt sich die Beschreibung des himmlischen Reigens, des wahren Tanzes der Seligen mit Christus und den Engeln im Himmel, der zum Unterschied vom ungeordneten, sprunghaften, wilden, häßlichen, grotesken Höllentanz eben ein wohlgeordneter und schöner sei. Teufelstänze drehen stets nach links, während Engelstanz und Prozession nach rechts sich bewegen.

Selbst in aufgeklärten Gemeinschaften und bis in die Gegenwart herein ist in Mitteleuropa im Bereich der Gesellschaftstänze – und damit kommen wir zur dritten der von Shay genannten Kategorien – noch eine Spur „schlechten Gewissens" vorhanden. Man frage nur in bäuerlichen Kreisen der Alpenländer nach, wenn etwa eine Tanzveranstaltung in der Fastenzeit (zwischen Faschingdienstag und Ostern) angesetzt wird. So kann Tanz, als Erholung und Entspannung gedacht, auch heute noch den Makel der „Sünde" tragen. Zu tief haben sich kirchliche Vorschriften in die Vorstellungswelt der Bevölkerung eingeprägt. In den Statistischen Erhebungen Erzherzog Johanns heißt es um 1830 aus der Gegend von Admont im steirischen Ennstal: *Tänze, deren Abhaltung jedoch, solange die Ernte auf den Feldern steht, für freventlich angesehen wird*, und aus dem steirischen Schönberg b. O. wird berichtet, Hochzeiten im Juli und August seien äußerst selten, weil man sich scheue zu tanzen, wenn das Getreide in Halmen stehe – damit würde man den Hagel herbeiziehen[364].

Zu den Streß abbauenden, geselligen Tänzen zählen in den „westlichen" Gesellschaften auch die sogenannten „Volkstänze": folklorisierte und fixierte Formen jener Tänze, die in ihrem „ersten Dasein" der zweiten Shay-Gruppe zugehörten, dann aber funktionslos wurden oder in zeitgemäßen neuen Funktionen (touristische Attraktionen) ein „zweites Dasein" (Walter Wiora prägte diese Begriffe) führen. Diese Folklorisierung ist mit dem Eindringen „westlicher" Lebensformen, mit den Missionierungspraktiken christlicher Kirchen und in jüngster Zeit durch den Massen-Tourismus auch in afrikanischen, asiatischen und lateinamerikanischen Ländern in Mode gekommen und führt zur kommerziellen Nutzung überlieferter Tanzformen[365]. Der auf Bestellung und gegen Bezahlung vor europäischen Touristen in Ghana vorgeführte Kriegstanz der Ashanti bedarf keiner apotropäischen Kräfte mehr, von ihm werden Wirkungen nicht mehr erwartet – und daher ging auch der Glaube an mögliche Wirkungen verloren. Übrig bleibt die „ritualisierte" Hülle in Form tradierter Musik- und Tanzstrukturen, ein sinnlos gewordenes Spiel der Musikanten und Tänzer, Unterhaltung in Form eines „exotischen Flairs" für Zuhörer und Zuschauer.

Breite Angriffsfläche bietet für den Anthropologen die vierte Kategorie Shays. Tanz als ein psychologisches Ventil, zwanghaft, wie in mittelalterlichen Chroniken berichtet: Im Jahr 1374 kamen Tänzer nach Köln, deren Tanzen von Mariae Geburt an mehrere Wochen anhielt. Die Limburger Chronik berichtet darüber, daß die Tänzer in Kirchen, Klöstern und an anderen geweihten Orten zu finden seien, worüber großes Ärgernis entstand. Die herbeigerufenen

---

[363] R. Hammerstein, *Diabolus in musica. Studien zur Ikonographie der Musik im Mittelalter,* Bern und München 1974, S. 38f.; ders., *Tanz und Musik des Todes. Die mittelalterlichen Totentänze und ihr Nachleben,* ebda. 1980. Dazu W. Salmen, Rez. in: *Die Musikforschung* 35, 1982, S. 190

[364] W. Suppan, *Grundriß einer Geschichte des Tanzes in der Steiermark,* in: *Zeitschrift des historischen Vereines für Steiermark* 54, 1963, S. 91–116, Zitat S. 96

[365] Aus der Fülle einschlägiger Literatur nur: M. Huet, *Afrikanische Tänze,* Köln 1979; C. Holt, *Dances Vanish too,* in: *Bulletin of the International Committee on Urgent Anthropological and Ethnological Research* 9, 1967, S. 13f.; J. M. Rossen und M. M. Colbert, *Dance on Bellona, Solomon Islands: A Preliminary Study of Style and Concept,* in: *Ethnomusicology* 25, 1981, S. 447–466; G. Kubik, *Afrikanische Elemente im Jazz – Jazzelemente in der populären Musik Afrikas,* in: *Jazzforschung* 1, 1969, S. 84–98; ders., *Die Verarbeitung von Kwela, Jazz und Pop in der modernen Musik von Malawi,* ebda. 3/4, 1971/72, S. 51–115; H. Günther, *Grundphänomene und Grundbegriffe des afrikanischen und afroamerikanischen Tanzes,* Graz 1969 *(Beiträge zur Jazzforschung* 1)

Ärzte stellten fest, daß es sich bei dieser Tanzwut um eine Krankheit oder um die Folge einer Krankheit handle. An anderer Stelle heißt es in derselben Chronik: Die Tänzer sprangen hoch auf und riefen allesamt *here sent Johan!* Sie ließen sich auf den Rücken fallen, andere mußten sich auf ihren Bauch stellen und dort nach ihrem Verlangen *dantzen und treden*; sie trieben auch große *onkuischeit* (Unkeuschheit)[366]. Gabriele Christiane Busch weist in diesem Zusammenhang auf die Echternacher Springprozession hin, die 1553 auf einem Altarbild eines Löwener Malers abgebildet wird; die Prozession galt und gilt noch heute dem Heiligen Willibrord, der die Springenden segnet und sie damit von Wahn und Krankheit erlöst. Auch Veit („Veitstanz") und Johannes dem Täufer wurde nachgesagt, daß sie epileptischen Frauen den Dämon auszutreiben vermochten[367].

In verschiedenen Gesellschaften werden dem (maskierten) Tänzer gewisse Verhaltensformen zugestanden: Arme werden zu Königen, Männer zu Frauen, soziale Werte verkehren sich, Wünsche und Träume werden für kurze Zeit wahr, die unter normalen Bedingungen nicht möglich wären. Dies gilt auch für jugendliche Sub- und Teilkulturen der Gegenwart, wie Anya Peterson Royce betont: *In our own rock dancing, extremely suggestive movements that would not be tolerated outside the dance context are quite common.* Das kommt daher, weil *Dance is one of the most effective vehicles for psychological release because its instrument is the human body. Feedback is instantaneous and catharsis immediate for both the dancer and the observer*[368].

Shay 5: Im Verlauf der Entfaltung abendländischer Kultur und der „Befreiung" der Kunst aus funktionaler Gebundenheit entwickelte sich der Tanz zum Objekt ästhetischer Betrachtung, zum Gegenstand *interesselosen Wohlgefallens* (Kant). Eine Betrachtungsweise, die auch auf die klassischen Tanzformen Chinas, Koreas, Japans, Indiens übertragen wurde, die damit für den Europäer und bald auch für den Einheimischen zu funktionslosen Darstellungen um ihrer selbst willen denaturierten. Das Prestige vieler rand- und außereuropäischer Völker erforderte es schließlich, für sogenannte Folk-Arts-Ensembles stilisierte Formen überlieferter Gebrauchstänze zu choreografieren, zum Zwecke der Entfaltung und Bestätigung des Selbstbewußtseins eines Volkes oder einer ethnischen Gruppe. Um Mißverständnisse zu vermeiden, sei jedoch betont, daß ästhetische Urteile wie „das mag ich, das gefällt mir, das ist schön" und Vorstellungen darüber, warum etwas „schön" oder „schlecht" sei, in allen älteren und jüngeren, Naturvolk- und Hochkulturen üblich waren/sind; denn der Mensch entwickelt, was immer er tut und gleichgültig, zu welchem Zweck er es tut, ein Gefühl des Gefallens oder des Mißfallens an den Dingen der Welt. Das Schöne darf als anthropologisches Grundbedürfnis des Menschen vorausgesetzt werden. Bei den Wolof in Senegal zum Beispiel handelt es sich bei den „griots" um professionelle Musiker/Sänger/Tänzer, *who are the only people who are allowed to play the available instruments.... No music or dancing can take place without these people. The other group is that of the courtesans... women who are renowned as much for wit as for complaisance and beauty. Their life is severely chaste, but they hold salons where the... best dancing is*

---

[366] Zitate nach Chr. Petzsch, *Nachrichten aus Städtechroniken (Fortsetzung) und Weiteres*, in: *Musikethnologische Sammelbände* 2, Graz 1978, S. 122. – Vgl. auch J. F. C. Hecker, *Die Tanzwuth, eine Volkskrankheit im Mittelalter*, Berlin 1832; A. Martin, *Geschichte der Tanzkrankheit in Deutschland*, in: *Zeitschrift des Vereines für Volkskunde* 24, 1914, S. 113–134 und 225–239; s. oben, Anm. 299; H. P. Duerr, *Traumzeit. Über die Grenze zwischen Wildnis und Zivilisation*, Frankfurt ⁶1982, S. 260f., Anm. 67

[367] K. Meisen, *Springprozessionen und Schutzheilige gegen den Veitstanz und ähnliche Krankheiten im Rheinlande und in seinen Nachbargebieten*, in: *Rheinisches Jahrbuch für Volkskunde* 2, 1951, S. 164ff.; Artikel *Tarantella* in: *Die Musik in Geschichte und Gegenwart* 13, 1966, Sp. 117–119; R. Lange, *The Nature of Dance. An Anthropological Perspective*, London 1975, S. 61ff.

[368] A. P. Royce, wie Anm. 345, S. 81

seen[369]. Der König der Ashantis hält an seinem Hof in Kumasi eine professionelle „Ballett"-Truppe. Auf Bali und Hawai ist die Trennung in Ausführende und Zuschauer seit vielen Jahrhunderten bezeugt. Die Ideologie der abendländischen Ballett-Kunst ist insofern anders – und eine Sonderentwicklung innerhalb der Weltkulturen –, als Schönheit als Wert an sich (von intrakulturellen und kommerziellen Wertvorstellungen bestimmt) gesetzt und der Wert (Schönheit) nicht in bezug zu einer sozialanthropologischen Funktion gesehen wird. Der Weg „Vom Kunstwerk zur Ware" (Shays sechste Kategorie) eröffnete sich damit auch einem so primären Ausdrucksbedürfnis des Menschen wie dem Tanz-Ballett[370].

Die von Shay gegebenen Tanz-Kategorien entsprechen einer möglichen Systematisierung und Typisierung in bezug auf die Funktion. Da es sich bei den einzelnen Tänzen und Tanzgelegenheiten jedoch um ein Bündel von Aufgaben handelt, haben verschiedene Tanzforscher unterschiedliche Kategorien vorgeschlagen. Es sei in diesem Zusammenhang nur auf Talcott Parsons, 1951, und auf Frances Rust, 1969, verwiesen[371]. Aber auch Strukturanalysen der Tanzformen und Bewegungen ergeben andere Zusammenhänge als Kontext- und Funktionsstudien. In der Überkreuzung der beiden Forschungsmethoden liegt die Chance, anthropologisch relevante Aussagen über den tanzenden Menschen zu gewinnen.

Musikinstrumente

Den Artikel (Musik-)Instrument in *Herders Lexikon der Musik* beginne ich mit folgender Definition: *Ein Werkzeug, das die menschliche Stimme sowie die Laute der Natur nachahmt, ergänzt, verstärkt, verfremdet, [maskiert,] um mit Hilfe von Tönen, Klängen und Geräuschen eine über die verbale und gesungene Kommunikation hinaus reichende Verständigungs- und Signalfunktion zu erzielen*[372]. Eine – zugegeben – unkonventionelle Begriffsbestimmung, in der alles, was im außereuropäischen hochkulturellen und naturvölkischen Bereich an Klangwerkzeugen auszumachen ist, ebenso Platz findet wie die Musikinstrumente der europäisch-abendländischen Hochkultur. Wenn Musik eine Ton s p r a c h e ist und dort gebraucht wird, wo die Wortsprache versagt, dann ist das Musikinstrument ein Hilfsmittel, das im o. g. Sinn eine bestimmte Aufgabe zu erfüllen vermag: eben die Wortkommunikation verklausuliert auf einer anderen Ebene fortzuführen. Auch Hans Heinz Drägers Definition in der Enzyklopädie *Die Musik in Geschichte und Gegenwart* widerspricht meiner Formulierung keinesfalls. Dräger bezeichnet das Musikinstrument *als Klangmittel, als kulturgeschichtlich oder ästhetisch bedingte Form und als Stufe technischer Entwicklung... Physiologisch gesehen ist jedes (konventionelle) Musikinstrument eine Organprojektion, mit dem Ziel, die Leistungen des menschlichen Körpers zu steigern und*

---

[369] F. Boas, wie Anm. 346, S. 26. – A. P. Merriam, *The Arts and Anthropology,* in: *Anthropology and Arts. Readings in Cross-Cultural Aesthetics,* hg. von Ch. M. Otten, New York 1971, S. 93–105, weist darauf hin, daß bei den Basongyae zwischen Musik und Lärm deutlich unterschieden würde.

[370] H. H. Holz, *Vom Kunstwerk zur Ware. Studien zur Funktion des ästhetischen Gegenstandes im Spätkapitalismus,* Neuwied und Berlin 1972 (*Sammlung Luchterhand* 65)

[371] T. Parsons und E. A. Shils (Hg.), *Toward a General Theory of Action,* Cambridge 1951; F. Rust, *Dance in Society: An Analysis of the Relationship between the Social Dances and Society in England from the Middle Ages to the Present Day,* London 1969

[372] W. Suppan, Artikel *Instrument,* in: *Das große Lexikon der Musik* 4, Freiburg 1981, S. 175–177. – Die Definition wurde von der Redaktion erst nach Diskussion akzeptiert, daraus jedoch „maskiert" ohne Einverständnis des Autors entfernt. Über das „Instrument als maskierte Stimme" vgl. W. Wiora, *Die Natur der Musik und die Musik der Naturvölker,* in: *Journal of the International Folk Music Council* 13, 1961, S. 49; O. Elschek, *Mensch – Musik – Instrument,* in: *Musik als Gestalt und Erlebnis = Graf-Festschrift,* Wien u. a. 1970, S. 54

zu präzisieren[373]. Der Mainzer Paläoanthropologe Rudolf Bilz weist in diesem Zusammenhang auf den Musikbogen hin, der sowohl auf vorgeschichtlichen Felszeichnungen (in der Höhle „Trois Frères", von Maskierten gehandhabt) wie bei Naturvölkern begegnet. Es handelt sich um einen Schießbogen, dessen Sehne zwischen die Zähne genommen wird, so daß der Kopf des Jägers als Resonanzkörper dient. Das „Trutrutru" ist bei den Pygmäen im Ituri-Regenwald Zentralafrikas über weite Entfernungen hin zu vernehmen. Hat jemand den Anschluß an seine Gruppe verloren, so versucht er, sich durch das ferne Brummen der Musikbögen zu orientieren. *Die Kleinwüchsigen unterhalten gleichsam eine Sendestation. Es handelt sich dabei nicht um eine ziehende Gesellschaft, sondern um die Pygmäen am Lagerfeuer. Sie praktizieren mittels des Musikbogens das V i k a r i a t d e r O r g a n f u n k t i o n e n . Das wäre der technische Fortschritt, daß man das Stimmband des Kehlkopfes durch die Bogensehne ersetzt; die Hand, die an der zwischen den Zähnen gehaltenen Sehne zupfte, imitierte den Luftstoß des Exspiriums, aber die Kopfresonanz, die dem U-Laut so günstig ist, bleibt im Spiel*[374].

Curt Sachs, der einen großen Teil seiner Arbeitskraft der Erforschung und Deutung der Musikinstrumente widmete, kennzeichnete die Besonderheit dieses Teilbereiches der Musikwissenschaft treffend, wenn er davon sprach, daß *sie* [die Musikinstrumente] *innerhalb einer Kunst des Flüchtigen, Vorbeiziehenden und ins Nichts Verwehenden das Unvergängliche, Feste, Greifbare* bedeuten würden: *Aus dem nebelhaften Reiche einer Kunst, deren Wesen und Wesensäußerung sich gegen Begriff und Sprache auflehnt, sind sie das Stoffliche, im vollen Umfang wissenschaftlich Zugängliche und dem Wort Erreichbare. Zeiten, deren Singen und Spielen verklungen ist, ohne in Schrift oder Überlieferung eine Spur zu hinterlassen, haben wenigstens im Musikinstrument ein Zeugnis ihrer Tonwelt niedergelegt*[375]. Dabei geht es in unserem Zusammenhang – suchen wir den anthropologischen Bezug – nicht darum, Ausgrabungen aus vor- und frühgeschichtlicher Zeit, Bildzeugnisse aus älterer und neuerer Zeit oder die in Europa und Außereuropa noch heute gebräuchlichen Musikinstrumente in ihrem organologischen Befund darzustellen und im Sinne der Hornbostel-Sachs'schen Systematik zu ordnen[376]. Auch das von Ernst Emsheimer und Erich Stockmann für die Herausgabe des *Handbuch*[es] *der europäischen Volksmusikinstrumente* entworfene Schema der Materialaufbereitung und Präsentation kann nicht intendiert sein[377]. Dagegen liegt in dem Baseler Ausstellungs-Katalog von Urs Ramseyer aus dem Jahr 1969 ein Ansatz vor, der von den Funktionen außereuropäischer Musikinstrumente ausgeht[378], der aber durchaus für den gesamten Bereich der Musikinstrumente brauchbar erscheint, um die „Mensch-Musik-Instrument"-Beziehung aufzurollen[379].

---

[373] *MGG* 6, 1957, Sp. 1288–1295. – Von „Organprojektion" spricht bereits C. Sachs, *Geist und Werden der Musikinstrumente*, Berlin 1929, S. 7

[374] R. Bilz, *Paläoanthropologie. Der neue Mensch in der Sicht einer Verhaltensforschung* I, Frankfurt 1971, S. 336f. (Hervorhebung durch den Verf.). – Zu Trois Frères vgl. H. Kühn, *Auf den Spuren des Eiszeitmenschen*, Wiesbaden 1956; E. Hickmann, *Der Spieler in Tiergestalt*, in: *Studia instrumentorum musicae popularis* 7, hg. von E. Stockmann, Stockholm 1981, S. 58–64; R. Hammerstein, *Tiermusikanten*, in: ders., wie Anm. 363, S. 62–93

[375] C. Sachs, wie Anm. 373, S. 1

[376] Wie etwa A. Greither, Anm. 72, der dem Titel seines Beitrages (nämlich *Anthropologie der Musikinstrumente*) damit nicht gerecht wird.

[377] O. Elschek und E. Stockmann, *Zur Typologie der Volksmusikinstrumente*, in: *Studia instrumentorum musicae popularis* I, Stockholm 1969; sowie die weiteren Beiträge in dieser Schriftenreihe.

[378] U. Ramseyer, *Klangzauber. Funktionen außereuropäischer Musikinstrumente*, Ausstellungs-Katalog des Museums für Völkerkunde Basel, 1969

[379] O. Elschek, wie Anm. 372, S. 41–56; F. Hoerburger, *Mensch – Musikinstrument – Musik*, in: *Musik und Altar* 11, 1959, S. 172ff.; ders., *Musica vulgaris. Lebensgesetze der instrumentalen Volksmusik*, Erlangen 1966; L. Bielawski, *Instrumentalmusik als Transformation der menschlichen Bewegung. Mensch – Instrument – Musik*, in: *Studia instrumentorum musicae popularis* 6, 1979, S. 27–33

Musikinstrumente sind „Organprojektionen" (Curt Sachs, Hans-Heinz Dräger): Das wird in der mittelalterlichen Buchmalerei (oben) ebenso deutlich wie auf einem Fresko in dem 1573 gegründeten Kloster Piva in Montenegro/Jugoslawien (unten). Das Musikinstrument verstärkt und verfremdet die Stimme, es trägt diese dem Gegner gleichsam entgegen. Wie Blitze (Trompeten) zucken die Worte der Verkündung aus den Mündern der Priester

133

Ramseyer bemerkt, daß im naturvölkischen Bereich und in den Kulturen der Frühzeit Schallgeräte und Klangwerkzeuge dazu dienen, um (1) als Geisterstimmengeräte die Gegenwärtigkeit übersinnlicher Wesen zu bezeugen, (2) durch abschreckende oder anlockende Wirkungen des Schalls Geister abzuwehren und/oder anzulocken, (3) Anbetung und Lobpreis zu verstärken und – als religiöses Signal – kultische Abläufe zu regeln. Die Begründung und Verwendung der Instrumente liegt in religiös-magischen Vorstellungen: im Mythos, im zauberischen Ritual, in der Kulthandlung.

Aufschlußreich ist ergänzend dazu die Beobachtung von Hans Oesch, daß Musikinstrumente erst dort mit einer gewissen Sorgfalt gebaut und aufbewahrt werden, wo die sozial-ökonomischen Bedingungen dies zulassen. Solange Menschen als Nomaden, als Sammler und Jäger täglich ihre Gründe wechseln, für jeweils eine Nacht einen Windfang errichten und am nächsten Morgen weiterziehen, solange würde das Mittragen von Musikinstrumenten eine unnötige Erschwernis des ohnehin gefahrvollen und mühseligen Lebens dieser Menschen bedeuten. Die von den Negritos auf Malakka benötigten Musikinstrumente werden immer dann rasch hergestellt, wenn dies – zur Beschwörung der Geister – nötig erscheint. Solche organologisch sehr einfach gestalteten Instrumente funktionieren meist nur wenige Minuten oder wenige Stunden und werden dann weggeworfen. Oesch spricht im Zusammenhang mit den drei bei den Negritos verwendeten Musikinstrumenten, der Zither k e r a n t e g ' n , der Querflöte p e n n i g ' n   y o g ' n   (y a u) und den Bambus-Stampfrohren c h a n t o g ' n von *Wegwerfprodukten*[380]. Für die Herstellung des genannten Zither-Instruments werden von einem noch grünen Bambusrohr mit einem Steinwerkzeug drei dicht nebeneinander verlaufende Streifen der Rinde abgelöst und dann zwei „Stege" zwischen Saiten und Bambuskorpus geklemmt. Die Saiten können selbstverständlich nicht „gestimmt" werden, sie werden beim Spiel vom Negrito mit dem Zeigefinger der rechten Hand angerissen. Dabei passiert es leicht, daß die an den Enden des Rohres nicht fixierten oder verschnürten Saiten ausbrechen; dann wird eben ein neues Instrument hergestellt. Dasselbe Verfahren kommt bei der Herstellung der Flöte zur Anwendung: Benötigt der Negrito ein solches Instrument, um Baum- oder Flußgeister zu beschwören, dann schneidet er rasch ein Stück Bambus ab, brennt Löcher ein, wobei die Glieder seiner Finger den Maßstab für die Abstände zwischen den Löchern bilden. Funktioniert das Instrument nicht gut, weil das Anblasloch ungünstig gelegen oder gebohrt ist, so wird sogleich ein anderes Stück Bambus abgeschnitten und mit dem Bau einer neuen Flöte begonnen. Stabiler gebaut sind die jeweils paarweise zur Begleitung des responsorischen Kultgesanges beim nächtlichen Feuer hergestellten Stampfrohre. Doch werden auch diese, jeweils von Frauen benutzten „Rhythmus-Instrumente" nicht mitgetragen; denn am nächsten Abend sind sie bald neu aus dem im Überfluß vorhandenen Bambus zurechtgeschnitten.

Es sind dieselben Instrumente, die auch bei den jeweils für längere Zeit seßhaften Senoi vorkommen. Doch wird unter veränderten Lebensbedingungen darauf Wert gelegt, dauerhaftere

---

[380] H. Oesch, *Ökonomie und Musik. Zur Bedeutung der Produktionsverhältnisse für die Heranbildung einer Musikkultur, dargestellt am Beispiel der Inlandstämme auf Malakka und der Balier*, in: *Boetticher-Festschrift*, Berlin 1974, S. 246–253; dazu weitere Aufsätze dess. Verfassers: *Musikalische Kontinuität bei Naturvölkern, dargestellt an der Musik der Senoi auf Malakka*, in: *Kurt von Fischer-Festschrift*, München 1973, S. 227–246; *Musikalische Gattungen bei Naturvölkern. Untersuchungen am vokalen und instrumentalen Repertoire des Schamanen Terhin und seiner Senoi-Leute vom Stamme der Temira am oberen Nenggiri auf Malakka*, in: *Arno Volk-Festschrift*, Köln 1974, S. 7–30. – Ergänzend zu den Schriften sei auf die beiden Schallplatten-Editionen hingewiesen: (1) *Musik der Negrito auf Malakka. Anthologie südostasiatischer Musik*, Bärenreiter Musicaphon BM 30 L 2562, (2) *Sacred Flute Music from New Guinea: Madang*, Quartz Publications, London 1977/79

und nach entwickelteren Tonvorstellungen gestaltete und verzierte Zithern, Flöten und Stampfrohre zu benutzen. *Diese Beobachtungen am Instrumentarium zweier Völker desselben Urwaldgebietes vermögen gewiß zu zeigen, daß unterschiedliche Produktionsverhältnisse einen je anderen „Überbau" zur Folge haben. Wenngleich die Senoi erst gerade auf dem Wege sind, seßhaft zu werden, und wenngleich sich in ihrer Kultur noch so manche Elemente nomadischer Existenz erhalten haben, schuf die Umstellung auf Ackerbau dennoch bereits die Voraussetzung für das Enstehen eines höher entwickelten musikalischen Instrumentariums, wie es bei den nomadisch lebenden Urwald-Völkern undenkbar ist* [381]. Die Vergleichende Musikwissenschaft ist vorsichtig geworden mit Verallgemeinerungen und Rückprojektionen in vergangene kulturelle Entwicklungen. Am dargestellten Fall lassen sich jedoch überregional gültige kulturelle Evolutionstendenzen aufzeigen.

Geisterstimmen

Im Kapitel „Musik und Kult" wurde bereits darauf hingewiesen, daß ethnische Gruppen und Völker, die irrealen jenseitigen Mächten (Geistern, Dämonen, Göttern) eine schicksalhafte und diesseitige Wirkung beimessen, auf die existenzsichernde Anwesenheit der mythischen und persönlichen Vorfahren der in den Schöpfungsepen tradierten Urzeitgestalten und Kulturbringer glauben und vertrauen. *Die kultische Wiederholung des Urzeitgeschehens, greifbare künstlerische Gestaltungen und dramatische Aufführungen, gewährleisten diese lebensnotwendige Gegenwärtigkeit und ermöglichen eine wirksame Verbindung, ja Identifikation mit den Mächten der Vergangenheit, mit der gesamten Tradition. So, wie der Maskenträger das Geistwesen verkörpert und nicht etwa bloß darstellt, so wird auch der Schall der Geisterstimmen-Instrumente zur realen Vergegenwärtigung übersinnlicher Wesen: die Ahnen, Clanvorfahren, Urzeitgestalten und Kulturbringer nehmen sichtbar (bildende Kunstwerke, Masken) und vernehmlich (Schall, Musik) an den für das Wohl der Gemeinschaft entscheidenden Kulthandlungen teil* [382].

Prototyp eines solchen Geisterstimmengerätes ist weltweit das S c h w i r r h o l z : Ein flaches, längliches Holzbrettchen, das an einer Schnur um den Kopf gewirbelt wird, sich zusätzlich um die eigene Achse dreht und durch diese Doppelbewegung ein charakteristisches Summen hören läßt. Dieses im europäischen Raum in jüngerer Zeit zum Kinderspielzeug denaturierte Instrument steht in außereuropäischen Kulturen im Dienste der akustischen Vergegenwärtigung irrealer Wesen. Es wird als zentrales Objekt kultischer Handlungen an geheimen, verborgenen Orten aufbewahrt – und es ist Nicht-Eingeweihten oft unter Androhung der Todesstrafe verboten, solche heiligen Klangwerkzeuge auch nur anzusehen. In Neuguinea, am Mittellauf des Sepik, wird das Summen der Schwirrhölzer als Stimme des Verschlingerkrokodils interpretiert: Das Tier verschluckt die Initianten, überträgt ihnen in der Vereinigung Kraft und entläßt sie als erwachsene Menschen wieder in die Gemeinschaft. Die heiligen Schallgeräte werden im Obergeschoß des Kulthauses verwahrt und den Novizen im Anschluß an die Narbentatauierung feierlich geoffenbart. Frauen, Kindern und Nichteingeweihten ist es untersagt, die Schwirrhölzer auch nur anzusehen [383]. Auch im australischen und melanesischen Raum steht der Klang des Schwirrholzes im Zusammenhang mit den Initiationsriten [384]. Bei den Stämmen der Ostküste Australiens bleiben die Initianten mit ihren Wächtern in Hörweite des

---

[381] H. Oesch, *Ökonomie und Musik*…, wie Anm. 380, S. 250

[382] U. Ramseyer, wie Anm. 378, S. 6

[383] Ebda., S. 11

[384] Weitere Beispiele bei C. Sachs, wie Anm. 373, S. 12f.

Lagers. Sobald das p u n d u n d a schwirrt, flüchten die Frauen aus dem Lager; denn würden sie bleiben und zuhören, so würden sie das Gehör, und würden sie sich umsehen, so würden sie das Augenlicht verlieren. Bei den Chepara hat nicht nur die Frau, die das Schwirrholz erblickt, ihr Leben verwirkt sondern auch der Mann, der es ihr zeigt[385]. Wenn bei den Euahlayi die Schwirrhölzer brummen, dann verstopfen sich die Frauen die Ohren, um von der Stimme des Geistes nicht krank gemacht und schließlich getötet zu werden. Zum Abschluß der Initiationsfeierlichkeiten werden den Novizen die Schwirrhölzer gezeigt und sie haben zu versprechen, nichts von dem, was sie erlebt haben, den Frauen zu erzählen[386]. P. Schebesta berichtet von den Bambuti-Pygmäen in Afrika, daß der Klang der Schwirrhölzer bestimmte Ahnen versinnbildlicht. *Das Schwirren als Stimme Tores ist auch ein Schrecken für die Frauen. Ich gebrauche die Worte meines Gewährsmannes: War eine Frau ihrem Manne gegenüber unbotmäßig, zänkisch oder hat sie ihn gar gebissen, dann surrt zur Nachtzeit das Schwirrholz in der Nähe ihrer Hütte; sie weiß, daß das ihr gilt und daß sie Sühne leisten muß. Schleunigst begibt sie sich zu ihrem Klan und erbittet ein Geschenk, das sie als Buße zahlt* [387].

In Nordost-Arnhemland (Australien) wird das Schwirrholz zusammen mit den heiligen Trompeten zum Klingen gebracht. Man sagt, das sei die Stimme der großen mythischen Schlange. Dieselbe Meinung ist in Brasilien, bei den Ost-Bororo, verbreitet: man meint ein mythisches Tier zu vernehmen, das in den mit der Initiation verknüpften Totenfeiern durch einen Tänzer dargestellt wird[388].

Das Schwirrholz übt in seiner ganzen Schlichtheit eine nicht zu übertreffende Wirkung auf alle zur religiösen Ergriffenheit befähigten Angehörigen zahlreicher Naturvölker aus: So mag man mit Urs Ramseyer die Verwendung des Instrumentes und seines Klanges als geglaubte reale Vergegenwärtigung von irrealen Wesen zusammenfassen[389].

Neben dem Schwirrholz, jedoch nicht in dieser Ausschließlichkeit, werden in einzelnen Kulturen Längs- und Querflöten, Schlag- und Stampfwerkzeuge, Reibtrommeln, Reibhölzer und Trompeten – vielfach in unterschiedlich gestimmten Paaren angeblasen – als „Verklanglichung" (= Verkörperung) urzeitlicher Wesen, der Clanvorfahren, mythischer Zwillinge, Geschwister oder Ehepaare benutzt. Solange einstimmig musiziert wird, ist der Spieler und Instrumentenhersteller frei von musikalischen Regeln, er hält sich einzig an tradierte magisch-mythische Vorstellungen. Wo jedoch zwei Instrumente zusammen erklingen sollen, werden musikalische Absprachen und Vereinbarungen sowie das Reflektieren über Herstellungsverfahren der Instrumente (größere und kleinere Flöte; größeres und kleineres Stampfrohr usf.) notwendig. Nachdenken über Musik und ihre bewußte Gestaltung beginnt, dem Kult zugeordnete, dienende Klangwerkzeuge entfalten nach und nach musikalisches Eigenleben. Das Eindringen in musikalische Eigengesetzlichkeiten wird auch dort deutlich, wo Instrumente zu Paaren zusammengefügt werden, bei der Panflöte, dem Doppel-Aulos, der Doppel-Klarinette und weiter bei den Xylophonen.

Es mag nicht jedermanns Sache sein, die Wasser-Aufstampfrohre und Aufschlaggefäße k a m i vom Mittellauf des Sepik als Musikinstrumente zu deklarieren: beide werden paarweise

[385] O. Zerries, *Das Schwirrholz*, Stuttgart 1942, S. 88f.

[386] Ebda., S. 91f. – W. Meyer, *Von Maultrommeln, Flöten und Knochenschwirren. Ein Beitrag der Mittelalter-Archäologie zur Geschichte volkstümlicher Musikinstrumente in der Schweiz*, in: *Studia instrumentorum musicae popularis* 5, 1977, S. 33–38

[387] P. Schebesta, *Bambuti, die Zwerge vom Kongo*, Leipzig 1932, S. 238

[388] U. Ramseyer, wie Anm. 378, S. 6

[389] U. Ramseyer, wie Anm. 234, S. 52–55, mit weiteren einschlägigen Belegen

und einander abwechselnd in Wasserlöcher oder bis zu zwei Meter tiefe Gruben geworfen. Die wuchtigen, glucksenden Geräusche, die beim Aufschlagen der Corpus ins schlammige Wasser entstehen, werden mit den Stimmen des Verschlingerkrokodils in Verbindung gebracht. Das glucksende Geräusch ertönt neben dem Surren der Schwirrhölzer beim Initiationskult, und zwar dann, wenn die Männer mit den Novizen das umzäunte Initiationsgrundstück betreten. Vor Beginn der Initiationszeit werden die Wasser-Stampfrohre in Mindimbit verziert und feierlich besprochen. *Die Initiatoren wissen wohl, daß sie selbst die Stimmen der Geister erzeugen, doch können sie sich vor dem Hintergrund des herrschenden religiösen Weltbildes der überirdischen Realität nicht entziehen, die Instrument und Schall wirkungsvoll verkörpern*[390].

Es darf den ethnomusikologischen Forscher nicht stören, daß solche Geräusch-, Klang- und Musikinstrumente in unterschiedlichen Gruppen selbst desselben Kulturraumes verschiedenen Geistwesen zugeordnet und daher auch recht verschieden eingesetzt und gedeutet werden. In Neuguinea werden die heiligen Schlitztrommeln entweder bestimmten Clanvorfahren, schamanistischen Geistern oder Rachegeistern zugeordnet, mythische Urzeitwesen und Ahnenkult verschwimmen in eins. Daher treten solche Schlitztrommeln an einem Ort als Verkörperung von Urzeitwesen, an einem anderen als Naturgeister oder mythische Clangründer auf. Die heiligen, in Initiationskulturen gestoßenen Schlitztrommeln gelten in Kanganaman als Ergebnisse der ersten Schöpfungshandlungen. In Aibom am Chambrisee werden die Schläge als Stimmen eines mythischen Brüderpaares gedeutet, auf das die Teilung des Dorfes in zwei Gruppen zurückzuführen sei. Darüber hinaus können diese Instrumente in Notsituationen eingesetzt werden. Wurden die heiligen Trommeln zunächst im Obergeschoß des Kulthauses geheim verwahrt, so findet man sie heute in der Mitte oder an den Außenseiten des Erdgeschosses. Zu „kultischen Zeiten", während die Initiationsriten ausgeführt werden, erklingen die Schlitztrommeln paarweise über Tage, ja Wochen hinweg ohne Pause, die Spieler wechseln sich „fliegend" ab.

Deutlicher als bei Trommelinstrumenten zeigt sich bei den grifflochlosen, auf der einen Seite mit kunstvoll geschnitzten Köpfen und Fetischen abgeschlossenen Flöteninstrumenten der Übergang von funktionaler zu musikalischer Bedeutung. In einer Art Hocquetus-Technik wechseln sich die beiden Spieler ab, denen es jeweils gelingt, durch Überblasen und Verändern des Anblaseloches mit dem Zeigefinger eine gewisse Anzahl von unterschiedlichen Tönen ihren Instrumenten zu entlocken. Gedeutet werden die Instrumente als Stimmen zweier Brüder, die jedoch zusammen ein irreales Wesen, einen Clanvorfahren bezeichnen. In Korongo werden die Klänge als Vogelstimmen, zusammengesetzt aus männlichem und weiblichem Wesen, aufgefaßt. Am Chambrisee vermeint man aus den „Vogelstimmen" eine weibliche mythische Ahne zu vernehmen. Es besitzt dort jede Familie mindestens ein Paar solcher Flöten, die allerdings nur von den initiierten Neffen mütterlicherseits angeblasen werden dürfen.

Zu den „Geisterstimmengeräten" zählt Urs Ramseyer, dessen Beschreibung der Basler Ausstellungsstücke ich hier folge[391], noch die in Neu-Irland üblichen Reibzungen-Spiele, deren vogelschreiartiger Klang einem Geist zugeordnet wird. Es handelt sich um ein nur von Männern hergestelltes und gespieltes Instrument, das den Blicken der Nicht-Eingeweihten unter Androhung schärfster Strafen vorenthalten bleibt. In Bananenblätter gehüllt, wird es im Männerhaus aufbewahrt und nur im Zusammenhang mit Totenkulten heimlich zum Klingen gebracht. Der Spieler streicht mit angefeuchteten oder beharzten Händen über die Oberfläche

---

[390] U. Ramseyer, wie Anm. 378, S. 11, mit Abbildungen Tafel 3–5
[391] U. Ramseyer, wie Anm. 378, S. 12–14, Abb. 7–10

137

Der Königliche Fiedler,
dem der Geist die Weisen eingibt:
Psalter aus der Abtei St. Alban
bei London,
12. Jahrhundert

der Zungen, wobei die klanglichen Ergebnisse des kauernd oder sitzend geriebenen Instruments auf einen Vogelgeist verweisen könnten. Eine solche Zuordnung würde der auf manchen Instrumenten eingeschnitzte Nashornvogel bestärken.

In Legenden und Mythen außereuropäischer Völker liegt eine ungeheure Fülle von Zeugnissen dafür vor, daß die Klangwerkzeuge göttlichen Ursprungs seien. Wolfgang Laade hat unter dem Titel *Musik der Götter, Geister und Menschen* eine Auswahl dieser „für wahr gehaltenen" mythischen, fabulierenden und historischen Überlieferungen der Völker zusammengestellt. Wir übernehmen daraus die „Sage" von der heiligen Trommel, wie sie bei den Indianern Nordamerikas überliefert wird: *Weil die Trommel oft das einzige in unsern Riten gebrauchte Gerät ist, sollte ich euch hier vielleicht sagen, warum sie uns so besonders verehrungswürdig und wichtig ist: es ist darum, weil die runde Form der Trommel das ganze Weltall darstellt; und ihr beharrlicher Schlag ist der Puls, das Herz, das in der Mitte des Weltalls pocht. Es ist wie die Stimme des Großen Geistes, und der Ton erregt uns, er hilft uns, das Geheimnis und die Macht aller Dinge zu verstehen*[392]. In der

---

[392] Schwarzer Hirsch, *Die heilige Pfeife*, Olten-Freiburg i. Br. 1956, S. 98; nach W. Laade, *Musik der Götter, Geister und Menschen*, Baden-Baden 1975 (=*Slg. musikwiss. Abhandlungen* 58), S. 145

Schöpfungsgeschichte der afrikanischen T i v heißt es: Gott A' O n d o war der Vater von T i v und U k e. T i v hatte drei Söhne: P o ' o r, C h o n g o und P u s u. Als Po'or starb, hinterließ er keinen Nachfolger, und so entnahm ihm einer seiner Brüder einen Knochen, um sein Andenken lebendig zu erhalten. Dieser Knochen ging inzwischen zwar verloren, er wird aber durch die Knochenpfeife I m b o r ï v u n g u ersetzt. Diese Pfeife ist – in Aussehen und Verzierungen – dem menschlichen Körper nachgebildet[393].

Das Klangwerkzeug ist Sitz der Geister, die mit Hilfe von Tönen und Geräuschen zu uns sprechen.

In der europäischen Märchenüberlieferung finden sich Relikte solcher Vorstellungen u. a. in dem noch nach dem Ende des Zweiten Weltkrieges von Johannes Künzig bei Ungarndeutschen aufgezeichneten Märchen vom „singenden Knochen"[394]. Doch bedurfte es im europäischen Mittelalter nicht allein der Organprojektion, nämlich des Musikinstrumentes, um Geister sprechen (d. h. singen) zu lassen; auch das Organ selbst, nämlich die menschliche Stimme, konnte in dieser Funktion in Erscheinung treten. Ein eindrucksvolles Beispiel dafür liegt in einer handschriftlichen Sammlung von 56 Juden-, Geister- und Teufelsgeschichten aus Franken und vom Oberrhein vor, die sich in der Handschrift 704 der F.-F. Hofbibliothek zu Donaueschingen befindet: Ein lateinischer Sammelkodex, vom Grafen Wilhelm Werner von Zimmern (1485–1574) zwischen dem Ende der dreißiger und dem Beginn der sechziger Jahre des 16. Jahrhunderts angelegt, jedoch bereits in den letzten Jahrzehnten des 13. Jahrhunderts entstanden[395]. In den Geschichten 19–21 wird von Verstorbenen erzählt, die sündhaft gelebt hätten – wobei (tanzende) Geister, in 19 drei äthiopische (schwarze) Dämonen, in 20 *viele Menschen* und in 21 ein nicht namentlich genannter Domprobst, jeweils unterschiedliche Texte rezitieren/singen:

19. Ein Dominikaner Otto, Berater des Königs Otakar II. Přemysl von Böhmen, lebt in Zügellosigkeit und Rechthaberei. Eines Nachts „vidit tres demones ethiopes deterrimos coream versus lectum suum ducentes, hanc cantilenam suaviter decantantes et sepius repententes:

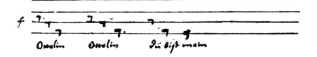

Er berichtet diese Erscheinung seinen Mitbrüdern, ändert seinen Lebenswandel und stirbt kurze Zeit darauf.

20. Der Domprobst von Basel, Dietrich von Spechbach, führt ein Leben voller Verschwendung, Nachlässigkeit und Sittenlosigkeit. Nachts, nach einer Prasserei, „tunc vidit ex improviso in cimiterio homines multos faculis ac luminibus discurrentes aliosque choream ducentes et cantum hunc humili voce pariter concinentes:

---

[393] M. G. Lane, *The Music of Tiv,* in: *African Music* I/1, 1954, S. 12

[394] L. Röhrich, *Märchen und Wirklichkeit. Eine volkskundliche Untersuchung,* Wiesbaden 1956; J. Künzig (Hg.), *Märchen und eine Ballade der „blinden Schwestern" aus Gant,* Schallplatte, Freiburg i. Br., Institut für ostdeutsche Volkskunde

[395] R. Caspari, *Zum Problem der Schichtung des mittelalterlichen Liedes,* in: *Jahrbuch für Volksliedforschung* 18, 1973, S. 11–22; ders. und E. Kleinschmidt, *Geisterlieder mit Melodien um 1300 in der Exemplasammlung Rudolfs von Schlettstadt,* in: *Zeitschrift für deutsches Altertum* 102, 1973, S. 38–48

21. *Nach dem Tode dieses Domprobsts sah der Küster des Doms im Schlaf eine große Säule, deren Höhe den Himmel zu berühren schien, mit scharfen Messern gespickt. Daran ziehen Dämonen die Seele des Verstorbenen hinauf und herab. „Ipse vero hanc cantilenam lamentabiliter cantabat: Nos qui sumus in aperto, vox clamantis in deserto, nos desertum nos deserti, nos de penis sumus certi." Der Küster kann den Gesang, da er mehrmals wiederholt wird, im Gedächtnis behalten und teilt ihn zusammen mit dem Erlebnis am nächsten Morgen den Kanonikern mit:*

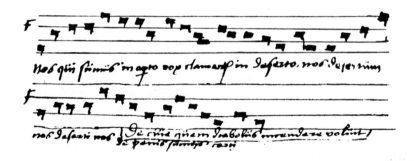

Rolf Caspari überträgt Texte und Melodien und konstatiert daraus zugleich eine gesellschaftliche Schichtung: vom litaneihaft-volkhaften Rezitieren zum volkssprachlichen Gemeinde- und lateinischen Klerikergesang:

Ot – ta – lin   Ot – ta – lin   du bist mein.

20:   wer ich da zw kurtzaim Als ich bin zw langkhaim

So wölt ich vor meinem ande gütz[21] vil beywenden

vnd für mich sennden.

21:   Nos qui sumus in aperto,   vox clamantis in de-ser-to,

nos desertum nos deserti,   nos de panis sumus cer-ti.

Der Hinweis auf die Donaueschinger Exempla-Sammlung mag zwar im Kapitel „Musikinstrumente" als Fremdkörper wirken, doch verdeutlicht der seltene Fall notierter Geisterstimmen aus dem 13. Jahrhundert die Instrumentalpraxis und den Glauben an irrationale Mächte, die sich singend/musizierend dem Menschen offenbaren[396].

Zauberklänge

Die Zelebranten traditioneller Rituale wenden sich singend/musizierend/tanzend/maskiert/ bemalt an jenseitige Mächte, die in kritischen Phasen des Gruppenlebens oder des Einzelnen helfend eingreifen sollen. *In der festen Überzeugung, Natur-, Krankheits- und Totengeister lenken zu können, vertraut man auf die lockenden, schreckenden oder berauschenden Wirkungen des Schalls, der schädliche Geister bannt und nützliche ruft. Lärminstrumente, Glocken, Gongs, Trommeln, schreckende Hörner und schrille Pfeifen erklingen bei Gewitter und Sturm, bei Erdbeben, Mond- und Sonnenfinsternis, zur Austreibung von Krankheits- und zur Abwehr von Totengeistern. Insbesondere der Tote bedarf der Hilfe der Überlebenden, um unbehelligt ins Totenreich zu gelangen. Abschreckendes Lärmen und Musizieren spielt deshalb vornehmlich bei Begräbniszeremonien und in Totenkulten eine hervorragende Rolle: es verhindert, daß der Verstorbene als böser Geist umherirrt und Schaden stiftet[397].*

Zu den in einigen Kulturen ausschließlich dem Totenkult zugeordneten Instrumenten gehört die M u n d o r g e l . Als S h ê n g angeblich bereits vom Kaiser Nyu-kwa (erste Hälfte

---

[396] Auf singende und tanzende Geister des Mittelalters verweisen u. a. H. Bächtold-Stäubli, *Handwörterbuch des deutschen Aberglaubens* 3, Berlin-Leipzig 1930/31, Sp. 499 und 506; H. Rosenfeld, *Der mittelalterliche Totentanz*, Köln-Graz [2]1968; R. Hammerstein, *Diabolus in musica. Studien zur Ikonographie der Musik im Mittelalter*, Bern-München 1974; ders., *Tanz und Musik des Todes. Die mittelalterlichen Totentänze und ihr Nachleben*, ebda. 1980; B. Deneke, *Legende und Volkssage. Untersuchungen zu Erzählungen vom Geistergottesdienst*, phil. Diss. Frankfurt 1957
[397] U. Ramseyer, wie Anm. 378, S. 6f.

141

des 3. Jahrtausends) erfunden, doch erst viel später, im Chou king (179–157 v. Chr.) erwähnt und erstmals auf einer Votivstele im Philadelphia University Museum aus dem Jahr 551 n. Chr. abgebildet[398], treffen wir im naturvölkischen Bereich Südostasiens noch heute auf dieses Instrument. Bei den Bergstämmen Thailands gilt die Mundorgel als Hauptinstrument des Begräbnis-Rituals (s. o., „Musik und Kult").

Im schwarzafrikanischen Raum sind Trommeln Objekte politischer und religiöser Macht, den Reichsinsignien oder Standarten vergleichbar, mit deren Zerstörung oder Eroberung auch die kultisch-gesellschaftlichen Wirkmechanismen eines Staates infrage gestellt werden. Vor allem die Trommeln in Ankole, Buganda und Bunyoro werden in diesem Zusammenhang genannt[399]. In einer abgelegenen Region Transvaals wurden die Stammestrommeln aufgrund von Drohungen der Missionare gegen Ende des vorigen Jahrhunderts in einer Höhle versteckt. Im Jahr 1965 entdeckte Adrian K. Boshier im Verlauf seiner Studien prähistorischer Felsmalereien in diesem Gebiet die Trommeln. Da zu diesem Zeitpunkt die wirtschaftliche Situation wegen einer seit sechs Jahre anhaltenden Dürre sehr kritisch geworden war, erklärten die Stammesältesten, *es sei ihnen viel daran gelegen, die Trommeln wieder aus ihrem Versteck zu holen, wenn ich ihnen zusichern könnte, daß der Gott des weißen Mannes keine Rache üben werde. Außerdem brauchten sie Blut, wenn sie die alte Zeremonie wiederbeleben wollten. Ich bat sie, auf Menschenopfer zu verzichten, da sie sich damit unweigerlich in große Schwierigkeiten bringen würden. Meine Befürchtungen legten sich jedoch sogleich, als ein alter Medizinmann erklärte, daß sein Stamm seit längerem keine rituellen Menschenopfer mehr kenne; sie brauchten ein anderes Blut, nämlich das der Mutter Erde. Als ich ihnen anbot, etwas Eisenglanz zu besorgen, erwiderten sie höflich, sie müßten das Erz erst sehen, da für ihre Zwecke nur der von ihren Vorvätern verwendete Ocker (Hämatit) geeignet sei . . .* [Zum Ritual gehörte] *die Opferung eines Ochsen, mit dessen Fett der zerriebene Ocker vermischt wird. Dieses „Blut" wird sodann auf die Trommeln geschmiert, die in einer Zeremonie von Sonnenaufgang bis Sonnenuntergang pausenlos geschlagen werden. Man versicherte mir, das werde den Geistern zweifellos gefällig sein, da sie eine solche Opfergabe niemals zurückwiesen*[400].

Neben der Trommel ist es vor allem die Maultrommel, die bei einigen mongolischen Stämmen und bis in die Bergwelt des Himalaya hinein mit den Glaubensvorstellungen und mit der Tätigkeit des Schamanen in Zusammenhang steht. Die „chur" genannte Maultrommel wird bei den Burjaden des Irkutsker Gouvernements beim Wahrsagen und Herbeirufen der Geister benutzt. *Der „chur" wird an einer Kette am Gürtel in einem besonderen Futteral getragen, das mit Silber bearbeitet ist; der Wert der Ausschmückung von Gürtel und Futteral hängt vom Reichtum des Schamanen ab . . . den „chur" stellen nur solche Schmiede her, die ihren Ursprung von dem göttlichen*

---

[398] C. Sachs, wie Anm. 373, S. 216f.

[399] K. P. Wachsmann, *Musical Instruments in Kiganda Tradition and Their Place in the East African Scene,* in: ders., *Essays on Music and History in Africa,* Evanston 1971, S. 93–134, bes. S. 123; s. auch Kabaka Mutesa II., wie Anm. 126. – Auch zwei altkoreanische Legenden deuten in diese Richtung: (1) In der Waffenkammer des Fürsten von Nangnang befanden sich ein Horn und eine Trommel. Sobald Feinde sich näherten, begannen die beiden Instrumente zu tönen. Als die Tochter des Fürsten von Nangnang die beiden Instrumente vernichtete, gelang es den Fürsten von Koguryo, Nangnang zu unterwerfen. (2) Der Herscher von Silla erhielt über göttliche Vermittlung eine Bambusflöte („Zauberflöte"), durch deren Spiel alle Gefahren vom Reich abgewendet und Krankheiten geheilt werden konnten; *Source Readings in Korean Music,* transl. by Bang-song Song, Seoul 1980, S. 14–17.

[400] A. K. Boshier, *Afrikanische Lehrjahre,* in: *Der Wissenschaftler und das Irrationale* 1, hg. von H. P. Duerr, Frankfurt 1981, S. 13–17, Zitat S. 19f.

Schmied herleiten; ein gut angefertigter „chur" sagt bei dem Wahrsagen immer die Wahrheit, weswegen man große Aufmerksamkeit auf die Sorgfalt seiner Herstellung verwendet[401].

In diesem Zusammenhang sei nochmals auf die Möglichkeit hingewiesen, mit Hilfe des Instruments die menschliche Stimme oder die Laute der Natur zu „maskieren". Indem der Mensch seine Stimme verändert, entstellt, indem er seinen Körper bemalt und sein Gesicht hinter einer grotesken oder Tiermaske versteckt, will er selbst übernatürliche, göttliche Kräfte erlangen, nicht das überirdische Wesen nur „spielen" – sondern dessen Rolle einschließlich dessen Kraft und Macht übernehmen. Felix Hoerburger berichtet aus Afghanistan, daß er dort auf Stimm-Maskierung in verschiedenen Entwicklungsstadien gestoßen sei. *Und im Längsschnitt durch die Musik in Afghanistan von der Primitive bis zur Hofmusik können wir diese Entwicklungsstufen von unten nach oben verfolgen. Da ist einmal in der Primitivschicht eine Form von Gesang, auf die mich afghanische Freunde aufmerksam machten, indem sie mir eine Art von „Jodler" ankündigten. Es ergab sich dann, daß die betreffenden Erscheinungen mit dem Phänomen des Jodelns kaum etwas zu tun hatten . . . Eine ältere Hazarah-Frau zeigte mir, wie eine Mutter für ihren Sohn um die Braut wirbt. Mit ganz kurzen, fortwährend wiederholten Gesangsformeln zählt sie die Vorzüge des Sohnes auf, wobei das Singen durch schluchzerartige Töne oder eine Art von Stöhnen verzerrt wird. Sowohl das musikalische Element dieses Singens wie auch die Textworte werden maskiert. Wiewohl nun hier ebensowenig wie auch beim „Dhrupad" die Nachahmung eines bestimmten Instrumentes angezielt wird, scheint es doch so, als ginge es darum, die menschliche Stimme als solche unkenntlich zu machen und sie der Idee des Instrumentalen schlechthin zu nähern. Der Sinn ist in der Primitivschicht wohl eine apotropäische Verschleierung. Feindliche Mächte sollen abgewehrt oder getäuscht werden. (Es handelt sich um eine ähnliche Vorstellung wie bei gewissen rituellen Tänzen auf dem Balkan, bei denen durch hinkendes Gehen oder wechselndes Vor-Rück-Vor das schlechthin Menschliche der Körperbewegung unkenntlich gemacht werden soll.)*

Bei höheren Stufen der Entwicklung geht es entweder um die Nachahmung eines bestimmten Instrumentes oder „des Instrumentalen" allgemein, und zwar dann, wenn instrumentale Musik gewünscht wird, aber Musikinstrumente und Instrumentalisten nicht vorhanden sind . . . Der letzte Grad der Entwicklung ist schließlich der unstillbare Wille des Stilisierens in der Kunstmusik, bei dem es nicht mehr um Dämonenabwehr, um Stellvertretung oder Parodierung von Instrumenten, sondern ausschließlich um ästhetische Erwägungen geht[402]. Hoerburgers Beispiel zeigt deutlich, wie Vokal- und Instrumentaleffekte sich gegenseitig bedingen können – und wie eine Rückprojektion von der Instrumental- zur Vokalmusik deutlich wird. Im japanischen Nō-Drama verschwindet das Gesicht des Sänger-Darstellers hinter der stereotypen, ausdruckslos-lächelnden Maske, die aber zugleich die Stimme des Schauspielers verstärkt und verstellt. Auf Papua legt man zu den größeren Pfeifen eine Maske hinzu, die jenen Geist darstellt, der nach Meinung der Menschen in der Pfeife anwesend sein soll[403].

Zeugnisse zu dieser Thematik beschränken sich jedoch nicht auf außereuropäisches Material. Von zweckorientiert eingesetzter Klangmagie ist in älteren Berichten und mündlichen Überlieferungen auch in Europa vielfach die Rede. In Schweden fanden noch bis in die zweite Hälfte des 19. Jahrhunderts herein vor Austrieb des Viehs aus dem Stall „magische Treibjagden" statt, um die Raubtiere von den Waldweiden zu vertreiben. Teils in der Walpurgisnacht,

---

[401] E. Emsheimer, *Maultrommeln in Sibirien und Zentralasien*, in: ders., *Studia ethnomusicologica eurasiatica*, Stockholm 1964, S. 13–27, Zitat S. 19; F. Hoerburger, *Studien zur Musik in Nepal*, Regensburg 1975

[402] F. Hoerburger, *Stilschichten der Musik in Afghanistan und ihre gegenseitige Durchdringung*, in: *Musik als Gestalt und Erlebnis. Festschrift W. Graf*, Wien 1970, S. 95f.

[403] H. Fischer, *Schallgeräte in Ozeanien*, Straßburg und Baden-Baden 1968, S. 50

teils am sogenannten Peregrinustag (16. Mai) durchlief man die Wälder, rief formelhafte Beschwörungsrufe und erzeugte ohrenbetäubenden Lärm durch Schläge auf Holzplatten, Bratpfannen, mit Stöcken gegen hohle Bäume, durch Blasen von Holztrompeten, Rindenhörnern sowie durch Schellengeläute. Am Vortag der Walpurgisnacht, der auch „Schellentag" oder „Schellenmesse" genannt wurde, liefen Halbwüchsige mit Schellen von Haus zu Haus. Aus Dalarna wird berichtet, daß die Jugendlichen um das Feuer herumsprangen, mitunter plötzlich einhielten, um alle Schellen gleichzeitig zu schütteln, so daß es von den Bergen widerhallte. Wenn das Feuer am höchsten brannte, wurden die Schellen auf eine lange Holzstange gespießt und heftig geschüttelt. Danach wurde der Aufzug durch das Blasen langer Töne auf Holztrompeten und Tierhörnern beendet. *Soweit der Schall zu vernehmen war, glaubte man damit die Raubtiere für das ganze Jahr von den Weidegebieten gebannt zu haben*[404]. Ein Gesetzbuch aus der Landschaft Östergötland in Schweden vom Ende des 13. Jahrhunderts, in dem Gewohnheitsrechte der bäuerlichen Bevölkerung fixiert werden, bezeugt den Schall als „akustisches Maß", das heißt: als soziale und juridische Markierung. *Der Ruf diente dazu, das Gebiet der Dorfsiedlung von denjenigen der Allmende abzugrenzen und sollte eine Woche vor Mittsommer, d. h. vor Austrieb des Viehs erfolgen, und zwar zu einer Zeit, in der „der Tag am stummsten ist", vermutlich also früh am Morgen, wenn der Schall am weitesten trägt*[405]. In Weistumstexten des europäischen Mittelalters wird vielfach darauf hingewiesen, daß *so weidt als man büden band vnd klokkengeleudt hort* der politische und kirchliche Einflußbereich lokaler Gewalten reichen würde[406].

Ernst Emsheimer betont in seiner *Schellenmagie*, daß für den Menschen der Gegenwart das Magische *das Irrationale schlechthin* sei, während es für die bäuerliche Bevölkerung, die einst dem Vieh vor dessen Austrieb auf die Waldweiden eine zauberkräftige Speise aus der Schelle gereicht habe, eine ebenso selbstverständliche Verrichtung wie z. B. das Melken der Kühe darstellte. *Magie und die supranormalen Vorstellungen, die ihr imanent zugrunde liegen, entstehen nie im luftleeren Raum und sind nicht etwa Gebilde völlig zweckfreier und unbehinderter Phantasie. Sie wurzeln vielmehr in den vitalen Interessen verschiedener Sozialgruppen und bilden den Nährboden starker emotionaler Spannungen und Triebkräfte. Im Sinne der jeweils aktuellen Interessendominanz können sie ganz konkret aus den primären ökonomischen und materiellen Lebensbedürfnissen sowie aus dem sozialpsychologischen Kontext abgeleitet werden, in dem sie stehen*[407].

Im Vergleich zu den Schöpfungsmythen der altasiatischen Kulturen, China, Indien, Mesopotamien, aber auch Ägypten und Griechenland, fehlt in den biblischen Büchern *der eigentliche Erschaffungsakt der Musik-Gottheit wie auch die dichterische Großartigkeit der multideistischen Märchenmythen. Musik steht nicht „am Anfang", sondern erscheint erst in einem späteren Stadium unter den Kategorien von „Kunst und Handwerk", nachdem die zwei großen Daseinsformen von Ackerbau und Viehzucht (Kain und Abel), sowie das seßhafte Bauerntum (Jawal) eingerichtet waren*. Erst Jawals Bruder, nämlich Juwal, wird zum Erzvater der „Geiger und Pfeifer" – und damit zum Namenssymbol einer *weiteren Genealogie von Grundwerten des Lebens. Mit ihm*

---

[404] E. Emsheimer, *Schwedische Schellenmagie,* in: *Studia instrumentorum musicae popularis* 5, 1977, S. 10–19, Zitat S. 12; auf schweizerische Relikte solcher Klangzauber weisen in dems. Band B. Geiser, M. P. Baumann, W. Meyer hin.

[405] Ebda., S. 12

[406] D. Stockmann, *Die Glocke im Profangebrauch des Spätmittelalters,* in: *Studia instrumentorum musicae popularis* 3 = *Emsheimer-Festschrift,* Stockholm 1974, S. 225. – Über Musikanten, die ihre Seele dem Teufel verschrieben hatten – um die Konkurrenz auszustechen, die als Abwehr gegen Hexenzauber stets verschiedene heilige Sachen bei sich trugen (Erde von einem heiligen Platz, eine in sieben Kirchen geweihte Kreide, geweihtes Kolophonium), über das Teufelsgeigenmotiv und verzauberte Flöten u. ä. in der polnischen Volkstradition der jüngsten Vergangenheit berichtet L. Bielawski, *Musiker und Musiksituationen,* in: *Studia instrumentorum musicae popularis* 7, 1981, S. 17–22.

[407] E. Emsheimer, wie Anm. 404, S. 18f.

erhält Musik ihren gesetzlichen Standort, wird zu einem weiteren Grundausdruck menschlicher Seinsweise, menschlichen Tuns und handwerklichen Könnens[408]. Trotzdem bleiben ältere Vorstellungen von der geistig-transzendentalen Kraft des Klanges wirksam. Tierhörner gelten in den Händen der Priester als kultische Instrumente, deren Klang zum sakralen Phänomen wird. Doch dürfen, der alttestamentarischen Tradition gemäß, nur Hörner des Widders, der wilden Bergziege, des Steinbocks (Schofar, Juwel) benutzt werden; Kuhhörner bleiben ohne jeden Sakralwert und dürfen bei liturgischen Feiern nicht erklingen. Neben den Naturhörnern gehören die kunstgeschmiedeten Silbertrompeten zu den Geräten des Priesters. Nach der Zerstörung des Tempels (70 A. D.) *übernimmt die Synagoge den Schofar als Kult-Instrument und einziges Klangwerkzeug aus der jüdischen Antike. Als nahezu unbearbeitetes Naturhorn, welches nach kultischen Gesetzen ohne Hilfe eines Mundstückes angeblasen werden muß, vermag man darauf kaum mehr als die ersten beiden Obertöne (nach der Oktave) hervorzustoßen, und auch diese in schreckhafter, unartikulierter Form. Die Töne des Schofar bleiben daher ein Ruf oder Laut (Qol), ein Hauch oder Hall (Hewell, Jowel), ein Lärm oder Schall... Die magie-geladene, musikfremde „Stimme des Schofar" wird in dieser Ideen-Assoziierung auffallend oft erwähnt. Sie wird zum Symbol des Erinnerns (an das Sühneopfer), der zyklischen Erneuerung des heiligen Bundes mit jedem neuen Mondjahr und erklingt daher am Tag des Neujahrs, des Jubeljahrs, an jedem Neumond sowie an den Fasttagen des „Gedenkens". Trotz dieser späten, sublimierten Deutung, ausgedrückt in den drei Benediktionen des Erinnerns, bleibt das Schofarhorn in der Volksphantasie ein Mahn-, Schutz-, Lärm- und Abwehrgerät, umgeben von einer Fülle magischer Konnotationen*[409]. Aber auch abseits von Synagoge und liturgischem Brauch leben noch ältere Traditionen im jüdischen Volksdenken: Das Blasen in einer Grube, Zisterne oder Tonne – als Regenzauber nach vierzig Tagen Dürre; das Blasen bei Belagerung, Hochwasser, Krankheit, Bedrohung durch wilde Tiere, Einsturz eines Hauses, Schiffskatastrophe, Mißernte u. ä.

Anbetung und Lobpreis

Urs Ramseyer, dem wir in der Dreiteilung der Funktionsgebundenheit von Musikinstrumenten im Zusammenhang mit Magie und Kult bei außereuropäischen Naturvolk- und Hochkulturen folgen, betont, daß der apotropäische Charakter des Klanges auch dort noch unterschwellig gegeben sei, wo es sich um die äußerliche Reglementierung des Ablaufs eines Gottesdienstes handle (wie etwa im katholischen Gottesdienst, wo der Eintritt des Priesters und der Beginn der Wandlung eingeläutet werden). In den Kulthandlungen der Universalreligionen rufen Glockenzeichen die Gläubigen zum Gebet, ordnen den Ablauf der Kulthandlung – haben aber zudem vielfach noch die Bedeutung, den Kultort von bösen Geistern freizuhalten.

---

[408] E. Gerson-Kiwi, *Horn und Trompete im Alten Testament – Mythos und Wirklichkeit*, in: *Studia instrumentorum musicae popularis 3 = Emsheimer-Festschrift*, Stockholm 1974, S. 57–60, Zitat S. 57. – Dazu auch M. Vogel, *Onos lyras. Der Esel mit der Leier*, Düsseldorf 1973 (*Orpheus-Schriftenreihe zu Grundfragen der Musik* 13/14); ders., *Der Esel mit der Leier*, in: *Festschrift zum zehnjährigen Bestand der Hochschule für Musik und darstellende Kunst in Graz*, hg. von O. Kolleritsch und F. Körner, Graz 1974, S. 251–267; L. Putz, *Volksmusikdarstellungen des 11. und 12. Jahrhunderts in Frankreich*, in: *Musikethnologische Sammelbände* 5, 1981, S. 105–116

[409] E. Gerson-Kiwi, wie Anm. 408, S. 57f.; H. Avenary, *Magic, Symbolism and Allegory of the Old Hebrew Sound Instruments*, in: *Collectanea Historiae Musicae* 2, Florenz 1956; E. Werner, *The Sacred Bridge: The Interdependence of Liturgy and Music in Synagogue and Church During the First Millenium*, London und New York 1959; ders., *Die jüdischen Wurzeln der christlichen Kirchenmusik*, in: *Geschichte der katholischen Kirchenmusik* 1, hg. von K. G. Fellerer, Kassel u. a. 1972, S. 22–29

Glocken, Gongs, Schneckentrompeten, Trommeln, Flöten oder Schalmeien erklingen offiziell als Signalinstrumente, ihr Klang bezeugt aber zugleich die Anwesenheit übersinnlicher Wesen.

Die lamaistische Kultmusik Tibets dient der Personifizierung göttlicher oder dämonischer Kräfte, einmal in der Form solistischer Rezitation mit einer begrenzten Anzahl formelhafter Motive, zweitens die chorische Deklamation in tiefer Baßlage auf einem Ton oder mit wenigen Tönen bis zum Ambitus einer Quart, mit Betonung der metrischen Akzente sowie Unterstreichung der Strophenenden durch Trommel- und Beckenschläge. Orchestrale Zwischenspiele unterbrechen die liturgische Deklamation. Dabei geht es nicht um ein harmonisch-musikalisches Zusammenspiel, sondern symbolische und magische Vorstellungen bestimmen den Einsatz und die Kombination der Instrumente. Es gibt Instrumente für sogenannte „wilde" Gottheiten (Trompeten aus menschlichen Schenkelknochen, großbucklige Becken, Klappertrommeln aus Schädelknochen) und Instrumente für die „milden" Gottheiten (kleine Becken, Klappertrommeln aus Holz). Zur Tischaurüstung des zelebrierenden Lamas gehört als Kultgerät die Stielhandglocke als weibliches Symbol der Weisheit. Darüber hinaus zählen zu den wichtigsten lamaistischen Kultgeräten die stets paarweise geblasenen Langtuben, die Kegeloboen, kunstvoll gearbeitete Muscheltrompeten, Metalltrompeten sowie große Stieltrommeln, die auch außerhalb des Gottesdienstes bei religiösen Feiern, Totenriten und dramatischen Szenarien der kultischen Maskentänze Verwendung finden[410].

Die Zwitterstellung christlich missionierter Kulturen Außereuropas wird vielfach gerade an Beobachtungen über die Verwendung von Musik und Musikinstrumenten deutlich. In Bolivien werden Julajulas-Panflöten zu verschiedenen, meist religiösen Festen in der Zeit der Ernte bis zu Beginn der Aussaat gespielt, das heißt vom 3. Mai, der Fiesta de Santa Veracruz, bis zum 12. Oktober, der Fiesta de San Francisco. *In der Zeit der Ernte und danach wandern die Bauern von einem Dorf zum andern, um an Prozessionen teilzunehmen. Dabei führen sie ihre Heiligenbilder und geweihten Steine, auf denen meist ein Kreuz aufgemalt ist, mit sich. Während der Teilnahme an Bitt- und Dankprozessionen, die meist von einem Priester durchgeführt werden, wird auf den Julajulas und auch auf anderen Panflöten gespielt… Nach der Messe und einer Prozession, bei der das Madonnenstandbild unter Julajulas-Klängen um den Kirchplatz herumgeführt wird, versammeln sich die aus den verschiedensten umliegenden Siedlungen zusammengeströmten Gruppen auf dem Dorfplatz oder in den ausgetrockneten Flußbetten und provozieren mit ihrer Julajulas-Musik die Gegengruppen aus anderen Orten. Die Indios spielen dabei auf ihren Panflöten eine Art kämpferische Musik und tanzen dazu ihr „chukarubailes"… Die einander gegenüberstehenden Musikgruppen suchen sich mit ihrer Instrumentalmusik gegenseitig zu überbieten. Bevor es jedoch im Anschluß daran zum eigentlichen „Tinku" kommt, bitten sie mit einzelnen Melodien die Heiligen um Vergebung.* Es folgt ein harter, blutiger Wettkampf, manchmal mit tödlichem Ausgang. Max Peter Baumann, dem wir diese Beschreibung verdanken, vermutet hinter diesem traditionellen Wettkampf Fruchtbarkeitsriten um den Kult der Erdgöttin Pachamama[411]. Für den lateinamerikanischen Raum erscheint die Symbiose prähispanischer Überlieferungen mit den verschiedenen christlichen Heiligen- und Marienfesten geradezu typisch. Der Klang der Musikinstrumente mit seinem magischen – unterbewußt wirksamen – Hintergrund ist das verbindende

---

[410] A. M. Dauer und C. T. Jongchay Rinpoche, wie Anm. 360, S. 7f.

[411] M. P. Baumann, *Julajulas – ein bolivianisches Panflötenspiel und seine Musiker,* in: *Studia instrumentorum musicae popularis* 7, 1981, S. 158–163, Zitat S. 162f.; ders., *Music of the Indios in Bolivia's Andean Highlands,* in: *The World of Music* 15/2, 1982, S. 80–96. – Vgl. auch H. Feriz, *Alt-Indianische Musikinstrumente aus Mittelamerika,* in: *Jahrbuch für musikalische Volks- und Völkerkunde* 2, 1966, S. 91–110

146

Element, das christliche Liturgie einschließlich Prozession und Tinku-Kult unvermittelt aufeinander folgen läßt.

Curt Sachs sieht in der allmählichen Umwandlung der Kultinstrumente zu Musikinstrumenten einen Weg von sinnlichen zu künstlerischen Wirkungen[412]. Die Entwicklung der abendländischen Musik wurde durch die Instrumentalmusik und durch die Verfeinerung der Musikinstrumente wesentlich mitgeprägt: *Von der Schöpfung melodiefähiger Panpfeifen, Grifflochflöten, Xylophone und Saiteninstrumente nimmt die Geschichte der Tonsysteme ihren Anfang*[413]. Das Zeitalter der instrumental-vokalen Musik wird als Höhepunkt dieser Entwicklung gesehen. Doch die Aufbruchstimmung der zwanziger Jahre, die aus den damaligen Schriften von Curt Sachs spricht, mußte infolge der weiteren politischen und ökonomischen Entwicklung modifiziert werden. Die junge Generation der Ethnologen betrachtet die Situation heute (in der Perspektive der sogenannten Dritten Welt) so: In den nicht „westlich" beeinflußten Kulturen ist eine freie, funktionslose Musik eher selten. Religiös und weltlich, heilig und profan treffen sich gerade im Bereich der Musik immer wieder. Die Bindung der Musik an Irreales lebt in der kosmogenen Bestimmung der Tonsysteme und Leitern, in der Situations-, Orts-, Schichtengebundenheit bestimmter musikalischer Formen, Gattungen, Stile und Musikinstrumente – vorläufig noch – weiter. Die Kontinuität solcher Vorstellungen sitzt tief und sollte bei der Betrachtung „profaner" Musikinstrumente nicht aus dem Auge verloren werden, *auch wenn diese nach außen hin zur Verständigung über weite Distanzen, für festliche Repräsentation und angeblich reine Unterhaltung dienen oder, als Würdezeichen und Wertobjekte, den Charakter von Statussymbolen besitzen. In der Tat beobachten wir, wie ursprünglich kultische Instrumente durch Wanderung von Kultur zu Kultur, durch inneren Kulturwandel oder unmittelbaren Kulturkontakt einem Funktionswandel unterliegen, der sich in den meisten Fällen in Richtung einer Profanierung bewegt ... Ruinen religiöser Bauwerke, Bruchstücke kunstvoller Kultobjekte, Blech, Plastik und geblümte Gitarren dokumentieren den Zerfall ganzer Kulturen im Gefolge des Kulturkontaktes mit unserer technisch übermächtigen Zivilisation, lassen jedoch kaum etwas von den geistigen Konflikten erahnen, die sich mit dem gewaltsamen Auseinanderbrechen des traditionellen Weltbildes zwangsläufig ergeben mußten*[414].

Fassen wir zusammen: Wie in der Geschichte der Kunst allgemein, so vollzog sich im Verlauf der europäisch-abendländischen Kulturentwicklung auch die Lösung der Musikinstrumente aus der kultischen, sozialanthropologischen Zweckbestimmung und Gebundenheit. Was an Saiten-, Blas- und Schlaginstrumenten in der europäischen Musik benutzt und ständig verfeinert wurde/wird, ist in Naturvolk- und älteren Hochkulturen vorgegeben (ausgenommen elektronische Instrumente). Aus magisch-religiösen Geräten wurden allmählich Vermittler sinnlich-künstlerischen Genusses. Im freien, absoluten musikalischen Kunstwerk ordnet(e) sich der Musiker mit seinem Tonwerkzeug den Ideen eines (weltlichen) Schöpfer-Genies unter. Die Entwicklung vollzieht sich fortan innerhalb einer Dreiecksbeziehung: Komponist, Spieler, Instrumentenbauer, die einander wechselseitig befruchten und zu spezifischen Leistungen drängen. Andererseits wird das Musikinstrument außerhalb des professionellen Musikbetriebes zum Spielzeug der „Hobby-Kultur"[415].

---

[412] C. Sachs, *Geist und Werden der Musikinstrumente*, Berlin 1929, S. 3; ders., *Prolegomena zu einer Geschichte der Instrumentalmusik,* in: *Zeitschrift für vergleichende Musikwissenschaft* 1, 1933, S. 56
[413] C. Sachs, *Vergleichende Musikwissenschaft in ihren Grundzügen*, Leipzig 1930, S. 26
[414] U. Ramseyer, wie Anm. 378, S. 8
[415] W. Suppan, wie Anm. 372, S. 176

Hintergrundmusik
(Melodram, Tonfilm, Fernsehspiel, Krimi, Werbespot)

Das Hören verändert das Sehen[416] – und umgekehrt.

In der Material- und Faktenaufbereitung der vorangegangenen Kapitel war stets auch von Musik die Rede, die nicht um ihrer selbst willen sondern als Beiwerk zu Zeremonien/Arbeitsvorgängen/politischen und rechtlichen Handlungen erklingt und der man nicht bewußt zuhört, die jedoch im Unterbewußtsein wirkt. Vor allem die Kapitel „Musik und Arbeit" sowie „Musik und Medizin" handelten von Schallereignissen, die auf psychologische Wirkung hin berechnet sind, wie sie die Wrather Corporation of America (MUZAK) und ihre bundesdeutsche Lizenznehmerin, die „Musik für Millionen GmbH", zum Zwecke der Steigerung der Arbeitsleistungen, der Einschränkung des logischen Denkvermögens (in Kaufhäusern) oder der Beruhigung in Streß-Situationen (beim Zahnarzt, im Flugzeug) herstellen. Die Material- und Faktenvermittlung kann nicht ohne einen Hinweis auf jene Hintergrundmusik abgeschlossen werden, die in der Gegenwart vor allem durch das Medium des Fernsehens zu vormals nie geahnter Bedeutung aufgestiegen ist.

Die künstlerische Stilisierung dieser Verknüpfung von Sprache, darstellender Kunst und Musik erfolgte in unserem europäisch-abendländischen Kulturkreis im Melodram. Doch seit Johann Gottfried Herder am Höhepunkt der von Rousseau angefachten ersten Melodram-Mode und Melodram-Begeisterung in den siebziger und achtziger Jahren des 18. Jahrhunderts von einer *mißlichen Gattung* sprach, weil *Töne die Worte, Worte die Töne, als unvereinbar miteinander jagen,* seit damals wird die Gattung kaum zur Kenntnis genommen[417]. Selbst eine *Sozialgeschichte der Kunst und Literatur* qualifiziert nur abwertend: *Das Melodram ist nichts als die popularisierte, wenn man will, verdorbene Tragödie. Es gehörte eben zum Verhängnis dieses* (ausgehenden 18. und beginnenden 19.) *Jahrhunderts, daß jedesmal, wenn das dichterische Element im Drama zur Geltung kam, sein Unterhaltungscharakter, seine Bühnenwirksamkeit und Sinnfälligkeit zu verkümmern drohte*[418]. Überblickt man die Spielpläne großer deutscher Theater, so kann man sich leicht davon überzeugen, daß bis in die sechziger Jahre des 19. Jahrhunderts Melodramen als eigenständige Bühnenwerke nichts von ihrer Beliebtheit beim Publikum eingebüßt hatten. Nach einer etwa zweieinhalb Jahrzehnte dauernden Talsohle – was die Melodram-Produktion betrifft – trat die Gattung nochmals, zunächst als ästhetisches Diskussionsobjekt in den Kreisen um Engelbert Humperdinck, Wilhelm Kienzl, Ferruccio B. Busoni, Hugo Wolf, Alban Berg, dann mit einer Reihe von Bühnenwerken vor das Publikum. Humperdincks Idee des gebundenen Melodrams, der Fixierung der Sprechtonhöhe, fällt in diese Zeit. Arnold Schönberg hat diese Technik der Wort-Ton-Verbindung von Humperdinck übernommen[419].

---

[416] Titel eines Berichtes in: *Die Zeit,* Hamburg, 19. 2. 1982, über die Berliner Filmfestspiele 1982, vor allem zu dem Versuch, den 1927 uraufgeführten Film *Berlin – Die Sinfonie der Großstadt* mit der originalen Live-Musik wieder aufzuführen.

[417] An einschlägiger Literatur ist zu nennen: E. Istel, *Die Entstehung des deutschen Melodrams,* Berlin 1906; M. Steinitzer, *Zur Entwicklungsgeschichte des Melodrams und Mimodrams,* in: *Die Musik* 35, Berlin 1919; H. Martens, *Das Melodram,* in: *Musikalische Formen in historischen Reihen* 11, Berlin 1932; H. Clesius, *Zur Ästhetik des Melodrams,* phil. Diss. Bonn 1944; W. Suppan, *H. E. J. von Lannoy (1787–1853). Leben und Werke,* Graz 1960; ders., *Melodram und melodramatische Gestaltung,* in: *Festschrift zum zehnjährigen Bestand der Hochschule für Musik und darstellende Kunst in Graz,* hg. von O. Kollerisch und F. Körner, Graz 1974, S. 243–250. Die Enzyklopädie *Die Musik in Geschichte und Gegenwart* zeigt das Stichwort „Melodram" nicht an.

[418] A. Hauser, *Sozialgeschichte der Kunst und Literatur,* München ²1969, S. 723ff.

[419] R. Stephan, *Zur jüngsten Geschichte des Melodrams,* in: *Archiv für Musikwissenschaft* 17, 1960, S. 183–192

Wie schon zu Rousseaus Zeiten, strebte die Schauspielkunst auch nun nach neuen Zielen dramatischer Dichtung und Darstellung, suchte sich – nach einer Periode bewußter Beschränkung auf naturalistische Wirkungen – aus dieser als lästig empfundenen Enge herauszuwinden. Und wieder erweist sich das Melodram als eine die Entwicklung vorantreibende, im Drehpunkt gleichsam als Katalysator wirkende Erscheinung.

Daß das Melodram als ein Phänomen des Überganges so gute Dienste leistete, ist auf seine äußerst starke, erregende, provozierende Wirkung zurückzuführen. Wo die Musik nicht glatt und gefällig, oberflächlich und banal die Rede einbegleitet und unterstreicht, sondern künstlerische Ambitionen mit im Spiel sind, wo der Komponist um höchste Aussage ringt und Deklamation mit Musik zu einer Ganzheit verknüpfen will, da kommt es zu Effekten großer Härte, zu einer Intensivierung des Gefühlsausdrucks, zu außergewöhnlicher Nervenerschütterung, zu einer Steigerung, die nicht über längere Strecken hin vom Hörer und Zuschauer ertragen werden kann. Zu bezeugen ist diese These durch die Gegenüberstellung der melodramatischen und der singbaren Fassung von Johann Friedrich Reichardts Bühnenwerk *Cephalus und Prokris*. Im Verhältnis zu der deklamierten Fassung wirkt die Singspielfassung glatt und gefällig.

Besonders klar aber wird diese Einsicht, betrachten wir, wie in neueren Opernwerken an entscheidenden Stellen der Gesang durch gesprochene Passagen unterbrochen wird. Wo in der Oper das Wort, das heißt: der Gesang, versagt, dort tritt die kahle Rede in ihre Funktion ein, von Musik einbegleitet und/oder untermalt und damit in der Aussage gesteigert, verdeutlicht, überhöht. Wer könnte sich etwa der schockierenden Effekte in Richard Strauss' *Frau ohne Schatten* entziehen; vor allem im letzten Bild, wo die Kaiserin um den Entschluß ringt, den Schatten der Färbersfrau zu beanspruchen – oder ihren Gatten der Versteinerung preiszugeben. Es ist die Szene höchster dramatischer Zuspitzung, in der die Kaiserin endlich zur Einsicht kommt, auf den Schatten verzichten zu müssen, um das Glück zweier Menschen nicht zu zerstören. Damit hat sie die Prüfung bestanden. Jenseitige Mächte greifen ein und belohnen die liebenden Paare: Kaiser und Kaiserin, Färber und Färbersfrau finden zu neuem Leben zusammen, beide Frauen werden künftig Schatten werfen und auf Kinder hoffen dürfen. In diesen Szenen dramatischer Ballung erfüllt das Wort zwischen und über dem Strom der Musik, akustisch gedeutet: der Wechsel und die Reibung zwischen der „tonlosen" Sprache und den geordneten Klängen, seine erschütternde Wirkung.

Drei Bereiche melodramatischer Gestaltung zeichnen sich ab:
(1) Die Musik kann dort selbständig eintreten, wo im Sprechvortrag eine längere Pause angebracht ist, wo eine angeschlagene Stimmung ausklingen oder zwischen zwei verschiedenartigen Stimmungen ein Übergang geschaffen werden soll. Finden sich zum Beispiel in Wildenbruchs (umgearbeitetem) *Hexenlied* dort, wo Medardus seine Erzählung anheben will, die Verse:

Und plötzlich die strömende Träne ihm rann.
Zu den Brüdern zu sprechen Medardus begann...

so legte Max von Schillings zwischen die Verse eine musikalische Überleitung, in der nach einem letzten Stöhnen wie aus der Tiefe der Seele eines Sterbenden das Hexenlied heraufklingt. Richard Strauss verfährt in der Musik zu *Enoch Arden* in derselben Weise, wenn nach dem vergeblichen Ausschauen Annies

Sie sah dem Segel nach, bis es vertauchte
am Horizont, und kehrte weinend heim...

das musikalische Nachspiel schildert, wie alles Glück der Ärmsten in die Tiefe sinkt – und das Motiv von Enochs Meerfahrt leise verhallt. Hugo von Hofmannsthal beneidet den Komponisten um solche Möglichkeit; er schreibt – während der Arbeit am Libretto der *Frau ohne Schatten* am 20. Januar 1913 an Richard Strauss: *Die Übergänge von einer Welt in die andere... erfüllen mich mit einer Art Neid auf den Komponisten, der sie ausfüllen darf, wo ich leer lassen, nur das Jenseits und Diesseits in ihnen in der Idee genießen darf.*

(2) Die zweite Möglichkeit der Zuhilfenahme von Musik ist dort gegeben, wo Nebenbeziehungen, die im Text nicht ausgesprochen sind, doch mitklingen sollen. Ich denke da an Beethovens *Fidelio*, 2. Akt, 2. Szene: Hinter dem anscheinend ruhigen Gespräch Roccos und Fidelios über die Kälte im Kerker und über den armen gefangenen Florestan muß immer das Sehnen der beiden Gatten zueinander hindurchklingen. So läßt denn Beethoven aus der vorangegangenen Arie Florestans sein Motiv herübertönen, um anzudeuten: auch im Traum sieht der Gefangene noch seine Gattin als erlösenden Engel vor sich. Und schmerzlich aufseufzende Klänge im Orchester verraten dem Hörer, daß das Zittern Leonorens wahrlich nicht nur, wie sie vorgibt, von Furcht und Kälte hervorgerufen ist. Ebenso tiefe Bedeutung und Wirkung sucht Meyerbeer in dem von Beethovens *Egmont* stark beeinflußten *Struensee* zu erreichen. Schon in der Ouvertüre zu diesem Werk kämpft ein religiöses, offenbar die fromme, schlichte Erziehung Struensees im Elternhaus andeutendes Motiv mit Allegro-Passagen, die die Weltwirren und die Liebe zu Mathilde andeuten. In den melodramatischen Szenen verwendet Meyerbeer die beiden, gegensätzliche Stimmung hervorrufenden Themen, um mit Hilfe der Musik über das gesprochene Wort hinaus Sinnzusammenhänge zu knüpfen, dem Drama tiefere Bedeutung zu geben und ihm reichere Empfindungen zu entlocken.

Von solcher Verwendung musikalischer Themen ist es ein folgerichtiger Schritt zur Leitmotivtechnik. Walter Salmen weist in seinem Reichardt-Buch darauf hin, daß dieser Komponist, Literat und Verwaltungsbeamte der Goethe-Zeit in dem Melodram *Ino* erstmals in einem deutschen Bühnenwerk die Leitmotive als Stimmungsausdruck, als die musikalischen Zusammenhang und Zusammenhalt schaffende Kraft verwendet hat[420]. Die zu Richard Wagner führende Geschichte der Leitmotiv-Technik sollte daher das Melodram nicht außer acht lassen.

(3) Noch eine dritte Aufgabe erfüllt Musik in Verbindung mit Deklamation: Sie kann, abgesehen von der Ausprägung fester Motive, als bloßer Klang ihre Wirkung tun. Beethoven bedient sich dieser – wie in diesem Buch mehrfach gezeigt – „naturvölkischen" Technik in der Musik zu Goethes *Egmont*. Dem eingekerkerten Egmont erscheint jene Traumvision der personifizierten Freiheit, die dem Tod des Helden Sinn gibt und zur abschließenden Siegessymphonie, zur Umdeutung von Egmonts Tod in einen Sieg für das gesamte Volk führt. Nur der Streicherklang unterbricht diesen Monolog. Die sehr zurückhaltende Musik will nichts Selbständiges ausdrücken, sondern allein die menschliche Rede auf eine neue Ebene, in diesem Fall in außerirdische Sphären heben[421].

Verwandte Effekte strebt Mendelssohn Bartholdy im *Sommernachtstraum* an. Einfache, langgehaltene Klänge zu den Elfengesprächen erheben den Dialog über das Niveau gemeiner Menschenrede. Mit der gleichen Absicht untermalt Liszt in der *Lenore* die Rede des Geistes vor dem Fenster des Mädchens mit dumpfen Akkorden.

Aus dem Gesagten ergibt sich: Musik übernimmt im Melodram – worunter stets die Verbindung von Deklamation und Musik in einem eigenständigen Bühnenwerk verstanden sei – und in melodramatischer Gestaltung eine dienende Funktion: Und sie ist dabei zweifach tätig: Sie wirkt als Musik – und weist als solche zugleich auf etwas von ihr Verschiedenes hin, das heißt,

---

[420] W. Salmen, *J. F. Reichardt. Komponist, Schriftsteller, Kapellmeister und Verwaltungsbeamter der Goethezeit*, Freiburg im Breisgau 1963, S. 276

[421] Besonders deutlich ist dies einer Schallplatteneinspielung von Beethovens *Egmont* mit den Wiener Philharmonikern unter George Szell und mit Klaus-Jürgen Wussow als Sprecher zu entnehmen: DECCA SXL 21 205 – B.

auf außermusikalische Faktoren des dramaturgischen, psychologischen, ästhetischen, technischen Ablaufes einer dargestellten Handlung. Der Musik kommt somit in diesem Zusammenhang nicht das zu, was zu einem erheblichen Teil als Wesen „abendländischer" Musik bezeichnet zu werden pflegt, sich in Wirklichkeit aber erst im 18./19. Jahrhundert aufgrund der Abspaltung der autonomen Musik von der funktionalen einstellte: nämlich der Werkcharakter[422].

In diesem Zusammenhang drängt sich der Schritt zu zeitgenössischen Phänomenen auf: zum Film und zum Fernsehen. In beiden Fällen begegnet uns in weit höherem Maß als jemals zuvor die Verbindung von Wort und Musik. Was, vom Stummfilm herkommend, in den frühen Tonfilmen als reine Untermalung abgetan werden konnte, wobei im besten Fall musikalische Klischees des Traurigen, des Heiteren, des Sentimentalen, des Schaurigen vage den Verlauf der Handlung kennzeichneten, das entwickelte sich zu einer höchst diffizilen Technik. Die Musik übernimmt *im emotionalen Erfassen der Bildfolge eine entscheidende Rolle, sie bestimmt meist psychisch tieferwirkend als das Fotografische die Einstellung des Zuschauers, weckt zielgerichtete Assoziationen, stimuliert die Sympathie zu bestimmten Idealen und provoziert entsprechende Handlungen*[423]. Und die Musik unterstützt damit nicht allein die Rede, sie ermöglicht die gedrängtere Fassung dieser Rede, macht Worte überflüssig. Musik trägt dazu bei, die gegenüber dem Theater im Film veränderte Funktion der Rede zu begründen. Im Theater sprechen lebendige Menschen von der Bühne herab, und daher empfindet der Zuschauer auch längere Monologe nicht als störend. Im Film haben wir es mit *sprechenden Menschenfotografien* (Zofia Lissa) zu tun. Da bedingt der rasche Wechsel der Bilder und Szenen einen sehr kondensierten Dialog. Das auf den Schallträger eingespielte Wort wirkt plastischer, kann dem Ohr des Zuschauers „näher" gebracht werden als dies von einer Schaubühne herab möglich wäre. Den stets gleichbleibenden akustischen Verhältnissen im Theater steht die Manipulierbarkeit der Wirkweise des Klanges im Film und im Fernsehen gegenüber. Selbst das leiseste Seufzen oder Flüstern vermag sich vom Klang eines vollen Orchester abzusetzen und dringt ganz deutlich bis zu den letzten Stühlen im Kinosaal vor. Der Schauspieler kann von der Filmleinwand und vom Fernsehschirm herunter dem Zuschauer beliebig „nahe" gebracht werden. Mithilfe der Großaufnahme ist jede Runzel im Gesicht, jede Träne und das geringste Beben der Lippen hervorzukehren und mit bestimmten Zielen darzustellen. Der Film erweitert damit die dynamischen und Intonationsgrenzen des gesprochenen Wortes, zugleich verwischt er die Grenzen zwischen den visuellen und den auditiven Wahrnehmungsebenen in hohem Grad. Das alles ist im Werbefernsehen extrem gesteigert. Aber auch Western-Serien, Kriminal- und Dokumentarspiele ziehen wesentliche Wirkungen daraus[424].

---

[422] Z. Lissa, *Über das Wesen des Musikwerkes*, in: *Die Musikforschung* 21, 1968, S. 157–182

[423] Z. Lissa, *Ästhetik der Filmmusik*, Berlin 1965, S. 241 und 380f.

[424] T. W. Adorno und H. Eisler, *Komposition für den Film*, München 1969; H.-K. Jungheinrich, *Hörmassage. Musik in der Werbung*, in: *Musica* 23, 1969, S. 559–561; W. Braun und H. Kühn, *Musik im Hintergrund. Zur Erkenntnis eines umstrittenen Phänomens*, in: *Neue Zeitschrift für Musik* 133, 1972, S. 619–627; L. Prox, *Im Stadium der Kindheit. Skizzen zur Filmmusik*, in: *Musica* 32, 1978, S. 229–235; S. Helms, *Musik in der Werbung*, Wiesbaden 1981 (*Materialien zur Didaktik und Methodik des Musikunterrichts* 10)

D. Folgerungen

Musik ist Teil der Symbolwelt des Menschen:
Mitteilung, Kommunikation, Interaktion

Auf dem Wiedererkennen beruht unser ganzes Gedächtnis.

Gert Kalow

Verstehen heißt vor allem Zuordnen, und dieses ist auch unterschwellig und mit unverbalisierten Gestalten wie den musikalischen möglich.

Vladimir Karbusicky [425]

Menschen „sprechen" miteinander mit Hilfe eines Zeichensystems, das als Ergebnis historisch-gesellschaftlicher Übereinkünfte kulturell bedingt erscheint. Solche Zeichen stehen „für etwas", sie existieren in bezug auf Menschen, niemals „an sich". Die Zuordnung (Semantisierung) von Signalen zu Gegenständen und Begriffen beruht auf konventioneller Setzung, auf Vereinbarung zwischen den Kommunikationspartnern. Der Zeichencharakter wird dem Signal verliehen, er haftet ihm nicht an – und er ist daher auch veränderlich. Als Wissenschaft von den Zeichen und Zeichensystemen, die alle Arten von Kommunikation und Informationsaustausch bedingen, hat sich die Semiotik (griech. Sem = Zeichen) formiert: eine interdisziplinäre, die Gegenstandsbereiche der meisten Geistes- und Sozialwissenschaften sowie die Biologie und die Medizin umfassende Grundlagenwissenschaft. Ging es in der deutschen Philosophie der Aufklärung zunächst um historische Fragen nach den Ursprüngen der Zeichen, bei Leibniz, Lambert, Lessing, Bolzano, Cassirer, – so wurde in der ersten Hälfte des 20. Jahrhunderts von amerikanischen und romanischen Fachvertretern die systematische Frage nach dem Funktionieren von Zeichenprozessen in den Vordergrund gerückt. Charles William Morris und Ferdinand de Saussure haben mit ihren Ideen die deutschsprachige Semiotik nach dem Zweiten Weltkrieg entscheidend beeinflußt und die empirisch-theoretische Grundlage für eine vergleichende und „angewandte" Semiotik hierzulande geliefert [426]. Der Aufgabenbereich der Semiotik wird im ersten Heft einer Zeitschrift für Semiotik, 1979, von den Herausgebern so umschrieben: *Zeichenprozesse auf verschiedenen Kanälen (von Mensch zu Mensch, von Mensch zu Tier, von Organismus zu Organismus, organismusintern usw.) in verschiedenen Modalitäten (äußere Sinne, Nerven, Enzyme usw.) mit verschiedenen Kodes (genetischer Kode, Bienentanz, Verkehrszeichen, Taubstummensprache usw.) über verschiedene Medien (Texte, Schallplatten, Hörfunksendungen, Fernsehen usw.) und aus verschiedenen Kommunikationsgattungen (Diskussion, Bericht, Befehlsausgabe, Lockruf usw.) werden in gegebenen Situationen auf übergeordnete Kommunikationsziele hin verglichen, weiterentwickelt und eingesetzt. Die Brauchbarkeit der Semiotik für die*

---

[425] G. Kalow, *Poesie ist Nachricht. Mündliche Traditionen in Vorgeschichte und Gegenwart*, München und Zürich 1975, S. 101. – V. Karbusicky, *Systematische Musikwissenschaft. Eine Einführung in Grundbegriffe, Methoden und Arbeitstechniken*, München 1979 (*Uni-Taschenbücher* 911), S. 187

[426] Ch. W. Morris, *Zeichen, Sprache und Verhalten*. Mit einer Einführung von K.-O. Apel, Frankfurt u. a. 1981 (*Ullstein Materialien* 35077) = Übersetzung von *Signs, Language, and Behaviour*, New York 1946

Analyse und Produktion von Kulturerscheinungen aller Art ist mittlerweile vielfach erwiesen und anerkannt. Dabei geht es nicht nur um Hören und Sehen, sondern auch um Riechen, Tasten und Schmecken in Körperkommunikation und Eßkultur, Industriedesign und Umweltgestaltung, nicht nur um bloß akustische (Musik) oder visuelle Kommmunikation (Malerei, Grafik, Design), sondern vor allem auch um multimediale Zeichenprozesse (in Theater, Kino, Oper, Tanz- und Sportveranstaltungen), nicht nur um literarische Kommunikation (Literaturproduktion, -interpretation und -kritik), sondern auch um Zeichenprozesse in Wirtschaft, Verwaltung und Rechtswesen, nicht nur um manifestes Zeichenverhalten, sondern auch um seine historische Entwicklung und Veränderung. Die Stärke des semiotischen Ansatzes liegt in allen Fragen, die die Kompetenz spezialisierter Einzeldisziplinen überschreiten[427].

Musik erscheint in diesem Zusammenhang als eine Möglichkeit akustischer Kommunikation, als Bestandteil der Welt der Zeichen, als symbolischer Prozeß. Wort- und Tonsprache erfordern eine zwei- bis mehrfache Verbindung zwischen den Kommunikationspartnern. Zum äußerlichen Aufnehmen der Signale/Worte/Klänge kommen Vereinbarungen über die Zeichenfunktion der Signale. Wo solche nicht bestehen, vernehmen wir zwar die Worte/Klänge, wir sehen Bilder, verstehen jedoch nicht ihren Inhalt. Das bedeutet, um eine sinnvolle Kommunikation zu erreichen, müssen nicht allein die Übermittlungswege störungsfrei sein, es bedarf eines gemeinsamen Bezugsfeldes von Normen, Regeln, eines gemeinsamen Zeichenvorrates.

Ein akustisches Signal, von A ausgesendet, erreicht B störungsfrei. B kann jedoch nur insofern dieses Signal dekodieren, als A ein Kodierungssystem benutzt, das beiden Partnern geläufig ist. Spricht Bezugsperson A in deutscher Sprache zur Bezugsperson B, die nur japanisch versteht, so erreichen die von A ausgesendeten Signale zwar B, können aber von B nicht dekodiert/verstanden werden:

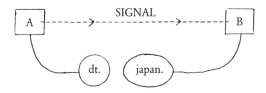

Spricht dieselbe Person A in englischer Sprache und versteht B etwas Englisch, so wird sich ein teilweise gemeinsamer Zeichenvorrat – eben in englischer Sprache – einstellen, und Kommunikation ist in beschränktem Umfang möglich:

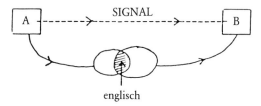

427 *Zs. für Semiotik* 1, Wiesbaden 1979, S. 1f. – Diese Zeitschrift wird hg. von Roland Posener in Verbindung mit Tasso Borbé, Annemarie Lange-Seidl, Martin Krampen und Klaus Oehler, die Redaktion liegt bei Christoph Küper im Inst. für Kommunikationswissenschaften der Technischen Univ. Berlin. – Vgl. auch *Ästhetik und Semiotik. Zur Konstitution ästhetischer Zeichen*, hg. von H. Sturm und A. Eschbach, Tübingen 1981

Mit Hilfe von Gestik und Mimik wird eine weitere Kommunikationsebene eingeführt werden können, die die Verständlichkeit zwischen Menschen verschiedener Sprache/Kultur erhöht:

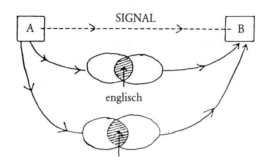

gemeinsamer Vorrat an Gestik, Mimik

Die endosomatische Ebene formaler Strukturen vermittelt Zeichen in einem sinnvollen Bezugsfeld, bedarf aber der ektosomatischen Symbole, der emotionalen Sphäre, um über das akustische oder visuelle Feld der Wort-, Bilder-, Tonsprache hinaus den Inhalt von Sprache, Abbildung oder Musik verständlich zu machen. Der gemeinsame Idiolekt (= Zeichenvorrat) der Kommunikationspartner ermöglicht es der Person B zu dekodieren, was A kodiert hat.

Ein Kunstwerk vermag (1) ästhetische Betrachtung herauszufordern, aber auch (2) als Informationsträger hohen Gebrauchswert zu haben. In der Kunstphilosophie mehren sich derzeit Stimmen, die neben dem ersten Bereich den zweiten wieder zum Bewußtsein bringen wollen. Musterbeispiel dafür ist Heinrich und Margarethe Schmidts Buch über *Die vergessene Bildersprache christlicher Kunst*[428], in dem von einer heutzutage totalen Rätselhaftigkeit etwa der Tiersymbole gehandelt wird, obgleich diese in der Mehrzahl in der allbekannten Bilderwelt der Bibel wurzeln. Literaten bemerken – im Zusammenhang mit der Sprache – einen *Friedhof toter Metaphern* (Jean Paul)[429].

Um wieviel mehr, so möchte man fragen, ist Tonsprache/Musik zu einem Friedhof toter Metaphern geworden? Nämlich für den Angehörigen der europäisch-abendländischen Hochkultur, der in Musik eine Kunst um der Kunst willen (L'art pour l'art) sieht – und der hinter der artifiziell begründeten Fassade eines strukturell-ästhetischen Wertes nicht mehr den anthropologischen Gebrauchswert sucht[430].

Doch sollte man nicht verkennen: Musik kann ebenso wie Wortsprache, Gestik, Mimik, Abbildung usf. aufgrund von Vereinbarungen semantisiert sein/werden, sie muß es jedoch nicht. Die Trompeten-Signale auf einem Kasernenhof, deren Kodes eingelernt sind, funktionieren in ihrem Geltungsbereich, stiften aber darüber hinaus möglicherweise Verwirrung. Georg Duthaler hat dies in der Einleitung zu einem Vortrag dargestellt, hinter dessen amüsanter Grundstimmung das entscheidende Problem musikalischer Semantik deutlich wird: *In meiner Vorstellung* [über Militärsignale] *war nämlich ursprünglich alles beruhigend einfach: Am*

---

[428] H. und M. Schmidt, *Die vergessene Bildersprache christlicher Kunst. Ein Führer zum Verständnis der Tier-, Engel- und Mariensymbolik*, München 1981. Vgl. auch E. Neumann, *Herrschafts- und Sexualsymbolik*, Stuttgart 1981

[429] B. Henrichs, spricht in seiner Rezension von Peter Handkes *Kindergeschichte* in: *Die Zeit*, 27. 2. 1982, davon, daß *Wörter nicht nur Instrumente sind* (zur Ausübung von Macht, zur Herstellung von „Kommunikation"), *sondern erotische und magische Zeichen; daß jedes wichtige Wort auch erinnert an eine Welt hinter den Wörtern...*

[430] Dazu A. Schneider, *Die Geschichtlichkeit der Kunst und die außereuropäische Musik*, in: *Zeitschrift für Ästhetik und allgemeine Kunstwissenschaft* 24/1, 1979, S. 63–74

Morgen wird die Tagwacht geblasen. Daraufhin steht männiglich auf. Vielleicht wäscht man sich. Es rasieren sich die Herren alle Tage, die Kerls wöchentlich. Dann beginnt die Arbeit gemäß Tagesbefehl. Von Zeit zu Zeit ertönen muntere Signale, quasi damit jedermann im Garnisons-Städtchen weiß, was die Soldaten gerade treiben. Das geht so bis zum Zapfenstreich, dem Zeichen, man solle austrinken, dem Schätzchen den letzten Kuß geben und einrücken... Als ich mich mit einer bestimmten Melodie beschäftigte, wurde mir eines schönen Tages bewußt, wie verzwickt die ganze Sache in Wirklichkeit ist. Ich habe mich nämlich gefragt, was passierte, kämen im Lager einer Armee Napoleons mit Angehörigen der verschiedensten Nationen ein geistig etwas beschränkter Pfeifer und ein noch immer nicht ganz nüchterner Trommler auf die ausgefallene Idee, frühmorgens beim ersten Hahnenschrei die... bekannte Melodie zu Johann Martin Usteris Gedicht „Freut euch des Lebens, weil noch das Lämpchen glüht" zu spielen. Was ginge in diesem Lager vor? – ... Als Lokalpatriot beginne ich mit den Baslern. Diese stünden ganz normal auf und machten sich zum Ausrücken bereit. Das Kontingent aus Sachsen-Weimar täte das gleiche. „Heut' ist ja Kaisers Geburtstag!" riefen vergnügt die Soldaten aus Heidelberg. Die Berliner dagegen wünschten einander ein gutes neues Jahr, während die Illyrer das Bajonett aufpflanzten und sofort zum Angriff schritten. Ganz anders die Österreicher: Sie sängen friedlich ein Lied. Die Holländer marschierten kurzerhand ab. Bei den Marketendern, Metzgern, Roßknechten, Soldatenweibern, Huren und Buben wäre das Durcheinander nicht kleiner, denn Franzosen und Kölner, diese mit komischen Karnevals-Kopfbedeckungen, begännen zu tanzen. Aus den Vereinigten Staaten stimmten Presbyterianer ein Kirchenlied an und pfiffen Andere kurzerhand mit...[431].

Duthalers Darstellung zeigt, daß musikalische Zeichen nicht absolut Gültigkeit haben, nicht „an sich" verständlich sind, sondern – auch unabhängig vom Text eines Liedes etwa – vereinbart/eingelernt werden. Derselbe Kode kann unterschiedlichen Zeichencharakter aufgeprägt bekommen. Nun mag jemand einwenden, bei solchen militärischen Signalen, bei afrikanischen Trommel- und Pfeifsprachen, bei Wortsprachen, die den Tonhöhenverlauf der Sprechstimme mit einbeziehen, um verständlich zu sein: überall da handle es sich nicht um Musik, nämlich nach europäisch-abendländischer Einsicht. Aber wie steht es, wenn Beethoven oder wenn Tschaikowsky in eine Symphonie solche militärische Signale als „Zitate" einbauen: wollen die Komponisten damit etwas aussagen – oder nur die „tönend-bewegte Form" hübscher, gefälliger, genußreicher hörbar werden lassen? Und ist die Frage nicht legitim, ob nicht alle jene Musik, die in vergangenen Jahrhunderten als zeitgenössische Gebrauchsmusik situations- und schichtenspezifisch zugerichtet wurde, neben ihrem artifiziellen Anspruch auch etwas mitteilen wollte? Eine Oper von Johann Joseph Fux etwa hatte die Aufgabe im traditionellen, in den Kreisen des Adels und des gehobenen Kleriker- und Bürgertums bekannten Zeichenvorrat barocker Mythologie die Realität des Wiener Kaiserhofes sowohl wort- wie tonsprachlich, in Gestik und Kleidung akustisch und visuell abzubilden[431a]. Der mimetische Charakter solcher Kunst ist allgegenwärtig und heute noch beweisbar. Weder Palestrina noch Bach haben bewußt für die Zukunft geschaffen, und sie haben in ihre Werke die zu ihrer Zeit geläufigen Symbole eingebaut, sie haben mit Hilfe von Musiknoten kodiert, was Zeitgenossen nicht allein „technisch" zu interpretieren sondern auch zu dekodieren verstanden. Handelte es sich bei Robert Schumann allein um ein persönliches, gesellschaftlich unbedeutendes Problem, wenn er während der Drucklegung der C-Dur-Fantasie op. 17 die ursprünglichen Satztitel: I. Ruinen, II. Siegesbogen, III. Sternbild, tilgen ließ, das Werk statt als „Dichtung" nun als *Fantasie* der Öffentlichkeit präsentierte, die Widmung an Franz Liszt sowie Schlegels Motto *Durch*

---

[431] G. Duthaler, *Zum Signal,* in: *Alta Musica* 4, 1979, S. 85f.
[431a] W. Suppan, *Bach – Fux. Zur Funktion und Semantik barocker Musik,* in: *Kongreß-Bericht Bach Fest Graz* 1983 (im Druck)

alle Töne tönet / Im bunten Erdentraum / Ein leiser Ton gezogen / für den, der heimlich lauschet
ergänzte, – vor allem aber, wenn er statt der in der Druckvorlage ausgeschriebenen fünfzehn
Schlußtakte mit dem Zitat aus Beethovens Lieder-Zyklus *An die ferne Geliebte (Nimm sie hin
denn, diese Lieder, die ich Dir, Geliebte, sang)* nun die vier bekannten Schlußtakte mit den vier
Arpeggio-Figuren und den abschließenden C-Dur-Akkorden setzte, die auch das verworfene
Beethoven-Zitat beenden? Gingen solchen Änderungen allein „künstlerisch-formale" Erwägungen voraus, oder wollte Schumann damit – etwa im Zusammenhang mit seiner eigenen
„fernen Geliebten", Clara Wieck – private Probleme verschlüsseln oder doch allgemeine,
gesellschaftsimmanente Fakten semantisieren? Die Reaktion der Tagespresse auf die Erstauf-
führung der originalen Fassung durch Jeffrey Siegel in New York Anfang 1982 ist bezeichnend:
man sucht allein nach inner-musikalischen Motiven für die Veränderungen, spricht von *großer
Eindringlichkeit, inniger Poesie und großer persönlicher Bedeutung,* ohne nach den sozialanthro-
pologisch begründeten kommunikativen Inhalten solcher Veränderungen zu fragen[432]. Der
im 19. Jahrhundert aufgekommene musikalische Historismus hat zwar sehr viel Mühe darauf
verwendet, zu authentischen Interpretationen alter Musik zu gelangen, er beschränkt sich
jedoch auf die Darstellung und Analyse endosomatischer Formen und klammert die ektosomatischen Inhalte aus[433].

Die Kenntnis außereuropäischer Musizierpraktiken und die Erforschung mündlich tradierter Musik lassen den Schluß zu, daß Schallereignisse/Musik als „Vehikel kommunikativer
Beziehungen" in allen menschlichen Gesellschaften zum unverzichtbaren Bestandteil zwischenmenschlicher Begegnungen gehören, zum Funktionieren eines Gemeinwesens notwendig sind. Dabei geht es nur zum geringen Teil um musiktheoretisch fixierbare Gesetzmäßigkei-
ten; wir sprechen in erster Linie *von den aus Usus und Tradition sich ergebenden Materialaus-
wahlen, Normen, Richtlinien und ähnlichen als „Zeichen" interpretierbaren Gegebenheiten, wie sie
für jede schriftlose Musikkultur und Sprachgemeinschaft, auch wenn keine aufgeschriebene „Grammatik" vorliegt, Geltung haben. Und diese auf Usus, Tradition und Konvention beruhenden Gegebenheiten vor allem sind es, die Musikkulturen voneinander unterscheiden...*[434]. Die Zeichenhaftigkeit eines Musikstils liegt im Inventar an Formen und Strukturen, in Tonreihen und typischen Melodiefloskeln, in rhythmischen Modellen und im „Sound", in Manieren und in der
Mimik des Interpreten[435], in der Verbindung der Musik mit Kult oder Tanzunterhaltung – und
der in der Tradition dieses Musikstils aufgewachsene Hörer wird aufgrund eines ganz oder teilweise adäquaten Inventars das Gehörte „verstehen" können. Einen Einstieg in diese Problematik, die von der Musikologie bislang kaum beachtet worden ist, schlägt Doris Stockmann vor,
indem sie im Bereich mündlicher Traditionen drei Möglichkeiten der Semantisierung von Tonsprache aufzeigt:

---

[432] Zitat H. Heimsheimer, in: *Die Presse,* Wien, 23./24. Januar 1982. – Die Erstfassung wurde durch A. Walker in: *Music
and Letters,* April 1979, bekannt gemacht, und zwar aufgrund einer handschriftlichen Kopie der C-Dur-Fantasie
vom 19. Dezember 1838, in die Schumann die o. g. Änderungen für den Drucker selbst eingetragen hat (Széchényi-
Bibliothek in Budapest).

[433] H.H. Holz, wie Anm. 370, S. 42f., unterscheidet in sinnvoller Weise zwischen kunst-, literatur- und musikge-
schichtlicher Aufgabe: nämlich bei der Betrachtung einzelner Kunstwerke, eines Gesamtœuvres oder eines Zeit-
stils den j e w e i l i g e n Basisbezug aufzudecken, und ästhetischer Forschung: nämlich nach Inhalten und sozialanthropologischen Wirkmechanismen zu fragen.

[434] D. Stockmann, *Musik als kommunikatives System. Informations- und zeichentheoretische Aspekte insbesonders bei der
Erforschung mündlich tradierter Musik,* in: *Deutsches Jahrbuch der Musikwissenschaft für 1969,* 14. Jg., 1970, S. 76–95,
die beiden Zitate in diesem Absatz S. 76 und 85.

[435] Über eine dieser in Afrika und im Nahen Osten verbreiteten kulturspezifischen Besonderheiten vgl. F. Födermayr,
Zur Ololyge in Afrika, in: *Musik als Gestalt und Erlebnis. Festschrift Walter Graf,* Wien u. a. 1970, S. 57–65

(1) Zeichen mit symbolischer Funktion, die besonders in magischen, kultischen und brauchtümlichen Zeremonien verwendet werden, wobei häufig schon allein der spezifische Instrumenten- oder Stimmklang (Stimm-Maske) die akustische Zeichenfunktion ausübt.

(2) Zeichen mit Signalfunktion, die besonders im Arbeits- und Alltagsleben gebräuchlich sind. Wir denken an Verständigungssignale verschiedenster Art in instrumentaler und vokaler Ausführung; sie werden namentlich über größere Entfernungen und in unübersichtlichem Gelände gebraucht und finden sich bei Hirten, Holzfällern, Köhlern, Fuhrleuten, Jägern, Bauern, Handwerkern, Bergleuten und Arbeitern anderer Berufsgruppen, Soldaten, Seeleuten usw. Hierher gehören auch Zeitsignale, Stundenruf oder instrumentale Stundenzeichen, Schichtwechsel-, Arbeitsbeginn-, Arbeitsschluß- und Pausenzeichen.

(3) Zeichen mit ikonischer (illustrativer) Funktion, die vor allem in Hirten- und Jägerkulturen uns begegnen (z. B. Imitation von Tierstimmen, Elementargeräuschen), oder „Nachzeichnung" von anderen natürlichen, meist visuell, aber auch affektiv erfaßbaren Eigenschaften von Objekten (charakteristische Bewegungsformen, räumliche oder raumanaloge Qualitäten oder Beziehungen, Kräfteverhältnisse und dgl.); am meisten durchgebildet sind sie in der (seit der Antike belegten) instrumentalen und der vokalen Programm-Musik (tonmalerische „Erzählungen" z. B. bei den Lappen, bei sibirischen und Balkanvölkern, in Afrika und im Orient) [436].

Wie sehr die Zeichenhaftigkeit solcher Signale, etwa der unter (2) genannten Hirten- und Holzfällerrufe, verlorengehen kann, bezeugen alpenländische Jodler, Juchezer, Alphornvorträge, die – nun „umfunktioniert" – im Rahmen von Folklore-Veranstaltungen und Heimatabenden „virtuoser" Präsentation von Jodler-Königinnen einerseits und dem Gaudium des Publikums andererseits dienen. Ehe das Sprechfunkgerät im bäuerlichen Betrieb und beim Holzfällen zum Einsatz kommen konnte, bedurfte es einer differenzierten Jodel- und Juchzer-Sprache, um das Holz im Winter gefahrlos ins Tal zu riesen. Eine Tiroler Bekanntmachung, 1638 in Stans erlassen, bezeugt die Einrichtung einer solchen „Volkstradition", d. h. die Semantisierung der Holzfällerrufe: *Item wa ainer mit seinem Holz auf die Risen kombt und will sein Holz anlassen und treiben, so soll ers nit anlasssen, er soll ehr mit lauter Stimb dreimal schreien: „auß der Ris, auß der Ris, auß der Ris!" und mag darnach anlassen; tät er aber das nit, und geschäh dariber Schaden an Vich oder Leiten, den selben Schaden soll er erben und pießen* [übernehmen und büßen]; *beschreit ers aber, als vorsteet, beschäch nach dem Schreien iemant Schaden, so ist der des das Holz ist, dem Gericht, noch niemant nichts darumb schuldig* [437]. In der Sprachinsel Deutsch-Mokra in der Karpato-Ukraine, einer 1775 aus dem österreichischen Salzkammergut besiedelten Holzfällergemeinde, blieben diese Rufe bis zum Ende des Zweiten Weltkrieges in Funktion [438].

Hochdifferenzierte Mitteilungs- und Kommunikations-Systeme liegen auch den Trommelsprachen in schwarzafrikanischen und südostasiatischen Kulturen zugrunde. Die geheim angefertigten, im Männer- oder Geisterhaus aufbewahrten, im Zusammenhang mit kultischen Zeremonien nach festen Regeln benutzten Schlaginstrumente geraten in Schwarzafrika *in strenger*

---

[436] D. Stockmann, wie Anm. 434, S. 90. – D. Stockmann bezieht sich ihrerseits u. a. auf W. Meyer-Eppler, *Grundlagen und Anwendungen der Informationstheorie*, Berlin u. a. 1959; ders., *Informationstheoretische Probleme der musikalischen Kommunikation*, in: *Revue Belge de Musicologie* 13, 1959, S. 44–49

[437] D. Stockmann, *Deutsche Rechtsdenkmäler des Mittelalters als volksmusikalische Quelle*, in: *Studia musicologica* 15, 1973, S. 294

[438] W. Suppan, *Geistliche Volkslieder aus der Karpato-Ukraine. Eine Quelle für das Liedgut und den Singstil im Salzkammergut des 18. Jahrhunderts*, in: *Jahrbuch des oberösterreichischen Musealvereines* 108, 1963, S. 219–250. – Über die Folklorisierung und Kommerzialisierung von bäuerlicher Gebrauchsmusik vgl. M. Baumann, *Musikfolklore und Musikfolklorismus. Eine ethnomusikologische Untersuchung zum Funktionswandel des Jodels*, Winterthur 1976; über Nachrichtensysteme in Hirtenkulturen vgl. Chr. Kaden, *Hirtensignale – Musikalische Syntax und kommunikative Praxis*, Leipzig 1977 (*Beiträge zur musikwissenschaftlichen Forschung in der DDR* 9)

Anlehnung an das akustische Sprachbild gleichsam zu dessen getrommeltem Abbild[439]. In Neuguinea treten Schlitztrommeln bei Neumond und Mondesfinsternis in Funktion, sie künden den Tod eines (erwachsenen oder angesehenen) Mannes; bei den Nor-Papua werden die Initianten zunächst auf die Trommel gelegt, bei den Monumbo wird während der Initiation das „Streitsignal" geschlagen, bei den Iatamol das „Krokodilsignal". Die Monubo kennen (1) persönliche Signale, die entweder mit leisem Gesang verbunden sind oder zu denen gemurmelte Texte rezitiert werden, und (2) Mitteilungssignale. Solche Signale beruhen (a) auf konventionell festgelegten Schlagfolgen, über die vorher Vereinbarung erzielt wurde oder die Gesangs- oder Tanzfolgen imitieren, (b) werden in einem gewissen Erregungszustand emotional, spontan entwickelt. Im Bismarck-Archipel gibt der Häuptling die Zeichen aus. J. Schmidt beobachtete bei den Nor-Papuas, daß jede Sippe ihren eigenen Ahnherren (Geist) verehre, nach dem die Trommel benannt werde und von dem die Sippensignale (glaublich) abstammten[440]. Die Signale Verstorbener werden jungen Leuten weitergegeben. Doch – und dies erscheint mir für die Entwicklung jeder Zeichensprache wichtig – entstehen Vereinbarungen über den Inhalt der Zeichen nicht ohne Berücksichtigung des emotionalen Moments: Im Südseebereich bezeichnen lange und langsame Töne den Tod, kurze einen Alarm, abgehackte eine Zerstückelung, Wirbel feierliche Zeremonien. Auf der Gaselle-Halbinsel entsprechen sich Todes- und Geburtssignal, doch gehen dem Todessignal drei lange Schläge voraus. Auf Ragetta signalisiert dieselbe Schlagkombination: die Frau soll nach Hause kommen – und ihr Gatte sei verstorben, wobei im zweiten Fall das Todessignal an das erstgenannte angebunden wird. Oder: Will der Vater seinen Sohn herbeirufen, der in einem nach Osten gelegenen Dorf ist, so trommelt er zunächst das Zeichen für Osten, dann wissen die Leute im Osten, daß sie aufhorchen sollen, und die im Westen daß es nicht für sie gilt. Dann trommelt er seinen Namen, darauf den seines Sohnes und dann, daß dieser schnell kommen sollte. Aus diesen Schlagabfolgen sind Hinweise auf den bildhaften Denkprozeß in Naturvolkkulturen zu gewinnen, – aber auch auf den Entstehungsprozeß zwischenmenschlicher Kommunikation grundsätzlich.

Musik: Vehikel der Sprache

> *Jede Untersuchung der Funktionen und Wirkungen von Musik in menschlichen Gesellschaftsverbänden wird zum Ergebnis kommen, daß ihre Fähigkeit, Emotionen zu wecken, aufzuschaukeln, kathartisch abzureagieren und vielleicht sogar zu lenken, zu ihren entscheidenden Merkmalen gehört... Sinnvoll ist auch die Annahme, daß die Codierung von Emotionen in Musik eine größere Rolle spielt als in der Sprache.*

Georg Knepler[441]

Sprache und Musik bewegen sich auf verschiedenen menschlichen Kommunikationsebenen und Nervenbahnen, aber sie kommen aus der gleichen Wurzel und können daher in bezug auf ihre semantischen Qualitäten nicht getrennt untersucht werden. Von der Literaturwissenschaft her vermag die Musikwissenschaft zudem methodische Anregungen zu empfangen. Wenn Gert Kalow formuliert, daß Poesie primär nicht ästhetisches Phänomen sei sondern eine *Tech-*

[439] W. Graf, *Vergleichende Musikwissenschaft. Ausgewählte Aufsätze*, hg. von F. Födermayr, Wien-Föhrenau 1980, S. 32, mit einer Zusammenfassung der einschlägigen Literatur

[440] J. Schmidt, *Die Ethnographie der Nor-Papua bei Dallmannhafen*, in: *Anthropos* 18/19, 1923/24, S. 332

[441] G. Knepler, *Geschichte als Weg zum Musikverständnis. Zur Theorie, Methode und Geschichte der Musikgeschichtsschreibung*, Leipzig 1977, S. 30 und 38

nik, sprachliche Mitteilung dauerhaft zu fixieren und transportabel zu machen, so liegt der Vergleich mit Musik nahe[442]. Das eine wie das andere ist jahrtausendelang mündlich überliefert worden, ehe – in der jüngsten Phase menschlicher Geschichte – die Schrift sich der Sprache wie der Musik bemächtigte. Platons diesbezügliche Kritik ist oben (Anm. 39) bereits zitiert worden. Aber auch Schiller war der Meinung, daß vom *toten Buchstaben* böse Wirkungen ausgehen könnten: *Anstatt die Menschheit in seiner Natur auszuprägen, wird er bloß zu einem Abdruck seines Geschäfts, seiner Wissenschaft... Der Buchstabe vertritt den lebendigen Verstand... Und so wird dann allmählich das einzelne konkrete Leben vertilgt, damit das Abstrakte des Ganzen sein dürftiges Dasein friste*[443]. In der Gegenwart scheint sich Schillers Wort zu erfüllen: wenn wir die heutigen Systeme des Instrumental-Unterrichts und der Interpretationsmodelle uns vor Augen führen, in denen es primär um Noten- und Vorbildhörigkeit geht. Nach einem Jahrhundert der Schriftgläubigkeit, verbunden mit der Dominanz der Naturwissenschaften, macht Heinrich Böll in seiner Auseinandersetzung mit Rudolf Augstein um dessen Buch *Jesus Menschensohn* auf die Täuschung aufmerksam: *Es ist ein Irrtum anzunehmen, schriftliche Überlieferungen seien zuverlässiger als mündliche... Dichtung ist auch kein Gegensatz zu Geschichtswissenschaft, beide können einander ergänzen, indem sie sich von weit entfernten Standpunkten dem gleichen Gegenstand nähern... [Wer] die poetische Kraft in Gegensatz zur Wirklichkeit stellt, verfällt... einem typischen Theologenirrtum*[444].

An der Epen-Überlieferung zeigt Bowra, wie Heldensänger in ihre Aufgabe hineinwuchsen, welcher soziale Status und welche Funktion ihnen in einem Gemeinwesen zukamen, daß der Skop oder Skald bei den Germanen zur obersten Schicht (priestergleich, unmittelbarer Gefolgsmann des Fürsten) zählte[445], eine Position, die heute mit einem Regierungssprecher oder einem Informationsminister vergleichbar wäre. Einfluß und Ansehen eines Sängers hingen von Stimmgewalt, Artikulationsfähigkeit, verbaler Suggestionskraft ab, weniger vom Inhalt des Mitzuteilenden. *Es gibt verbale Patterns, Nachrichten, Befehle, Sprüche, Metaphern, ganze Stammbäume und Weltgeschichten, die sich über Tausende von Kilometern und Jahren wie Grassamen über die Erde verbreiteten.* Dichter und Sänger waren in solchen Kulturen eins. Geistiges Eigentum oder Urheberrecht bestand nicht. *Damals war alles Erinnerte selbstverständliches Eigentum. Einen langen Text auswendig zu lernen und zu behalten, ihm „Gastrecht" zu gewähren in der eigenen Seele, das war und ist in der Tat keine sehr viel geringere Leistung als dessen Erfindung. Tiefe Identifizierung führt zur Identität. Nur durch ihn und in ihm, dem Skalden, lebte der Text überhaupt. Und so war er selber kein mechanischer Transporteur, kein „Instrument", sondern ein Inhaber und Schöpfer, darauf bedacht, seinen tief verinnerlichten Text... bei jedem Vortrag, wo immer möglich, noch weiter zu „dichten"... oder durch geringe Variationen neu zu verlebendigen, vor Erstarrung zu schützen*[446]. – Im Epenvortrag ist Musik das Vehikel, auf dem

---

[442] G. Kalow, wie Anm. 425, S. 22. – Vgl. dazu auch A. B. Lord, *Der Sänger erzählt. Wie ein Epos entsteht,* München 1965; W. Suppan, *Deutsches Liedleben zwischen Renaissance und Barock. Die Schichtung des deutschen Liedgutes in der zweiten Hälfte des 16. Jahrhunderts,* Tutzing 1973 *(Mainzer Studien zur Musikwissenschaft 4)*

[443] F. Schiller, *Über die ästhetische Erziehung des Menschen,* 6. Brief, 1795. – Dazu überaus anregend: R. Muchembled, *Kultur des Volks – Kultur der Eliten. Die Geschichte einer erfolgreichen Verdrängung,* Stuttgart 1982: *Das Fehlen jeglicher schriftlichen Überlieferung... bedingte zunächst die spezifische Ausformung der Volkskultur, trug aber dann wesentlich zu ihrem Untergang bei; denn jene Eliten, die in ihr zu Recht eine Bedrohung ihrer eigenen kulturellen Identität sahen, setzten die Schrift äußerst erfolgreich als Waffe in ihrem Kampf um die Hegemonie ihrer eigenen Kultur ein* (Umschlagtext)

[444] *Der Spiegel,* Nr. 15, 1973, S. 161f. Dazu sehr konkret C. Lévi-Strauss, *Strukturale Anthropologie* I, Frankfurt 1967 *(Suhrkamp Taschenbuch Wissenschaft 226)*, S. 11–40

[445] C. M. Bowra, *Heldendichtung. Eine vergleichende Phänomenologie der heroischen Poesie aller Völker und Zeiten,* Stuttgart 1964, S. 456

[446] G. Kalow, wie Anm. 425, beide Zitate S. 75f. – Sehr eindrucksvoll formuliert C. Lévi-Strauss, *Strukturale Anthropologie* I, Frankfurt 1967 *(Suhrkamp Taschenbuch Wissenschaft* 226), S. 11–40, die Beziehungen zwischen ethnologischer und historischer Forschung, zwischen mündlicher und schriftgeprägter Überlieferung.

Nachrichten gemerkt und transportiert werden, und die Wirkung des Sängers/seiner Nachricht ist nicht ohne musikalische Überzeugungskraft denkbar[447]. Aber auch Zeugnisse aus der abendländischen Tradition bestätigen die Macht der Töne im Zusammenhang mit Poesie: Im Munde eines Bauernknechtes, eines Leibeigenen, der gegen seinen adeligen Herrn aufbegehrte, klang Luthers Psalm-Vers *Der Herr ist mein Hirt. / Mir wird nichts mangeln* revolutionär. Jener war tatsächlich Eigentum seines weltlichen Herrn, und der Gedanke daran, daß es einen mächtigeren Herrn als seinen blutsaugerischen Grafen gäbe, verlieh ihm Kraft, bedeutete ihm Ermutigung. Für den heutigen Kirchenbesucher ist der Vers fromme Metapher, die gedankenlos akzeptiert wird; er fragt sich nicht einmal, wieso, bin ich denn ein Schaf oder Rindvieh?

Afro-Amerikaner verbanden in entsprechender „Gläubigkeit" das Singen ihrer Choräle, aber auch der Spirituals und Blues mit jener „anderen Welt", die ihnen das Ende des Sklavendaseins bringen würde ... bis zur Verbindung von Black Power und Free Jazz, der radikalen Forderung nach Emanzipation des Schwarzen in der US-amerikanischen Gesellschaft, auf die bereits im Kapitel „Musik und Politik" dieses Buches hingewiesen wurde. – Die nach dem Ende des Zweiten Weltkrieges aus ihrer osteuropäischen Heimat vertriebenen Sprachinsel-Deutschen hatten ebenso ihre Auswanderer- und Lager-Lieder wie die heute (im Januar 1982) in Wien im Asyl lebenden Polen[448]. Und nicht etwa deshalb, um „schöne Lieder" zu singen, sich mit einem Hobby – eben der Musik – die Zeit zu vertreiben, sondern um mehr oder weniger dringlich und deutlich auf ihre Situation hinzuweisen, um politische Inhalte mit Hilfe von Musik-Poesie zu vermitteln. So semantisierte Musik-Poesie ist hic et nunc verständlich und übt die intendierte Wirkung daher aus. In fünfzig Jahren, dies wäre denkbar, mag ein solches Polen-Lied zum „schönen Gegenstand" sich ausgemausert haben, zu einem Kunstwerk, dessen primärer Mensch-Gesellschafts-Bezug zugunsten einer rein-ästhetisierenden L'art pour l'art-Rezeption nicht mehr mitgedacht wird.

Wenn jemand während einer Rede den Stimmklang verändert, emphatischer wird oder die Stimme monoton werden läßt, dann möchte er seinen Zuhörern etwas mitteilen, das in den Worten selbst nicht konkret enthalten ist – und das überdies durch die Schrift nicht weitervermittelt werden kann. Das bedeutet: der Mitteilungscharakter der Sprache wird durch die Schrift eingeengt. Die lebendige Stimme fügt der durch Schriftzeichen vermittelten Sprache durch Tonfall, Intonation weitere Nachrichten hinzu, sie verrät Alter, Geschlecht, Dialekt, Stimmung des Sprechers, seine emotionale Beziehung zu dem, was er sagt, die Verwendung bestimmter Worte läßt den Sprecher antiquiert oder revolutionär, modisch oder konservativ, sympatisch oder unsympatisch erscheinen. Eine Fülle von Botschaften läßt sich allein durch den Ton übermitteln, mit dem wir einen Namen aussprechen. Das alles ist Bestandteil jener ektosomatischen Sender-Empfänger-Beziehung, von der zu Beginn dieses Kapitels bereits gehandelt wurde, eine Beziehung, die unabhängig von der reinen Signal-Übermittlung eine Nachricht verständlich macht, indem sie diese dem verfügbaren Zeichenschatz unseres Gedächtnisses zuordnet[449].

---

[447] W. Suppan, Artikel *Epos* in: *MGG* 16 (Suppl.), 1979, Sp. 101–114. „Rta" ist im Tibetanischen sowohl Zeichen für Pferd wie für das Musikinstrument des Epensängers, eben jenes Vehikels, auf dem er sich in „die andere Welt" begibt.

[448] K. Khittl, *Die verbotenen Lieder, Polnische Protestsongs aus den Streiktagen kursieren derzeit im Wiener Untergrund*, in: *Die Presse*, 23./24. Januar 1982. – Dieses Thema behandelt ausführlich V. Karbusicky, *Ideologie im Lied – Lied in der Ideologie. Kulturanthropologische Strukturanalyse*, Köln 1973

[449] W. Nöth, *Dynamik semiotischer Systeme. Vom altenglischen Zauberspruch zum illustrierten Werbetext*, Stuttgart 1977. – *It is the storing and cognition of associations, among them music, which enables us to react in „stimulus-response-reinforcement" sequences*: C. E. Robertson-DeCarbo, *Music as Therapy: A Bio-Cultural Problem*, in: *Ethnomusicology* 18, 1974, S. 33

Die Thematik wird hier nochmals angesprochen, weil bereits von der Terminologie her: „Tonfall", „Intonation", „Stimmung", musikalische Fakten benannt sind. Wird einem Zeugen vorgeworfen, er habe „gesungen", ist zwar ebensowenig von Musik die Rede, wie bei den „Tönen" oder bei der „Tonart", die einer anschlägt; trotzdem zeigt sich darin, daß Musik und Sprache ineinander verwoben sind, einander wechselseitig bedürfen, um semantisierbar zu werden. *Magie schlummert in der Sprache selber... Wenn wir verstanden haben, was es mit der doppelten Funktion des Wortes, der begrifflichen und der klanglichen [!], auf sich hat, kennen wir schon einen wichtigen Teil der Elemente, aus denen Sprache gebunden, das Gedicht gebaut werden kann... Das wahrscheinlich älteste Mittel, Sprache zu binden, das Intervall [!] (die Verknüpfung bestimmter Silben mit einem Muster aus verschiedenen, in gleicher Folge immer wiederkehrenden Tonhöhen), ist speziell aus der europäischen Poesie mehr und mehr verschwunden, weil sich Musik und Sprache hier weiter voneinander getrennt haben als in anderen Kulturen* [450].

Nun mag jemand einwenden, daß dort, wo Sprache im Spiel ist, in der Vokalmusik und bei der Hintergrundmusik im musikuntermalten Schauspiel, beim Tonfilm und im Fernsehspiel nämlich, die Inhalte sich aus den Worten und deren Interpretation ergeben. Wie stünde es jedoch mit der reinen Instrumentalmusik? Wären auch in diesem Bereich hinter den „tönend-bewegten Formen" Inhalte zu verklausulieren? Und zwar unabhängig von den Banalitäten einer militärischen Signalpraxis, der Hirten- und Holzfällerrufe, der schwarzafrikanischen und indonesischen Trommelsprachen usf.?

Sich auf Kant und vor allem auf Eduard Hanslick berufende Denker bestreiten die Möglichkeit der Konnotationen in der Musik. Assoziationen des Zuhörers entstünden unabhängig vom Wesen einer gehörten Komposition. Der Amerikaner C. C. Pratt ist ebenso wie der Finne N. E. Ringbom ein Vertreter dieser Richtung [451]. Im deutschen Sprachraum wandten sich Tibor Kneif und Peter Faltin gegen die Ausdrucksästhetik. Der eine, obzwar Verfasser einer Musiksoziologie [452], mit dem Argument, daß das Verstehen von Musik keine intellektuell erkennbare Gesetzmäßigkeit erfordere, *weil das „Verstehen" stets und ausschließlich nur dann einen Sinn hat, wenn es sich um irgendeine „Zweckbeziehung" handelt. Die Welt läßt sich jedoch nicht als zweckmäßig erklären (dies wäre „Anthropomorphismus" und eine „theologische Anschauung der Vergangenheit"), und auch die Kunstwerke selbst stellen nicht „eindeutig erfaßte Zwecke" vor... Kunstwerke stehen der „natürlichen Schönheit" von allem am nächsten, wobei man überhaupt nicht mehr von Zweckmäßigkeit sprechen kann. Auch die „Gestaltpsychologie" irrt, denn es existiert keine Funktion der Teile in Hinsicht aufs Ganze, nicht einmal in einem Kunstwerk... Ihm* [Kneif] *erscheint keine Funktionsbeschreibung, sondern eine „naturwissenschaftlich exakte" Beschreibung eines Kunstwerks als höchstes kunstwissenschaftliches Ziel* [453]. Zwar findet Kneif

[450] G. Kalow, wie Anm. 425, S. 93. – Überaus interessant finde ich Kalows Hinweis auf die chinesische Schrift, S. 132ff., die zum Unterschied von den europäischen Buchstabenschriften (24 Buchstaben in unserer lateinischen) eine aus rund 5000 Zeichen bestehende Symbolschrift ist. Die Buchstabenschrift gibt auf optimal-einfache Weise die Klanggestalt des Gesprochenen wieder, die chinesischen Schriftzeichen setzen für die Worte „Bilder", also optische Symbole (vielleicht vergleichbar der in deutschsprachigen Schulen zeitweise benutzten „Ganzheitsmethode").

[451] C. C. Pratt, *Structural Versus Expressive Form in Music*, in: *Journal of Psychology*, 1938; ders., *Music and Meaning*, in: *Proceedings of the Music Teacher's National Association*, 1942; N. E. Ringbom, *Über die Deutbarkeit der Kunst*, Helsinki 1955

[452] T. Kneif, *Musiksoziologie*, Köln 1971 (Musik-Taschenbücher *Theoretica* 9)

[453] J. Jiránek, *Zum gegenwärtigen Stand der semantischen Auffassung der Musik*, in: *Archiv für Musikwissenschaft* 34, 1977, S. 82f. – Jiránek bezieht sich auf T. Kneif, *Bedeutung, Struktur, Gegenfigur – Zur Theorie des musikalischen Meinens*, in: *International Review of the Aesthetics and Sociology of Music* 2, 1971, S. 312–229; *Anleitung zum Nichtverstehen eines Klangobjekts*, in: *Musik und Verstehen. Aufsätze zur semiotischen Theorie, Ästhetik und Soziologie der musikalischen Rezeption*, Köln 1973. – Interessant die Kritik an Jiráneks Review-Essay bei V. Karbusicky, wie Anm. 425, S. 82ff.

Zeichen in der Musik, jedoch als isolierte *semantische Enklaven*, wobei es sich um Symbole und Ikonen handle, die in der Programm-Musik, vom Komponisten selbst erklärt, ihre Berechtigung hätten.

Unter dem Einfluß der Wittgensteinschen Sprach-Philosophie nimmt Faltin an, daß die semantische Phase im musikalischen Kunstwerk durch formal-ästhetische Betrachtung überwunden worden sei. Ebenso wie Kneif betrachtet auch Faltin das Auftreten von Zeichen in der Musik als einen Ausnahmefall, eben in der Programm-Musik zulässig. *Das Kriterium „Kunst verstehen" besteht seiner* [Faltins] *Ansicht nach nicht in der Entzifferung des Mitgeteilten, sondern in einem entsprechenden, Verstehen bezeugenden Benehmen*, er zielt auf eine *pragmatische Gebrauchstheorie*, von der er annimmt, daß sie *sowohl die Schwierigkeiten des Hanslick'schen Formalismus, als auch die „unerwünschte" Antinomie Inhalt – Form überwinde*[454].

Die Schwierigkeiten, der Musik Inhalt zuzugestehen, gründen jedoch nicht allein im Hanslickschen Formalismus, sondern auch in der Europazentriertheit desselben Autors. Wenn Hanslick davon spricht, daß die Musik der Naturvölker ganz Natur sei, daher eben „keine Musik", dann verbindet er mit dem Begriff Musik die „Tonkunst" des Abendlandes, dergegenüber die Musik der außereuropäischen Hoch- und Naturvolkkulturen „primitive" Vorstufe sei[455]. Ebenso denkt, ohne dies konkret auszusprechen, Faltin: In den außereuropäischen Musikkulturen ebenso wie in der „niederen Musik" Europas steckten zwar Funktion und Semantik, aber das sei gleichsam eine *Musik vor der Musik* (Hanslick), eine Vorstufe unserer hohen Kunst, die in ihrem L'art pour l'art-Dasein sich darüber erhoben habe, in der inhaltliches Verständnis durch die o. g. formal-ästhetische Betrachtung ersetzt werde. Manche Autoren unterscheiden daher sorgfältig zwischen „Schallereignis" und „Musik", wobei der letztgenannte „Ehrentitel" nur der europäischen Tonkunst seit der Renaissance zukomme. Doch seit Hanslick haben sich die Einsichten in die Eigenwertigkeit der Kulturen Europas und Außereuropas wesentlich gewandelt. Vergleichende Forschung hat zudem gezeigt, welche biologischen Grundlagen des Musikempfindens überkulturell Gültigkeit besitzen und welche ethnischen Besonderheiten sich auf einzelne Kulturen beschränken. Es erscheint von daher methodisch legitim, die Diskussion nicht auf den europäischen Raum zu beschränken. Leonard B. Meyer geht so vor, wenn er van Gulik zitiert, der 1940 im Zusammenhang mit der Untersuchung der chinesischen Laute Ch'in u. a. folgende klare Feststellung trifft: *Though the music be technically well executed, if its tendency is not understood, what benefit shall it give? It is nothing but a big noise, that avails nothing*[456]: Musik sei nichts als Lärm, wenn man ihre Zeichen, ihre „Sprache" nicht verstünde – eine Einsicht, die für den Inder und Araber, für den Koreaner und Indonesier ebenso selbstverständlich ist wie für den Schwarzafrikaner und für den Lappen.

L. B. Meyer stellt, indem er S. K. Langers Theorie weiterführt, die Aufgabe der Musik im Zusammenhang mit den Emotionen dar[457]. Musik bilde gleichsam das Innenleben des Menschen ab. Gefühle und Affekte würden in einem vielschichtigen künstlichen (in einer Kultur

---

[454] P. Faltin, *Widersprüche bei der Interpretation des Kunstwerks als Zeichen*, in: *International Review of the Aesthetics and Sociology of Music* 3, 1972, S. 199–215; ders., *Musikalische Bedeutung. Grenzen und Möglichkeiten einer semiotischen Ästhetik*, ebda. 9, 1978, S. 5–33; Zitate nach J. Jiránek, wie Anm. 453, S. 83f.

[455] E. Hanslick, *Vom Musikalisch-Schönen*, 11. Aufl., Leipzig 1910, S. 144; zitiert nach W. Graf, *Zur Bedeutung der Klangfarbe im Musik-Erleben*, in: *Studia musicologica* 11, 1969, S. 207–225. – Das volle Zitat lautet: *Wenn die Südsee-Insulaner mit Metallstücken und Holzstäbchen rhythmisch klappern und dazu ein unfaßliches Geheul ausstoßen, so ist das natürliche Musik, denn es ist eben keine Musik.*

[456] R. H. van Gulik, *The Lore of the Chinese Lute: An Essay in Ch'in Ideology*, Tokio 1940, S. 77; zitiert nach L. B. Meyer, *Emotion and Meaning in Music*, Chicago-London 1956, 8. Aufl. 1968, S. 204

[457] S. K. Langer, *Feeling and Form*, 1955, 4. Aufl. 1967

vereinbarten) System erfüllter oder nicht erfüllter Erwartungen durch Musik bewegt. *Connotations are the result of the associations made between some aspects of the musical organization and extramusical experience. Since they are interpersonal, not only must the mechanism of association be common to be given cultural group, but the concept or image must have the same significance for all the members of the group. The concept must be one that is to some extent standardized in cultural thinking*[458]. Als Beispiel dafür: Dem Tod entsprechen in europäischer Musik in der Regel langsame Tempi und ruhige Ausdrucksweise, während in schwarzafrikanischen Kulturen aus diesem Anlaß eine rasende musikalische Aktivität entfaltet wird. Das hängt damit zusammen, daß nach christlicher Einsicht der Tod als Übergang in eine bessere Welt gedeutet wird und daß alle ekstatischen Regungen im Zusammenhang mit der Beerdigung (etwa die auch in Zentraleuropa einst übliche Totenklage) durch den christlichen Bestattungsritus zurückgedrängt wurden. In schwarzafrikanischen Kulturen sollen durch Lärm und laute Musik die Geister des Toten vertrieben werden[459]. Der mimetische Charakter der Musik ist daher nur im Zusammenhang mit allgemein-gesellschaftlichen Konditionen zu erklären. Oder: Orgelmusik wird in westlichen Kulturen mit der Kirche in Verbindung gebracht. Der Gong verweist in den Orient und erzeugt mysteriöses und exotisches Flair; für den Orientalen, in dessen Musik er häufig vorkommt, ist er Zeichen für bestimmte religiöse Haltungen oder Situationen; Pentatonik wurde im 19. Jahrhundert dazu benutzt, um pastorale Stimmungen hervorzurufen, das hat sich später, durch die Musik Béla Bartóks und Zoltán Kodálys, wesentlich verändert. Diese Beispiele bestätigen, daß Konventionen und Kodes in der Musik nur innerhalb einer Kultur und auch nur für bestimmte Stile Geltung haben können.

Meyer schließt daraus: *In the first place, all significant response to music, the affective and aesthetic as well as the designative and connotative, vary with our experience and impressibility. The response to style is a learned response, and both the appreciation of style and the ability to learn require intelligence and musical sensivity. In the second place, though the causal nexus between music and referential experience is a necessary not a sufficient one, there is a causal nexus, as is evident not only by the practice of composers within a given style but also by the responses of listeners who have learned to understand the style*[460].

An einer Fülle von Material zeigt D. Cooke, inwiefern Musik „ikonizitätsfähig" ist, wie tonale Spannungen, Klangintensität, zeitliche Organisation der Töne, Klangfarbe, Klangmalerei zu *basic terms of musical vocabulary* innerhalb der europäischen Musik des 16. bis 19. Jahrhunderts geworden sind[461]. Cooks eher musikalisch-praktisch motivierter Ansatz wird durch experimental-psychologische Untersuchungen von R. Francès und M. Imberty gestützt, denen zufolge musikalische Inhalte jeweils durch formale Qualitäten erklärt werden können[462].

[458] L. B. Meyer, wie Anm. 456, S. 258

[459] Ernst Bloch, *Zur Philosophie der Musik*, Frankfurt 1974, S. 329, bestätigt zwar grundsätzlich die Sprachfähigkeit der Musik, hat jedoch allein die europäisch-abendländische kulturelle Situation im Blickwinkel, wenn er von *Trauermarsch, Requiem, Kondukt hinter den Tod* spricht: *Die Musik der großen Requiems verschafft keinen Kunstgenuß, sondern Betroffenheit und Erschütterung; und der Kirchentext, der aus den Frühzeiten chiliastischer Angst und Sehnsucht entsprungene, gibt der Musik seine großen „Archetypen" heraus, unabhängig von den vergänglichen patriastischen Formen. Also bringt die Musik selber die im Requiem wirkenden Symbole der Erwartung wieder hervor* (Sperrung durch den Verf.).

[460] L. B. Meyer, wie Anm. 456, S. 270f.

[461] D. Cooke, *The Language of Music*, London 1959, 3. Aufl. 1962

[462] R. Francès, *La perception de la musique*, Paris 1958; ders., *Psychologie de l'esthétique*, Paris 1968; M. Imberty, *Semantique musicale: approche structurale, approche expérimentale*, in: *Proceedings of the 1st International Congress on Semiotics in Music*, Pesaro 1975

Auch J. J. Nattiez, ein Frankokanadier, der an der Universität in Montreal einen eigenen Lehrstuhl für musikalisch-semiotische Studien innehat, geht von der Experimental-Psychologie aus. Durch die Dissertation von Reinhard Schneider liegen Auszüge aus seinen Veröffentlichungen nun auch in deutscher Sprache vor[463]. Nattiez sieht in musikalisch-linguistischen Strukturvergleichen zwar keinen Ausweg aus jener Sackgasse, in die Semiotiker verschiedener Richtungen geraten seien, wohl aber ermöglichten vergleichende Untersuchungen zwischen Wort- und Tonsprache Zugang zu semiotischen Fragestellungen. Drei Bedingungen seien dabei zu erfüllen: *(1) Es sei nicht die Funktion der Musik, Bedeutungen zu transportieren, sondern Musik spiele nur „mit den syntaktischen Möglichkeiten, die ihr durch das Bezugssystem (tonales etc.) offen stünden". (2) Musik sei aber nicht grundsätzlich aller „expressiven und bedeutenden (signifikanten) Möglichkeiten beraubt". Die semantische Funktion komme ihr von außen durch die Hörer zu.* (3) Musik sei eher mit Poesie und anderen ästhetischen Formen der Sprache vergleichbar, da auch in der Musik die ästhetische Funktion überwiege. Ebenso wie eine Sprachbeschreibung unvollständig sei, wenn sie die Semantik ausklammere, würde auch die Analyse eines musikalischen Systems nicht befriedigen, das Klänge nur als hörbare Formen betrachtet[464]. Wer allerdings konkrete Anhaltspunkte für eine solche semantische Analyse bei Nattiez suchen sollte, wird enttäuscht sein; denn über Allgemeinplätze hinaus, daß es eine „beschreibende" und eine „vorschreibende" Art der Notation in der Musik gäbe, daß die Struktur eines musikalischen Werkes hierarchisch gegliedert sei, findet sich da nur die Forderung, daß es Zukunftsaufgabe sei, die den poetischen und musikalischen Texten zugrundeliegenden Kodes zu entdecken. Völlig unverständlich erscheint Nattiez' Auseinandersetzung mit der strukturalen Anthropologie von Claude Lévi-Strauss, dem er Gefallen an Konstruktionen, die empirischer (!) Verifikation nicht standhalten, Naturalismus und Hang zu universalistischen Erklärungen vorwirft. Musik interessiere ihn nur insofern, als sie in ihm Gefühle errege. Daher sei Lévi-Strauss' semantische Deutung von Ravels *Bolero* subjektiv[465].

Daß der Verlust der Musiksprache nicht so sehr als ein Überwinden älterer, primitiver Vorformen der Tonkunst verstanden werden dürfte, läßt sich aus Hans Heinrich Eggebrechts Gedanken herauslesen: Er erblickt das Hauptproblem heutiger zeitgenössischer Analysen darin, daß in der Vergangenheit der Musikinhalt ohne jedwede wissenschaftlich verbindliche analytische Beweisführung präsent gewesen sei, während heute *die Analyse in der Regel überhaupt nicht mehr die Ebene des Musikgehaltes erreicht.* J. Jiránek bemerkt richtig, daß von allen Musikhistorikern des Westens sich Eggebrecht dem Standpunkt der marxistischen Kunsttheorie am weitesten genähert hätte, wenn er davon spricht, daß Ästhetik als historischer Ausdruck des bourgeoisen Bewußtseins entstanden sei, *welches die seitens der wirklichen Welt verweigerte Emanzipation in einer fiktiven Welt, der Welt der Kunst und insbesondere der Musik sucht*[466]. Und in einer *Theorie der ästhetischen Identifikation* formuliert Eggebrecht: *Das ästhetische Prinzip eines Musikwerkes ist der im Akt der Komposition in ihm festgemachte musikalische Sinn, der als ästhetischer , d. h. als in einem sinnlichen Material für die Sinne bestimmten Sinn [!], von sich aus die ästhetische Identität (zwischen Musik und Hörer) herstellt, indem er sich dem auf ästhetische Rezeption eingestellten Hörer zu verstehen gibt.* Wenn Eggebrecht von einem *Sich-zu-verstehen-*

[463] R. Schneider, *Semiotik der Musik. Darstellung und Kritik,* München 1980 *(Kritische Informationen* 90), S. 303–317
[464] Nach R. Schneider, ebda., S. 304. – Dazu (aufgrund außereuropäischen Materials) R. M. Stone, *Communication and Interaction Processes in Music Events among the Kpelle of Liberia,* phil. Diss. Indiana Univ./USA 1979
[465] J. J. Nattiez, *Analyse musicale et sémiologie: le structuralisme de Lévi-Strauss,* in: *Musique en jeu* 12, 1973, S. 59–79
[466] J. Jiránek, wie Anm. 453, beide Zitate S. 97; ders., *Semantische Analyse der Musik,* in: *Archiv für Musikwissenschaft* 37, 1980, S. 187–205. – H. H. Eggebrecht, *Musik als Tonsprache,* in: *Archiv für Musikwissenschaft* 17, 1961

164

Geben des musikalischen Sinns im Prozeß der ästhetischen Identifikation spricht, bezeugt er die Sprachfähigkeit von Musik grundsätzlich[467].

In letzter Konsequenz würde dies bedeuten, daß wir die Musik Palestrinas, Bachs, Mozarts mißverstehen: Den Inhalt dieser Musik können wir nicht (mehr) dekodieren, also halten wir uns an die Äußerlichkeiten der Form, die wir als reines Tongeklingel „ästhetisch" (d. h. aufgrund von konventionellen, ideologischen, modischen oder bildungsbedingten Vorurteilen) genießen. Aber geht es wirklich um ein „Mißverstehen"? Müssen wir nicht, als Menschen einer anderen Zeit, unter veränderten ökonomisch-politischen Bedingungen, vergangene Kulturformen anders verstehen? Aber wozu brauchen wir dann eine Aufführungspraxis, die nach möglichst „stilgetreuen" Interpretationen älterer Musik forscht, wenn mit den so gewonnenen „authentischen" Formen nicht auch die dazugehörigen „originalen" Inhalte in die Gegenwart hereingeführt werden sollten? Was bedeutet eine Oper des einst an Ansehen Johann Sebastian Bach weit überragenden Wiener Hofkapellmeisters Johann Joseph Fux in einem zeitgenössischen Opernrepertoire: eine Oper, die textlich und musikalisch verklausuliert ein Thema der griechischen Mythologie auf konkrete Begebenheiten am Wiener Kaiserhof um 1720 transponiert, um damit die Gottähnlichkeit des Kaisers nicht allein im Theater „vorzuspielen" – sondern real in den Köpfen und Herzen der Menschen zu verankern? Solche einst zweckbestimmte Musik nun entsemantisiert als absolute zu hören, verändert die Bedingungen. Möglicherweise spricht Ernst Bloch in diesem Sinn von der *historischen Ungleichzeitigkeit der Musik* und moniert: *Indes eben, all dieses „Erklären" von außen her bleibt selber letzthin äußerlich...*[468].

Die musikalische Form: Reflexion psychischer und sozialer Spannungen

> *Es gibt kein Kunstwerk, das nicht durch die „Macht des Negativen" eine affirmative Einstellung durchbricht; das nicht in seiner Struktur selbst die Worte, Bilder und Musik einer anderen Wirklichkeit, einer anderen Ordnung beschwört, die durch die bestehende abgewiesen wird und die doch im Gedächtnis und in der Hoffnung der Menschen lebendig ist, in dem, was ihnen widerfährt und in ihrer Rebellion dagegen. Wo diese Spannung zwischen Affirmation und Negation, zwischen Freude und Leid, zwischen höherer und materieller Kultur nicht mehr besteht, wo das Werk die dialektische Einheit dessen, was ist, und dessen, was sein kann (und sollte), nicht mehr aushält, hat Kunst ihre Wahrheit, ja, sich selbst verloren.*
>
> Herbert Marcuse[469]

Die Problematik ist nicht neu, denken wir an Renaissance- oder Barock-Traktate, etwa an die Figurenlehre des Christoph Bernhard[470]. Doch bestand nie die Notwendigkeit, Selbstverständ-

---

[467] H. H. Eggebrecht, *Theorie der ästhetischen Identifikation. Zur Wirkungsgeschichte der Musik Beethovens*, in: *Archiv für Musikwissenschaft* 34, 1977, S. 103–116, Zitate S. 105. Eine Kritik des Eggebrecht'schen Ansatzes findet sich bei A. Schneider, *Die Geschichtlichkeit der Kunst und die außereuropäische Musik*, in: *Zeitschrift für Ästhetik und allgemeine Kunstwissenschaft* 24/1, 1979, S. 11–74

[468] E. Bloch, *Zur Philosophie der Musik*. Ausgewählt und hg. von K. Bloch, Frankfurt 1974, S. 15

[469] H. Marcuse, *Konterrevolution und Revolte*, Frankfurt 1973, S. 110 (*Edition Suhrkamp* 591)

[470] Schon J. Mattheson, *Der vollkommene Capellmeister*, Hamburg 1739, Vorrede S. 16ff., betont, daß die Tonkunst aus *dem Brunnen der Natur* ihr Wasser schöpfen sollte und nicht *aus den Pfützen der Arithmetik*. Darüber ausführlich H. H. Eggebrecht, wie Anm. 466, S. 73–100. – Zur Nachahmungsästhetik vgl. W. Suppan, *Moses Mendelssohn und die Musikästhetik des 18. Jahrhunderts*, in: *Die Musikforschung* 17, 1964, S. 22–33

lichkeiten eines Stils – eben seine Sprachfähigkeit und sein Zeichensystem, seine emotionale Bewichtung durch die vom Interpreten einzubringende „improvisierte" Ornamentik, Tonbildung, Dynamik, rhythmische Offenheit – zu fixieren. Die Notenschrift bewahrte nur die vordergründig-formalen Anleitungen für den Interpreten. Neu aktualisiert wurde diese Problematik in der zweiten Hälfte des 19. Jahrhunderts, mit der Ausbreitung des Historismus in der Musik, als aus dem Mißverständnis einer primär schriftorientierten Erneuerungsbewegung Alter Musik heraus die Formästhetik in den Vordergrund rückte und sich mehr und mehr ausbreitete. Diese Formästhetik wirkte schließlich zurück auf die Komponisten, die nun in der Tat ein handwerkliches Können, eine Virtuosität um den strukturalen Aufbau entwickelten und dabei inhaltliche Fragestellungen beiseite schoben. Die Reaktion auf eine solche Entwicklung liegt im Gesamtkunstwerk Richard Wagners einerseits und in der Programm-Musik der zweiten Hälfte des 19. Jahrhunderts andererseits vor. Am Beispiel Beethoven und von Schopenhauers *Musik als tönende Weltidee* fasziniert, zeigt Wagner, *wie sich die Musik bei Beethoven dem formalistischen, rein spielerischen Wesen der italienischen Kunstübung entringt und zur Ausdrucksprache einer mächtigen Persönlichkeit wird*[471]. Bei Wagner selbst ist die Leitmotivtechnik nicht allein formal-ästhetisches Problem sondern Ausdruck eines differenzierten Kommunikationssystems. Die Frage der Programm-Musik aber wird am Beispiel Franz Liszt und an den führenden Vertretern der Form- und Ausdrucksästhetik, nämlich an Eduard Hanslick und Friedrich von Hausegger, besonders einsichtig zu machen sein[472].

Liszt kannte Hanslicks *Vom Musikalisch-Schönen* vor der Drucklegung dieser Schrift; denn Hanslick hatte sich an Liszt mit der Bitte gewandt, ihm dafür ein Vorwort zu schreiben und ihm bei der Suche nach einem Verleger behilflich zu sein[473]. Doch erkannte Liszt während der Lektüre von Hanslicks Text, daß damit – knapp vor der Veröffentlichung seines Zyklus' der (ursprünglich) neun Symphonischen Dichtungen – der gedankliche Hintergrund dieser Werkgruppe empfindlich gestört würde. Hanslick bestreitet, *daß das Schöne der Musik in dem Darstellen von Gefühlen bestehen könne,* und er widerspricht damit – ohne dies ahnen zu können – dem Lisztschen Konzept der Symphonischen Dichtung. Was Liszt noch weit mehr treffen mußte, war die Tatsache, daß Hanslick die Gefühlsästhetik – für Liszt Inbegriff fortschrittlicher Kunstanschauung – für veraltet, für überholt erklärte. Der Konflikt ergab sich zwingend. Liszt mußte, ehe die Symphonischen Dichtungen an die Öffentlichkeit kommen durften, den Inhalt von Hanslicks *provozierendem Buch* (D. Altenburg) widerlegen. Hanslick wieder fühlte sich von Liszt im Stich gelassen, als dieser nicht bereit war, für sein Buch eine Vorrede zu schreiben; er „revanchierte" sich mit Polemiken gegen Liszt in den folgenden Auflagen seines Buches *Vom Musikalisch-Schönen* und ließ anfort an den Symphonischen Dichtungen kein gutes Haar[474]. Der Vorgang spiegelte sich in den Briefen Liszts an Hanslick vom 31. Januar 1856 und 24. September 1859, vor allem aber in dem Hanslick-Brief vom 8. Oktober 1854. Hatte Hanslick in der *Wiener Zeitung* 1849 noch geschrieben: *Über die dürftige Anschauung, welche in einem Musikstück nur eine symmetrische Aneinanderreihung angenehmer Tonfolgen sah, sind wir*

---

[471] H. von Dettelbach, *Steirische Begegnungen. Ein Buch des Gedenkens,* Graz 1966, 2. Aufl. 1975, S. 153f.

[472] In der folgenden Darstellung beziehe ich mich auf meinen Aufsatz *Franz Liszt – zwischen Friedrich von Hausegger und Eduard Hanslick. Ausdrucks- contra Formästhetik,* in: *Studia musicologica* 24, 1982, S. 113–131

[473] Darüber J. Kapp, *Autobiographisches von F. Liszt,* in: *Die Musik* 11/1, 1911/12, S. 19–21; D. Altenburg, *Vom poetisch Schönen. F. Liszts Auseinandersetzung mit der Musikästhetik E. Hanslicks,* in: *Ars Musica – Musica Scientia = Festschrift Heinrich Hüschen,* Köln 1981, S. 1–9. – Während der Ausarbeitung dieses Buches erschien: E.-J. Danz, *Die objektlose Kunst. Untersuchungen zur Musikästhetik F. von Hauseggers,* Regensburg 1981 *(Kölner Beiträge zur Musikforschung* 118)

[474] E. Hanslick, *Aus dem Concert-Saal,* 2. Aufl., Wien – Leipzig 1897, S. 124–130

hinaus. Der große Fortschritt der neueren romantischen Komposition ist die poetische Beseelung. Sie hat sich über den Standpunkt erhoben, von welchem eine Tondichtung nur als ein in sich vollkommen konstruiertes wohlgefälliges Klangwerk erscheint, sie erkennt ein Höheres für die Aufgabe der Musik: die künstlerische Darstellung der menschlichen Gefühle, Stimmungen und Leidenschaften, so lesen wir später bei Hanslick genau das Gegenteil: Die „Symphonischen Dichtungen" erwuchsen sämtlich aus demselben falschen Prinzip, daß Liszt mit poetischen Elementen komponieren will, statt mit musikalischen.

Drei Schriften Liszts behandeln nach dem Erscheinen von Hanslicks *Vom Musikalisch-Schönen* (Ende 1854) und vor der Veröffentlichung der ersten Symphonischen Dichtungen im April 1856 das Thema der Wechselbeziehung zwischen Dichtung und Musik: (1) Robert Schumann, (2) Marx: *Die Musik im 19. Jahrhundert* und (3) Berlioz und seine Haroldsymphonie. Gipfelten Hanslicks Ausführungen in dem erschreckenden Satz: *Tönend bewegte Formen sind einzig und allein Inhalt und Gegenstand der Musik,* und erläutert er diese Aussage *aus polemischer Gereiztheit... [durch] die unglücklichen Metaphern „Arabeske" und „Kaleidoskop"* (Dahlhaus[475]), so zitiert Liszt Hegels *Vorlesungen über die Ästhetik,* um die Hörerwartungen der Rezipienten differenziert nach den beiden Hörergruppen „Kenner" und „Liebhaber" zu erläutern und Hanslicks Vergleiche (Arabeske und Kaleidoskop) „ad absurdum" zu führen. Seinerseits bedient sich Liszt nun eines Vergleichs aus dem Bereich der Wissenschaft, um die Dichotomie von Kunst und Wissenschaft zu beweisen (und Hanslick als Wissenschaftler in Fragen der Kunst für inkompetent zu erklären):

Künstler und Kenner, die im Schaffen und Beurteilen nur die sinnreiche Construction, Kunst des Gewebes und verwickelte Faktur, nur die kaleidoskopische Mannichfaltigkeit mathematischer Berechnung und verschlungener Linien suchen, treiben Musik nach dem todten Buchstaben und sind Solchen zu vergleichen, welche die blätterreichen indischen und persischen Gedichte nur um der Sprache der Grammatik willen ansehen, nur Wortsonorität und Symmetrie des Versbaues bewundern, ohne Sinn, Gedanken- und Bilderfülle in ihrem Ausdruck, ohne ihren poetischen Zusammenhang, geschweige den besungenen Gegenstand, den geschichtlichen Inhalt zu berücksichtigen. Wir leugnen nicht den Nutzen philologischer und geologischer Untersuchungen, chemischer Analysen, physikalischer Experimente, grammatischer Erläuterungen – aber sie sind Sache einer Wissenschaft, nicht der Kunst[476].

Beziehen wir nun wieder Friedrich von Hausegger in unsere Betrachtungen ein. Zunächst von der Idee der Programm-Musik durchaus nicht angetan: *Der Programmusiker sucht seinen Tönen die Bedeutung von Sprachzeichen zu verleihen und erscheint um so glücklicher, je mehr es ihm gelingt, diese Zeichen durch Assoziierung bekannter Eindrücke verständlich zu machen. Dies ist ein sehr undankbares, dem Wesen der Tonkunst ungemein ferne liegendes Bemühen...*[477], bekennt er später im Zusammenhang mit Liszt: *Immerhin ist die Programmusik eine hochinteressante Erscheinung in der geschichtlichen Entwicklung der Musik, über welche nicht zur Tagesordnung übergegangen werden kann.* Und ohne Hanslick zu nennen, bezieht er sich im folgenden Satz doch auf diesen: *Sie [die Programm-Musik] hat insbesondere auch ihre Bedeutung als eine kräftige Reaktion gegen den sich breitmachenden leeren Formalismus auf dem Gebiete der Instrumentalmusik. Christian Friedrich Daniel Schubart hat, was wenig bekannt ist, vortreffliche „Ideen zu einer Ästhetik der Tonkunst" geschrieben. In diesen kommt der Ausspruch vor: „Das Totengerippe der Musik ist, wie alle Totengerippe, ekelhaft anzusehen". An diesen Ausspruch muß man denken,*

---

[475] C. Dahlhaus, *Die Idee der absoluten Musik,* Kassel u. a. 1978 *(DTV Wissenschaftliche Reihe),* S. 79

[476] D. Altenburg, wie Anm. 473, S. 6f.; Liszt-Zitat in *NZM* 43, 1855, S. 50

[477] F. von Hausegger, *Die Musik als Ausdruck,* Wien 1885, 2/1887; Neudruck in ders., *Gesammelte Schriften,* hg. von S. von Hausegger, Regensburg 1939 *(Deutsche Musikbücherei 26),* S. 161

wenn man modernen Bemühungen, das Wesen der Musik vollends in Form aufzulösen, zusieht . . .[478].

Als Erich Wolf Degner, in Weimar unter der Aufsicht des greisen Liszt ausgebildet, seit 1891 artistischer Direktor des Musikvereins für Steiermark in Graz, am 7. April 1895 in einem Konzert Liszts *Orpheus* und Berlioz' *Harold* zur Aufführung bringt[479], hat Hausegger erneut Gelegenheit, zum Thema Programm-Musik Stellung zu nehmen. Er beginnt mit einem versteckten Blick auf Hanslick: *Die Musik* [Liszts und Berlioz'] *ist bestrebt, zu bekennen, daß sie nicht leeres Tonspiel sei, daß ihrem Empfindungsausdrucke ein Vorstellungsgehalt zu Grunde liege, welcher jenen bestimmt und erklärt, Dichtung und Musik haben ihre innige Verwandtschaft zu einander erkannt . . . Die symphonische Dichtung „Orpheus" von Liszt läßt sich auch als absolute Musik rechtfertigen. Ihre Logik ergibt sich aus den Tonbeziehungen selbst; ihre Form ist die des dreiteiligen Lieds. Freilich, ihre volle Bedeutung muß das erläuternde Programm erschließen . . . Diese Art der Anregung ist kennzeichnend für Liszts Schaffen. An Bildern der Phantasie, welche sich als Symbole großer Entwicklungsphasen darstellen, entzündet sich seine Schöpfungskraft: Tasso, Dante, Faust u.s.w. Anders bei Berlioz. Seine Individualität ist die stärkere, aber sein Gesichtskreis enger. Aus dem Fonds persönlicher Erlebnisse schöpft er; ihnen sollen die gewählten Gestalten Ausdruck geben. Während Liszt sich von den ihm vorschwebenden Bildern zum Schaffen befeuern läßt, verleiht Berlioz den seinigen den Überschwang eigenen Empfindens*[480]. Hausegger kennt Liszts o. g. *Harold*-Essay und zitiert daraus.

In den Schriften Liszts ist bislang eine Passage über Instrumentalmusik nicht beachtet worden, die in seinem Zigeuner-Buch zu finden ist – und die die inhaltlich-kompositorischen Intentionen des Schreibers besser charakterisiert als die Musik der im Buchtitel genannten ethnischen Gruppe. Wie eine Vorwegnahme Hauseggerscher Ausdrucks-Ästhetik – Liszts Buch erschien 1883, Hauseggers *Musik als Ausdruck* im Jahr 1885 – klingen folgende Sätze: *. . . Gerade das liegt in dem Wesen der Instrumentalmusik. Sie ist unter allen Künsten diejenige, welche die Gefühle zum A u s d r u c k* (Sperrung des Verf.) *bringt, ohne ihnen eine direkte Anwendung zu geben, ohne sie mit der Allegorie der Tatsachen, wie die erzählende Dichtung, oder mit durch Personen darzustellenden Konflikten, wie das Drama der Bühne, zu umkleiden. Sie läßt die Leidenschaften in ihrem eigensten Wesen glänzen und schimmern, ohne sich zu vermessen, sie als wirkliche oder eingebildete Personifikation darzustellen . . . Die Instrumentalmusik als solche zieht die Erregung gleichsam heraus aus jedem positiv Gegebenen und gibt dieselbe durch den Ton wieder, ohne dabei ihre Ursache oder ihre Wirkung zu bezeichnen. Sie malt gleichsam nur in den Flammen ihrer eigenen Lebenskraft, die sie sprechen läßt, jede Ausbreitung über ihren geheimen Ursprung oder über ihre unbekannte Tragweite verschmähend. – Unter allen Künsten ist ebenfalls keine so sehr wie die Instrumentalmusik geeignet, die Leidenschaften gereinigt von ihren unedlen Schlacken und unheilvollen Verirrungen nur in ihrer feinsten Quintessenz, in ihrer höchsten Bewegung wiederzugeben, so daß sie sich in ihrem innersten Glanze manifestiren und unmittelbar dem Herzen entfließen*[481]. Zum Unterschied von den frühen, vor allem unter dem unmittelbaren Eindruck

[478] S. von Hausegger (Ed.), *Gedanken eines Schauenden. Gesammelte Aufsätze von F. von Hausegger,* München 1903, S. 250

[479] W. Suppan, *F. Liszt und die Steiermark,* in: *Studia musicologica 5 = Kongreß-Bericht Budapest 1961,* Budapest 1963, S. 301–310; über Degner vgl. ders., *Beiträge zur Lebensgeschichte von E. W. Degner (1858–1908),* in: *Zeitschrift des historischen Vereines für Steiermark 52,* Graz 1961, S. 138–149; ders., *Steirisches Musiklexikon,* Graz 1962–66, S. 79–82; sowie *Festschrift der Hochschule für Musik „Franz Liszt" Weimar zum hundertsten Jahrestag ihrer Gründung als Orchesterschule,* Weimar 1972, S. 30 u. ö., vor allem aber S. 44–47

[480] F. von Hausegger, wie Anm. 478, S. 257f.

[481] F. Liszt, *Die Zigeuner und ihre Musik in Ungarn.* In das Deutsche übertragen von L. Ramann, Leipzig 1882, S. 10f.; vgl. dazu B. Sarosi, *Ungarische Zigeunermusik,* in: K. Hamburger (Hg.), *F. Liszt.* Beiträge von ungarischen Autoren, Leipzig 1978, S. 95–117

des Hanslick-Buches aus dem Jahre 1854 in einer gewissen Abwehrhaltung formulierten Schriften Liszts, findet der Autor in diesem Alterswerk über die Musik der Zigeuner zu eben jenem Ausgleich, der es bisherigen Gegnern der Programm-Musik ermöglicht, das Gesamtschaffen Liszts in ihr ästhetisches Denksystem einzuordnen. Auch Hausegger gehörte zu jenen, die die Symphonischen Dichtungen nicht vorbehaltlos akzeptierten[482]. Doch nun klingt Hauseggers Text wie die Fortsetzung der Lisztschen Sätze: *Nicht bloß mit Linien, Zeichen, Schwingungen und Tonreizen hat man es in der Musik zu thun. Aus dem tiefsten Drange der Seele erwächst uns ihr Verständnis. Was in ihr laut wird, ist eine Sprache des Gemütes, welche sich im Mienen- und Gebärdenspiele wie auch im Tonfall der Worte in so beredter und überzeugender Weise äußert. Die Musik ist ihrem innersten Wesen nach Ausdruck*[483]. Aus Liszts Text ließe sich der Gedanke weiterführen: ... *Fand es* [nämlich das Volk der Zigeuner] *nicht in der Musik eine Sprache, in der es sich ohne die peinigenden Anstrengungen einer ermüdenden geistigen Arbeit den Freuden der Sinne hingeben und sich berauschen konnte in geistiger Lust? Wenn sein* [des Zigeuners] *Bogen die Saiten strich, lehrte ihn die Inspiration selbst – ohne daß er sie gesucht – Rhythmen, Kadenzen, Modulationen, Melodien, Reden, Zwiegespräche ...*[484].

Daher dürfe die *der exakten Forschung zugewendete Wissenschaft* nicht bei den Äußerlichkeiten der *tönend bewegten Formen* stehen bleiben, sondern müßte die Ergründung der tieferen Ursachen des Musikempfindens und Musikgebrauches zum Ziele haben. Aber leider befasse sich die Geschichte der Musik mehr mit der Geschichte des Tones als mit der Darstellung der Entwicklung des menschlichen Ausdrucks durch den Ton. *Sie befaßt sich der Hauptsache nach nur mit dem Kunstmittel, zieht den Künstler so weit in Betracht, als es ihm gelungen ist, dasselbe zu erweitern, und läßt den Kunstgenießenden ganz außer acht. Von diesem Standpunkte aus kann es ihr geichgültig sein, ob der betrachtete Ton der Lyra, der Flöte oder der menschlichen Kehle entströmt ist ...* Weil man die physiologischen und psychologischen Bedingungen des Musikerlebens aus dem Forschungsbereich ausklammere, würde man solche sogar leugnen[485].

Von Bedeutung für die Geschichte der Kunstästhetik ist die Auseinandersetzung zwischen den Vertretern der Form- und der Ausdrucksästhetik deshalb geworden, weil die Diskussion stets am konkreten Material, eben Wagners, Liszts, Bruckners Schaffen, geführt wurde. Das Thema selbst ist seit der griechischen Antike Gegenstand gelehrten Denkens: ob der Musik mimetischer Charakter innewohne, ob ihre Wirkungen die Grundlage der menschlichen Empfindungen bildeten, ob sie als Widerspiegelung des menschlichen Innenlebens oder gesellschaftlich-ökonomischer Bedingungen aufgefaßt werden dürfte, wie Georg Lukács in seiner Ästhetik unter Verweis auf Aristoteles ebenso wie auf Hegel darlegt[486]. Bei Kant wird dann erstmals jene L'art pour l'art-Haltung deutlich, die Musik als *ein schönes Spiel der Empfindungen*, des interesse- und begriffslosen Wohlgefallens deutet. Nirgends in der allgemeinen Kunstästhetik ist einer solchen Deutung präziser widersprochen als bei Georg Lukács, der zu dem Ergebnis

---

[482] Es sei nur auf folgende Aussage hingewiesen: F. von Hausegger, wie Anm. 478, S. 299: *Dem Interpretationsdrange von Theoretikern parallel ging das Bestreben der Schaffenden, von vornherein und mit Bewußtsein ihren Tönen den Inhalt zu verleihen, welche jene in ihren Visionen in Tonwerken zu entdecken glaubten. Es entstand die 'Programmusik', ein Ungeheuer, halb Mensch und halb Tier, vielleicht die wunderlichste Erscheinung auf dem Gebiete der Kunstentwicklung...;* Hausegger hat später jedoch seine Meinung revidiert, vgl. ebda. S. 237ff.

[483] Ebda., S. 319 (Sperrungen des Verf.)

[484] F. Liszt, wie Anm. 481, S. 11; vgl. ebda. auch S. 17f. und 108

[485] F. von Hausegger, wie Anm. 478, S. 320 und 284

[486] Die berühmte Passage in der *Politik* des Aristoteles lautet: *Die Rhythmen und Melodien kommen als Abbilder dem wahren Wesen des Zornes und der Sanftmut sowie des Mutes und der Mäßigkeit wie ihrer Gegenteile, nebst der eigentümlichen Natur der anderen ethischen Gefühle und Eigenschaften sehr nahe;* zitiert nach G. Lukács, *Ästhetik*, 3. Teil, Neuwied u. a. 1972 (*Sammlung Luchterhand 70*), S. 77; das Hegel-Zitat ebda. S. 83f.

kommt, daß das *homogene Medium der Musik… die Gefühle und Empfindungen des Menschen… in durch nichts gehemmter Erfüllung, in völlig ungetrübter Reinheit zum Ausdruck bringen* würde, daß *Musik eine eigene „Sprache" entstehen läßt, deren Eindeutigkeit, Widerspiege-lungskraft und Ausdrucksintensität gerade darauf beruht, daß in ihr die „Zeichen" zur Wiedergabe konkreter Objekte des Lebens fehlen*[487]. Es ist sicher kein Zufall, daß von ungarischer Seite weitere wesentliche Beiträge zu dieser Diskussion vorliegen: Von Bence Szabolcsi, von Dénes Zoltai sowie von Joszef Ujfalussy, der im Zusammenhang mit Hanslick feststellt, daß mit der gesell-schaftlichen Abkapselung und mit der Isolierung der Musik sich auch das Prinzip der sozialen Geltung aus ihrer ästhetischen Interpretation verflüchtige, daß Musikschaffen damit eine Sache fachlichen Könnens, der technischen Gewandtheit und Fähigkeit (demnach nicht mehr Kunst sei sondern zur Wissenschaft) werde[488]. Zofia Lissa präzisiert: *Alle Werke der Kunst über-tragen mittels ihrer eigenen Codes Bedeutungen und Informationen*[489]. Möglicherweise ist die Übersetzung dieses Satzes nicht ganz korrekt; denn Verf. würde eher so formulieren: Alle Werke der Kunst übertragen mittels der ihnen eigenen kulturbedingten und kulturspezifischen (Erg. des Ethnologen!) Codes Bedeutungen und Informationen.

Was Hanslick und Hausegger gedacht haben und was Liszt an Kompositionen hinterlassen hat, wirkt in vielen Verzweigungen in die Kunstdiskussion und Aufführungspraxis unserer Tage herein. Und es läßt sich auch nicht in zwei voneinander klar zu scheidende Stränge teilen. Die Bandbreite reicht von der marxistisch fundierten Musikästhetik Zofia Lissas, Georg Kneplers und Joszef Ujfalussys bis zu den idealistischen Philosophen, wie dem Heidelberger evangeli-schen Theologen Georg Picht, der in seiner berühmt gewordenen Bach-Rede die Formalisten korrigiert: *Man kann eine Sprache nur verstehen, wenn man versteht, was sie bedeuten soll. Freut man sich nur an ihrem Wohllaut, ohne auf ihren Sinn zu achten, so ist sie nicht mehr Sprache, son-dern bloßes Geräusch… Jede Musik, die überhaupt einen Gehalt hat, ist Sprache… Bachs Musik ist von ihrem Gehalt nicht ablösbar, sie will als Sprache verstanden werden… doch die Hermeneu-tik dieser Sprache ist mit den Voraussetzungen des Historismus nicht mehr in Einklang zu bringen. Bachs Stil – so skandalös das heutigen Ohren klingen mag – ist nicht in der Musik selbst sondern jenseits der Musik… es formte sich der Stil von Bach im Gegensatz zur absoluten Musik als Sprache*[490]. Etwa zur gleichen Zeit wandte sich der junge, dreiundzwanzigjährige jugoslawische

---

[487] Ebda., S. 110–112

[488] J. Ujfalussy, *Die Logik der musikalischen Bedeutung,* in: *Studia musicologica* 4, 1963, S. 3–19; ders., *B. Bartók – Werk und Biographie,* ebda. 23, 1981, S. 5–16, mit folgendem Lukács-Zitat: *Die Wissenschaft hat das Recht, Teilmomente der Wirklichkeit in Klammern zu setzen,* wozu Ujfalussy ergänzt: *Die musikalische Werkanalyse übt dieses Recht des Isolie-rens… manchmal ohne Maß, bis zur Verabsolutierung aus* (S. 5), und mit folgendem Bartók-Zitat: *Fest glaube ich daran und ich sage es auch, daß sich jede wahre Kunst unter der Einwirkung aus der Außenwelt aufgenommener Impres-sionen, „Erlebnissen" offenbart. Wer eine Landschaft malt, bloß um eine Landschaft zu malen, wer eine Symphonie schreibt, bloß um eine Symphonie zu schreiben, der ist bestenfalls nur ein guter Handwerker* (S. 11); D. Zoltai, *Ethos und Affekt. Geschichte der philosophischen Musikästhetik von den Anfängen bis zu Hegel,* Budapest-Berlin 1970, mit einer kritischen Stellungnahme zu Kant und Herder, S. 219–228; B. Szabolcsi, *Der musikalische Konsens. Bruchstücke einer Studie,* in: *Musik als Gestalt und Erlebnis = Festschrift Walter Graf zum 65. Geburtstag,* Wien u. a. 1970, S. 227–233

[489] Z. Lissa, *Neue Aufsätze zur Musikästhetik,* Wilhelmshaven 1975 (=*Taschenbücher zur Musikwissenschaft* 38), S. 135; dazu auch H. Rauhe/H.-P. Reinecke/W. Ribke, *Hören und Verstehen,* München 1975, S. 71: …*die Sprache der Musik übermittelt… dank der Spezifik ihrer Zeichen Gefühlserlebnisse* (nach A. Schaff, *Das Verstehen der verbalen Sprache und das „Verstehen" der Musik,* in: P. Faltin/H.-P. Reinecke [Hg.], *Musik und Verstehen. Aufsätze zur semiotischen Theorie, Ästhetik und Soziologie der musikalischen Rezeption,* Köln 1973)

[490] G. Picht, *Die Dimension der Universalität von J. S. Bach,* in: ders., *Hier und Jetzt. Philosophieren nach Auschwitz und Hiroshima* I, Stuttgart 1980, S. 260–272. – Vgl. auch J. Blacking, *Making Artistic Popular Music: The Goal of True Folk,* in: *Popular Music* 1, 1981, S. 12: *Art does not consist of products, but of the processes by which people make sense of certain kinds of activity and experience. Music is available-for-use, and musical value resides not in any piece or style of music, but in the ways that people address themselves to listening and performance.*

170

Pianist Ivo Pogorelich in einem Spiegel-Interview im Juli 1981 gegen jene zeitgenössischen Dogmen, wonach Noten technologische Codes seien, die an den Tasten geknackt werden müßten, und nicht Chiffren, die es mit dem Herzen zu entschlüsseln gelte; denn so perfekt wie heute sei mit Sicherheit noch nie Klavier gespielt worden, aber so eintönig und langweilig auch nicht[491].

Ein Thema in die Gegenwart hereinzuführen bedeutet m. E. nicht, sich von seinem Kern zu entfernen. Liszt wie Hanslick und Hausegger leben in ihren Schriften und Kompositionen weiter und vermögen gegenwärtige Kunstgespräche zu bereichern. Verschiedene Denksysteme, denen sie sich verbunden fühlen, bedingten ihre neuen, zeit- und kulturspezifischen Einsichten in das Mensch-Musik-Verhältnis, die ihrerseits in unterschiedliche Denksysteme Eingang gefunden haben und finden. Daß Hausegger – im Zusammenhang mit Richard Wagner – zeitweise einseitig interpretiert oder politisch genutzt wurde, widerspricht ebenso der Fülle seines schriftstellerischen Werkes wie fachlicher Redlichkeit. Dasselbe gilt – umgekehrt gedacht – auch für Hanslick. Daraus folgt: Die formale Analyse von beschriebenem Papier, von tönend-bewegten Formen ist Hilfswissenschaft: nämlich Voraussetzung dafür, die Zeichenhaftigkeit, den Sprachcharakter, die mimetische Treffsicherheit und damit die Semantik des Musizierens zu begreifen. *Man kann zwar die formalen Qualitäten eines Werkes gleichsam separat von seinem dargestellten Inhalt entwickeln,* schreibt der Marburger Philosoph Hans Heinz Holz[492], *als Qualitäten erweisen sie sich aber erst in der Anwendung auf den Inhalt, und ein anderer Inhalt würde auch andere formale Beschaffenheit erfordern.* Für das musikalische Kunstwerk präzisiert Knepler diesen Ansatz: *Man kann Kompositionen, selbst große und bedeutende, als reine Tonkombinationen hören und auch auf diese Weise ein Element – allerdings eben nur eines – des Gemeinten perzipieren... Der Spaß hört auf, wo... das Teilelement Syntax verabsolutiert wird, wo die relative Autonomie musikalischer Prozesse für absolute Autonomie ausgegeben wird, wo syntaktische Analysen... anspruchsvoll und arrogant für das Ganze ausgegeben werden*[493].

Weniger Richard Wagner, der zwar mit seinem musikdramatischen Werk im Zentrum der Auseinandersetzungen Hanslick-Hausegger stand, sondern Franz Liszt vermochte, durch die Breite seines musikalisch-schöpferischen und literarischen Schaffens sowie als Pianist, die Trennlinien, Übergänge und Verbindungsfäden zwischen Form- und Ausdrucksästhetik zu verdeutlichen. Ebenso wie in der Wortsprache sah Liszt in der Musiksprache ein *für die Mitteilung geeignetes Medium.* Das Zeichensystem der Musik entwickelt Liszt in einem Essay über Robert Schumann mit folgenden Sätzen: *Die Musik also hatte sich eine Sprache zu bilden; sie mußte die Harmonie gestalten, damit die Melodie aufhöre eine rein instinktive Ausdrucksweise, ein beredtes Seufzen, ein verworrenes, unsicheres Stammeln zu sein und zum klar ausgeprägten Gedanken und Gefühl werden könne. Die Harmonie sollte dieser Zwillingsschwester der Sprache die Elemente verleihen, welche diese mit der Zeit sich zu eigen gemacht hatte, und die ihr gestatten, vermöge des*

[491] In: *Der Spiegel* 35, Nr. 29, 13.7.1981. – Ähnlich auch ein zeitgenössischer Komponist, der in Graz wirkende gebürtige Ungar Ivan Eröd: *Kunst ist Kommunikation. Wenn ich Musik schreibe, so mit der Absicht, daß sie auch angehört und begriffen wird. Ich muß mich also einer S p r a c h e bedienen, die geeignet ist, wenigstens von einer größeren Anzahl von Menschen v e r s t a n d e n zu werden* (Sperrungen des Verf.), in: Programmheft 1968 zur Uraufführung der Oper *Die Seidenraupen,* Theater an der Wien.

[492] H. H. Holz, wie Anm. 370, S. 33. – Und zum musikethnologischen Aspekt des Problems, nämlich des Objektivitätsverlustes beim Umsetzen akustischer in visuelle Phänomene: W. Suppan, *Musiknoten als Vorschrift und als Nachschrift,* in: *Federhofer-Festschrift = Symbolae historiae musicae,* Mainz 1971, S. 39–46.

[493] G. Knepler, *Geschichte als Weg zum Musikverständnis. Zur Theorie, Methode und Geschichte der Musikgeschichtsschreibung,* Leipzig 1977, S. 43f.

Reichtums, der Biegsamkeit und Mannichfaltigkeit der Mittel des von ihr behandelten Stoffes zur Kunstform sich zu erheben...[494]

Die vorstehenden Ausführungen sind deshalb in das Kapitel über die Semantik der Musik in dieses Buch eingefügt worden, um die Problematik der Darstellung musikalischen Inhalts und des Zeichensystems musikalischer Kommunikation synchron: an den Strukturen der Musik und am Denken über Musik der zweiten Hälfte des 19. Jahrhunderts, darzustellen. Auf die Gefahr, in gereinigte, „authentische" Notenausgaben Alter Musik Ideen zeitgenössischer Musikanschauung hineinzuprojizieren, wurde oben hingewiesen. (Der mit ethnologischen Methoden vertraute Musikwissenschaftler weiß, daß die Wirklichkeit einer anderen Kultur, aber auch historischer Perioden der eigenen Kultur nur aus der Synopse der zeit- und schichtengleichen Faktoren zu erschließen ist.)

Musik: Sprache der Sinne [495]

> *Musical codes are derived neither from some universal emotional language nor from stages in the evolution of a musical art: they are socially accepted patterns of sound that have been invented and developed by interacting individuals in the context of different social and cultural systems ... music is a social fact ... Art does not consist of products, but of the processes by which people make sense of certain kinds of activity and experience.*
>
> John Blacking [496]

Wer – unter Berufung auf die abendländische Musik – formuliert: *Die Musik entstand und entsteht fortdauernd in der theoretischen Auseinandersetzung mit der Natur des Klingenden*[497], der rechnet nicht mit traditionellen Normen und Konventionen, mit modisch Neuem, mit der Persönlichkeit der Interpreten und mit den bildungsbedingten Erwartungen der Zuhörer, mit den spezifischen Möglichkeiten der verschiedenen Musikinstrumente und mit den Kammermusik-/Orchesterbesetzungen, er postuliert, daß das Klingende „Natur" sei/habe. Eine menschbezogene, eben anthropologische Musikbetrachtung sucht dagegen das Wesen des Menschen an seinen Werken – in unserem Fall: an der Musik – zu erfassen. Mit anderen Worten: Der Mensch vermag in Worten oder in Tönen, in Gesten oder in seiner Mimik nur das mitzuteilen, was ihm innerhalb der ihm geläufigen Kodierungssysteme zu kodieren möglich ist. Wortschatz und Idiolekt setzen Grenzen. Denken und Kode stehen in Wechselbeziehung zueinander. Die intelligente Gestaltung von Formen und Strukturen bedarf der emotionalen Bewichtung, um „sinngemäß" verstanden zu werden. „Sinngemäß" ist in solchem Zusammenhang nicht mit „historisch-getreu" zu verwechseln. Gerade in den letzten Jahren, mit dem neu aufbrechenden, von jazzverwandten und orientalisch-meditativen Praktiken beeinflußten

---

[494] Zitiert nach D. Altenburg, *Eine Theorie der Musik der Zukunft. Zur Funktion des Programms im symphonischen Werk von F. Liszt*, in: *Liszt-Studien* I, hg. von W. Suppan, Graz 1977, S. 17

[495] H. H. Holz, wie Anm. 370, S. 34: *In der Kunst wird den Sinnen Sprache verliehen.*

[496] J. Blacking, *Making Artistic Popular Music: The Goal of True Folk*, in: *Popular Music* 1, Cambridge 1981, S. 10 und 12

[497] H. H. Eggebrecht, *Musik als Tonsprache*, in: *Archiv für Musikwissenschaft* 18, 1961, S. 80; s. auch ebda. S. 85: *Der mathematische Ton des Mittelalters... bringt die Natur des Klingenden zur Sprache*, sowie S. 90: *Der Ton, Sinnträger der Musik... versinnlicht eine Auffassung der Natur überhaupt.*

emotionalen Klima in der europäischen Musik, mehren sich Stimmen, die in einer zunächst formal-ästhetisch konzipierten/betrachteten Musik kommunikative Werte orten[498].

Dafür drei Beispiele: (1) Ellen Kohlhaas berichtet über ein Konzert der Wiener Philharmoniker unter der Leitung von Leonard Bernstein in Frankfurt. Brahms' „Vierte" steht auf dem Programm... *eines der Mirakel dieses Abends... Die Zwänge des anonymen Konzertrituals fallen wie die Schranken zwischen Auditorium und Podium. Mit einemmal erfahren die Beteiligten, daß Musik in so kommunikativer Darbietung ein Konzertsaalklima erotisch, religiös (auch in Bernsteins halb lässig grüßenden, halb enthusiastisch segnenden Dankgebärden für die Beifallsorgien) aufreizen kann. Der Zuhörer fühlt Barrieren in sich fallen, meint sich persönlich angesprochen von einer charismatischen Leitfigur: Kultur wächst über ihre traditionelle Rolle als Faktor der Repräsentation und der sorgsam zelebrierten Gedankenspiele hinaus, sie wird plötzlich mehr als ein feierabendlicher Fluchtweg aus Streß und Technik*[499]. Eine sehr sensible Deutung, die den Kern von Musik als Ausdruckskunst anspricht; auch wenn die Fakten insofern verschoben sind, als eben die „traditionelle Rolle" der Kultur nicht in der Repräsentation liegt – sondern genau in den beschriebenen Wirkmechanismen. Die spätabendländische Kulturästhetik hat jedoch den Blick darauf verstellt. (2) Alban Bergs *Wozzeck,* 1981 in Hamburg neuinszeniert, provoziert Heinz Josef Herbort u. a. zu folgender Aussage: *Da ist das irrationale Feld eines Expressionismus, der bei aller avancierten Satztechnik nie vergißt, daß bestimmte Intervall-Schichtungen wie Chiffren wirken und emotionale Zustände, Entwicklungen, Verhältnisse signalisieren*[500]. (3) Nikolaus Harnoncourt, bekannt geworden durch seine „historisch-kritischen" Schallplatten-Einspielungen der Bach-Kantaten, Oratorien und Orchestersuiten, vor allem aber der Monteverdi-Opern, sagte in einem ORF-Interview 1980: *Ich glaube an die verändernde Kraft der Musik... Die Musik muß wieder vom Hübschen zum Bewegenden gebracht werden.* Und auf der Plattenhülle zu seiner Einspielung von Mozarts *Idomeneo* finden wir den wichtigen Hinweis darauf, daß *gestalteter Einzelton* und *artikulierte Figur* als musikalische Gegenstücke zum nachdrücklich geformten Wort zu begreifen seien – im Sinne Carl Philipp Emanuel Bachs, der über die *Sprache in Tönen* schreibt: *Der gute Vortrag... besteht... in nichts anderem als der Fertigkeit, musikalische Gedanken nach ihrem wahren Inhalt und Affekt singend oder spielend dem Gehör empfindlich zu machen... Die Gegenstände des Vortrages sind die Stärcke und Schwäche der Töne, ihr Druck, Schnellen, Ziehen, Stoßen, Beben, Brechen, Halten, Schleppen und Fortgehen*[501]. Eine Einsicht, die noch heute für den Musiker des arabischen, indischen oder chinesisch-koreanisch-japanischen Kulturkreises selbstverständlich erscheint.

Man mag einwenden, daß die drei angeführten Beispiele nicht aus dem fachwissenschaftlichen Schrifttum stammen; denn Journalisten oder Interpreten werden in der Regel in Büchern mit wissenschaftlichem Anspruch nicht zitiert. Der Verfasser meint jedoch, daß es nicht allein legitim sondern geradezu notwendig sein muß, das, was in den Massenmedien, von Kennern der Situation und Atmosphäre aufgrund eines allgemeinen Konsenses formuliert wird – oder was von vielen tausend Menschen gelesen und diskutiert wird, in den Gang einer

---

[498] Über diesen Wandel des europäisch-abendländischen Musikverständnisses W. Suppan, *Musikalisches Verhalten und Musikpädagogik in hochindustrialisierten Ländern,* in: *Musik und Bildung* 8, 1976, S. 183–186; dass. in engl. Sprache: *Musical Behaviour and Music Education in Different Musical Settings... C. Europe,* in: *Jazzforschung* 8, 1976, Graz 1977, S. 150–157

[499] E. Kohlhaas, *Leonard Bernsteins flammender Brahms,* in: *Frankfurter Allgemeine Zeitung,* 21. Oktober 1981, S. 25

[500] H. J. Herbort, *Zu kluge arme Leut',* in: *Die Zeit,* 10. April 1981, S. 45

[501] H. J. Herbort, *Hatte Mozart einen Silberblick? Musikforschung heute in Text, Ton und Bild aus 200 Jahren Distanz,* in: *Die Zeit,* 13. Februar 1981, S. 16

Fachdiskussion einzubeziehen[502]. Auch der Erfolg Nikolaus Harnoncourts wäre nicht denkbar, ohne jene Wechselwirkung zwischen Interpret und Publikum, die auf ein gemeinsames Zeichensystem, auf die dadurch mögliche intellektuelle und emotionale Einstimmung der Partner aufeinander schließen läßt. Damit wird nochmals die Tatsache angesprochen, daß den Strukturen der Musik durch den Interpreten ein weites Spektrum möglicher kommunikativer Aufgaben aufgepfropft werden kann. Die im Kunstwerk selbst wirkenden, autonomen Kräfte (Form, Struktur) entfalten sich als Abbild der oder als Widerspruch zu den von außen eindringenden Kräften, doch entspricht es zugleich den anthropologischen Qualitäten des Kunstwerkes, nicht blind dem Basis-Überbau-Modell zu gehorchen, sondern in seinen „überdauernden Werten" unterschiedliche Aufgaben zu übernehmen[503]. Der Unterschied zwischen Ausdrucks- und Formästhetik, zwischen Programm- und absoluter Musik kann daher nicht darin begründet sein, daß im ersten Fall ein intelligenter, denkender Musiker – etwa Liszt – über den Entstehungsprozeß seiner Schöpfungen und die damit verbundenen bild- und zeichenhaften Vorstellungen zu reflektieren und seine Ideen zu formulieren versteht, während im zweiten Fall – vielleicht bei Brahms oder Bruckner – Komponieren als das Lösen kontrapunktisch-instrumentationstechnischer Aufgaben betrachtet wird. Liszts Musik ist auch als absolute Musik zu rezipieren, Bruckners oder Brahms' Symphonien illustrieren auch Ideen und außermusikalische Vorstellungen; man denke an Bruckners „Vierte" mit dem Jagd-Scherzo, an die oben zitierte Bernstein-Aufführung von Brahms' „Vierter" in Frankfurt. Der Komponist braucht sich daher nicht der Einflüsse bewußt zu sein, die dem Werk Gestalt verleihen. Er hat keinen Einfluß auf die Vielzahl möglicher Dekodierungen, die innerhalb kultur- und schichtenspezifischer Systeme möglich werden. Daraus entspringt der von Umberto Eco formulierte Ideologieverdacht: *Je „offener" eine Nachricht ist, je mehr Decodierungen sie zuläßt, desto stärker wird die Auswahl der Codes und Subcodes, außer von der Kommunikationssituation, von den ideologischen Voraussetzungen des Empfängers beeinflußt. In dieser Hinsicht erscheint die Ideologie (sowie die Umstände) als ein außersemiotisches Residuum, das den semiotischen Prozeß steuert*[504], zumal – in unserer Spätphase der abendländischen Kultur – der Warencharakter der Kunstwerke diese als Fertigprodukte erscheinen und die Frage nach den gesellschaftlichen und semiotischen Bedingungen des Produktions- und Rezeptionsprozesses nicht aufkommen läßt[505].

Dafür ein Beispiel aus der Musik. Das Singen geistlicher Lieder ist nicht allein im Zusammenhang mit der Reformation als ein äußerst wirksames Mittel zur Streuung einer (neuen) Lehre erkannt worden: *Die Einführung des deutschen Gesanges... verbreitete die evangelische Lehre mehr als alles Predigen, Schreiben und Lesen* (Hoffmann von Fallersleben), die *Leute sangen sich die neue Lehre fast mehr ins Herz, als daß sie diese erst aus der Predigt aufnahmen* (Richard Allinger)[506], sondern diese Manipulationsmöglichkeit menschlichen Denkens durch das Sin-

---

502 Dazu das sehr anregende Buch von U. Jaeggi, *Ordnung und Chaos. Strukturalismus als Methode und Mode*, Frankfurt 1968, Aufl. 1970, S. 164: *Ein Modelldenken, das die Konfrontation mit realen Erscheinungen nicht laufend vollzieht, ist (schlechte) Philosophie. Es wird zur Doktrin, statt methodisches Hilfsmittel zu bleiben*; S. 115: *Nicht die Theorie ist es, seiner [Lévi-Strauss] Meinung nach, die ordnet, sondern die Wirklichkeit selbst.*

503 V. Karbusicky, wie Anm. 425, S. 106ff., weist in diesem Zusammenhang auf Karl Marx hin, den drei Momente verunsicherten: *Das anthropologische Wesen der Kreativität, die überdauernden Werte und die Tatsache, daß Kunstentwicklung und Sozialentwicklung einander nicht entsprechen*, was dazu geführt hätte, daß bestimmte Blütezeiten der Kunst keineswegs im Verhältnis zur allgemeinen Entwicklung der Gesellschaft stünden.

504 U. Eco, *Semiotik der Ideologien*, in: *Textsemiotik als Ideologiekritik*, hg. von P. V. Zima, Frankfurt 1977 (*edition suhrkamp* 796), S. 54. – Vgl. auch ders., *Das offene Kunstwerk*, Frankfurt 1973 (*Suhrkamp Taschenbuch-Wissenschaft* 222), mit einem Versuch der Anwendung der Eco'schen Semiotik auf die Musik, S. 126–128

505 P. V. Zima, *„Rezeption" und „Produktion" als ideologische Begriffe*, ebda., S. 280f.

506 Zitiert nach W. Suppan, *Nikolaus Beuttners Gesangbuch, Graz 1602, und die mündliche Überlieferung*, in: *Innerösterreich 1564–1619 = Joannea 3*, hg. von B. Sutter, Graz 1968, S. 263

174

gen gehört zu den Grundpfeilern christlicher Katechese. *Volkslieder und Volkserzählungen, die bei gemeinsamer Arbeit und am Feierabend gesungen und vorgetragen wurden, bildeten ein ausgezeichnetes Massenkommunikationsmittel, weil sie in unauffälliger und oft gar nicht bemerkbarer Weise die Kenntnis eines geschlossenen Glaubens-, Moral- und Sittenkodex vermittelten, der von der Kirche approbiert worden war. In der Gestalt erinnerbarer Lieder und Erzählungen konnten konkrete Verhaltensmuster gegeben werden, die den Menschen, die sie beherrschten, zum Maßstab des Handelns gereichen konnten... Ein großer Teil der überlieferten Volkslieder, und zwar die besten, stammt aus dem Kreis der Missionsorden, die sich vorhandener Text- und Melodiemodelle bedienten, um sie mit eigenem Inhalt zu füllen und diesen rasch zu verbreiten*[507]. In ähnlichem Zusammenhang werden die Nationalhymnen der verschiedenen Völker heute genannt. Die Herausgeber des *Liedermagazins*, eines Schulliederbuches für Sekundarstufen in der Bundesrepublik Deutschland, drucken Nationalhymnen *(Rituale der Völker)* unter der Kapitel-Überschrift *Wir werden gesungen* neben den *Glücksgefühle, Heilige Ideale* und *Gruppenzwänge* vermittelnden Gesängen ab[508]. *So vermag Musik individuelles wie auch kollektives Glück zu steuern, sie vermag Bedürfnisse zu erwecken, Handlungsimpulse zu verstärken, Menschen zu emotionalisieren und zu solidarisieren... Kindliche Naivität wird durch Einübung befestigt, Fröhlich- oder Traurigmacher lenken den Blick von der Wirklichkeit ab, heilige Ideale werden beschworen, Gemeinschafts- und Kampfgeist geweckt und geschürt. Die Nationen praktizieren ein musikalisches Ritual. Nicht nur einzelne, sondern ganze Völker, Rassen, Erdteile „werden gesungen"* (*Liedermagazin*, S. 188). Nur wer um diese Mechanismen weiß, der kann sich wehren, der vermag ihnen (teilweise) zu entkommen.

Es ist kein Zufall, daß solche Gedanken von der Musikpädagogik oder von der Ethnomusikologie herkommen, Teilbereichen der Musikwissenschaft, die am ehesten bereit sind, traditionelle Fachgrenzen aufzugeben[509]. Für beide Fächer darf Ernst Klusen als Zeuge aufgerufen werden, der den in These II dieses Buches und in der Überschrift zu diesem Kapitel verwendeten Begriff der „Interaktion" ebenfalls benutzt: *Daß Musik nicht nur individuellem Erleben, sondern auch gesellschaftlichen Interaktionen mannigfach eingebunden ist, muß durch die Darstellung der Musik als Mittel zu Zwecken deutlich gemacht werden. Zweifelsohne gehört dies zu den wichtigen Aufgaben der Orientierung in der Musikwelt von heute, die mit vollem Recht in neueren Richtlinien eine bedeutende Rolle spielt. Die Musikerziehung hat sich solchen Fragen nur zögernd zugewandt, und ihre Vernachlässigung, vielleicht auch Verdrängung schuf einen Bedarfsstau, der sich zur Zeit* [1974] ... *entlädt*[510]. Und auch jene Disziplin, deren Vertreter „professionell" nach dem Sinn menschlichen Daseins fragen, nämlich die Philosophie, will sich nicht damit zufriedengeben,

---

[507] D.-R. Moser, *Volkslieder und Volkserzählungen als Mittel religiöser Unterweisung,* in: *Beiträge zur Musikreflexion* 1 = Tagungsbericht Kloster Steinfeld 1974, hg. von H.-J. Irmen, Steinfeld 1975, S. 56; R. Muchembled, *Kultur des Volks – Kultur der Eliten,* Stuttgart 1982
[508] *Liedermagazin,* hg. von W. Breckoff, G. Kleinen, H. Lemmermann, H. Segler, Kassel u. a. 1975, S. 188–248. Auch ein Teil der Massenmedien stößt in dieses Horn, vgl. R. W. Leonhardt, *Immer Kummer mit den Texten. Nationalhymnen zwischen Tradition und Opportunismus,* in: *Die Zeit,* 20. Nov. 1981, S. 72. Im Rahmen des Kolloquiums *Volksliedforschung heute,* Basel 21./22. Nov. 1981, berichtete W. Schepping unter dem Titel *Neue Felder der Singforschung* über die im Düsseldorfer Eishockeystadion üblich gewordenen anfeuernden Gesänge.
[509] G. Knepler, wie Anm. 441, S. 66
[510] E. Klusen, *Musik = Auditive Kommunikation? Überlegungen zum Begriff der Musik als Voraussetzung didaktiver Konzeptionen,* in: *Beiträge zur Musikreflexion* 1 = Tagungsbericht Kloster Steinfeld 1974, hg. von H.-J. Irmen, Steinfeld 1975, S. 27. – Vielleicht sollte in diesem Zusammenhang auch gesagt werden, daß wesentliche Einführungs-Schriften in europäische Volksmusik und außereuropäische Musik in musikpädagogischen Reihen publiziert wurden: C. Sachs, *Vergleichende Musikwissenschaft,* Leipzig 1930, in: *Musikpädagogische Bibliothek* 8, hg. von Leo Kestenberg; K. Reinhard, *Einführung in die Musikethnologie,* Wolfenbüttel und Zürich 1968, in: *Beiträge zur Schulmusik* 21, hg. von W. Drangmeister und H. Rauhe

die Funktion der Musik in ihr selbst zu begründen. Auf Georg Picht und Hans Heinz Holz wurde in diesem Kapitel bereits hingewiesen. Helmuth Plessner bezieht sich auf Humboldt und Herder, um die Einbettung der Sprache/Musik *in das vitale System des Menschen* zu begründen; denn . . . *es bedarf keiner großen Überlegung, daß Sagen und Sache zusammengehören.* Schon Herder sprach vom Gehör als der eigentlichen *Tür zur Seele. Mit dem Verzicht auf die verbale Stütze – liturgischen oder profanen Charakters – macht sich das Musizieren von der Führung eines Textes und seiner Interpretationsvorschrift frei. Es wird damit selber zur Aussage oder verlangt, als solche „verstanden" zu werden*[511].

Verstehbar aber wird Kunst/Musik nicht durch die Analyse ihrer Erscheinungsformen sondern im Hinblick auf die gesellschaftliche Funktion. Das Werk bezieht seine Bedeutung daraus, daß es etwas darstellt, was es selbst nicht ist. Fällt jene Spannung zwischen Sein und Dasein, das heißt: verliert das Werk seine Abbildhaftigkeit, so wird es zum bloßen factum brutum, zu einem Gegenstand unter Gegenständen, zum sinnlosen Besitz (eines Beethoven-Autographs), zur reinen Ware. Hans Heinz Holz macht darauf aufmerksam, daß Kunstanspruch stets und unabhängig vom Inhalt eines Kunstwerkes kulturpolitische Wirkmechanismen provoziere: *Denn es* [das Kunstwerk] *hat teil an der allgemeinen Bewußtseinsbildung. L'art pour l'art ist ein ästhetizistisches Mißverständnis, das den Künstler nicht von seinem Effekt entbindet.* In der Bildenden Kunst gerinnt das sinnlich Wahrgenommene zum Moment einer verstehbaren Welt. Damit würde die bildende Kunst auf dem Boden der Sinnlichkeit das leisten, was *die Sprache durch Überführung des Wahrgenommenen in die Unsinnlichkeit des Begriffs erreicht: die Konstitution von Bedeutungen, das heißt Allgemeinverständlichkeiten, die unsere gemeinsame Welt bilden.* Indem das Kunstwerk die entscheidenden sozialen und anthropologischen Wirkmechanismen dieser Welt reflektiert, erhellt es deren Charakter und setzt es den Menschen instand, diese Welt *verstehend zu seiner eigenen und damit zu einer geschichtlichen zu machen.* Daraus erwächst die Aufgabe der Kunst, nicht die Wirklichkeit zu produzieren sondern sie zu reflektieren und damit Bewußtsein zu vermitteln[512]. Aufgabe einer Anthropologie der Sinne wäre es – so Holz im Anschluß an die Warenästhetik Wolfgang Fritz Haugs –, der Soziologie des Ästhetischen eine Anthropologie der Sinnlichkeit zu unterlegen; denn in jüngster Zeit, mit der Depravierung des Kunstwerks zur Ware, würde die ästhetische Innovation, als Funktionsträger der Regeneration von Nachfrage, zu einer *Instanz von geradezu anthropologischer Macht und Auswirkung, das heißt, sie verändert fortwährend das Gattungswesen Mensch in seiner sinnlichen Organisation: in seiner dinglichen Einrichtung und materiellen Lebensweise ebenso wie in Wahrnehmung, Bedürfnisbefriedigung und Bedürfnisstruktur*[513].

Holz liegt mit solcher Interpretation unweit jener Prager Gruppe von Kunstwissenschaftlern, die in interdisziplinärer Arbeit die Kunst als *ein in seiner Art künstliches Milieu* begreifen, das der Mensch zwischen sich und die objektive Realität stellt. Diese Symbolwelt, wie idealistische Denker eher sagen würden, ermöglicht nicht allein Erkennen sondern entfaltet auch Handeln, Benehmen, psychische Veränderung – und beeinflußt *so letzten Endes auch . . . prakti-*

---

[511] H. Plessner, *Anthropologie der Sinne*, in: *Neue Anthropologie 7 = Philosophische Anthropologie 2*, hg. von H.-G. Gadamer und P. Vogler, Stuttgart 1975, S. 23–27. Im *Jahrbuch für Ästhetik und Allgemeine Kunstwissenschaft* 1951, S. 110–121, hatte H. Plessner bereits *Zur Anthropologie der Musik* Gedanken geäußert, die jedoch ihrer Europa-Zentriertheit wegen den Gang unserer Untersuchungen nicht beeinflussen konnten; im Gegenteil, Sätze wie: *Man kann nicht vom „Inhalt" eines Marsches, eines Tanzes, einer Symphonie sprechen, nur vom Gehalt der Formen . . . Deshalb ist es falsch, von einer Musik zu erwarten, daß sie „etwas" mitteilen will* zeigen die geringe Einsicht des Autors in Gebrauchswerte des Musizierens und der Musik.

[512] H. H. Holz, wie Anm. 370, S. 32–36.

[513] Ebda., S. 37–41.

sches Leben. In jedem Kunstwerk seien *Segmente der menschlichen Lebenserfahrung* verklausuliert, und zwar *als gesellschaftlich mitteilbare Bedeutungselemente*[514]. Es ist verständlich, daß tschechische Musikforscher über die sprachmelodischen Volksmusik-Aufzeichnungen und deren kunstvolle Einbettung in das Schaffen von Leoš Janáček in den engeren Bereich der musikalischen Semantik eindringen. Empirische Forschung kommt dabei zu dem Ergebnis, daß die Interferenz von semantischen Feldern, die bei affektiver Intonation eintritt und wodurch Kommunikation zu entstehen vermag, *offensichtlich auf rein psychologischen, „anthropologisch beständigen" und nicht sozial bedingten Mustern* beruht. In der Sprachmelodik seien Regungen, emotionelle Bewußtseinsinhalte, ja *globale Denkmodelle und Energiesubstrate* kodiert, die durch die Reduktion der Musik auf Schrift verloren gegangen seien/gingen[515]. Mit diesen Sätzen wird erstmals in der Semiotik auf biologische Substrate hingewiesen, die unter den „vereinbarten", kulturgebundenen Signalen im Bereich der Musik-Kommunikation Bedeutung haben können: vergleichbar jenen Gesten und jener Mimik, die der Verhaltensforscher Irenäus Eibl-Eibesfeldt weltweit bei Kulturen unterschiedlicher Zivilisation aufzuzeigen vermochte[516]. „Gemeinsames Erbe" der Menschheit einerseits und „kultureller Überbau" dürfen auch bei der Untersuchung des Musikverständnisses der Völker nicht außer acht gelassen werden (doch darüber im folgenden Kapitel dieses Buches).

Was in diesem Kapitel gezeigt werden konnte, ist nicht mehr als der Ansatz zu einer „Semiotik der Musik", und zwar als eine sozialanthropologische „Inhaltsforschung". Zum Unterschied von Reinhard Schneider meint Verf., daß verfeinerte Methoden, interdisziplinäre, in die Kunst-und Sprachwissenschaften eingebundene Musikästhetik, vor allem aber die Einbeziehung interkulturell-vergleichender Arbeiten aus dem Bereich der Musikethnologie, doch eine Semiotik der Musik begründen können[517]. Denn: Was sie sagt, kann Musik nur sagen, wenn jemand die Aussage aufnimmt. Und warum sonst würden Menschen aller Kulturen, aller Gesellschaftsschichten Musik benutzen, wenn sie damit nicht etwas mitteilen wollten? *In a world such as ours, in this world of cruelty and exploitation in which the tawdry and the mediocre are proliferated endlessly for the sake of financial profit, it is necessary to understand why a madrigal by Gesualdo or a Bach Passion, a sitar melody from India or a song from Africa, Berg's Wozzeck or Britten's War Requiem, a Balines gamelan or a Cantonese opera, or a symphony by Mozart, Beethoven, or Mahler, may be profoundly necessary for human survival, quite apart from any merit they may have as examples of creativity and technical progress. It is also necessary to explain why, under certain circumstances, a „simple" „folk" song may have more human value than a „complex" symphony*[518]. Sollte darin nicht eine, möglicherweise sogar die wichtigste Aufgabe der Musikwissenschaft gesehen werden? Und sollte es in der Tat nicht möglich sein, die Wirkmechanismen eines integrierenden Faktors unseres menschlichen und gesellschaftlichen Lebens bloßzu-

---

[514] J. Jiránek, wie Anm. 453, S. 101. – Dazu Belege aus außereuropäischer Musik bei J. Blacking, *Deep and Surface Structures in the Venda Music*, in: *Yearbook of the International Folk Music Council* 3, 1971, S. 91–108

[515] Der eben zitierte Aufsatz von J. Jiránek wird vorzüglich ergänzt von V. Karbusicky, *Die Wort-Ton-Kommunikation und ihre Ausnutzung in der musikpädagogischen Praxis*, in: *Beiträge zur Musikreflexion 1 = Tagungsbericht Kloster Steinfeld 1974*, hg. von H.-J. Irmen, Steinfeld 1975, S. 33–52. Wenn V. Karbusicky an anderer Stelle (*Zur Soziologie und Anthropologie des Musikhörens*, in: ders., *Empirische Sozialforschung. Erscheinungsformen, Theorie und Philosophie des Bezugs „Musik-Gesellschaft"*, Wiesbaden 1975, S. 110–139) die Polarität von Sozial-Bedingtem und Anthropologisch-Beständigem herausarbeitet, hantiert er dagegen einseitig mit einer biologischen Auffassung von Anthropologie.

[516] I. Eibl-Eibesfeld, *Menschenforschung auf neuen Wegen. Die naturwissenschaftliche Betrachtung kultureller Verhaltensweisen*, Wien u. a. 1976

[517] R. Schneider, *Semiotik der Musik. Darstellung und Kritik*, München 1980 (*Kritische Information* 90)

[518] J. Blacking, *How Musical is Man?*, Seattle und London 1973, S. 116

legen? *Musik ist der intensivste emotionale Ausdruck, den sich Menschen in ihrer Kultur geschaffen haben*[519]. Darüber nachzudenken ist mit Sicherheit nicht eine Aufgabe allein für die Musikwissenschaft, aber sie ist andererseits nicht ohne musikwissenschaftliche Einsicht zu lösen.

Fassen wir die Ergebnisse musikethnologischer Feldarbeit, historisch-biographischer Quellenstudien, empirischer Sozialforschung, kunstästhetischer Einsichten und psychologischer Tests zusammen, so können wir – mit guten Gründen – davon ausgehen, daß die Bedeutung der Musik nicht darin zu sehen wäre, daß sie auch die in Worte faßbaren Bewußtseinsinhalte zu formen vermag, sondern daß Musik auf diejenigen Zentren des Nervensystems wirkt, die die physische und psychische Einstellung des Menschen regeln. Und davon hängen Allgemeinbefinden und Selbstverwirklichung des Menschen ab, Absichten und Gemütsbewegungen, die ihn in die gesellschaftliche Wirklichkeit einbinden und ihn veranlassen, gewisse Handlungen auszuführen oder nicht auszuführen[520]. Die Musik entwickelt ihr eigenes Zeichensystem, das aber im Rahmen eines Ensembles verbaler und nonverbaler Zeichensysteme funktioniert: Biologische Dispositionen einerseits und kulturspezifische Vereinbarungen andererseits ermöglichen zwischenmenschliche Kommunikation auf unterschiedlichen Ebenen, unter unterschiedlichen zivilisatorischen Bedingungen[521].

Musik ist Gebrauchsgegenstand des Menschen: Bestandteil seiner biologischen und kulturellen Evolution

Musicam naturaliter nobis esse conjunctam.

Boethius (um 480–524)

In unserem Situationsbericht über Teilbereiche anthropologischer Forschung wurde eingangs darauf hingewiesen, daß der Mensch ein Wesen mit zweifacher Geschichtlichkeit sei: Außer seiner Naturgeschichte besitze er eine Kulturgeschichte. Für den Musikwissenschaftler stellt sich in diesem Zusammenhang die Frage, ob Tonsprache – ebenso wie der aufrechte Gang, die Körpersprache, die Wortsprache – biologisch disponiert sei; denn dann würde ihre Sinndeutung nicht ohne naturwissenschaftliche Einsichten erfolgen können. Oder ob Tonsprache Bestandteil des jeweiligen kulturellen Überbaus sei; denn dann könnte man sich auch Gesellschaften ohne Musik vorstellen, dann wäre – kulturpolitisch gesehen – wohl auch auf Musik zu verzichten.

Indem die Väter der Vergleichenden Musikwissenschaft nach den Anfängen der Musik, nach Urlaut und Urschrei suchten, intendierten sie einen Zusammenhang der Musik mit „der"

---

[519] F. Klausmeier, *Die Lust, sich musikalisch auszudrücken. Eine Einführung in sozio-musikalisches Verhalten,* Reinbek bei Hamburg 1978, S. 12; desgl. S. 13 und 310. – Über musikpädagogische Konsequenzen vgl. E. Nolte, *Musikpädagogik und die Auffassung der Musik als Kommunikationsphänomen,* in: *Musik und Bildung* 8, 1976, S. 433–441; weitere Beiträge zum Thema ebda. S. 442–456

[520] A. Losonczi, *Bedarf, Funktion, Wertwechsel in der Musik. Musiksoziologische Untersuchung des Musiklebens in Ungarn nach 1945,* Budapest 1980 (*Musicologica hungarica* NF 7), S. 17

[521] Möglicherweise hängt die Stilvielfalt (oder Stillosigkeit) der Avantgarde-Musik in der Gegenwart damit zusammen, daß das abendländische Zeichensystem verlorengegangen ist, daher Musik nicht mehr kodiert und dekodiert, d. h. verstanden werden kann. Das sog. „Stilgefühl" würde demnach mit dem Vorhandensein eines kulturspezifischen Zeichensystems begründbar sein.

kulturellen Evolution. Nicht unwesentlich von der Ideologie bestimmt, daß der e i n e n biologischen Evolution nur e i n e kulturelle entsprechen würde: nämlich die europäisch-abendländische, dergegenüber alle außereuropäischen Hoch- und Naturvolkkulturen als „primitive" Vorstufen anzusehen seien. Da ist Herbert Spencer, über dessen *Ursprung und Funktion der Musik* (1858) Charles Darwin sagte: *Wie früher schon Diderot, folgert er [Spencer], daß die bei erregten Worten verwendeten Kadenzen die Grundlage bilden, von wo aus sich die Musik entwickelt habe, während ich [Darwin] folgere, daß musikalische Töne und Rhythmen ursprünglich von den männlichen oder weiblichen Vorfahren des Menschen erworben wurden, um auf das andere Geschlecht einen Reiz auszuüben.* Auf Karl Büchers Theorie der Entstehung der Musik aus dem Arbeitsrhythmus wurde im Kapitel „Musik und Arbeit" dieses Buches ausführlich hingewiesen. Richard Wallaschek in Wien und Karl Stumpf in Berlin suchen aufgrund außereuropäischen Materials in Verbindung mit tonphysiologischen Einsichten die Anfänge der Musik zu ergründen. Robert Lach stellt an den Beginn der Musik den *affektgetragenen und -geladenen Gefühlsausdruck... Weder hat die Musik in der Sprache ihren Ursprung, wie Herbert Spencer lehrt, noch die Sprache in der Musik, wie die Darwinsche Theorie annimmt, sondern Sprache und Musik stammen beide von ein und derselben gemeinsamen Wurzel und Urausdrucksform, dem Schrei, d. i. dem Resultat einer wie jede andere Muskelkontraktion als Reflexbewegung durch einen Reiz ausgelösten gleichzeitigen Kontraktion der Zwerchfell- und Kehlkopfmuskulatur;* und von Darwin ebenso wie von Sigmund Freud beeinflußt, bedeutet für Lach der Trieb zur Stilisierung, zur Kunst, nur ein Surrogat für die mangelnde Befriedigung des Sexualtriebes, sind für ihn Gesang, Tanz und Mimik *wenigstens in ihren ersten Keimen und Ansätzen – nichts anderes als physiologische Begleiterscheinungen des Sexualtriebes*[522]. Lach hat 1923 und 1930 diese Konzeption nochmals dargelegt und vor allem auf die Zusammenhänge zwischen dem Gesang der Vögel und der Musik der Naturvölker hingewiesen. Daraus würde sich die oberste Aufgabe einer Vergleichenden Musikwissenschaft ergeben: nämlich *das gesamte musikalische Leben der Menschheit... aus dem kulturhistorischen wie psychologischen, anthropologischen und biologischen Zusammenhange der Gesamtentwicklung der Gattung „Homo sapiens" zu erklären und so zu einer sozusagen Biologie der Musik zu werden*[523]. Von Erich Seemann, Günther Wille und anderen Autoren wurden Sagen und Mythen in den Gang der Untersuchung einbezogen[524]. August Weismann erklärte Musik als eine *unbeabsichtigte Nebenleistung des Gehörorgans.* Bei Curt Sachs sei das, was bei verschiedenen Völkern Außereuropas (in den ersten Jahrzehnten unseres Jahrhunderts) an Musikgebrauch und Musikverständnis beobachtet würde, als Zeugnis für die Frühgeschichte der Musik in Europa von Interesse: *Die tausendfältigen Äußerungen*

---

[522] R. Lach, *Studien zur Entwicklungsgeschichte der ornamentalen Melopöie. Beiträge zur Geschichte der Melodie,* Leipzig 1913, S. 25 u. ö.

[523] R. Lach, *Der Ursprung der Musik im Lichte des Tiergesanges,* in: *Wiener Medizinische Wochenschrift* 73, 1923, S. 1307–1310 und 1401–1406; ders., *Die physiologischen Urtypen der musikalischen Formen,* ebda. 77, 1927, S. 713–718; ders., *Die Musik der Natur- und orientalischen Kulturvölker,* in: *Handbuch der Musikgeschichte,* hg. von G. Adler, 2. Aufl., Berlin 1930, Neudruck Tutzing 1961

[524] E. Seemann, *Mythen vom Ursprung der Musik,* in: *Kongreß-Bericht Lüneburg 1950,* Kassel und Basel o. J., S. 151ff.; ders., Artikel *Gesang, Musik* u. ä. in: *Handwörterbuch des deutschen Aberglaubens,* hg. von H. Bächtold-Stäubli, 10 Bände, Berlin und Leipzig 1927–1942; G. Wille, *Musica romana, Die Bedeutung der Musik im Leben der Römer,* Amsterdam 1967. – In jüngster Zeit hat M. Vogel, *Onos Lyras. Der Esel mit der Leier,* 2 Bände, Düsseldorf 1973 (*Orpheus-Schriftenreihe zu Grundfragen der Musik* 13/14), neue Ideen in die Diskussion um Entstehung und Verbreitung der Musik eingebracht. – Wenig ergiebig ist E. M. von Hornbostel, *Geburt und erste Kindheit der Musik,* in: *Jahrbuch für musikalische Volks- und Völkerkunde* 7, 1973, S. 9–17 (Erstdruck eines Vortrages von 1928)

menschlichen Lebens, die wie ein buntfarbiger Teppich über alle Erdteile gebreitet sind, sie bilden nur Rückstände einer Entwicklung, die unsere eigenen Vorfahren durchgemacht haben[525].

Eine Kritik der frühen Ursprungs- und Begründungstheorien von Musik findet sich bei Richard Wallaschek, der bereits im Jahr 1903 bemerkt, daß man *Musik zuviel von der abstrakten Höhe der Gegenwart aus betrachtet, und ihre Stellung, die sie noch heute bei den Naturvölkern einnimmt, zu wenig berücksichtigt,* woraus sich die (falsche) Meinung ergeben würde, daß Musik wenig Beziehung zu den notwendigen Bedingungen des Lebens habe, daß sie „Luxus" sei, keinen Nutzen und keinen Vorteil brächte und ihre Entwicklung sich daher nicht mit denselben Naturgesetzen erklären ließe, die sonst im Kampf um das Dasein maßgebend wären. *Vor allem muß festgehalten werden, daß... die ganze Entwicklung der Musik von der Urzeit angefangen bis auf den heutigen Tag das menschliche Ohr in keiner Beziehung verändert hat*[526]. Damit verlagert sich das Interesse erstens von der „einen" Kultur, nämlich dem Wertbegriff der Aufklärung: über die Rohheit des Naturzustandes hinausgehoben zu sein, auf jenen seit Rousseau und Herder üblich gewordenen wertneutralen, zum Unterschied von der technischen Lebensorganisation (der Zivilisation) allen menschlichen Gemeinschaften eigenen Kulturbegriff[527]; zweitens bedingt das Wechselspiel zwischen dem alle Kulturen in gleicher Weise begründenden biologischen Substrat und den in verschiedenen Kulturen unterschiedlich ausgeprägten kulturellen Evolutionen die Hereinnahme naturwissenschaftlicher Untersuchungsmethoden und Erkenntnisse. Mit anderen Worten: Die biologische Disposition zum Musikgebrauch in entscheidenden Phasen des menschlichen Zusammenlebens ist allen Gesellschaften dieser Erde, von denen wir Kenntnis haben, in derselben Weise gegeben, doch hat eine Fülle unterschiedlicher kultureller Evolutionen diese Disposition jeweils anders genutzt. Das biologische Substrat des menschlichen Sozialverhaltens dürfte seit mindestens fünfzigtausend Jahren völlig unverändert bestehen, im wesentlichen aber seit zwei bis vier Millionen Jahren fest eingeschliffen sein.

Durch Musik geweckte Emotionen beeinflussen Sachentscheidungen

Von einem biologischen Substrat war im vorstehenden Kapitel immer dann die Rede, wenn Wort-, Ton-, Bild-, Gebärden-, Riech- usf. Sprachen/Symbole zwar als Ergebnisse historischer Entwicklungen und gesetzter Normen gedeutet wurden, zugleich aber in Frage gestellt werden mußte, wieweit diese Konventionen willkürlich zustandegekommen seien. Neben den sozial bedingten Mustern wirken offensichtlich rein psychologische, anthropologisch beständige[528]. Der Mensch ist nur innerhalb bestimmter Grenzen frei, sich Zeichensysteme zu schaffen. Untersuchungen der von Leoš Janáček gefundenen mährischen Sprachmelodik durch K. Sedláček, Antonín Sychra und Vladimir Karbusicky bezeugen dies ebenso wie neurophysiolo-

---

[525] A. Schneider, *Analogie und Rekonstruktion. Wege zur Erforschung der Ur- und Frühgeschichte der Musik,* in: *400 Jahre Kurfürst-Salentin-Gymnasium Andernach.* Festschrift, Andernach 1973, S. 51–63; W. F. Kümmel, *Musik und Musikgeschichte in biologischer Interpretation,* in: *Biologismus im 19. Jahrhundert,* hg. von G. Mann, Stuttgart 1973 *(Studien zur Medizingeschichte des 19. Jahrhunderts* 5); W. Graf, *Die vergleichende Musikwissenschaft in Österreich seit 1896,* in: *Yearbook of the International Folk Music Council* 6, 1974, S. 15–43; ders., *Einige Entwicklungslinien der vergleichenden Musikwissenschaft im deutschen Sprachraum,* in: *Musicologica Slovaca* 7, 1978, S. 55–76; W. Wiora, *Ergebnisse und Aufgaben vergleichender Musikforschung,* Darmstadt 1975 *(Erträge der Forschung* 44)

[526] R. Wallaschek, *Anfänge der Tonkunst,* Leipzig 1903, S. 273. – Wallaschek verweist in diesem Zusammenhang auf Resultate aus der Tierverhaltensforschung (J. Sully, *Animal Music,* in: *Cornhill Magazine* 41), auf J. Lubbock, *Pre-Historic Times,* 5. Aufl., London 1889, und auf K. Stumpf, *Tonpsychologie,* Leipzig 1883-1890

[527] H.-G. Gadamer, *Die Kultur und das Wort – in der Sicht der Philosophie,* in: *Universitas* 37, 1982, S. 39–48

[528] B. Waldenfels, *Der Spielraum des Verhaltens,* Frankfurt 1980 *(Suhrkamp Taschenbuch Wissenschaft* 311)

gische Einsichten und der Hinweis auf die Tierwelt[529]. Wenn Tiere die Haare sträuben, so ist dies ein Ausdruck der Angriffs- und Kampfstimmung, der von jedem Tier richtig gedeutet wird. Die Stimme eines Menschen klingt verformt, wenn er Angst hat („die Angst schnürt uns die Kehle zu"). Mütter erkennen am Weinen der Kinder, wie gefährlich die Situation ist. Das Begrüßungsverhalten der Menschen ist ebenso interkulturell uniform wie bestimmte Chiffren des Blickkontaktes[530]. Die Sprechweise und Sprachmelodik verrät emotionale Bewußtseinsinhalte: Wie ich „ja" oder „nein" sage, zeigt an, ob ich es tatsächlich so meine. Es bestehen demnach „angeborene Fähigkeiten", den Ausdruck der Gefühle zu kodieren und zu dekodieren, die dem biologischen Unterbau menschlichen Verhaltens zuzurechnen sind. *Die Deutung der Signale erfolgt teils durch ein angeborenes Vermögen, teils aufgrund unserer persönlichen Lebenserfahrung, und zwar in einem Teil des Großhirns, den wir das limbische System nennen*[531]. Die Neurophysiologie hat im Verein mit der klinischen Neurochirurgie *dem Limbus nicht nur bedeutende Aufgaben ... bei der Lenkung vegetativer Funktionen* [zuerkannt], *sondern auch wesentlichen Einfluß auf Entstehen und Wirken der Emotionen. Verfeinerte Tierversuche und Beobachtungen aus der Psychochirurgie haben die Bedeutung der Limbicus-Forschung für die Kenntnis psychosomatischer Zusammenhänge bestätigt* (Fritz Heppner[532]). Elektrische Reizungen im limbischen System rufen beim Menschen Gemütsbewegungen hervor: Lust- und Unlustgefühle, Angst, Wut, Sanftheit, Freude, Erschrecken, Verliebtheit, Koketterie....[533].

Die Forschung ist in dieser Hinsicht zwar erst am Anfang, doch sind sich Neurophysiologen und Neurochirurgen darin einig, daß im limbischen System musikalische Informationen umgesetzt werden. Das aber bedeutet, daß *das Musikerleben in Bereiche des Gemütes führt, die den Worten unzugänglich sind, in jenes Reich des Numinosen, in dem auch religiöses Empfinden und Denken wohnt,* wie Hellmuth Petsche unter Berufung auf Augustinus formuliert[534]. Walter Graf hat auf diese Zusammenhänge bereits 1967 hingewiesen und folgende Konsequenzen daraus gezogen: Musik wird eher un(ter)bewußt empfunden als intelligent wahrgenommen, sie schneidet Schichten an, die genetisch vor der Wahrnehmung stehen und die als ursprüngliche Lebensweisen beim „sachlichen" Menschentyp teilweise verschüttet sind. *In dieser Schicht kommen die Reize der Umwelt nicht als sachliche Wahrnehmungen, sondern als ausdrucksmäßige Empfindungen ... zum Bewußtsein*[535]. Im limbischen System wird die „Bedeutung" der Informationen geprüft, das heißt, die Information wird durch Vergleich mit angeborenen Verständ-

[529] K. Sedláček und A. Sychra, *Musik und Wort vom experimentalen Gesichtspunkt aus,* Prag 1962, in tschechischer Sprache, mit dt. Zusammenfassung S. 88–92; V. Karbusicky, *Die Wort-Ton-Kommunikation und ihre Ausnutzung in der musikpädagogischen Praxis,* in: *Beiträge zur Musikreflexion = Tagungsbericht Kloster Steinfeld 1974,* hg. von H.-J. Irmen, Steinfeld 1975, S. 33–52; D. Stockmann, *Musik – Sprache – Tierkommunikation,* in: *International Review of the Aesthetics and Sociology of Music* 10, 1979, S. 5–45

[530] Darüber O. Koenig, *Kultur und Verhaltensforschung. Einführung in die Kulturethologie,* München 1970 (*dtv* 614); I. Eibl-Eibesfeldt, *Menschenforschung auf neuen Wegen. Die naturwissenschaftliche Betrachtung kultureller Verhaltensweisen,* Wien u. a. 1976

[531] H. Schaefer, *Physiologische Grundlagen der Emotionen bei Mensch und Tier,* in: *Universitas* 37, 1982, S. 61; dazu auch U. Kull, *Biologische Grundlagen menschlichen Verhaltens,* ebda., S. 183–189

[532] F. Heppner (Hg.), *Limbisches System und Epilepsie. Neuere Erkenntnisse über Aufbau, Funktion, Störungen und Operabilität des sogenannten Viszeralhirns,* Bern u. a. 1973, S. 7f. (*Aktuelle Probleme in der Psychiatrie, Neurologie, Neurochirurgie* 9)

[533] H. Petsche, *Neurophysiologische Aspekte zum Musikerleben,* in: *Mensch und Musik = Festschrift für H. von Karajan,* hg. von W. C. Simon, Salzburg 1979, S. 82f.

[534] Ebda., S. 73

[535] W. Graf, *Biologische Wurzeln des Musikerlebens,* in: *Schriften des Vereines zur Verbreitung naturwiss. Kenntnisse in Wien. Bericht über das 107. Vereinsjahr,* 1967, S. 1–39; ders., *Das biologische Moment im Konzept der vergleichenden Musikwissenschaft,* in: *Studia musicologica* 10, 1968, S. 91–113; Zitat bei Graf nach H. Werner, *Einführung in die Entwicklungspsychologie,* 4. Aufl., München 1959, S. 66f.

181

nismustern oder Erfahrungen daraufhin abgefragt, ob sie für uns Gefahr oder Chance bedeutet. Diese im Unterbewußten von den Gefühlen vollzogene Auswahl ist deshalb notwendig, weil ein so umfangreicher Informationsstrom durch Sinnespforten und Nerven in uns eindringt, daß dessen vollständige Beachtung uns in einer Nachrichtenflut ertrinken ließe. Nur der milliardste Teil der uns umgebenden Umwelteindrücke wird uns bewußt. Die Entscheidung über das, was wir wahrnehmen, wird vor dem Bewußtwerden getroffen. *Hier stoßen wir auf den wesentlichen Teil einer jeden Theorie der Emotionen: ihren vorbewußten, wenn nicht gar unbewußten Charakter, der die Gefühle in eine dem wachen Nachdenken sehr entfernte Tiefe verweist, eine Tiefe, die wir im Traume gelegentlich ausloten, von der uns auch die Dichter künden und die einem lyrischen Gedicht oder einem Musikstück weit eher zugänglich ist als unserem analysierenden Verstand. Diese Tiefe, in die wir gelegentlich wie in einen tiefen Brunnen hinabblicken, lenkt aber unser Leben auf eine Weise, die uns ebenso unzugänglich bleibt, wie es die Tätigkeiten von Herz und Lunge sind* [536]. Beachtung verdient in diesem Zusammenhang auch das für das Hören wichtige Moment der Entlastung. Das Ticken der Zimmeruhr wird nach einiger Zeit nicht mehr gehört, also wahrnehmungsmäßig abgeschaltet. Durch Überlagerung, durch Adaption und durch die Ermüdung des Hörenden können solche Entlastungserscheinungen zwar begünstigt werden, doch geht es darüber hinaus um die Bereitstellung von Freiraum für andere Gehöreindrücke [537].

Vom limbischen System laufen in dem Augenblick, da uns Informationen bewußt (gemacht) werden, elektrische Signale in den Hypothalamus, dort verzweigen sich die Stränge. Der für uns wichtigste weitere Weg führt in die Nervenbahnen, die das unwillkürliche, autonome, vegetative Nervensystem steuern. Das aber würde bedeuten, daß musikalische Informationen darüber mitentscheiden, was an Nachrichten uns jeweils bewußt wird. Mit Hilfe von Musik entstehen Emotionen, und diese provozieren intelligente Entscheidungen. Der politisch-ökonomische Effekt der Hintergrund-Musik wird damit beweisbar. Aber auch für den „bewußten", intellektuellen Mitvollzug des musikalischen Kunstwerkes – und damit für den ästhetischen Genuß europäisch-abendländischer Prägung – ergeben sich daraus Folgerungen: Die Physiologie lehrt uns, daß der Mensch seinen Verstand in seine Gefühlswelt hereinnimmt, daß er Entscheidungen sachlich trifft – und doch an der Entscheidung weitere Emotionen sich entzünden. Wenn das *wahre Leben ein Gleichgewicht der Kräfte des Gemüts und des Verstandes* beinhaltet [538], dann nimmt darin das musikalische Erleben eine wichtige Katalysator-Funktion ein.

Exkurs: Psychische (unterbewußte) Vorgänge im musikalischen Schaffensprozeß. Friedrich von Hauseggers systematisch-musikwissenschaftlicher Ansatz

Bedeutende Denker, nicht allein aus dem philosophischen sondern auch aus dem naturwissenschaftlichen Bereich, betonen in der Gegenwart stärker denn je den Einfluß der Gefühle auf Sachentscheidungen des Menschen. Erich Fromm weist auf vergessene Sprachen der Märchen,

---

[536] H. Schaefer, wie Anm. 531, beide Zitate S. 62
[537] W. Graf, *Gewöhnliches, sprachliches und musikalisches Hören*, in: *Mitteilungen der Anthropologischen Gesellschaft in Wien* 100, 1970, S. 359–368; ders., *Zu den psychosomatischen Beziehungen der Musik*, in: *Festschrift zum zehnjährigen Bestand der Hochschule für Musik und darstellende Kunst in Graz*, hg. von O. Kolleritsch und F. Körner, Graz 1974, S. 109–126
[538] H. Schaefer, wie Anm. 531, S. 66

Mythen und Träume hin, in denen *für wertvoll gehaltene Erinnerungen der Vergangenheit* bewahrt bleiben. Träumen, so Fromm, sei ein schöpferischer Prozeß, der Zugang schaffe zu dem großen Reservoir von Erfahrungen und Erinnerungen, von dessen Existenz wir im Wachzustand nichts wissen. *Im Traum sind wir tatsächlich Schöpfer einer Welt, in der Zeit und Raum ... keine Macht besitzen*[539]. Fromm entwickelte damit Sigmund Freuds Ansatz weiter. Beide jedoch beziehen musikalisch-künstlerische Produktionen und Interpretationen nicht in ihre Überlegungen mit ein. So blieb Friedrich von Hauseggers *Jenseits des Künstlers* ein zwar sehr früher, unter dem Einfluß des naturwissenschaftlichen, von Darwin geprägten Denkens der zweiten Hälfte des 19. Jahrhunderts aber doch singulärer Fall „experimenteller" Musikpsychologie[540].

Schon in seiner ersten maßgeblichen Schrift *Die Musik als Ausdruck*[541] wollte Hausegger keinesfalls die alte Ausdrucks- und Gefühlsästhetik erneuern, sondern an die Stelle der naiven, subjektiven, „poetischen" Ausdeutungen der Empfindungsästhetik ein festes, mit Hilfe der modernen Naturwissenschaft gefügtes Gebäude errichten. Das Wesen der Tonkunst sollte sich aus dem genetisch-biologischen Prinzip ableiten lassen[542]. Hausegger spricht von unbewußten Beziehungen zwischen Empfindung und Erregungszustand einerseits, von Muskelreizung und Körperbewegung andererseits. Lautäußerungen, mimische Zeichen, Körperbewegungen, Pulsschlag und Atmen seien direkte biologische Bindeglieder zwischen den Gefühlen und den Tönen. Das bedeutet, Melodieabschnitte und rhythmische Strukturen stehen im Zusammenhang mit dem Herzschlag, der als eine innere Maßeinheit sich im Musikwerk wiederfinden müßte, um einem Tonstück die Fähigkeit zu geben, als Ausdruck verstanden zu werden. Die moderne Werbe- und Arbeitspsychologie stützt sich auf solche Einsichten, wenn Hintergrundmusik in Industriehallen dem Herzschlag des gesunden Menschen angepaßt wird (wie oben, im Kapitel „Musik und Arbeit" gezeigt). *In seinem Bestreben, die Übereinstimmung der Musik mit den natürlichen organischen Ausdrucksformen des Körpers bis in die „wesentlichen Momente des Tongebildes" hinein zu verfolgen,* wollte Hausegger an der Arie der Donna Anna „Or sai, chi l'onore" aus Mozarts „Don Giovanni" sogar nachweisen, daß die in der Musik enthaltenen *Ausdrucksbewegungen des Körpers*, also die „Übertragung der Bewegung innerer Organe auf die Tonschöpfung", *geradezu meßbar seien. „Eine Steigerung der Pulsfrequenz", sagt Hausegger, „in einem Erregungszustande, gleich dem der Donna Anna, auf etwa 120 Schläge in der Minute" finde „im Tempo der Arie", d. h. in der „Aufeinanderfolge der Viertelnoten" eine genaue Entsprechung*[543]. Solche Übereinstimmungen der wesentlichen Momente des Tongebildes mit den natürlichen Ausdrucksformen des menschlichen Organismus seien in den Werken bedeutender dramatischer Komponisten stets vorhanden, und zwar als unbewußte *Producte eines unmittelbaren ... Dranges nach Ausdruck.* Daher würde die Form einer Komposition mehr vermögen als nur *unsere Sinne für Symmetrie und harmonische Anordnung zu befriedigen: Es geht um Empfinden,*

---

[539] E. Fromm, *Märchen, Mythen, Träume. Eine Einführung in das Verständnis einer vergessenen Sprache,* Reinbek bei Hamburg 1981 (*ro ro ro Sachbuch* 7448), S. 130 u. ö.

[540] F. von Hausegger, *Das Jenseits des Künstlers,* Wien 1893; ders., *Darwin und die Musik,* in: *Gedanken eines Schauenden. Gesammelte Aufsätze,* hg. von S. von Hausegger, München 1903, S. 267–272

[541] F. von Hausegger, *Die Musik als Ausdruck,* Wien 1885; 2. Aufl. ebda. 1887; Neudruck in: ders., *Gesammelte Schriften,* hg. von S. von Hausegger, Regensburg 1939 (*Deutsche Musikbücherei* 26), S. 13–194

[542] Diese Entwicklung wird ausführlich dargestellt von W. F. Kümmel, *Musik und Musikgeschichte in biologischer Interpretation,* hg. von G. Mann, Stuttgart 1973 (*Studien zur Medizingeschichte des 19. Jahrhunderts* 5), S. 133–135; R. Schäfke, *Geschichte der Musikästhetik in Umrissen,* 2. Aufl., Tutzing 1964, S. 386 und 391

[543] W. F. Kümmel, wie Anm. 542, S. 134

um das Mitschwingen unseres Körpers, das *sich als nothwendige Folge eines erregenden Impulses, demnach als eine Inclination zu Ausdrucksbewegungen ergeben hat*[544].

Im *Jenseits des Künstlers* formuliert Hausegger klar sein Anliegen: Nicht das Musikwerk an sich sondern es in seiner anthropologischen Bedingtheit zu erfassen, sein Wachsen im Gefühl (Traum, Wahnsinn) des Künstlers und seine Wirkungen auf den Rezipienten zu beschreiben. Es geht um psychische Vorgänge im Zusammenhang mit dem Akt des künstlerischen Schaffensprozesses, um den Nachweis, daß Vorstellungen unterbewußt wachsen können, die doch mit Handlungen verbunden sind, die in das äußere Leben eingreifen. Sieben Jahre vor Freuds *Traumdeutung*, 1900, und acht Jahre vor der wegweisenden Abhandlung Freuds *Über den Traum*, 1901[545], hat Hausegger zusammengetragen, was an Aussagen namhafter Künstler über den Schaffensprozeß greifbar erschien. Von Heraklit bis Nietzsche und Richard Wagner reicht die Palette jener Belege, die Auskunft geben über ein Jahrhunderte hindurch ständig neu aktualisiertes Problem. Ernst-Joachim Danz weist mit Recht darauf hin, daß in Hauseggers Deutung des Traumes und der ihm verwandten Erscheinungen des Wahnsinns, des Somnambulismus und der Vision nicht allein Parallelen zu Schopenhauer sich finden sondern daß darin auch Ideen Freuds vorweggenommen wurden: etwa die alogische Assoziationstätigkeit und die symbolisierende Transposition vom latenten zum manifesten Trauminhalt[546].

Ergänzend zum „Jenseits"-Buch aus dem Jahr 1893, sucht Hausegger durch eine Fragebogenaktion von Zeitgenossen u. a. zu erfahren, wie sich Einflüsse unbewußter Natur im Schaffensvorgang bemerkbar machten, ob Träume oder Zustände geistiger Exaltation dabei eine Rolle spielten[547]. Für Richard Strauss trägt *ein inneres Arbeiten der Phantasie*, dessen er sich nicht bewußt wird, den Hauptanteil an seinem Schaffen. Felix Weingartner spricht von Träumen, die auf seine Stimmung unleugbar Einfluß hätten; der wichtigste Augenblick bei Erschaffung eines Kunstwerkes sei derjenige, wo es dem Bewußtsein bemerkbar wird: *Es mag vorher mir unbewußt die Disposition dazu vorhanden sein, jedoch plötzlich, scheinbar ohne Veranlassung, steht das Bild des entstehenden Werkes vor mir.* Völlig realistisch, auf wachen Erlebnissen beruhend sieht Emil Nikolaus von Reznicek sein Schaffen, während Engelbert Humperdinck dezidiert erklärt: *Der Zustand der geistigen Produktion scheint mir einem Traume vergleichbar, auf dessen Einzelheiten man sich allenfalls beim Erwachen besinnt.* Ähnlich Wilhelm Kienzl: *Ich glaube übrigens, daß auch der dramatische Entwurf meines „Evangelimann" unbewußt im Schlafe oder Traumzustande entstanden ist; denn ich schlief unmittelbar nach Lesung der kleinen Meißnerschen Erzählung ein und erwachte mit dem fertigen Entwurf im Kopf, verließ sogleich das Bett und schrieb denselben ohne Unterbrechung nieder, als ob mir ein unsichtbares Wesen die Hand mit dem Bleistifte führte.* Richard Wagner hatte bereits in seiner Beethoven-Schrift auf die Beziehungen zwischen Musik und Traum hingewiesen. Neben Musikern beteiligten sich auch Literaten und Maler an Hauseggers Fragebogenaktion.

Hausegger selbst warnt davor, diese psychologisch-empirischen Untersuchungen unkritisch zu lesen und zu verarbeiten; doch müßte Wissenschaft auf solchen Tatsachen *von außen*

---

[544] F. von Hausegger, *Die Musik als Ausdruck*, 2. Aufl., Wien 1887, alle Zitate S. 160–197. – *In the end, a person's emotional stability is a function of his command of a communication style that binds him to a human community with a history*: A. Lomax, *Folksong Style and Culture*, Washington, D. C. 1968, S. 5

[545] S. Freud, *Die Traumdeutung*, Gesammelte Werke, hg. von A. Freud u. a., Band 2/3, London 1942, S. 1–642; ders., *Über den Traum*, ebda., S. 645–700

[546] E.-J. Danz, *Die objektlose Kunst. Untersuchungen zur Musikästhetik F. von Hauseggers*, Regensburg 1981 (*Kölner Beiträge zur Musikforschung* 118), S. 109f.

[547] Dieser Fragenkatalog, ein Großteil der Antworten sowie deren Auswertung ist abgedruckt in F. von Hausegger, *Gedanken eines Schauenden. Gesammelte Aufsätze*, hg. von S. von Hausegger, München 1903, S. 363–424.

aufbauen, *wenn sie nicht Luftgebäude aufführen,* d. h. mit Denkprozessen allein zu Ergebnissen kommen will[548]. Um Traumleben und Wachzustand voneinander zu unterscheiden, führt Hausegger verschiedene „Ichs" ein, jenes, das träumt, und jenes, das sich eines Traumes erinnern soll. *Es wäre ein Irrthum zu glauben, das „Ich" sei etwas Unveränderliches. Im „Ich" verbindet sich ein Vorstellungskreis zu einer Einheit, in welcher alle Vorstellungen auf einander bezogen und als ein Ganzes aufgefaßt werden. Wir wissen aber, daß die Vorstellungen flüssig sind, daß sie stets wechseln, alte verschwinden, neue an ihre Stelle treten, die vorhandenen ihr Verhältnis zueinander ändern ... Mit jeder dieser Äußerungen wird das „Ich" ein anderes.* Doch die Vorstellungskreise können auch vollständig voneinander geschieden werden; dies beobachten wir bei Fieberkranken, bei Wahnsinnigen, bei Somnambulen, bei Hypnotisierten. *In dem einen Zustand sind sie von einem, in dem anderen von einem anderen Vorstellungskreise beherrscht. Im krankhaften Schlafe sind sie eine andere Person als im Wachen; der Somnambule wie der Hypnotisirte, ja auch der Trunkene erinnern sich in ihrem Zustande nicht an die Vorgänge ihres Wachens, dagegen wohl an ihre Vorstellungen, welche sie im gleichen Zustande hatten. Die Vorstellungen eines jeden ihrer Zustände verbinden sich mit einander zu einer eigenen Bewußtseinseinheit, ohne zu einander in Beziehung zu treten*[549]. So wäre im Besessenen gleichsam eine zweite Person wirksam, die er als Teufel oder eine höhere Macht identifiziert.

Und ebenso würde es sich im Traum verhalten. Nur daß beim psychisch gesunden Menschen ein Bereich von Vorstellungen erhalten bliebe, der persönlichkeitsstabilisierend wirkte, während beim Wahnsinnigen die Vorstellungsinhalte abrupt wechselten und zu einer Spaltung des „Ichs" führten. Die Analyse der Aussagen von Künstlern im Zusammenhang mit den Empfindungen während des Schaffensprozesses, einerseits in der älteren Literatur vorhanden, andererseits durch die Fragebogenaktion aktuell gewonnen, läßt Hausegger den Beweis dafür führen, daß in der Psyche des Künstlers eine zweite Vorstellungsebene wirksam sei. Eben deshalb, weil der Künstler wie der Träumende sich in einer Sphäre zu bewegen vermögen, die vom Alltag verschieden ist. *Was also im Traume der Schlaf, was bei Geistesgestörten die Afficirung oder Erkrankung von Organen erwirkt haben, die Lahmlegung des Tagesbewußtsein dienenden Organismus, oder eines Theiles desselben, das erzielt im Künstler bis zu einem gewissen Grade die Concentrirung seiner Seelenthätigkeit auf einen außerhalb der Interessen des gewöhnlichen Lebens liegenden Gegenstand*[550]. Auf diese Art werden beide Vorstellungswelten einander so nähergebracht, daß die wache Aufmerksamkeit der einen Sphäre die Prozesse der anderen verfolgen kann, ohne in sie einzugreifen. *Mit dem Begriff der Konzentrierung beantwortet Hausegger die bereits die Frühromantiker Moritz, Paul und Wackenroder beschäftigende Frage, wie der enthusiastische Zustand des Künstlers in Formen des gewöhnlichen Lebens Gestalt gewinnen kann. Auch den Unterschied zwischen Künstler und Wahnsinnigen legt der Ausdrucksästhetiker nicht in die Beschaffenheit ihrer Vorstellungen, sondern in das Vermögen bzw. Unvermögen der Relativierung von Vorstellungsaggregaten. Im Moment des Schaffens streift der Künstler sein irdisches Leben gleichsam ab, um sich unbeirrt von den Vorgängen des realen Lebens seiner Inspiration hingeben zu können ... Hausegger versteht die Unterwerfung des Künstlers unter die ihn ergreifende Macht nicht als bloß passives Hinnehmen, sondern identifiziert diesen Zustand mit dem Freiwerden produktiver und zugleich transindividueller Kräfte, die sich aus der psychischen Ursubstanz nähren*[551].

[548] Ebda., S. 418
[549] F. von Hausegger, *Das Jenseits...* wie Anm. 540, S. 76
[550] Ebda., S. 204. – H. Streich, *Musik im Traum,* in: *Musiktherapeutische Umschau* 1, 1980, S. 9–19, kennt offensichtlich Hauseggers einschlägige Untersuchung nicht.
[551] E.-J. Danz, wie Anm. 546, S. 113

Mit diesem Exkurs wollte Verf. auf einen in der neueren ästhetischen und sozialpsychologischen Literatur kaum beachteten Forscher hinweisen, der zwar mit seiner Ausdrucksästhetik im Schatten der Formästhetiker seit Hanslick steht, dessen empirischer, systematisch-musikwissenschaftlicher Ansatz jedoch größere Beachtung verdiente. Im Zusammenhang mit der Analyse des biologischen und kulturellen Anteils am musikalischen Schaffens- und Hörensprozeß sind Hauseggers Aussagen deshalb von hohem Wert, weil er – wie kaum jemand in den nachfolgenden Generationen – auf die Unbewußtheit des künstlerischen Schaffens hingewiesen hat. Damit steht Hausegger zwar in der Tradition des *romantischen Geniebegriffes,* der vielfach als Überspitzung oder gar abgöttische Verehrung des Genies mißverstanden wurde. Das hat etwas für sich: Hausegger lebte im ausgehenden 19. Jahrhundert, als Zeitgenosse Richard Wagners, Franz Liszts, Anton Bruckners. Aber sein musikästhetischer Ansatz ist ein naturwissenschaftlicher. *Seine Absicht war..., die These, daß die Musik unmittelbarer Ausdruck des Gefühls sei, mit physiologischen und psychologischen Untersuchungen zu rechtfertigen*[552].

Sehen wir von der Freud-Schule und den daran orientierten psychoanalytischen Forschungsprojekten ab, in denen der musizierende Mensch kaum eine Rolle spielt (erst in jüngster Zeit, vor allem durch den Salzburger Revers-Harrer-Simon-Kreis sollte sich dies ändern, wie im Kapitel „Musik und Medizin" dieses Buches ausführlich dargelegt wurde), so blieb Hauseggers Ansatz von der weiteren Entfaltung der Musikpsychologie und Ästhetik eher ausgeschlossen. Julius Bahle hat in seiner Psychologie des Schaffensprozesses aufgrund quasiexperimenteller Beobachtung eine extrem rationalistische und voluntaristische Auffassung vom Wesen des musikalischen Schaffens vertreten, derzufolge es sogenannte *unwillkürliche* Tätigkeiten gar nicht geben sollte; denn *selbst in den völlig automatisiert erscheinenden Handlungsabläufen seien Willensantriebe wirksam*[553]. Nicht nur Hans Pfitzner hat als *Bannerträger eines spätromantischen Irrationalismus und Inspirationsglaubens* (!), so Albert Wellek, Bahle widersprochen, auch Wellek wirft Bahle methodische Unklarheit vor und meint, daß seine Argumentation *nicht nur aller sogenannten Tiefenpsychologie, sondern auch der gesamten wissenschaftlichen Charakterologie stracks zuwiderläuft*[554]. Im Buch von Albert Wellek erscheint der Name Hauseggers einmal in einem Nebensatz, im Zusammenhang mit Autonomie- und Heteronomieästhetik; in späteren Musikästhetiken kaum noch, und auch die weitverbreitete, auf die Musikpsychologie der Hamburger Reinecke-Schule einflußreiche *Sozialpsychologie* Peter R. Hofstätters kennt Hausegger nicht mehr[555]. Der Zeitgeist und die politische Entwicklung um Richard Wagner haben seine Ideen teilweise sogar suspekt erscheinen lassen.

Zeitgemäße Forschung scheint dagegen im Zusammenhang mit anthropologischen Fragestellungen um den musizierenden Menschen erneut zu jener Thematik zu finden, die Hausegger bewußt gemacht hat. Auch Erich Fromms steigender Einfluß auf das Geistesleben ist ein Indiz dafür. Damit sei nicht gesagt, daß man zu Hausegger zurückkehren sollte, daß seine Einsichten heute noch maßgebend sein müßten: sondern es geht darum, die Problematik des Musik schaffenden und rezipierenden Menschen im Zusammenhang mit unterbewußt wirkender Inspiration und bewußter Umweltauseinandersetzung auf der Basis gegenwärtigen

---

[552] Ebda., S. 115

[553] J. Bahle, *Der musikalische Schaffensprozeß,* Leipzig 1936, 2. Aufl. Konstanz 1947; ders., *Eingebung und Tat im musikalischen Schaffen,* Leipzig 1939

[554] A. Wellek, *Musikpsychologie und Musikästhetik. Grundriß der systematischen Musikwissenschaft,* Frankfurt am Main 1963, S. 161

[555] P. R. Hofstätter, *Sozialpsychologie,* 5. Aufl., Berlin und New York 1973 (*Sammlung Göschen* 5104); H.-P. Reinecke, *Bemerkungen zum Entwurf einer kommunikativ orientierten Musikpsychologie,* in: *Hamburger Jahrbuch für Musikwissenschaft* 1, 1974, S. 221ff.

Wissens neu zu durchdenken[556]. Eine musikalisch interessierte Sozialpsychologie hat diesen Bereich seit etwa zwei Generationen ebenso vernachlässigt wie die psychologisch orientierte systematische Musikwissenschaft.

Hauseggers Erklärungen der unterschiedlichen „Ichs", die im wachen oder träumenden Zustand einander ergänzen oder im Wahnsinn einander abrupt ablösen können, führt weiter zu der im folgenden Abschnitt behandelten Frage nach der kulturellen Identität von Völkern und Menschen: Es geht um Kulturverlust durch Kulturüberkreuzung, um Verlust und Beeinträchtigung des „Ichs" von ethnischen Gruppen und Menschen – und als mögliche Folgewirkung davon: um gespaltene Völker und Menschen.

Kulturfremde Musik provoziert Verhaltensstörungen

In den vergangenen Jahrhunderten ist die Entwicklung der europäisch-abendländischen Musik vielfach von kulturfremden Elementen bereichert worden. Die musikalische Orientromantik beginnt im 17. Jahrhundert: Jean-Philippe Rameaus Ballettoper *Les Indes Galantes* ist dafür ebenso ein Zeichen wie die Türkenmode bei Gluck, Haydn, Mozart, Beethoven, wie die arabischen Einflüsse auf Félicien David oder wie die indonesischen Klänge bei Claude Debussy[557]. Überall dort ging es jedoch um die Stilisierung „exotischer" Klänge, um die Darstellung ungewohnter Effekte in der Tonsprache und mit den Mitteln des europäischen Musikverständnisses[558]. Selbst die frühen Stile des Jazz fanden in Europa zunächst, in den zwanziger und dreißiger Jahren unseres Jahrhunderts, im symphonischen Gewand einer Gershwin-Komposition oder des Paul Whiteman-Orchesters Eingang. Die Internationalisierung der europäischen Denkweise nach dem Ende des Zweiten Weltkrieges führte zu dem Wunsch, eine „Weltmusikkultur" als Synthese von musikalischen Ausdrucksformen und Stilen aller Zeiten und Völker zu schaffen. Europäische Komponisten begannen, die Philosophie und die traditionelle Musik anderer Kontinente zu studieren, arabische Maqamat und indische Rāgas wurden in die temperierte Stimmung des europäischen Klaviers eingepaßt, das eine oder andere außereuropäische Musikinstrument in unser Orchester eingebunden – andererseits

---

[556] Einen psychoanalytischen Ansatz dazu liefert A. Mitscherlich, *Probleme und Standort der Psychoanalyse*, in: *Universitas* 37, 1982, S. 575–580: *Durch Introspektion wollen wir versuchen, Motivationen, Begründungen zu erfahren, und zwar auf einer anderen Ebene als nur der bewußten ... Die Bemühung geht also dahin, eine Art rollenfreier Kommunikation herzustellen ... Je mehr man sich mit dem Zustand, in dem es gelingt, „freie Einfälle" zu produzieren, vertraut gemacht hat, desto deutlicher wird einem, daß sie unser ganzes Leben hinter den rationalen Steuerungen, denen wir gehorchen, mitbeeinflussen. Es ist der Zustand des Dösens, von Tagträumerei, in dem sich unerwartete Gedanken und Affekte bemerkbar machen und sich in unser bewußtes Denken und Handeln einmischen ... Wir machen sie nicht, wie man bewußt ein Ziel anstrebt und dabei sich „konzentriert", vielmehr drängen sie sich uns auf ... Wir gewinnen den Eindruck, daß ein großer Bereich unbewußter Inhalte in uns existiert.*

[557] H. Chr. Wolff, *Rameaus „Les Indes Galantes" als musikethnologische Quelle*, in: *Jahrbuch für musikalische Volks- und Völkerkunde* 3, 1967, S. 105–108; P. Gradenwitz, *Musikalische Orientromantik. Betrachtungen zu einem west-östlichen Thema*, in: *Neue Zürcher Zeitung*, 15. Juli 1977

[558] Sogar bei Béla Bartók, der sehr konkret die Volksmusik seines Heimatlandes künstlerisch überhöhte, bleibt der Einfluß der von ihm selbst aufgezeichneten arabischen Musik eine periphere Erscheinung; vgl. dazu J. Ujfalussy, *Béla Bartók*, dt. Ausgabe 1973, S. 144: *Es ist charakteristisch für Bartók, daß ihn das Erlebnis der arabischen Volksmusik nicht zu völlig Neuem anregte, es bereicherte nur die schon vorhandenen Typen mit neuen Farben ... Die arabische Folklore mit ihren trommelnden Rhythmen und den orientalisch-exotischen Melodietypen machte den ursprünglichen Charakter nur noch markanter.*

unterrichteten europäische Musiker in verstärktem Maß in außereuropäischen Kulturzentren oder solchen, die es mit Hilfe der europäischen Zivilisation werden wollten[559].

Eine neue Situation entstand in Europa in den letzten fünfziger und den sechziger Jahren: Mit den durch die Massenmedien, durch Tonfilm, Fernsehen, Rundfunk, Schallplatte gegebenen Möglichkeiten, authentische Formen außereuropäischer Musik kennenzulernen, diese nicht allein – nach europäischer Art – strukturell zu hören, sondern (z.T. in Verbindung mit Drogen) sich dieser Musik zudem emotionell hinzugeben. Die amerikanischen und englischen Soldatensender boten in der Nachkriegszeit überdies die Chance, originäre Formen des Jazz kennenzulernen. In den siebziger Jahren blühte der Massentourismus in „ferne Länder" auf. Die jugendlichen Subkulturen jener Jahre sind das Ergebnis der Suche nach neuen Möglichkeiten der Lebensbewältigung, in denen unter dem Einfluß europafremder Kulturen die gewohnten Formen des abendländischen Wohlverhaltens in Frage gestellt werden. Der Protest artikulierte sich „musikalisch". Kulturpolitik und Pädagogik standen dieser Entwicklung zunächst ablehnend, und da Verbote nicht halfen, meist hilflos gegenüber, bis Vertreter jener Generation, die nach 1945 in dieser Atmosphäre musizierend-protestierend herangewachsen war, aufgrund eigener Erfahrungen in die Diskussion eingreifen konnten: Hermann Rauhe und Georg Rebscher sollten in diesem Zusammenhang genannt werden[560].

Die Analyse ergab: *Es ist ein wichtiges Symptom für die noch weithin verkannte humanbiologische Bedeutung der Musik, daß gerade Musik das Medium bildet, in dem die Jugend aus Notwehr gegen die Mechanismen unserer Gesellschaft sich einen eigenen Lebensbereich zu verschaffen versucht. Offenbar kann die Herstellung eines Klangraumes, sei es auch nur als Illusion, in gewissem Umfang den fehlenden Wohn- und Lebensraum ersetzen ... Die Unwiderstehlichkeit des Bedürfnisses nach Musik erweist sich im schrankenlosen Massenkonsum der von den Medien verbreiteten Musikkonserven. Sie interessieren hier nicht als ästhetisches, sondern als massenpsychologisches Phänomen. Die moderne Gesellschaft konsumiert Musik als Droge; wüßten wir über dieses ungenügend erforschte Gebiet besser Bescheid, so würden wir vermutlich erkennen, daß die Musikdroge für unsere psycho-physische Konstitution ebenso gefährlich ist wie jene Drogen, die unter die Strafgesetzgebung fallen. Wie immer man das beurteilen mag, jedenfalls ist evident, daß die passive Auslieferung an affektive Manipulation, die heute zum Normalverhalten des Durchschnittsbürgers geworden ist, die Fähigkeit zu Freiheit und Verantwortung im Untergrund des Bewußtseins, und deshalb um so wirksamer, bedroht. Musik, die an die affektive Haltlosigkeit der Massen appelliert, ist, wie die Diktatoren wissen, ein nahezu unwiderstehliches Mittel, die Kritikfähigkeit des gesellschaftlichen Bewußtseins zu zerstören ... Die hypnotische Wirkung von Musiksurrogaten, die für kritik- und willenlosen Massenkonsum präpariert sind, lähmt jene Kräfte, die gebraucht würden, um den privaten als persönlichen Bereich, d.h. als einen Bereich der Freiheit zu gestalten. Die Sphäre des privaten Lebens ist weithin zu einer Sphäre der Verlorenheit und menschlichen Verkümmerung geworden. Das ist zu einem guten Teil eine Folge des Mißbrauchs von musikalischen Drogen; wenn*

---

[559] Ein sehr typisches Beispiel dafür ist das Wirken von Jenö Takács im arabischen Raum und auf den Philippinen; darüber W. Suppan, *J. Takács. Dokumente, Analysen, Kommentare,* Eisenstadt 1977 (*Burgenländische Forschungen* 66); ders.,*J. Takács – ein „arabischer Bartók",* in:*Jahrbuch für Volksliedforschung 27 = Röhrich-Festschrift,* Berlin 1982. – Vgl. auch M. J. Kartomi, *The Processes and Results of Musical Culture Contact: A Discussion of Terminology and Concepts,* in: *Ethnomusicology* 25, 1981, S. 227–249

[560] H. Rauhe, *Musikerziehung durch Jazz,* Wolfenbüttel und Zürich 1962 (*Beiträge zur Schulmusik* 12); G. Rebscher, *Materialien zum Unterricht in Popularmusik,* Wiesbaden 1973 (*Materialien zur Didaktik und Methodik des Musikunterrichts* 1); W. Suppan, *Die seit 1945 erschienene deutschsprachige Literatur zum Jazz,* in: *Jahrbuch für Volksliedforschung* 12, 1967, S. 182–196, mit weiterer einschlägiger Literatur

man den Apparat andreht, ist man der Mühe, sein Leben selbst zu leben und zu formen, enthoben[561].

In dieser Stellungnahme des Deutschen Musikrates, von Georg Picht formuliert, wird von Erscheinungen gesprochen, die dem Musikethnologen aufgrund seiner Kenntnis außereuropäischen Musikgebrauches geläufig sind, die jedoch im Verlauf der westeuropäischen Musikentwicklung mehr und mehr, zuletzt völlig in Vergessenheit gerieten: Daß Musik eine Droge sei, dazu geeignet, den Willen des Menschen zu verändern, ihn von der Realität wegzuführen und ihn in Illusionen zu verstricken. Und auch dies lernen wir von alten Hochkulturen: Der entpersonalisierenden Kraft der Musik kann man allein durch die Entwicklung der Fähigkeit zu kritischem, bewußtem, intelligentem Hören von musikalischen Formen und Strukturen, vor allem aber durch eigenes bewußt gestaltendes Musizieren entgegentreten. Zur Bildung des jugendlichen Charakters würde das bloße Anhören von Musik nicht genügen, meint Aristoteles (der damit Ideen Damons und Platons aufgreift); nur durch eigene Ausübung könne wirkliche Urteilsfähigkeit über den moralischen Wert von Melodien und Rhythmen erworben werden. Ziel des einfach zu haltenden Musikunterrichtes sei daher nicht, Berufsmusiker hervorzubringen, sondern jene Stufe der Beherrschung eines Instrumentes zu erreichen, die eine sittliche Beeinflussung ermöglicht; danach sollte der Musikunterricht wieder aufgegeben werden[562].

In dem obigen Picht–Zitat ist zudem von der humanbiologischen Bedeutung der Musik die Rede. Humanbiologisch meint: Mit dem Menschsein verbunden, oder andersherum: Bestimmte Formen, bestimmte Klänge und bestimmte Gestaltungsmittel der Musik vermögen – unabhängig von der kulturellen Prägung einer Persönlichkeit – spezifische Reaktionen auszulösen. Als Lionel Hampton in den fünfziger Jahren mit seinem Orchester nach Europa kam, da ging das Mobiliar manchen Konzertsaales in Brüche. Und das berühmt-berüchtigte Festival von Altamont ist Indiz dafür, wie Rock-Konzerte in aller Welt dieselben Verhaltensformen hervorbrechen ließen: das jugendliche Publikum geriet „außer sich", und nicht nur „außer sich", sondern außer jene Kulturmechanismen, die aufgrund einer jahrhundertelangen Tradition und Erziehung in der „westlichen Welt" selbstverständlich schienen. Unter der Kruste von Tradition und Erziehung müssen Möglichkeiten des Musikgebrauches schlummern, die als biologische Substrate von noch so konsequenter Erziehung nicht verdrängt werden können[563]. Der Verhaltensforscher Otto Koenig meint, daß es *keine generell hochspezialisierten Lebewesen und auch keine in allen Teilen hochspezialisierten Lebensformen* geben würde. Daher fänden

---

561 G. Picht, *Wozu braucht die Gesellschaft Musik?*, in: *Referate. Informationen,* hg. vom Deutschen Musikrat, Nr. 22, Nov. 1972; vgl. auch (W. Suppan), *Kulturpolitik...*, in: *Mitteilungen des Steirischen Tonkünstlerbundes* 67, 1976, S. 1–12

562 A. J. Neubecker, *Altgriechische Musik. Eine Einführung,* Darmstadt 1977, S. 134

563 P. M. Hamel, *Durch Musik zum Selbst. Wie man Musik neu erleben und erfahren kann,* München u. a. 1980 (*dtv*1589), S. 101, europäischer Komponist mit Asien-Erfahrung, beschreibt diese Situation so: *Wenn der Rhythmus uns begeistert, so erwacht das magische Bewußtsein in uns. Es ist uns ja nicht fremd, vielmehr ruht es in den meisten rationalen Menschen der westlichen Zivilisation und ist von uns nun sozusagen menschheitsgeschichtlich überwunden. Die Gefahr besteht darin, daß wir durch Musik und durch Drogen von der Wiedererweckung des magischen Erfahrens so fasziniert werden, daß wir ins längst überwundene magische Bewußtsein zurückfallen...,* gebannt vom „Schamanentum" unserer Tage. In einem während der Drucklegung dieses Buches erschienenen Aufsatz von W. Dirks über *Form- und Seelensprache Musik,* in: *Frankfurter Hefte. Existenzwissen,* Extra 5, 1983, S. 145–154, finden sich u. a. folgende Sätze: ... *Musizieren als ein tief in der Verfassung des Menschen begründetes Verhalten... Ihr entspricht eine anthropologische Dimension... daß die Musik zu den Themen einer Besinnung auf Existenz-Wissen gehört... Musik [ist] keine abgeschlossene ästhetische Provinz, sondern ein Stück menschlichen Schicksals, auch des gesellschaftlichen Schicksals, des Schicksals der Geschichte.*

sich in allen sozialen Lebensformen in unserer hochtechnisierten Welt stets auch Primitivmerkmale. *Wo der Weg zum täglichen Brot über die Exaktheit eines Fließbandrhythmus' oder über die programmierte Bedienung eines Computers läuft, werden sich keine verfeinerten Lebensformen entwickeln, sondern Primitivformen den Ausgleich schaffen*[564]. Die Beobachtung ist richtig; doch sollten wir in diesem Zusammenhang nicht von „primitiven" sondern von „primären" Verhaltensformen sprechen, grundsätzlich verbunden dem Menschsein, durch Gene weitervererbt – und stets bereit, auf entsprechende Reizungen (a) unterbewußt tätig zu werden, (b) aus dem Unterbewußten hervorzubrechen. Jugendliche in einem Hampton-Konzert oder in Altamont wollten nicht gewalttätig werden (zumindest solange nicht, als nicht radikale politische Ideologien bewußt der Musik aufgepfropft wurden), sie mußten es. Diese Musik hatte sie losgelöst von den „Zwängen und Fesseln" ihrer eigenen Kultur[565]. Denn *Rockmusiker sind Partisanen des Unbewußten . . .*[566]. Inzwischen zeigt sich, daß politische Inhalte nicht allein durch gewalttätige rhythmisch-motorische Musik sondern ebenso durch „sanfte" Liedermacher, durch „meditative" Gitarre- und Flötentöne vermittelt werden. Musik kennt mehrere Möglichkeiten, in den Menschen einzudringen und ihn leib-seelisch zu „manipulieren", kognitive und emotive Prozesse in ihm zu steuern.

Der Einbruch oder die Übernahme kulturfremder Musik führt zu Veränderungen und Störungen im gesellschaftlichen Bereich. Das politisch-ökonomische Dilemma vieler außereuropäischen Völker, auch derjenigen, die durch den Erdölreichtum heute finanziell potent dastehen, resultiert daraus, daß sie durch den Einbruch oder durch die erstrebte Übernahme ihnen fremder Kulturformen – eben der europäisch-abendländischen – in ihrer Identität verunsichert wurden. Hybride Kulturen führen zu „gespaltenen" Menschen. Nur dort, wo wirtschaftlich-politische Systeme und kulturelle Formen gemeinsam übernommen wurden (wie in Japan[567]), blieb die Kultur als Träger des gesamten politisch-ökonomischen Gleichgewichtes intakt. Musik ist zwar nur ein Teil des Kulturgefüges, aber dessen empfindlichstes Instrument.

Die Biologie des musizierenden Menschen umschreibt den „Spielraum" kultureller Mechanismen

Die Aufbereitung der Fakten/Materialien in Kapitel C dieses Buches wollte zeigen, daß Musik nicht zufälliges Dekor oder Ornament lebenswichtiger Vollzüge des Alltags sei sondern an sozial wichtige Verrichtungen geknüpft ist: An Riten und Zeremonien, an Kult und Gottes-

---

[564] O. Koenig, *Kultur und Verhaltensforschung. Einführung in die Kulturethologie,* München 1970 (*dtv* 614), S. 29

[565] Dieses Thema behandeln ausführlich und von unterschiedlichem Kulturbewußtsein aus B. A. Aning (Ghana), J. A. Standifer (Afro-Amerikaner in den USA) und W. Suppan, *Musical Behaviour and Music Education in Different Musical Settings, with Special Reference to the Backgrounds of Jazz,* in: *Jazzforschung* 8, 1977, S. 137–157; es handelt sich dabei um Referate, gehalten im Rahmen des 5. Internationalen Seminars der Forschungs-Kommission der International Society for Music Education in der UNESCO, Mexico-City, September 1975. Diese Referate wurden von der „konventionellen" anglo-amerikanischen Musikpädagogik nicht in den offiziellen Tagungsbericht aufgenommen.

[566] W. Kraushaar, *Rock gegen Rechts – Ein Widerspruch in sich?,* in: *Thema: Rock gegen Rechts. Musik als politisches Instrument,* hg. von B. Leukert, Frankfurt 1980 (Fischer Taschenbuch *Information zur Zeit* 4216)

[567] Die Hinwendung zur europäischen Musik erfolgte in Japan zunächst nicht freiwillig. Mit der politisch-wirtschaftlichen Öffnung des Landes dem Westen gegenüber im Jahr 1868 wurde auch die Übernahme westlicher Kultur verordnet. Seither darf in staatlichen Schulen Japans offiziell nur europäisch-abendländische Musik unterrichtet werden; darüber u. a. bei W. Suppan und H. Sakanishi, *Musikforschung in und für Japan. Ein Bericht über die sechziger und siebziger Jahre,* in: *Acta musicologica* 54, 1982, S. 84–123.

dienst, an Politik und Rechtswesen, an die Heilung von Kranken; um meditative und Trancezu-
stände zu erreichen; bei körperlicher und geistiger Arbeit; im Zusammenhang mit Erotik,
Sexualität, Geburt, Initiation, Totenbestattung, Klage, Kampf, Jagd, Krieg; um Tanz und Ballett, gesprochenes und gesungenes Theater, Poesie, Puppenspiel deren spezifische Qualitäten
zu garantieren. Eben dieses katalysatorartige Wirksamwerden von Musik in unterschiedlichen,
jedoch stets mensch- und gesellschaftsbezogenen Prozessen fordert interdisziplinäre Kontakte
zwischen Musikforschung und Anthropologie: wie Mantle Hood und Walter Graf anregten[568].
Zudem sollte der Tier-Mensch–Vergleich in Biologie und Verhaltensforschung nicht grundsätzlich ausgeschlossen werden; denn auch im prämenschlichen Bereich sind akustische Laut-
gebungen mit Funktionen der Lebenserhaltung verbunden[569]. Die Struktur der Schallsignale
paßt sich dabei den Umweltbedingungen jeweils an. Die Laute der Vögel in tropischen Wäldern haben dichte Vegetation zu durchdringen; dies geschieht am besten durch Rufe mit nie-
driger Frequenz. Beispiele dafür sind die tiefen, flötenähnlichen Rufe des afrikanischen Flöten-
würgers, wobei Männchen und Weibchen von ihren versteckten Plätzen aus duettartig sich ver-
ständigen. (Im Regenwald Ruandas orientieren sich die Einheimischen am tiefen Brummen
des Musikbogens; die Menschen würden sich verirren, fiele diese „Sendestation" aus.) Die Rufe
der in tropischen Wäldern lebenden Primaten sind den ökologischen Bedingungen so angepaßt, daß sie über weite Entfernungen hin gut vernehmbar sind. (Man denkt dabei unwillkür-
lich an das „Jodeln" zentralafrikanischer Pygmäen oder alpenländischer Sennerinnen.) Die
Position, von der aus gesungen wird, ist ebenfalls für die Verbreitung der Signale entscheidend.
Die Reviergesänge der Vögel werden zumeist von einem erhöhten Posten aus abgegeben. Feld-
vögel, wie Lerchen und Pieper, singen während des Fluges, um die Grenzen ihres Reviers anzuzeigen. (Menschen bauen Stadt- und Kirchtürme, Minaretts..., um die Signale innerhalb ihrer
„Reviere" hörbar zu machen.) Im Wasser wird Schall weniger abgeschwächt als in der Luft. Mit
Hilfe von Unterwasser-Mikrophonen konnte eine erstaunliche Vielfalt von Schallereignissen
bei Fischen und Walen fixiert werden. Die Untersuchungen von Payne und McVay zeigen, daß
der „Gesang" der Wale von Artgenossen in Entfernungen von mehreren hundert Kilometern
noch wahrgenommen werden kann[570]. Der Tanz der Honigbienen ist nicht Spiel sondern
Medium der Kommunikation[571].

Verf. hat bewußt in diese Aufzählung tierischer Signalgebung Hinweise auf menschliche
Parallelen (in Klammern) eingestreut. These III lautete, daß Musik sowohl als Bestandteil der
biologischen wie der kulturellen Evolution Gebrauchsgegenstand des Menschen sei, was den
ästhetischen Wert und Genuß nicht auszuschließen braucht. Als Synthese von kognitiven Prozessen, die im menschlichen Wesen und in kulturellen Traditionen begründet sind, nimmt
Musik jene Formen an und erfüllt jene Erwartungen, die den Ablauf gesellschaftlichen Zusammenlebens sowohl bewußt wie unbewußt regulieren. John Blacking zitiert in diesem Zusammenhang Kierkegaard: Daß nämlich eine Generation von der anderen zwar viel lernen könne,

---

[568] M. Hood, *Music, the Unknown,* in: *Musicology,* hg. von F. L. Harrison, M. Hood und C. Palisca, Englewood-Cliffs,
N. J. 1963, S. 276; W. Graf, *Zum interdisziplinären Charakter der vergleichenden Musikwissenschaft,* in: *Mitteilungen
der Anthropologischen Gesellschaft in Wien* 102, 1973, S. 91–97
[569] Hinweise bei G. Knepler, *Geschichte als Weg zum Musikverständnis,* Leipzig 1977, S. 186f.
[570] B. I. und T. Hooker, *Duetting,* in: *Bird Vocalization,* hg. von R. A. Hinde, London 1969, S. 185–205; R. S. Payne und
S. McVay, *Songs of Humpback Whales,* in: *Science* 173, 1971, S. 585–597; D. Ploog, *Die Kommunikation in Affengesell-
schaften,* in: *Biologische Anthropologie 2. Neue Anthropologie 2,* hg. von H.-G. Gadamer und P. Vogler, Stuttgart 1972,
(dtv. Wissenschaftliche Reihe 4070), S. 98–178; A. Manning, *Verständigung der Tiere durch soziale Signale – in der Sicht
der Forschung,* in: *Universitas* 36, 1981, S. 413–418
[571] K. von Frisch, *Tanzsprache und Orientierung der Bienen,* Berlin u. a. 1965

aber was das grundsätzlich Menschliche ausmachen würde, das könnten die Jüngeren von den Älteren nicht erfahren. *In this respect every generation begins again from the beginning, possessing no other tasks but those of preceding generations and going no further, unless the preceding generation has betrayed itself and deceived itself* [572]. Wollen wir den musizierenden Menschen fassen, so müssen wir uns den Grundschichten zuwenden, den Bedürfnissen, den Trieben, dem Unbewußten, den angeborenen Verhaltensweisen. *It seems to me that what is ultimately of most importance in music cannot be learned like other cultural skills: it is there in the body, waiting to be brought out and developed, like the basic principles of language formation.* Und Blacking begründet dies mit folgenden Überlegungen: Man kann nicht lernen zu improvisieren, und doch ist Improvisation nicht etwas Zufälliges, Willkürliches; denn wer es kann, der ist selbst nicht ein improvisiertes Wesen. Alle Fasern seines Verhaltens sind das Ergebnis zusammenhängender biologisch-soziologisch strukturierter Systeme, und wer Musik improvisiert, bringt diese Systeme in Kommunikation mit eigenen Erfahrungen und mit den Reaktionen seiner Zuhörer. Die Regeln musikbestimmten Verhaltens sind nicht willkürlich zu kulturellen Normen geworden, und musikalische Techniken entsprechen nicht technologischen Entwicklungen. *Musical behaviour may reflect varying degrees of consciousness of social forces, and the structure and function of music may be related to basic human drives and to the biological need to maintain a balance among them* [573]. Der Mensch ist keine tabula rasa, auf der man eintragen könnte, was man wollte: Eine für den Pädagogen nicht zu umgehende Tatsache. Weder die Milieutheorie noch soziale Utopien von der klassenlosen Gesellschaft, denen zufolge menschliche Verhaltensabläufe und spezifische Anlagen wie Rangstreben, Aggression, Territorialität, Altruismus, ethische Normen durch Lernprozesse erworben würden, finden ihre Bestätigung durch ethologische Einsichten. *Man glaubt in erzieherischem Optimismus, daß man die Entwicklung unerwünschter Neigungen einfach durch eine entsprechende Erziehung verhindern kann und so etwa eine Gesellschaft ohne Rangordnung oder ohne Aggression schafft. Bisher war solchen Versuchen nur geringer Erfolg beschieden, was auf „therapieresistente" Anteile im menschlichen Verhalten hinweist* [574]. *What is ultimately of most importance in music* (Blacking, s. oben), ist ein solches *therapieresistentes,* biologisch disponiertes Faktum.

Obgleich in Kapitel D dieses Buches mehrfach von Biologie im Zusammenhang mit Musik die Rede ist, handelt es sich doch nicht um eine „Biologie der Musik" – Albert Wellek hat recht, wenn er sagt, eine „Biologie der Musik" könne es nicht geben –, sondern um eine Biologie des musizierenden Menschen, um eine „Biologie in der Musik" [575]: Mit dem Ziel, primären Mensch-Musik-Beziehungen im Sinne anthropologischer Fragestellungen auf die Spur zu kommen, um die Möglichkeiten und Grenzen des lehr- und lernbaren in schulischer und außerschulischer Jugend- und Erwachsenen-„Bildung" abzustecken.

In der zweiten Hälfte des 19. Jahrhunderts ging es darum, als Reaktion auf „philosophische" Spekulationen und vor allem im Gefolge der Darwin'schen Evolutionstheorie „naturwissenschaftliche" Methoden zu entwickeln. Diese Methoden haben die Forschung ungemein

---

[572] S. Kierkegaard, *Fear and Trembling,* London und New York 1939, S. 183f.

[573] Beide Zitate J. Blacking, *How Musical is Man?,* Seattle und London 1973, S. 100

[574] I. Eibl-Eibesfeldt, *Stammesgeschichtliche Anpassungen im Verhalten des Menschen,* in: *Biologische Anthropologie 2. Neue Anthropologie 2,* hg. von H.-G. Gadamer und P. Vogler, Stuttgart 1972 (*dtv. Wissenschaftliche Reihe* 4070), S. 3f. sowie S. 48f.

[575] W. Graf, *Biologische Wurzeln des Musikerlebens,* in: *Schriften des Vereines zu Verbreitung naturwissenschaftlicher Kenntnisse in Wien* 107, 1967, S. 18. – In diesem Sinn klärt sich auch Welleks darauf Bezug nehmende Auseinandersetzung mit Walter Graf.

befruchtet, aber auch einseitig gewichtet [576]. Hinter den abstrakten Modellen der Naturwissenschaft verschwand die widerspruchsvolle Wirklichkeit, nur das Meßbare, das schriftlich Fixierte erschien erforschbar, eine zweiwertige Logik, die nur „wahr" und „falsch" kannte und damit den Widerspruch ausschloß, bestimmte das Denken. So wurde der Fortschritt zum Schritt fort vom Menschen [577]. Diesem Diktat ordneten sich auch Wissenschaften vom Menschen unter, wie Literatur-, Kunst- und Musikgeschichte, Psychologie und Medizin, die zu Wissenschaften von der Literatur, von der Kunst, von der Musik, von bestimmten Seelenzuständen und Organen des Menschen geworden sind. Die anthropologische Wende deutete eine Umkehr dieses Trends an (Verf. hat eingangs darauf verwiesen). Dabei können – und das hatte schon Friedrich von Hausegger erkannt – empirische Fallstudien nur Voraussetzung einer faktenorientierten Wissenschaft sein. Experimentell-statistisch erworbene Grundlagen bleiben hilfswissenschaftliches Instrument. Eigentliche, menschenwürdige Denkprozesse beginnen dort, wo empirisch gewonnene Einsichten intellektuell kombiniert und in ständiger Kontrolle mit der Realität und mit den Gefühlen [578] der besseren Kenntnis des Menschen und seiner Aufgaben/Möglichkeiten dienstbar gemacht werden [579].

Die Rückkehr zu einem Mittelweg zwischen naturwissenschaftlichem Experiment und philosophischem Denken scheint heute möglich und notwendig. Jedoch nicht in intrakultureller sondern nur in interkultureller Blickweise. Die Einbeziehung außereuropäischer Völker, gleich welcher Zivilisation, ist Voraussetzung für das Gelingen: Nämlich *sich im Fremden und das Fremde in sich aufzuklären* [580]. Mit Hilfe der Ethnologie, die immer mehr zur *kritischen Theorie unserer Gesellschaft* (Adolf Muschg) wird [581], lassen sich die biologischen Wurzeln der vielfältigen und hochdifferenzierten kulturellen Stämme, Äste, Zweige und Früchte erahnen/erkennen: Aber solches Erahnen/Erkennen wäre die Voraussetzung dafür, daß alle Humanwissenschaften, von den philosophischen bis zu den medizinischen, von den theologischen bis zu den naturwissenschaftlichen, ihrer fachinternen anthropologischen (sowohl biologischen wie kulturethologischen) Probleme sich bewußt werden können. *Den Rest des Jahrhunderts werden Durchbrüche in der Biologie und den Verhaltenswissenschaften charakterisieren* [582]. Verf. versteht Musikwissenschaft nicht als eine Kulturgüter- sondern als eine Verhaltensforschung [583].

---

[576] Bezeichnend dafür F. von Hellwald, *Die Geschichtsphilosophie und die Naturwissenschaften*, in: *Das Ausland* 46, 1873, S. 168–173: *Das Reich der Thatsachen hat gesiegt! Die Naturforschung in Verbindung mit ihren Sprößlingen Technik und Medicin schreitet unaufhaltsam vorwärts. Sie hat schon jetzt alle besseren Köpfe in Besitz genommen und hat nur Träumer und Schurken gegen sich. Sie ist in alle Gebiete eingedrungen, sie gestaltet alle anderen Wissenschaften um, sie beherrscht unser ganzes Familien- und Staatsleben...*

[577] H. Pietschmann, *Das Ende des naturwissenschaftlichen Zeitalters*, Wien 1980

[578] *Gefühle selbst hatten für ihn Erkenntniswert*, schreibt W. Hochkeppel, *Neben Jaspers, Husserl, Heidegger ein Großer der Geistesgeschichte: Max Scheler wird wiederentdeckt*, in: *Die Zeit*, 5. Dezember 1980, S. 45, über M. Scheler

[579] Darüber umfassend: *Kreatur Mensch. Moderne Wissenschaft auf der Suche nach dem Humanum*, hg. von G. Altner, München 1973 (*dtv* 892)

[580] H.-J. Heinrichs, *Der Dichter und Ethnologe Michel Leiris*, in: *Die Zeit*, 1. Mai 1981, S. 37; ders., Einleitung zu M. Leiris, *Die eigene und die fremde Kultur. Ethnologische Schriften*, Frankfurt ²1979, S. 7

[581] H.-M. Lohmann, *Kriegserklärung an das Pittoreske...*, in: *Frankfurter Allgemeine Zeitung*, 9. Dez. 1980

[582] P. London, *Der gesteuerte Mensch. Die Manipulation des menschlichen Gehirns*, München o. J. (*Goldmann Sachbücher* 11111), S. 12

[583] Frank Ll. Harrison, *Music and Cult: The Functions of Music in Social and Religious Systems*, in: *Perspectives in Musicology*, hg. von B. S. Brook, New York 1972, S. 328: *The chief guideline is that our curiosity and increasing awareness of music and musical behavior should be man centered and not thing centered. From this point of view, the „musical work of art itself" is an illusion.* – W. Suppan, *Biologische und kulturelle Bedingungen des Musikgebrauches*, in: *Kongreß-Bericht Bayreuth 1981*, im Druck; dass. (Kurzfassung) in: *Universitas* 37, 1982, S. 1279–1284

Ethnomusicology is in some respect a branch of cognitive anthropology... Ethnomusicology has the power to create a revolution in the world of music and music education... it could pioneer new ways of analyzing music and music history... Ethnomusicology is not only an area study concerned with exotic music, nor a musicology of the ethnic – it is a discipline that holds out hope for a deeper understanding of all music[584]. Solche Zitate aus John Blackings *How Musical is Man?* seien nicht als Trotzreaktionen auf das traditionelle Übergewicht historischer Forschung wiedergegeben, sondern in der Überzeugung, daß über die bessere Kenntnis außereuropäischer Menschen und ihres Musikgebrauches der Weg zum besseren Verständnis aller Mensch-Musik-Beziehungen (einschließlich der europäisch-abendländischen) und damit einer conditio humana, eines wesentlichen Instruments gesellschaftlichen Lebens führt. Mit Reinhard Schneider stimme ich darin überein, daß *die Grundlegung der Musikpädagogik nicht ohne anthropologischen Entwurf möglich* sein wird[585].

---

[584] J. Blacking, *How Musical is Man?...*, S. 112, 4, 31. – Daran anknüpfend neuerdings: R. Schneider, *Vorüberlegungen zu einer Anthropologie der Musik – auch in pädagogischer Absicht*, in: *Zeitschrift für Musikpädagogik*, Heft 15, September 1981, S. 266: *Eine Antwort auf die Frage nach dem Wesen der Musik ist auch eine Antwort auf die Frage nach dem Wesen des Menschen... Die Ethnomusikologie hat in dieser Beziehung gegenüber den anderen Musikwissenschaften allerdings einen gewissen Vorsprung;* ich würde in diesem Zusammenhang jedoch nicht von „Vorsprung" sprechen, sondern meinen, daß allein über ethnomusikologische Fakten und deren vergleichende (cross-cultural) Interpretation der Zugang zu primären Mensch-Musik-Beziehungen möglich sein kann. S. 267: *Die Antwort wird heute in zunehmendem Maße von Forschungsergebnissen der Ethnomusikologie bestimmt, deren Geltungsbereich weit über die Erforschung sogenannter primitiver Kulturen hinausgeht, gelegentlich von einem universalen Engagement getragen wird.*

[585] R. Schneider, wie Anm. 584, S. 269; während der Drucklegung dieses Buches erschienen von R. Schneider noch die folgenden einschlägigen Aufsätze: *Wert, Wertung, Werturteil im Musikunterricht*, in: *Zeitschrift für Musikpädagogik*, H. 20, November 1982; *Das anthropologische Defizit der Musikpädagogik*, ebda., H. 22, Mai 1983.

Literatur

Abel-Struth, S.:   *Ziele des Musik-Lernens.* Teil I: *Beitrag zur Entwicklung ihrer Theorie,* Mainz u. a. 1978 *(Musikpädagogik. Forschung und Lehre* 12)

Adorno, T. W.   *Komposition für den Film,* München 1969
und Eisler, H.:

Altenburg, D.:   *Eine Theorie der Musik der Zukunft. Zur Funktion des Programms im symphonischen Werk von F. Liszt,* in: *Liszt-Studien* 1, hg. von W. Suppan, Graz 1977, S. 9–25

Ders.:   *Vom poetisch Schönen. F. Liszts Auseinandersetzungen mit der Musikästhetik E. Hanslicks,* in: *Ars Musica – Musica Scientia = Hüschen-Festschrift,* Köln 1981, S. 1–9

Altner, G. (Hg.):   *Kreatur Mensch. Moderne Wissenschaft auf der Suche nach dem Humanum,* München 1973

Antholz, H.:   *Politische Lieder – in der Schule?,* in: *Musik und Bildung* 8, 1976, S. 562–566

Ders.:   *Politische Aspekte des Musikunterrichts. Problemskizze,* in: *Musik und Bildung* 11, 1979, S. 290–304

Arro, E.:   *Die späten Tanz-Sekten Osteuropas,* in: *Musik des Ostens* 2, 1963, S. 55ff.

Baacke, D.:   *Beat – die sprachlose Opposition,* München 1968

Band-song Song (Hg.): *Source Readings in Korean Music,* Seoul 1980 *(Korean Traditional Music* 1)

Barthes, R.:   *Elemente der Semiologie,* Frankfurt 1983 *(edition suhrkamp* 1171)

Baumann, M. P.:   *Musikfolklore und Musikfolklorismus. Eine ethno-musikologische Untersuchung zum Funktionswandel des Jodels,* Winterthur 1976

Ders.:   *Ethnohistorische Quellen zur Musik Äthiopiens aus schriftlichen Zeugnissen von 1500 bis 1800,* in: *Musikethnologische Sammelbände* 2, 1978, S. 19–50

Ders.:   *Julajulas – ein bolivianisches Panflötenspiel und seine Musiker,* in: *Studia instrumentorum musicae popularis* 7, 1981, S. 158–163

Becker-Pfleiderer, B.: *Sozialisationsforschung in der Ethnologie. Eine Analyse der Theorien und Methoden,* Saarbrücken 1975

Benjamin, W.:   *Illuminationen. Ausgewählte Schriften,* Frankfurt 1977 *(Suhrkamp Taschenbuch* 345)

Benzing, B.:   *Das Ende der Ethnokunst. Studien zur ethnologischen Kunsttheorie,* Wiesbaden 1978 *(Studien und Materialien der anthropologischen Forschung* I/4)

Bertau, K. H.:   *Sangverslyrik. Über Gestalt und Geschichtlichkeit mittelhochdeutscher Lyrik am Beispiel des Leichs,* Göttingen 1964 *(Palestra* 240)

Besmer, F. E.:   *Bòorii: Structure and Process in Performance,* in: *Folia Orientalia* 16, 1975, S. 101–130

Bielawski, L.:   *Instrumentalmusik als Transformation der menschlichen Bewegung. Mensch – Instrument – Musik,* in: *Studia instrumentorum musicae popularis* 6, 1979, S. 27–33

Ders.:   *Musiker und Musiksituationen,* in: *Studia instrumentorum musicae popularis* 7, 1981, S. 17–22

Biezais, H. (Hg.):	*Dynamics and Institution,* Stockholm 1976 *(Scripta Instituti Donneriani Aboensis* 9)
Bilz, R.:	*Paläoanthropologie. Der neue Mensch in der Sicht der Verhaltensforschung,* Frankfurt 1971
Blacking, J.:	*Deep and Surface Structure in the Venda Music,* in: *Yearbook of the International Folk Music Council* 3, 1971, S. 91–108
Ders.:	*Music and Historical Process in Vendaland,* in: *Essays on Music and History in Africa,* hg. von C. Wachsmann, Evanston 1971
Ders.:	*How Musical is Man ?,* Seattle und London 1973
Ders.:	*Field Work in African Music,* in: *Reflections on Afro-American Music,* hg. von D.-R. De Lerma, Kent State University Press 1973, S. 207–221
Ders. u. a.:	*Musicology in Great Britain since 1945,* in: *Acta musicologica* 52, 1980
Ders.:	*Making Artistic Popular Music: The Goal of True Folk,* in: *Popular Music* 1, 1981, S. 9–14
Blaukopf, K.:	*Neue musikalische Verhaltensweisen der Jugend,* Mainz 1975 *(Musikpädagogik. Forschung und Lehre* 5)
Bleidick, U.:	*Pädagogik der Behinderten,* Berlin ³1978
Bloch, E.:	*Zur Philosophie der Musik,* Frankfurt 1974
Boas, F.:	*The Function of Dance in Human Society,* New York 1944
Bollnow, D. F.:	*Die philosophische Anthropologie und ihre methodischen Prinzipien,* in: *Philosophische Anthropologie heute,* München ²1974
Borris, S., Picht, G. u. a.:	*Wozu braucht die Gesellschaft Musik ?,* in: *Referate. Informationen,* hg. vom Deutschen Musikrat, Nr. 22, November 1972
Bose, F.:	*Musikalische Völkerkunde,* Freiburg im Breisgau 1953
Ders.:	*Tonale Strukturen in primitiver Musik,* in: *Jahrbuch für musikalische Volks- und Völkerkunde* 7, 1973
Boshier, A. K.:	*Afrikanische Lehrjahre,* in: *Der Wissenschaftler und das Irrationale* 1, hg. von H. P. Duerr, Frankfurt 1981
Brandel, R.:	*The Music of Central Africa. An Ethnomusicological Study,* Den Haag, Neudruck 1973
Brednich, R. W., Röhrich, L. und Suppan, W. (Hg.):	*Handbuch des Volksliedes,* 2 Bände, München 1973 und 1975
Buchhofer, B., Friedrichs, J. und Lüdtke, H.:	*Musik und Sozialstruktur. Theoretische Rahmenstudie und Forschungspläne,* Köln 1974
Bücher, K.:	*Arbeit und Rhythmus,* Leipzig 1896
Bürgel, J. Chr.:	*Zur Musiktheorie im Arabischen Mittelalter,* in: *Geering-Festschrift,* Bern und Stuttgart 1972
Busch, G. Chr.:	*Ikonographische Studien zum Solotanz im Mittelalter,* Innsbruck 1982
Cassirer, E.:	*Philosophie der symbolischen Formen,* 3 Bände, Neudruck Darmstadt 1953–1954
Ders.:	*An Essay on Man,* New Haven, Conn. 1944
Chomsky, N.:	*Aspekte der Syntax-Theorie,* Frankfurt 1969
Ders.:	*Sprache und Geist,* Frankfurt 1970

Christensen, D.:	*Die Musik der Kate und Sialum,* Berlin 1957
Clynes, M. (Hg.):	*Music, Mind, and Brain. The Neurophysiology of Music,* New York und London 1982
Collaer, P.:	*Amerika. Eskimo und indianische Bevölkerung,* Leipzig (1967) *(Musikgeschichte in Bildern* I/2)
Cooke, D.:	*The Language of Music,* London 1959, ³1962
Dahlhaus, C.:	*Die Idee der absoluten Musik,* Kassel u. a. 1978
Ders.:	*Analyse und Werturteil,* Mainz 1970 *(Musikpädagogik. Forschung und Lehre 8)*
Danckert, W.:	*Ursymbole melodischer Gestaltung,* Kassel 1932
Ders.:	*Wesen und Ursprung der Tonwelt im Mythos,* in: *Archiv für Musikwissenschaft* 12, 1955
Ders.:	*Musikgötter und Musikmythen Altchinas,* in: *Zeitschrift für Ethnologie* 88, 1963, S. 1–48
Danz, E.-J.:	*Die objektlose Kunst. Untersuchungen zur Musikästhetik F. von Hauseggers,* Regensburg 1981
Dauer, A.M.:	*Zum Bewegungsverhalten afrikanischer Tänzer,* in: *Research Film* 6, 1969, S. 517–526
Ders.:	*Die Posaunen Gottes. Über Erregungs- und Ergriffenheitstechniken in religiöser Dichtung und Musik der Afro-Amerikaner,* in: *Musik als Gestalt und Erlebnis = Graf-Festschrift,* Wien u. a. 1970, S. 24–40
David, E.:	*Musikerleben aus der Sicht der Naturwissenschaft,* in: *Verhandlungen der Naturforschenden Gesellschaft in Basel* 91, 1981, S. 79–100
Davies, J. B.:	*The Psychology of Music,* Stanford, Cal. 1978 (Rez.: *Ethnomusicology* 25, 1981, S. 529–531)
De Martino, E.:	*La terra del rimorso. Contributo a una storia religiosa del Sud,* Mailand 1961 *(La Cultura* 42)
Diószegi, V.:	*Der Werdegang zum Schamanen bei den nordöstlichen Sojoten,* in: *Acta Ethnographica* 8, 1959
Ders.:	*Denkmäler der samojedischen Kultur im Schamanismus der ostsajanischen Völker,* ebda. 12, 1963
Ders.:	*Glaubenswelt und Folklore der sibirischen Völker,* Budapest 1963
Ders. und Hoppál, M. (Hg.):	*Shamanism in Siberia,* Budapest 1978
Dirks, W.:	*Form- und Seelensprache Musik,* in: *Frankfurter Hefte,* Extra 5, 1983, S. 145–154
Dopheide, B. (Hg.):	*Musikhören,* Darmstadt 1975 *(Wege der Forschung* 429)
Duerr, H. P. (Hg.):	*Der Wissenschaftler und das Irrationale,* 2 Bände, Frankfurt 1981
Ders.:	*Traumzeit. Über die Grenze zwischen Wildnis und Zivilisation,* Frankfurt ⁶1982
Duthaler, G.:	*Zum Signal,* in: *Alta musica* 4, 1979
Eggebrecht, H. H.:	*Musik als Tonsprache,* in: *Archiv für Musikwissenschaft* 18, 1961
Ehrenforth, K. H. (Hg.):	*Humanität. Musik. Erziehung,* Mainz u. a. 1981
Eibl-Eibesfeldt, I.:	*Der vorprogrammierte Mensch. Das Ererbte als bestimmender Faktor im menschlichen Verhalten,* Wien 1973
Ders.:	*Liebe und Hass. Zur Naturgeschichte elementarer Verhaltensweisen,* München 1970

Ders.:   *Menschenforschung auf neuen Wegen. Die naturwissenschaftliche Betrachtung kultureller Verhaltensweisen,* Wien u. a. 1976

Ders.:   *Grundriß der vergleichenden Verhaltensforschung,* München ⁴1978

Eisler, H.:   *Musik und Politik,* München 1974

Eliade, M.:   *Schamanismus und archaische Ekstasetechniken,* Frankfurt 1975

Elschek, O.:   *Mensch – Musik – Instrument. Funktionelle Schichtung der Primärformen,* in: *Musik als Gestalt und Erlebnis = Graf-Festschrift,* Wien u. a. 1970

Emsheimer, E.:   *Studia ethnomusicologica eurasiatica,* Stockholm 1964

Ders.:   *Schwedische Schellenmagie,* in: *Studia instrumentorum musicae popularis* 5, 1977, S. 10–19

Ders.:   Artikel „*Schamanentrommel*" in: *Die Musik in Geschichte und Gegenwart* 16, 1979

Erlmann, V.:   *Trance and Music in the Hausa Bòorii Spirit Possession Cult in Niger,* in: *Ethnomusicology* 26, 1982, S. 49–56

Faltin, P.:   *Widersprüche bei der Interpretation des Kunstwerks als Zeichen,* in: *International Review of the Aesthetics and Sociology of Music* 3, 1972, S. 199–215

Ders.:   *Musikalische Bedeutung. Grenzen und Möglichkeiten einer semiotischen Ästhetik,* ebda. 9, 1978, S. 5–33

Ders.:   *Phänomenologie der musikalischen Form,* Wiesbaden 1979 *(Beihefte zum Archiv für Musikwissenschaft* 18)

Ders.:   *Über Gegenstand und Sinn der Philosophischen Ästhetik,* in: *International Review of the Aesthetics and Sociology of Music* 11, 1980, S. 169–195

Ders. und Reinecke, H.-P. (Hg.):   *Musik und Verstehen. Aufsätze zur semiotischen Theorie, Ästhetik und Soziologie der musikalischen Rezeption,* Köln 1973

Federhofer, H.:   *Der musikalische Genuß als ästhetisches Problem der Gegenwart,* in: *Studia musicologica* 11, 1969, S. 133–143

Ders.:   *Neue Musik. Ein Literaturbericht,* Tutzing 1977 *(Mainzer Studien zur Musikwissenschaft* 9)

Fellerer, K. G. (Hg.):   *Geschichte der katholischen Kirchenmusik,* 2 Bände, Kassel u. a. 1972 und 1976

Feriz, H.:   *Alt-Indianische Musikinstrumente aus Mittelamerika,* in: *Jahrbuch für musikalische Volks- und Völkerkunde* 2, 1966, S. 91–110

Fischer, H.:   *Schallgeräte in Ozeanien,* Straßburg und Baden-Baden 1968

Fischer, H.:   *Musikinstrumente in der alten Strafrechtspflege,* in: *Antaios* 12, 1970

Födermayr, F.:   *Zur Ololyge in Afrika,* in: *Musik als Gestalt und Erlebnis = Graf-Festschrift,* Wien u. a. 1970, S. 57–65

Foytík, K.:   *Musik, Tanz und Gesang in den tschechischen Urkunden des 16. Jahrhunderts,* in: *Studia musicologica* 13, 1971, S. 215–224

Freyer, H.:   *Schwelle der Zeiten,* Stuttgart 1965

Ders.:   *Die Rückkehr der Götter. Von der ästhetischen Überschreitung der Wissensgrenze zur Mythologie der Moderne. Eine Untersuchung zur systematischen Rolle der Kunst in der Philosophie Kants und Schellings,* Stuttgart 1976

Friedl, J. und Chrisman, N. H. (Hg.):   *City Ways. A Selective Reader in Urban Anthropology,* New York u. a. 1975

Frisch, K. von: *Tanzsprache und Orientierung der Bienen,* Berlin u. a. 1965
Fromm, E.:   *Haben oder Sein. Die seelischen Grundlagen einer neuen Gesellschaft,* Stuttgart 1976, als dtv-Sachbuch München 1979
Ders.:   *Märchen, Mythen, Träume. Eine Einführung in das Verständnis einer vergessenen Sprache,* Reinbek bei Hamburg 1981
Fuchs, P.:   *Forschungen in der Südost-Sahara und im zentralen Sudan,* in: *Baessler-Archiv* NF 8, 1960
Fuhrmeister, M.-L. und Wiesenhüter, E.:   *Metamusik. Psychosomatik der Ausübung zeitgenössischer Musik,* München 1973
Gabrielsson, A.:   *Music Psychology. A Survey of Problems and Current Research Activities,* in: *Basic Musical Functions and Musical Ability* 32, Stockholm 1981
Gadamer, H.-G. und Vogler, P. (Hg.):   *Neue Anthropologie,* 7 Bände, Stuttgart 1972–1975
Gadamer, H.-G.:   *Die Kultur und das Wort – in der Sicht der Philosophie,* in: *Universitas* 37, 1982, S. 39–48
Gehlen, A.:   *Anthropologische Forschung. Zur Selbstbegegnung und Selbstentdeckung des Menschen,* Hamburg 1961
Gerson-Kiwi, E.:   *„Justus ut palma". Stufen hebräischer Psalmodie in mündlicher Überlieferung,* in: *Stäblein-Festschrift,* Kassel u. a. 1967
Dies.:   *Horn und Trompete im Alten Testament – Mythos und Wirklichkeit,* in: *Studia instrumentorum musicae popularis* 3 = *Emsheimer-Festschrift,* Stockholm 1974, S. 57–60
Gombrich, E. H., Hochberg, J. und Black, M.:   *Kunst, Wahrnehmung, Wirklichkeit,* Frankfurt 1977 *(edition suhrkamp 860)*
Graf, W.:   *Biologische Wurzeln des Musikerlebens,* in: *Schriften des Vereines zur Verbreitung naturwissenschaftlicher Kenntnisse in Wien,* Bericht über das 107. Vereinsjahr, 1967, S. 1–39
Ders.:   *Das biologische Moment im Konzept der vergleichenden Musikwissenschaft,* in: *Studia musicologica* 10, 1968, S. 91–113
Ders.:   *Zur Bedeutung der Klangfarbe im Musik-Erleben,* ebda. 11, 1969, S. 207–225
Ders.:   *Gewöhnliches, sprachliches und musikalisches Hören,* in: *Mitteilungen der Anthropologischen Gesellschaft in Wien* 100, 1970, S. 359–368
Ders.:   *Musikalische Klangforschung,* in: *Acta musicologica* 44, 1972, S. 31–78
Ders.:   *Zu den psychosomatischen Beziehungen der Musik,* in: *Festschrift zum zehnjährigen Bestand der Hochschule für Musik und darstellende Kunst in Graz,* hg. von O. Kolleritsch und F. Körner, Graz 1974, S. 109–121
Ders.:   *Die vergleichende Musikwissenschaft in Österreich seit 1896,* in: *Yearbook of the International Folk Music Council* 6, 1974, S. 15–43
Ders.:   *Sonagraphische Untersuchungen,* in: *Handbuch des Volksliedes* 2, hg. von Brednich, Röhrich und Suppan, München 1975, S. 583–622
Ders.:   *Einige Entwicklungslinien der vergleichenden Musikwissenschaft im deutschen Sprachraum,* in: *Musicologica Slovaka* 7, 1978, S. 55–76

Ders.:	*Vergleichende Musikwissenschaft. Ausgewählte Aufsätze*, hg. von F. Födermayr, Wien–Föhrenau 1980
Grassi, E.:	*Kunst und Mythos*, Hamburg 1957
Grassl, E., Fisch, K. H., Anton, H. und Grassl, H.:	*Das „geistige" Band der Natur; die mathematisch-musikalische Akustik als strukturanalytisches Verfahren*, in: *Gegenbauers morph. Jahrbuch* 124-127, Leipzig 1978–1981
Günther, H.:	*Grundphänomene und Grundbegriffe des afrikanischen und afroamerikanischen Tanzes*, Graz 1969 *(Beiträge zur Jazzforschung 1)*
Haager, M.:	*Die instrumentale Volksmusik im Salzkammergut*, Graz 1979 *(Musikethnologische Sammelbände 3)*
Halifax, J.:	*Schamanen. Zauberer, Medizinmänner, Heiler*, Frankfurt 1983
Hamel, P. M.:	*Durch Musik zum Selbst. Wie man Musik neu erleben und erfahren kann*, Kassel u. a. 1980
Hammerstein, R.:	*Die Musik der Engel. Untersuchungen zur Musikanschauung des Mittelalters*, Bern und München 1957
Ders.:	*Diabolus in Musica. Studien zur Ikonographie der Musik im Mittelalter*, ebda. 1974
Ders.:	*Tanz und Musik des Todes. Die mittelalterlichen Totentänze und ihr Nachleben*, ebda. 1980
Hanslick, E.:	*Vom Musikalisch-Schönen*, Leipzig 1854
Harnoncourt, Ph.:	*Gottesdienst, Kirchenmusik und Bildung*, in: *Festschrift zum zehnjährigen Bestand der Hochschule für Musik und darstellende Kunst in Graz*, hg. von O. Kolleritsch und F. Körner, Graz 1974, S. 127–145
Harrer, G. (Hg.):	*Grundlagen der Musiktherapie und Musikpsychologie*, Stuttgart 1975
Harris, M.:	*The Rise of Anthropological Theory. A History of Culture*, London 1969
Harrison, F. L.:	*Music and Cult: The Functions of Music in Social and Religious Systems*, in: *Perspectives in Musicology*, hg. von B. S. Brook u. a., New York 1972, S. 307–334
Harting, M. und Kurz, U.:	*Sprache als soziale Kontrolle*, Frankfurt 1971
Hartmann, H.:	*Ein Maistanz in San Ildefonso Pueblo*, in: *Baessler-Archiv* NF 24, 1976, S. 5–39
Hassenstein, B.:	*Wie viele Körner ergeben einen Haufen? Bemerkungen zu einem uralten und zugleich aktuellen Verständigungsproblem*, in: *Der Mensch und seine Sprache* 1, hg. von A. Peisl und A. Mohler, Berlin o. J.
Ders.:	*Erbgut, Umwelt, Intelligenzquotient und deren mathematisch-logische Beziehungen*, in: *Zeitschrift für Psychologie* 1982
Hausegger, F. von:	*Die Musik als Ausdruck*, Wien 1885, [2]1887; sowie in ders.: *Gesammelte Schriften*, hg. von S. von Hausegger, Regensburg 1939
Ders.:	*Das Jenseits des Künstlers*, Wien 1893
Ders.:	*Darwin und die Musik*, in: *Gedanken eines Schauenden. Gesammelte Aufsätze*, hg. von S. von Hausegger, München 1903
Heberer, G., Schwidetzky, I. und Walter, H.:	*Anthropologie*, Frankfurt 1959, [2]1970
Heinitz, W.:	*Methodologische Auswertung und vergleichend-musikwissenschaftliche Problemstellung*, in: Hülse, Panconcelli-Calzia und Heinitz,

	Untersuchungen über die Beziehung zwischen allgemeinen und Phonationsbewegungen, Vox 1936, S. 15–21
Ders.:	*Hamburg und die Vergleichende Musikwissenschaft,* in: *Kongreß-Bericht Hamburg 1956,* Hamburg 1957
Helgason, H.:	*Das Heldenlied auf Island. Seine Vorgeschichte, Struktur und Vortragsform. Ein Beitrag zur älteren Musikgeschichte Islands,* Graz 1980 (*Musikethnologische Sammelbände* 4)
Henze, H. W.:	*Musik und Politik. Schriften und Gespräche 1955–1975,* hg. von J. Brockmeier, München 1976
Heppner, F. (Hg.):	*Limbisches System und Epilepsie. Neuere Erkenntnisse über Aufbau, Funktion, Störungen und Operabilität des sogenannten Viszeralhirns,* Bern u. a. 1973
Hickmann, E.:	*Der Spieler in Tiergestalt,* in: *Studia instrumentorum musicae popularis* 7, Stockholm 1981, S. 58–64
Himmelheber, H.:	*Der Heilige Alte. Eine Einrichtung zur Wahrung des Friedens bei einigen Stämmen der Elfenbeinküste und Liberias,* in: *Baessler-Archiv* NF 24, 1976, S. 217–247
Ders.:	*Masken, Tänzer und Musiker der Elfenbeinküste,* Göttingen 1972
Ders. und Himmelheber, U.:	*Die Dan. Ein Bauernvolk im westafrikanischen Urwald,* Stuttgart 1958
Hoerburger, F.:	*Mensch – Musikinstrument – Musik,* in: *Musik und Altar* 11, 1959, S. 172ff.
Ders.:	*Musica vulgaris. Lebensgesetze der instrumentalen Volksmusik,* Erlangen 1966
Ders.:	*Stilschichten der Musik in Afghanistan und ihre gegenseitige Durchdringung,* in: *Musik als Gestalt und Erlebnis = Graf-Festschrift,* Wien u. a. 1970
Ders.:	*Studien zur Musik in Nepal,* Regensburg 1975
Hofstätter, P. R.:	*Sozialpsychologie,* Berlin und New York [5]1973
Holz, H. H.:	*Vom Kunstwerk zur Ware. Studien zur Funktion des ästhetischen Gegenstandes im Spätkapitalismus,* Neuwied und Berlin 1972 (*Sammlung Luchterhand* 65)
Honigmann, J. J. (Hg.):	*Handbook of Social and Cultural Anthropology,* Chicago 1973
Horn, K.:	*Die humanwissenschaftliche Relevanz der Ethologie im Lichte einer sozialwissenschaftlich verstandenen Psychoanalyse,* in: *Kritik der Verhaltensforschung, Konrad Lorenz und seine Schule,* hg. von G. Roth, München 1974, S.190–221
Hornbostel, E. M. von:	*Opera omnia 1,* The Hague 1975
Huet, M.:	*Afrikanische Tänze,* Köln 1979
Huizinga, J.:	*Homo ludens. Versuch einer Bestimmung des Spielelements der Kultur,* Amsterdam 1939
Husserl, E.:	*Vorlesungen zur Phänomenologie und phänomenologischen Philosophie,* 3 Bände, Den Haag 1950–1952 (*Husserliana* 6)
Jaeggi, U.:	*Ordnung und Chaos. Strukturalismus als Methode und Mode,* Frankfurt 1968
James, W.:	*Die Vielfalt der religiösen Erfahrungen. Eine Studie über die menschliche Natur,* Olten und Freiburg 1980

Jiránek, J.:   *Zum gegenwärtigen Stand der semantischen Auffassung der Musik,* in: *Archiv für Musikwissenschaft* 34, 1977

Jones, LeRoi: *Blues People. Schwarze und ihre Musik im weißen Amerika,* dt. Ausgabe, Darmstadt 1970

Josef, K.:   *Musik als Hilfe in der Erziehung geistig Behinderter,* Berlin ³1974

Jung, C. G.:   *Bewußtes und Unbewußtes,* Frankfurt 1959

Kaden, C.:   *Hirtensignale – Musikalische Syntax und kommunikative Praxis,* Leipzig 1977

Kalow, G.:   *Poesie ist Nachricht. Mündliche Traditionen in Vorgeschichte und Gegenwart,* München und Zürich 1975

Karbusicky, V.:   *Ideologie im Lied – Lied in der Ideologie. Kulturanthropologische Strukturanalyse,* Köln 1973

Ders.:   *Systematische Musikwissenschaft. Eine Einführung in Grundbegriffe, Methoden und Arbeitstechniken,* München 1979

Ders. und Schneider, A.:   *Zur Grundlegung der Systematischen Musikwissenschaft,* in: *Acta musicologica* 52, 1980, S. 87–101

Kartomi, M. J.:   *Music and Trance in Central Java,* in: *Ethnomusicology* 17, 1973

Dies.:   *The Processes and Results of Musical Culture Concepts,* in: *Ethnomusicology* 25, 1981, S. 227–249

Katz, J. J.:   *Philosophie der Sprache,* Frankfurt 1969

Keiter, F. (Hg.):   *Verhaltensforschung im Rahmen der Wissenschaften vom Menschen,* Göttingen u. a. 1969

Kemmelmeyer, K.-J. und Probst, W. (Hg.):   *Quellentexte zur Pädagogischen Musiktherapie. Zur Genese eines Faches,* Regensburg 1981

Kern, E.:   *Rückkopplungsphänomene zwischen Musiker und Musikinstrument,* in: *Nova Acta Leopoldina* NF 206, Band 37/1, Leipzig 1972, S. 573–610

Ders. und Glättli, H. H.:   *Die Beziehung zwischen Musiker und Musikinstrument in sinnesphysiologischer Sicht,* in: *HNO* 22, 1974, S. 297–308

Kiev, A. (Hg.):   *Magic, Faith, and Healing,* London 1964

Klausmeier, F.:   *Die Lust, sich musikalisch auszudrücken. Eine Einführung in soziomusikalisches Verhalten,* Reinbek bei Hamburg 1978

Klusen, E.:   *Musik = Auditive Kommunikation? Überlegungen zum Begriff der Musik als Voraussetzung didaktischer Konzeptionen,* in: *Beiträge zur Musikreflexion* 1, hg. von H.-J. Irmen, Kloster Steinfeld 1975

Kneif, T.:   *Musiksoziologie,* Köln 1971

Knepler, G.:   *Geschichte als Weg zum Musikverständnis. Zur Theorie, Methode und Geschichte der Musikgeschichtsschreibung,* Leipzig 1977 (*Reclam Universal Bibliothek 725*)

Kocher, G.:   *Bild und Recht. Überlegungen zur Rolle des Bildes in der privatrechtsgeschichtlichen Lehre und Forschung,* in: *Arbeiten zur Rechtsgeschichte = Schmelzeisen-Festschrift,* Stuttgart 1980

Ders.:   *Musik und rechtliche Volkskunde,* in: *Musikethnologische Sammelbände* 5, 1981, S. 163–182

Koenig, O.:   *Kultur und Verhaltensforschung. Einführung in die Kulturethologie,* München 1970

König, R.:   *Handbuch der empirischen Sozialforschung* 2, Stuttgart 1969

Ders. und Schmalfuß, A.:   *Kulturanthropologie,* Düsseldorf und Wien 1972

Kolleritsch, O.:   *Musik zwischen Engagement und Kunst,* in: *Musik und Bildung* 8, 1976, S. 549–551

Kraemer, R.D. und   *Musikpsychologische Forschung und Musikunterricht. Eine kommen-*
Schmidt-Brunner, W.   *tierte Bibliographie,* Mainz 1983
(Hg.):

Kraus, W.:   *Kultur und Macht. Die Verwandlung der Wünsche,* München 1978

Kretzenbacher, L.:   *Rechtslegenden abendländischer Volksüberlieferung,* Graz 1970 *(Kleine Arbeitsreihe des Instituts für Europäische und vergleichende Rechtsgeschichte* 1)

Ders.:   *Legende und Sozialgeschehen zwischen Mittelalter und Barock,* Wien 1977 (Österreichische Akademie der Wissenschaften, phil.-hist. Klasse, 318. Band)

Kubik, G.:   *Afrikanische Elemente im Jazz – Jazzelemente in der populären Musik Afrikas,* in: *Jazzforschung* 1, 1969, S. 84–98

Ders.:   *Die Verarbeitung von Kwele, Jazz und Pop in der modernen Musik von Malawi,* ebda. 3/4, 1971/72, S. 51–115

Kümmel, W. F.:   *Musik und Musikgeschichte in biologischer Interpretation,* in: *Biologismus im 19. Jahrhundert,* hg. von G. Mann, Stuttgart 1973

Ders.:   *Musik und Medizin. Ihre Wechselbeziehungen in Theorie und Praxis von 800 bis 1800,* Freiburg und München 1977

Kunst, J.:   *Ethno-Musicology,* Den Haag 1955

Kurzschenkel, W.:   *Die theologische Bestimmung der Musik. Neuere Beiträge zur Deutung und Wertung des Musizierens im christlichen Leben,* Trier 1971

Laade, W.:   *Musik der Götter, Geister und Dämonen. Die Musik in der mythischen, fabulierenden und historischen Überlieferung der Völker Afrikas, Nordasiens, Amerikas und Ozeaniens,* Baden-Baden 1975

Lach, R.:   *Studien zur Entwicklungsgeschichte der ornamentalen Melopöie. Beiträge zur Geschichte der Melodie,* Leipzig 1913

Ders.:   *Das Konstruktionsprinzip der Wiederholung in Musik, Sprache und Literatur,* in: Sitzungsberichte der Akademie der Wissenschaften in Wien, phil.-hist. Klasse 201/2, 1925

Ders.:   *Vergleichende Kunst- und Musikwissenschaft,* ebda. 201/3, 1925

Lange, R.:   *The Nature of Dance. An Anthropological Perspective,* London 1975

Leiris, M.:   *Die eigene und die fremde Kultur. Ethnologische Schriften,* Frankfurt ²1979

Lenneberg, E. H.:   *Die biologischen Grundlagen der Sprache,* Frankfurt 1971

Lepenies, W.:   *Soziologische Anthropologie. Materialien,* München 1971

Leukert, B. (Hg.):   *Thema: Rock gegen Rechts. Musik als politisches Instrument,* Frankfurt 1980

Lévi-Strauss, C.:   *Strukturale Anthropologie* 1, Frankfurt 1967

Ders.:   *Strukturale Anthropologie* 2, Frankfurt 1975

Lewin, O.:   *Jamaica's Folk Music,* in: *Yearbook of the International Folk Music Council* 3, 1971, S. 15–23

Linke, N.:   *Anthropologie und die Musikerziehung. Plädoyer für eine therapeutisch orientierte Musikdidaktik,* in: *Neue Musikzeitung,* Juni/Juli 1974, S. 37–40

Ders.:   *Heilung durch Musik? Didaktische Handreichungen zur Musiktherapie,* Wilhelmshaven 1977 (*Musikpädagogische Bibliothek* 15)

Linton, R.:   *The Study of Man,* New York 1936

Lissa, Z.:   *Ästhetik der Filmmusik,* Berlin 1965

Dies.:   *Neue Aufsätze zur Musikästhetik,* Wilhelmshaven 1975

Lomax, A.:   *Song Structure and Social Structure,* in: *Readings in Ethnomusicology,* hg. von D. P. McAllester, New York und London 1971, S. 227–252

Ders.:   *Folksong Style and Culture,* Washington, D.C. 1968

Ders.:   *Cantometrics. An Approach to the Anthropology of Music,* Berkeley, Cal. 1976 (Rez.: *American Anthropologist* 80, 1978, S. 207; *Ethnomusicology* 25, 1981, S. 527–529)

London, P.:   *Der gesteuerte Mensch. Die Manipulation des menschlichen Gehirns,* München o.J. *(Goldmann Sachbücher* 11 111)

Lord, A. B.:   *Der Sänger erzählt. Wie ein Epos entsteht,* München 1965

Lorenz, K.:   *Vergleichende Verhaltensforschung. Grundlagen der Ethologie,* München 1982

Lorenzer, A.:   *Das Konzil der Buchhalter. Die Zerstörung der Sinnlichkeit. Eine Religionskritik,* Frankfurt 1981

Losonczi, A.:   *Bedarf, Funktion, Wertwechsel in der Musik. Musiksoziologische Untersuchung des Musiklebens in Ungarn nach 1945,* Budapest 1980

Lukács, G.:   *Ästhetik,* 3. Teil (Musik), Neuwied und Berlin 1963

Lund, C.:   *Methoden und Probleme der nordischen Musikarchäologie,* in: *Acta musicologica* 52, 1980

Madeja, S. (Hg.):   *The Arts, Cognition, and Basic Skills,* St. Louis, USA 1978 (Rez.: *Ethnomusicology* 25, 1981, S. 529–531)

Malinowski, B.:   *Korallengärten und ihre Magie. Bodenbestellung und bäuerliche Bräuche auf den Trobriand-Inseln,* Frankfurt 1981

Marcuse, H.:   *Konterrevolution und Revolte,* Frankfurt 1973

Maróthy, J.:   *Music and the Bourgeois. Music and the Proletarian,* Budapest 1974

Ders.:   *A Music of our Own,* in: *Popular Music* 1, 1981, S. 15–25

Marqard, O.:   *Triebstruktur und Gesellschaft. Ein philosophischer Beitrag zu S. Freud,* Frankfurt 1965

Marti, S.:   *Alt-Amerika. Musik der Indianer in präkolumbischer Zeit,* Leipzig 1970 *(Musikgeschichte in Bildern* II/7)

Martins, J. B.:   *Die Funktion des Mensch/Tier-Vergleichs in der philosophischen Anthropologie,* Göppingen 1973

Mauerhofer, A.:   *Tanz- und Tanzmusiknachrichten in den österreichischen Weistümern (Musik und Recht I und II),* in: *Musikethnologische Sammelbände* 2 und 5, 1978 und 1981, S. 105–117 und 183–194

McAllester, D. P. (Hg.):   *Readings in Ethnomusicology,* New York und London 1971

Merriam, A. P.:   *The Anthropology of Music,* Evanston 1964, [2]1968, [3]1971

Ders.:   *Ethnomusicology of the Flathead Indians,* in: *Viking Fund Publications in Anthropology* 44, 1967

Ders.:   *The Arts and Anthropology,* in: *Anthropology and Art. Readings in Cross-Cultural Aesthetics,* hg. von Ch. M. Otten, New York 1971, S. 93–105

Ders.:   *Aspects of Sexual Behaviour among the Bala (Basongye),* in: *Human Sexual Behaviour: Variations in the Ethnographic Spectrum,* hg. von D. S. Marshall und R. C. Suggs, New York 1971, S. 71–102

Ders.:   *The Bala Musician,* in: *The Traditional Artist in African Societies,* hg. von W. L. d'Azevedo, Bloomington/Ind. 1973, S. 250–281

Ders.:   *An African World: The Basongye Village of Lupupa Ngye,* Bloomington/Ind. 1974

Ders.:   *The Role of Music in the Life of Man,* in: *South Western Musician. Texas Music Educator* 46, 1977, S. 3–10

Ders.:   *Basongye Musicians and Institutionalized Social Deviance,* in: *Yearbook of the International Folk Music Council* 11, 1979, S. 1–26

Mersmann, H.:   *Musikhören,* Frankfurt 1952

Meyer-Eppler, W.:   *Informationstheoretische Probleme der musikalischen Kommunikation,* in: *Revue Belge de Musicologie* 13, 1959, S. 44–49

Moog, H.:   *Lehrerhandbuch zum Singbuch* I und II, Düsseldorf 1972

Ders.:   *Zum Gegenstand der Musikpsychologie,* in: *Psychologische Rundschau* 28/2, 1977, S. 110–125

Ders.:   *Der Einsatz von Blechblasinstrumenten in der Sonderpädagogik,* in: *Alta musica* 1, 1976, S. 301–310

Ders.:   *Blasinstrumente bei Behinderten,* Tutzing 1978 *(Alta musica* 3)

Morris, Ch. W.:   *Zeichen, Sprache und Verhalten,* Frankfurt u. a. 1981 (dt. Übersetzung von *Signs, Language, and Behaviour,* New York 1946)

Muchembled, R.:   *Kultur des Volkes – Kultur der Eliten. Die Geschichte einer erfolgreichen Verdrängung,* Stuttgart 1982

Mühlmann, W. E.:   *Geschichte der Anthropologie,* Bonn 1948

Ders.:   *Homo creator. Abhandlungen zur Soziologie, Anthropologie und Ethnologie,* Wiesbaden 1962

Ders. und Müller, E. W. (Hg.):   *Kulturanthropologie,* Köln und Berlin 1966

Müller-Thalheim, W.:   *Psychopathologie und Musik,* in: *Österreichische Ärztezeitung* 32/22, 1977, S. 1412–1417

Neher, A.:   *A Physiological Explanation of Unusual Behaviour in Ceremonies Involving Drums,* in: *Human Biology* 4, 1962, S. 151–160

Nettl, B.:   *Music in Primitive Culture,* Cambridge 1956

Neubecker, A. J.:   *Altgriechische Musik. Eine Einführung,* Darmstadt 1977

Niethammer, L. (Hg.):   *Lebenserfahrung und kollektives Gedächtnis. Die Praxis der „Oral History",* Frankfurt 1980

Nöth, W.:   *Dynamik semiotischer Systeme. Vom altenglischen Zauberspruch zum illustrierten Werbetext,* Stuttgart 1977

Nolte, E.:   *Musikpädagogik und die Auffassung der Musik als Kommunikationsphänomen,* in: *Musik und Bildung* 8, 1976, S. 433–441

Nordoff, P. und Robbins, C.:   *Creative Music Therapy,* New York 1977

Oesch, H.:   *Musikalische Kontinuität bei Naturvölkern, dargestellt an der Musik der Senoi auf Malakka,* in: *Kurt von Fischer-Festschrift,* München 1973, S. 227–246

Ders.:   *Ökonomie und Musik. Zur Bedeutung der Produktionsverhältnisse für die Heranbildung einer Musikkultur, dargestellt am Beispiel der Inlandstämme auf Malakka und der Balier,* in: *Boetticher-Festschrift,* Berlin 1974, S. 246–254

Ders.: *Musikalische Gattungen bei Naturvölkern. Untersuchungen am vokalen und instrumentalen Repertoire des Schamanen Terhin und seiner Senoi-Leute vom Stamm der Temira am oberen Nenggiri auf Malakka,* in: *Arno Volk-Festschrift,* Köln 1974, S. 7–30

Ders.: *Die Musik der Bergstämme im Norden Thailands,* in: *Mitteilungen der deutschen Gesellschaft für Musik des Orients* 13, 1974/75, S. 83–89

Ders.: *Ethnomusikologische Arbeit bei den Bergstämmen Thailands. Erste Ergebnisse der Expedition 1974,* in: *Musik fremder Kulturen,* Mainz 1977, S. 42–65

Orff, G.: *Die Orff-Musiktherapie. Aktive Förderung der Entwicklung des Kindes,* München 1974

Osche, G.: *Biologische und kulturelle Evolution – die zweifache Geschichte des Menschen und seine Sonderstellung,* in: *Verhandlungen der Gesellschaft deutscher Naturforscher und Ärzte,* Heidelberg 1972

Ders.: *Kulturelle Evolution: biologische Wurzeln, Vergleich ihrer Mechanismen mit denen des biologischen Evolutionsgeschehens,* in: *Freiburger Vorlesungen zur Biologie des Menschen,* hg. von B. Hassenstein u. a., Heidelberg 1979

Petsche, H.: *Neurophysiologische Aspekte zum Musikerleben,* in: *Mensch und Musik = H. von Karajan-Festschrift,* Salzburg 1979

Petzsch, Chr.: *Nachrichten aus deutschen Städtechroniken…,* in: *Musikethnologische Sammelbände* 2, 1978, S. 119–136; 5, 1981, S. 67–86; *Historische Volksmusikforschung,* Krakau 1979, S. 121–134

Picht, G.: *Die Dimension der Universalität von J. S. Bach,* in: ders., *Hier und Jetzt. Philosophieren nach Auschwitz und Hiroshima* 1, Stuttgart 1980, S. 260–272

Piperek, M.: *Streß und Kunst. Gesundheitliche, psychische, soziologische und rechtliche Belastungsfaktoren im Beruf des Musikers im Symphonieorchester,* Wien und Stuttgart 1971

Plessner, H.: *Homo absconditus,* in: *Philosophische Anthropologie heute,* München ²1974

Ders.: *Zur Anthropologie der Musik,* in: *Jahrbuch für Ästhetik und allgemeine Kunstwissenschaft* 1951, S. 110–121

Probst, W.: *Musik in der Sonderschule für Lernbehinderte,* Berlin ²1976

Putz, L.: *Volksmusikdarstellungen des 11. und 12. Jahrhunderts in Frankreich,* in: *Musikethnologische Sammelbände* 5, 1981, S. 105–116

Quasten, J.: *Musik und Gesang in den Kulturen der heidnischen Antike und christlichen Frühzeit,* Münster ²1973

Rajeczky, B.: *Gregorianik und Volksgesang,* in: *Handbuch des Volksliedes,* hg. von R. W. Brednich, L. Röhrich und W. Suppan, Band 2, München 1975, S. 391–405

Ders.: *Arbeiten über die ungarische Volksmusik des Mittelalters. Die Totenklage,* in: *Musikethnologische Sammelbände* 2, 1978, S. 137–146

Ramseyer, U.: *Soziale Bezüge des Musizierens in Naturvolkkulturen. Ein ethnosoziologischer Ordnungsversuch,* Bern und München 1970

Ders.: *Klangzauber. Funktionen außereuropäischer Musikinstrumente,* Ausstellungs-Katalog des Museums für Völkerkunde, Basel 1969

Ratzinger, J.:	*Zur theologischen Grundlegung der Kirchenmusik,* in: *Festschrift…* *Regensburger Domspatzen,* Regensburg o. J., S. 39–62
Rauhe, H.:	*Musikerziehung durch Jazz,* Wolfenbüttel und Zürich 1962
Ders.:	*Zum Problem der Beobachtung und Analyse musikbezogener Verhaltensweisen,* in: *Forschung in der Musikerziehung* 1974, Mainz 1975, S. 5–28
Ders., Reinecke, H.-P. und Ribke, W.:	*Hören und Verstehen. Theorie und Praxis handlungsorientierten Musikunterrichts,* München 1975
Ders.:	*Umweltgeprägtes Musikverhalten. Aspekte der Ermittlung und der didaktischen Analyse,* in: K. Blaukopf (Hg.), *Schule und Umwelt,* Wolfenbüttel und Zürich 1975, S. 15–42
Ders.:	*Aspekte einer Umweltverschmutzung durch Musik,* in: *Musik und Bildung* 9, 1977, S. 12–16
Ders.:	*Bilden – Helfen – Heilen. Zur anthropologischen Begründung und Ausrichtung eines ausgewogenen Musikunterrichts für alle Stufen der Allgemeinbildenden Schulen,* in: *Musik und Bildung* 10, 1978, S. 4–8
Ders.:	*Grundlagen der Antriebsförderung durch Musik,* in: W. J. Revers und H. Rauhe, *Musik – Intelligenz – Phantasie,* Salzburg 1978, S. 55–78
Ders.:	*Musikpädagogik als Didaktik musikalischer Kommunikation und Interaktion,* in: *Festschrift K. Blaukopf,* Wien 1975, S. 77–96
Rebscher, G.:	*Materialien zum Unterricht in Popularmusik,* Wiesbaden 1973
Reinecke, H.-P.:	*Bemerkungen zum Entwurf einer kommunikativ orientierten Musikpsychologie,* in: *Hamburger Jahrbuch für Musikwissenschaft* 1, 1974
Reinhard, K.:	*Chinesische Musik,* Eisenach und Kassel 1956
Ders.:	*Einführung in die Musikethnologie,* Wolfenbüttel und Zürich 1968
Revers, W. J.:	*Das Musikerlebnis,* Düsseldorf und Wien 1970
Ders., Harrer, G. und Simon, W. C. M. (Hg.):	*Neue Wege der Musiktherapie. Grundzüge einer alten und neuen Heilmethode,* Düsseldorf und Wien 1974
Ders.:	*Mensch und Musik,* in: W. C. Simon (Hg.), *Mensch und Musik. Festschrift für H. von Karajan,* Salzburg 1979
Roederer, J. R.:	*Introduction to the Physics and Psychophysics of Music,* London 1973, deutsch: *Physikalische und psychoakustische Grundlagen der Musik,* Berlin u. a. 1977
Roth, G. (Hg.):	*Kritik der Verhaltensforschung. K. Lorenz und seine Schule,* München 1974
Rouget, G.:	*Music and Possession in Trance,* in: J. Blacking, *The Anthropology of the Body,* London 1977 (*ASA Monograph* 15)
Ders.:	*La musique et la transe: Esquisse d'une théorie générale des relations de la musique et de la possession,* Paris 1980
Royce, A. P.:	*The Anthropology of Dance,* Bloomington/Ind. und London 1977
Rust, F.:	*Dance in Society: An Analysis of the Relationship between the Social Dance and Society in England from the Middle Ages to the Present Day,* London 1969
Sachs, C.:	*Geist und Werden der Musikinstrumente,* Berlin 1929
Ders.:	*Vergleichende Musikwissenschaft in ihren Grundzügen,* Leipzig 1930
Ders.:	*Eine Weltgeschichte des Tanzes,* Berlin 1933
Ders.:	*The Wellsprings of Music,* hg. von J. Kunst, Den Haag 1962

Sakanishi, H.:	*Über das KZ-Liederbuch von A. Kulsiewisz*, in: *Memoirs of the Muroran Institute of Technology, Cultural Science* 8/3, 1976, S. 45–75
Salmen, W.:	*Der fahrende Musiker im europäischen Mittelalter*, Kassel 1960
Ders.:	Musikleben im 16. Jahrhundert, Leipzig 1976 *(Geschichte der Musik in Bildern* III/9)
Sandner, W. (Hg.):	*Rockmusik. Aspekte zur Geschichte, Ästhetik, Produktion*, Mainz 1977
Sartre, J.-P.:	*L'imaginaire*, Paris 1940
Ders.:	*L'imagination*, Paris ⁶1965
Schaefer, H.:	*Physiologische Grundlagen der Emotionen bei Mensch und Tier*, in: *Universitas* 37, 1982
Schäfer, O. F.:	*Wesen und Bedeutung der Resonanz in der Natur*, in: *Universitas* 37, 1982
Schäfke, R.:	*Geschichte der Musikästhetik in Umrissen*, Berlin 1934, Neudruck Tutzing 1964
Scheler, M.:	*Die Wissensformen und die Gesellschaft*, Leipzig 1926
Schmidt, H. und M.:	*Die vergessene Bildersprache christlicher Kunst. Ein Führer zum Verständnis der Tier-, Engel- und Mariensymbolik*, München 1981
Schmidt-Brunner, W.:	*Zum Stand der musikdidaktischen und musikpädagogischen Forschung. Konsequenzen für die Ausbildung*, in: *Entwicklung neuer Ausbildungsgänge Musik. Modellversuch*, Essen 1978, S. 275–299
Schmidt-Köngernheim, W.:	*Musikzauber. Außereuropäische Musik als Grundlage eines kulturanthropologischen Zugangs zur Musik im Unterricht der Sekundarstufe I*, in: *Praxis des Musikunterrichts*, hg. von W. Gundlach und W. Schmidt-Brunner, Mainz 1977, S. 147–170
Schmied-Kowarzik, W.:	*Philosophische Überlegungen zum Verstehen fremder Kulturen und zu einer Theorie der menschlichen Kultur*, in: *Grundfragen der Ethnologie, Beiträge zur gegenwärtigen Theorie-Diskussion*, hg. von dems. und J. Stagl, Berlin 1981
Schneider, A.:	*Analogie und Rekonstruktion. Wege zur Erforschung der Ur- und Frühgeschichte der Musik*, in: *400 Jahre Kurfürst-Salentin-Gymnasium Andernach*, ebda. 1973, S. 51–63
Ders.:	*Musikwissenschaft und Kulturkreislehre. Zur Methodik und Geschichte der Vergleichenden Musikwissenschaft*, Bonn 1976
Ders.:	*Probleme der Periodisierung von Volksmusik und Folklore am Beispiel Irlands*, in: *Musikethnologische Sammelbände* 2, 1978, S. 147–186
Ders.:	*Vergleichende Musikwissenschaft als Morphologie und Stilkritik: Werner Danckerts Stellung in der Volksliedforschung und Musikethnologie*, in: *Jahrbuch für Volksliedforschung* 24, 1979, S. 11–27
Ders.:	*Die Geschichtlichkeit der Kunst und die außereuropäische Musik*, in: *Zeitschrift für Ästhetik und allgemeine Kunstwissenschaft* 24/1, 1979, S. 63–74
Ders. und Perkuhn, E.:	*Musikalische Nachrichten aus Zunfturkunden und verwandten Quellentypen*, in: *Historische Volksmusikforschung*, Krakau 1979
Ders.:	*‚Stil', ‚Schicht', ‚Stratigraphie' und ‚Geschichte' der Volksmusik*, in: *Studia musicologica* 20, 1980
Ders.:	*Orale Tradition, Musikgeschichte und Folklorismus in Irland. Das*

	Kontinuitätsproblem und die historische Volksmusikforschung, in: *Musikethnologische Sammelbände* 5, 1981, S. 117–157
Schneider, M.:	*Ethnologische Musikforschung*, in: K. Th. Preuss und R. Thurnwald, *Lehrbuch der Völkerkunde*, Stuttgart 1939
Schneider, R.:	*Semiotik der Musik. Darstellung und Kritik*, München 1980
Ders.:	*Vorüberlegungen zu einer Anthropologie der Musik – auch in pädagogischer Absicht*, in: *Zeitschrift für Musikpädagogik*, Heft 15, Sept. 1981, S. 265–271
Ders.:	*Das anthropologische Defizit der Musikpädagogik*, in: *Zeitschrift für Musikpädagogik*, H. 22, Mai 1983, S. 9–14
Schwabe, Chr.:	*Musiktherapie bei Neurosen und funktionellen Störungen*, Stuttgart ²1972
Seidel, A.:	*Musik in der Sozialpädagogik, dargestellt am Beispiel Randgruppenarbeit*, Wiesbaden 1976
Shay, A. V.:	*The Functions of Dance in Human Societies…*, MA-Thesis California State College, Los Angeles 1971
Sichardt, W.:	*Der alpenländische Jodler und der Ursprung des Jodelns*, Berlin 1939
Silva-Tarouca, A. (Graf von):	*Philosophie der Polarität*, Graz und Wien 1955
Simon, W. C. (Hg.):	*Mensch und Musik. Festschrift für H. von Karajan*, Salzburg 1979
Sittner, H.:	*Musikerziehung zwischen Theorie und Therapie*, Wien 1974 (*Publikationen der Wiener Musikhochschule* 6)
Sonnemann, U.:	*Negative Anthropologie. Vorstudien zu einer Sabotage des Schicksals*, Frankfurt 1981
Steiner, R.:	*Das Wesen des Musikalischen und das Tonerlebnis des Menschen*, Dornach 1975
Stephan, R. (Hg.):	*Über Musik und Politik*, Mainz 1971
Stockmann, D.:	*Musik als kommunikatives System. Informations- und zeichentheoretische Aspekte insbesondere bei der Erforschung mündlich tradierter Musik*, in: *Deutsches Jahrbuch der Musikwissenschaft* 14, Leipzig 1969 (1970), S. 76–95
Dies.:	*Deutsche Rechtsdenkmäler des Mittelalters als volksmusikalische Quelle*, in: *Studia musicologica* 15, 1973, S. 267–302
Dies.:	*Der Kampf der Glocken im deutschen Bauernkrieg. Ein Beitrag zum öffentlich-rechtlichen Signalwesen des Spätmittelalters*, in: *Beiträge zur Musikwissenschaft* 16, 1974, S. 163–193
Dies.:	*Die Glocke im Profangebrauch des Spätmittelalters*, in: *Studia instrumentorum musicae popularis* 3 = *Emsheimer-Festschrift*, Stockholm 1974, S. 224–232
Dies.:	*Trommeln und Pfeifen im deutschen Bauernkrieg*, in: *Der arm man 1525. Volkskundliche Studien*, Berlin 1975, S. 288–308
Dies.:	*Die Erforschung vokaler und instrumentaler Praktiken im mittelalterlichen Rechtsleben*, in: *Deutsches Jahrbuch der Musikwissenschaft 1973–77*, Leipzig 1978, S. 115–134
Dies.:	*Musik – Sprache – Tierkommunikation*, in: *International Review of the Aesthetics and Sociology of Music* 10, 1979, S. 5–45
Dies.:	*Zur öffentlich-rechtlichen Signalpraxis im deutschen Bauernkrieg*, in: *Historische Volksmusikforschung*, Krakau 1979, S. 189–200

Dies.:	*Aktuelle Probleme der historischen Volksmusikforschung aufgrund mittelalterlicher Quellenbefunde,* in: *Musikethnologische Sammelbände 5,* 1981, S. 195–211
Streich, H.:	*Musik im Traum,* in: *Musiktherapeutische Umschau* 1, 1980, S. 9–19
Strobach, E.:	*Die Bauern sind aufrührig worden. Lieder aus dem Bauernkrieg,* in: *Der arm man 1525. Volkskundliche Studien,* Berlin 1975
Stumpf, C.:	*Die Anfänge der Musik,* Leipzig 1911
Sturm, H. und Eschbach, A. (Hg.):	*Ästhetik und Semiotik. Zur Konstitution ästhetischer Zeichen,* Tübingen · 1981
Suppan, W.:	*Grundriß einer Geschichte des Tanzes in der Steiermark,* in: *Zeitschrift des historischen Vereines für Steiermark* 54, 1963, S. 91–116
Ders.:	*Über die Totenklage im deutschen Sprachraum,* in: *Journal of the International Folk Music Council* 15, 1963, S. 18–24
Ders.:	*Melodiestrukturen im deutschsprachigen Brauchtumslied,* in: *Deutsches Jahrbuch für Volkskunde* 10, 1964, S. 254–279
Ders.:	*Volks- (völker-) kundliche und soziologische Gedanken zum Thema „Musik und Arbeit",* in: *Arbeit und Volksleben. Deutscher Volkskundekongreß 1965 in Marburg,* Göttingen 1967, S. 318–324
Ders.:	*Musiknoten als Vorschrift und als Nachschrift,* in: *Symbolae historiae musicae = Federhofer-Festschrift,* Mainz 1971, S. 11–18
Ders.:	*Free Jazz. Negation ästhetischer Kriterien – Rückkehr zur funktionalen Musik,* in: *Musikerziehung* 26, Wien 1972/73, S. 206–208
Ders.:	*Deutsches Liedleben zwischen Renaissance und Barock. Die Schichtung des deutschen Liedgutes in der zweiten Hälfte des 16. Jahrhunderts,* Tutzing 1973 *(Mainzer Studien zur Musikwissenschaft 4)*
Ders.:	*Melodram und melodramatische Gestaltung,* in: *Festschrift zum zehnjährigen Bestand der Hochschule für Musik und darstellende Kunst in Graz,* hg. von O. Kolleritsch und F. Körner, Graz 1974, S. 243–250
Ders.:	*Musikalisches Verhalten und Musikpädagogik in hochindustrialisierten Ländern,* in: *Musik und Bildung* 8, 1976, S. 183–186; dass. in engl. Sprache in: *Jazzforschung* 8, 1976, S. 150–157
Ders.:	*Werkzeug – Kunstwerk – Ware. Prolegomena zu einer anthropologisch fundierten Musikwissenschaft,* in: *Musikethnologische Sammelbände* 1, 1977, S. 9–20
Ders.:	*Bürgerliches und bäuerliches Musizieren in Mittelalter und früher Neuzeit,* in: *Musikgeschichte Österreichs* 1, Graz u. a. 1977, S. 143–172
Ders.:	*Volkslied. Seine Sammlung und Erforschung,* Stuttgart ²1977
Ders.:	*Volksmusik in den Protokollen deutscher Synoden und Kapitularien des Mittelalters,* in: *Historische Volksmusikforschung,* Krakau 1979, S. 202–220
Ders.:	*Rechtsgeschichte im Volkslied – Rechtsgeschehen um das Volkslied,* in: *Festschrift für Berthold Sutter,* Graz 1983, S. 353–379
Ders.:	*J. G. Herder und die Volkslied-Sammelbewegung in den slawischen Ländern,* in: *Logos musicae = Palm-Festschrift,* Wiesbaden 1982
Ders.:	*Biologische und kulturelle Bedingungen des Musikgebrauches,* in: *Kongreß-Bericht Bayreuth* 1981 (im Druck); dass. (Kurzfassung) in: *Universitas* 37, 1982, S. 1279–1284

Ders.:	*Franz Liszt zwischen Eduard Hanslick und Friedrich von Hausegger. Ausdrucks- contra Formästhetik*, in: *Studia musicologica* 24, 1982
Ders.:	*Gedanken zum Thema: Musik und Gesellschaft in West-Afrika*, in: *Baud-Bovy-Festschrift*, Genf, im Druck
Ders.:	*Ethnohistorische und kulturpolitische Anmerkungen zum Musik-Politik-Verhältnis*, in: *Geschichte und Gegenwart* 2, Graz 1983, S. 100–115
Ders.:	*Ethnomusikologische Überlegungen zur Herkunft der „Erlauer Spiele" aus dem Millstatt-St. Lambrechter Raum*, in: *Jahrbuch des Österreichischen Volksliedwerkes = Walter Deutsch-Festschrift*, Wien 1983
Ders.:	*Von der Volksmusikforschung zur ethnologischen und anthropologischen Musikforschung*, in: *Kongreß-Bericht Basel* 1981 = Volksmusik heute, Basel 1983
Ders.:	*Zoltán Kodály und die Entwicklung melodietypologischer Forschung in Ungarn*, in: *Kongreß-Bericht Kodály-Konferenz Budapest* 1982 (im Druck)
Ders.:	*Musica usualis der Haydn-Zeit*, in: *Kongreß-Bericht Haydn-Konferenz Wien* 1982 (im Druck)
Ders.:	*Bach-Fux. Zur Funktion und Semantik barocker Musik*, in: *Kongreß-Bericht Bach-Fest Graz* 1983 (im Druck)
Szabolcsi, B.:	*Bausteine zu einer Geschichte der Melodie*, Budapest 1959
Ders.:	*Der musikalische Konsens. Bruchstücke einer Studie*, in: *Musik als Gestalt und Erlebnis = Graf-Festschrift*, Wien u. a. 1970, S. 227–233
Takács, J.:	*A Dictionary of Philippine Musical Instruments*, in: *Archiv für Völkerkunde* 29, Wien 1975
Topitsch, E.:	*Phylogenetische und emotionale Grundlagen menschlicher Weltauffassung*, in: W. E. Mühlmann und E. W. Müller, *Kulturanthropologie*, Köln und Berlin 1966
Ujfalussy, J.:	*Die Logik der musikalischen Bedeutung*, in: *Studia musicologica* 4, 1963, S. 3–19
Vogel, M.:	*Onos lyras. Der Esel mit der Leier*, Düsseldorf 1973
Wachsmann, K. P. (Hg.):	*Essays on Music and History in Africa*, Evanston 1971
Waldenfels, B.:	*Der Spielraum des Verhaltens*, Frankfurt 1980
Wallaschek, R.:	*On the Origin of Music*, London 1891
Ders.:	*Primitive Music*, London 1893
Ders.:	*Anfänge der Tonkunst*, Leipzig 1903
Ders.:	*Psychologische Ästhetik*, posthum hg. von O. Kotaun, Wien 1930
Waterman, R. A.:	*Music in Australian Aboriginal Culture: Some Sociological and Psychological Implications*, in: *Journal of Music Therapy* 5, 1955, S. 40–49; nochmals abgedr. in: *Readings in Ethnomusicology*, hg. von D. P. McAllester, New York und London 1971, S. 167–174
Wellek, A.:	*Musikpsychologie und Musikästhetik*, Frankfurt 1963
Werbik, H.:	*Informationsgehalt und emotionale Wirkung von Musik*, Mainz 1971
Werner, E.:	*The Sacred Bridge: The Interdependence of Liturgy and Music in Synagogue and Church During the First Millenium*, London und New York 1959
Ders.:	*Die jüdischen Wurzeln der christlichen Kirchenmusik*, in: *Geschichte der Katholischen Kirchenmusik* 1, hg. von K. G. Fellerer, Kassel u. a. 1972, S. 22–29

Whitwell, D.: — *Band Music of the French Revolution*, Tutzing 1979 *(Alta musica* 5)

Wilhelmy, H.: — *Welt und Umwelt der Maya. Aufstieg und Untergang einer Hochkultur,* München und Zürich 1981

Wille, G.: — *Musica romana. Die Bedeutung der Musik im Leben der Römer,* Amsterdam 1967

Willms, H.: — *Musiktherapie bei psychotischen Erkrankungen,* Stuttgart 1975

Wiora, W.: — *Zur Frühgeschichte der Musik in den Alpenländern,* Basel 1949

Ders.: — *Die vier Weltalter der Musik,* Stuttgart 1961

Ders.: — *Die Natur der Musik und die Musik der Naturvölker,* in: *Journal of the International Folk Music Council* 13, 1961

Ders.: — *Jubilare sine verbis,* in: *Handschin-Gedenkschrift,* Straßburg 1962, S. 39–65

Ders.: — *Methodik der Musikwissenschaft,* in: *Enzyklopädie der geisteswissenschaftlichen Arbeitsmethoden,* hg. von Gosdruck und Walters, München und Wien 1970

Ders.: — *Religioso,* in: *Triviale Zonen in der religiösen Kunst des 19. Jahrhunderts,* Frankfurt 1971, S. 1–12

Ders.: — *Volksmusik und musica humana,* in: *Yearbook of the International Folk Music Council* 7, 1975, S. 30–43

Ders.: — *Ergebnisse und Aufgaben Vergleichender Musikforschung,* Darmstadt 1975 *(Erträge der Forschung* 44)

Ders.: — *Musikgeschichte der Grundschichten als Zweig der erweiterten Musikgeschichte,* in: *Musikethnologische Sammelbände* 2, 1978, S. 13–17

Ders.: — *Ideen zur Geschichte der Musik,* Darmstadt 1980 *(Impulse der Forschung* 31)

Ders.: — *Das musikalische Kunstwerk,* Tutzing 1983

Wünsch, W.: — *Heldensänger in Südosteuropa,* Berlin und Leipzig 1937

Žak, S.: — *Musik als 'Ehr und Zier' im mittelalterlichen Reich. Studien zur Musik im höfischen Leben, Recht und Zeremoniell,* Neuss (Kassel) 1979

Zima, P. V. (Hg.): — *Textsemiotik als Ideologiekritik,* Frankfurt 1977

Zimmer, D. E.: — *Unsere erste Natur. Die biologischen Ursprünge menschlichen Verhaltens,* Frankfurt 1982 *(Ullstein Sachbuch* 34095)

Zoltai, D.: — *Ethos und Affekt. Geschichte der philosophischen Musikästhetik von den Anfängen bis zu Hegel,* Budapest und Berlin 1970

Zuckerkandl, V.: — *Die Wirklichkeit der Musik. Der musikalische Begriff der Außenwelt,* Zürich 1963

Ders.: — *Vom musikalischen Denken. Begegnungen von Ton und Wort,* Zürich 1964

Register

Begriffe, Ideen, Sachen

Bildnachweis

S. 35–44: Ungarische Akademie der Wissenschaften, Budapest, Musikwissenschaftliches Institut, Direktor Prof. Dr. Zoltán Falvy. – S. 48–51: H. Himmelheber, *Masken, Tänzer und Musiker der Elfenbeinküste,* Göttingen 1972. – S. 53: Aufnahme W. Suppan. – S. 55: W. Suppan, *Blasmusik in Baden,* Freiburg-Tiengen 1983, S. 16.– S. 57: Slg. W. Suppan. – S. 58: Aufnahme W. Suppan. – S. 61: R. Hammerstein, *Tanz und Musik des Todes. Die mittelalterlichen Totentänze und ihr Nachleben,* Bern und München 1980. – S. 73: Topkai-Saray-Museum, Istanbul. – S. 75: Nach einer Postkarte im Besitz von W. Suppan. – S. 93: Museum für Hamburgische Geschichte. – S. 96: Slg. W. Suppan. – S. 97: E. Brixel und W. Suppan, *Das große steirische Blasmusikbuch,* Wien u. a. 1981. – S. 98: Stadtarchiv Freiburg, Dr. Hans Schadek. – S. 100: Dom zu Gurk, Kärnten. – S. 108: Nationalbibliothek Wien, Codex Vindobonensis Series nova 2644. – S. 133 oben: Slg. W. Suppan. – S. 133 unten: Fresko im Kloster Piva, Montenegro/Jugoslawien. – S. 138: Abtei St. Alban bei London.